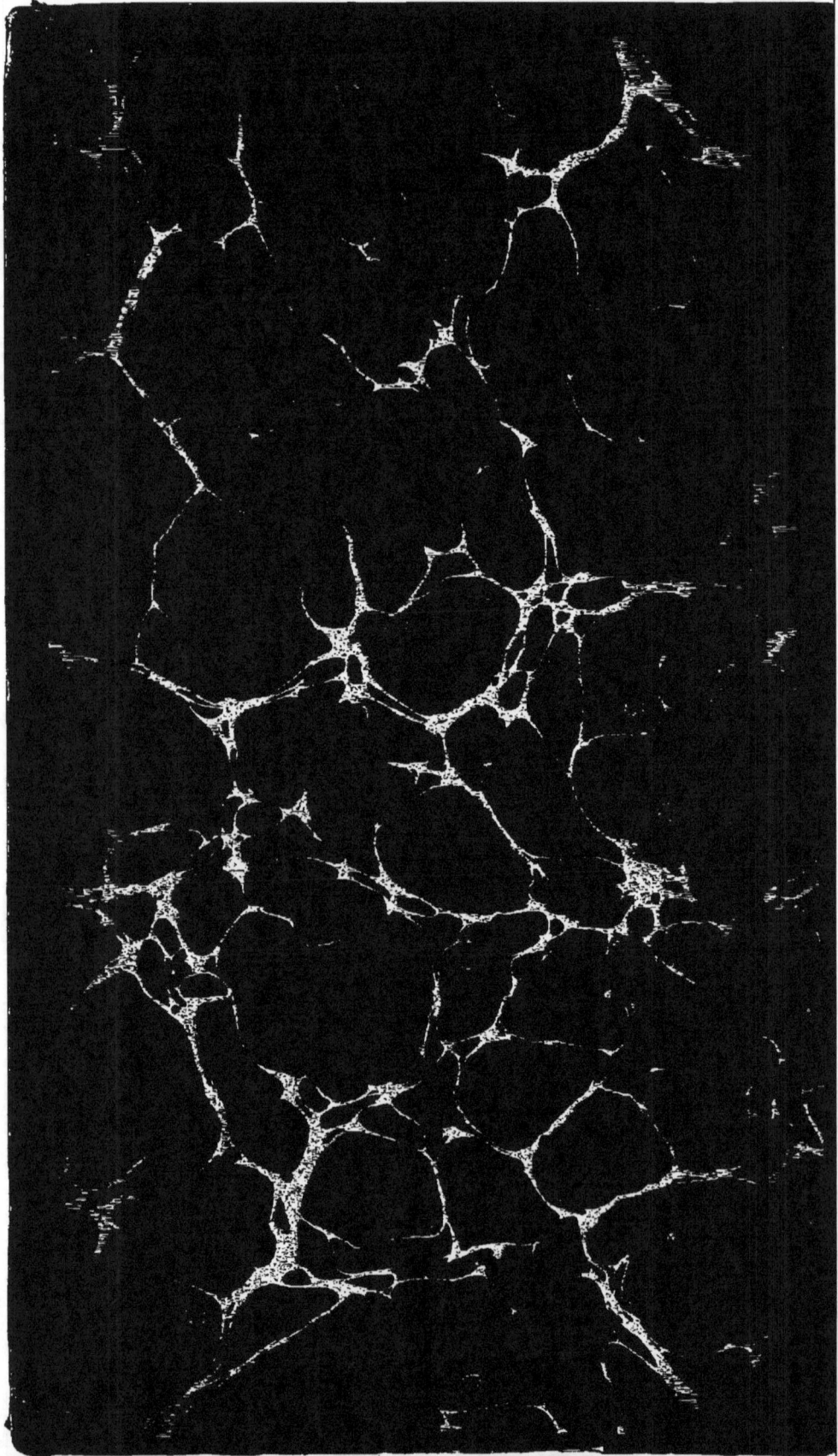

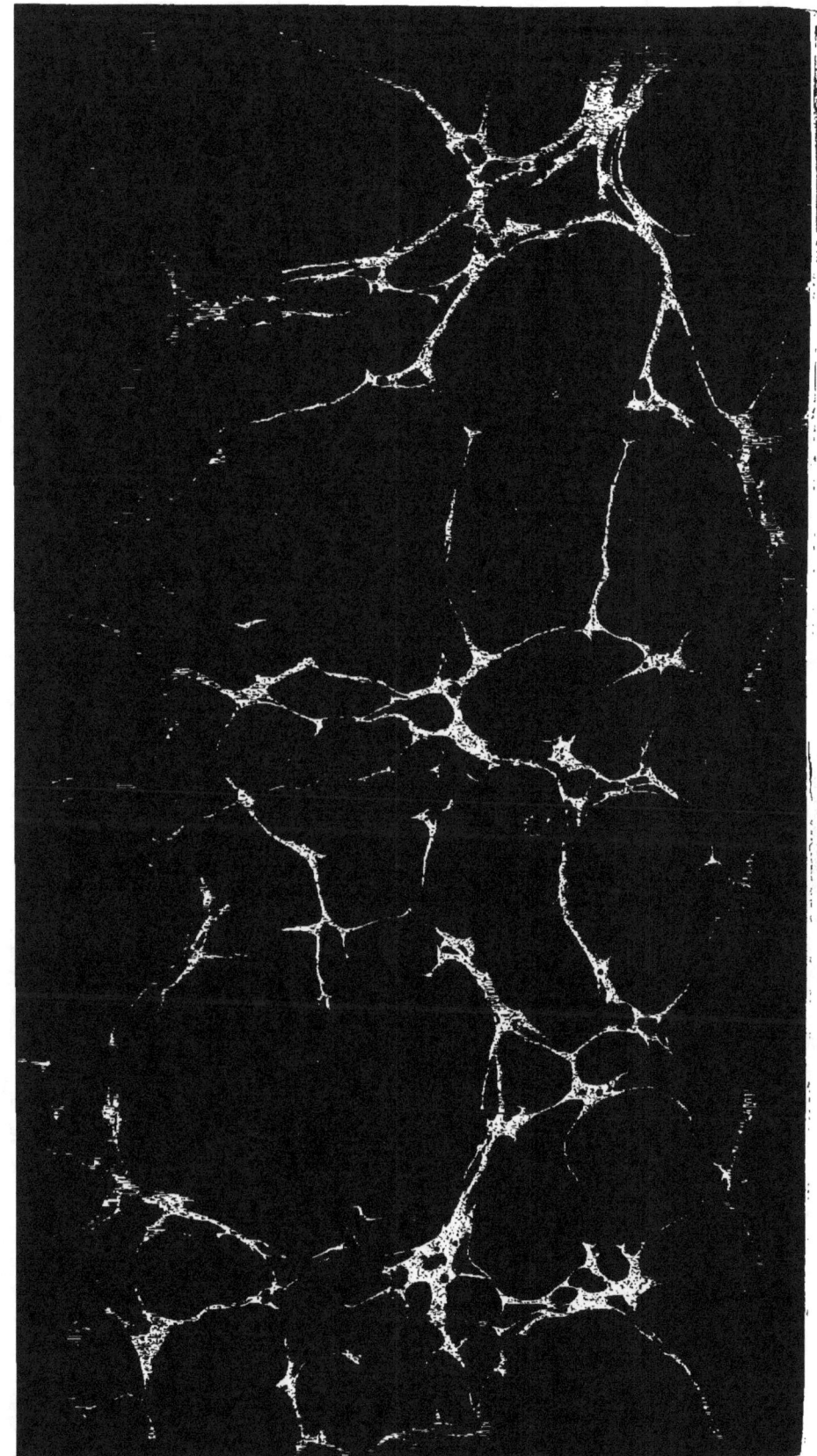

RICHARD II

—

TOME I

PARIS. — IMPRIMERIE DE CH. LAHURE
Rue de Fleurus, 9

RICHARD II

ÉPISODE

DE LA RIVALITÉ DE LA FRANCE ET DE L'ANGLETERRE

PAR H. WALLON

MEMBRE DE L'INSTITUT, PROFESSEUR D'HISTOIRE MODERNE
A LA FACULTÉ DES LETTRES DE PARIS

TOME PREMIER

PARIS
LIBRAIRIE DE L. HACHETTE ET Cie
BOULEVARD SAINT-GERMAIN, N° 77
—
1864
Droit de traduction réservé

PRÉFACE.

L'histoire d'Angleterre, depuis la conquête des Normands jusqu'à la révolution de 1688, est, si je puis dire, ensanglantée par les rivalités des princes de la maison régnante. Ce ne sont que révolutions domestiques et guerres parricides : fils contre père, frères contre frères. Le meurtre, la violence, telle est la loi commune de succession. Robert, fils aîné du Conquérant, commence en attaquant son père ; il est dépossédé par ses deux plus jeunes frères, Guillaume II, qui lui prend l'Angleterre ; Henri Ier, qui lui enlève avec l'Angleterre la Normandie, et le tient vingt-huit ans en prison. Henri II supplante la race d'Étienne, et finit son règne au milieu de la révolte de ses fils, Richard et Jean. Jean tue son neveu Arthur; son fils Henri III n'échappe aux guerres de famille que pour tomber dans les guerres civiles. Édouard Ier parvient à s'en tirer et à mourir naturellement; mais Édouard II est détrôné et assassiné par sa femme, on voudrait pouvoir dire sans la moindre connivence de son fils Édouard III. Richard II, le petit-fils et l'héritier d'Édouard III, est renversé et mis à mort par son cousin Henri de Lancastre (Henri IV); Henri VI par Édouard d'York (Édouard IV); les enfants d'Édouard par Richard III; Richard III par Henri VII. Henri VIII, répudiant ou tuant ses femmes, lègue un héritage de haines réciproques et de vengeance aux enfants nés de ces mariages, Marie, Élisabeth et Édouard : Édouard VI, qui prépare par la disgrâce les règnes violents de ses deux sœurs; Marie, qui met à mort Jeanne Grey et persécute Élisabeth; Élisabeth, qui fait périr Marie Stuart, la mère de son prochain héritier. La maison de Stuart n'arrive au trône par ces marches teintes de son propre sang que pour fournir, dès la seconde génération, une nouvelle tête royale à l'échafaud, et, après une courte restauration, toute une race à l'exil. C'est en sa qualité de gendre, c'est au nom et avec la complicité de la fille de Jacques II, sa femme, que Guillaume d'Orange vient le chasser en 1688.

Pendant plus de six cents ans, l'historien de l'Angleterre aurait donc bien des occasions de s'écrier, comme le fait si souvent le moine de Saint-Denis, dans son *Histoire de Charles VI* : « Je devrais laisser cela à la tragédie[1] ! » Et la tragédie n'y a point fait défaut. Pour une partie notable de son théâtre, Shakespeare n'a eu qu'à prendre et à mettre en scène tout un siècle de cette histoire. Entre tous les règnes, il n'en est pas qui offre plus de péripéties dans les événements et d'intérêt dans les caractères, que celui par où commence cette série de drames historiques, le règne de Richard II. Mais Shakespeare, tout en donnant pour titre à sa tragédie *la Vie et la Mort de Richard II*, n'a représenté que la chute du prince. Son tableau eût été plus vrai et l'émotion produite par le dénoûment plus profonde, si, pour peindre le jeune roi, il se fût

---

1. *Tragicum argumentum; — tragædorum boatibus potius deflendum, quam contexendum litteris.* Chron. Car. VI, l. III, 1 ; XX, 10, etc.

inspiré de sa vie tout entière. L'histoire ici est plus dramatique que le drame. On en jugera en rapprochant des scènes du poëte plusieurs pages de récits contemporains des événements.

Mais l'intérêt qui s'attache au règne de Richard II n'est pas seulement celui qu'inspirent ses antécédents, son caractère et sa jeunesse. Sa vie est plus que la destinée d'un homme : c'est une époque décisive dans l'histoire de l'Angleterre et, on le peut dire, de la France. C'est l'époque où se pose entre les deux nations, au plus fort de leur rivalité, au milieu de la guerre de Cent ans, après Poitiers, avant Azincourt, la grande question de la paix et de l'alliance; l'époque où commence, avec le premier exemple d'un roi mis en tutelle et à la fin jugé en parlement, la longue histoire de la Révolution en Angleterre. Époque doublement capitale à l'intérieur comme au dehors (et l'on verra jusqu'à quel point les choses du dehors ont dû réagir sur les autres), où tout semble produit au grand jour; car les actes publics abondent, et les historiens du temps ne manquent pas. Et néanmoins peut-on dire que la vérité ait prévalu touchant Richard II? Ce n'est pas dans les exposés officiels qu'il faut chercher l'histoire des révolutions : le vainqueur sait trop bien user du droit de parler haut et de faire taire les autres. Les Lancastres, pendant les trois règnes assurés à leur race, ont imposé leurs passions aux chroniqueurs, étouffé les voix qui s'élevaient en faveur de Richard, recherché, poursuivi jusque dans le fond des monastères, et déchiré les feuilles qui eussent pu les transmettre à la postérité. Rien n'a pu se dire librement sur Richard qu'en dehors des limites de leur domination; et aujourd'hui c'est dans les documents français que l'Angleterre vient demander la vérité sur cette page altérée de son histoire [1].

---

1. Le savant Hearne constate en ces termes l'altération qu'ont subie les monuments du règne de Richard II : « Immo « et historiis hac de re consignatis monstrarunt, homines mire « factiosos et populares vulgo os offuciis sublevisse mendaciaque « profecto innumera de Ricardo cudisse, non alio consilio quam « ut inde existimaret vulgus bene secum et feliciter actum « esse, quod Ricardus sublatus fuisset, utpote libertatis cu- « pidis hostis perturbationumque revera auctor. Sed, quod « dolendum, paucula nunc exstant id genus monumenta. Nam- « que pleraque perierunt bellis teterrimis periculosissimisque « inter familias Eboracensem Lancastrensemque gliscentibus, « ne quid dicam de strage sub Henrico VIII et Carolo I facta: « quanquam quidem fatendum est longe majorem eorumdem « vim intercidisse Henrico VI regnante, quando ab Henrici ami- « cis (quibus maxime patuit ad bibliothecas atque scrinia aditus, « quo aditu prohibiti erant alii) quamplurima ficta fuerint.... » (Th. Hearne, *Præf. in Hist. vitæ et regni Ricardi II, a monacho quodam de Evesham consignatam.* Oxon., 1729, p. x.)

Cela ne veut pas dire que les monuments anglais doivent être mis à l'écart : il s'en faut de beaucoup! Les *Registres du parlement*, les *Statuts du royaume, les traités et les actes publics* sont toujours le fondement indispensable du récit; et les chroniques les plus dévouées aux ennemis de Richard nous offrent, jusque dans leurs violences, des enseignements précieux. Même quand elles mentent sur le roi, elles nous révèlent le véritable esprit de leur époque; elles sont les organes ou les échos des passions de leur temps : on ne peut s'en étonner. Ce qui est plus étrange, c'est que les auteurs modernes, tout en reconnaissant leur partialité, ne laissent pas que d'accepter leurs jugements[1]; mais cela même n'a pas le droit de nous surprendre. Les hommes qui ont leur place dans l'histoire des révolutions, trouvent difficilement un âge qui soit à leur égard celui de l'équitable postérité. Le temps passe sur eux sans éteindre les ressentiments qu'ils ont fait naître; car les passions parmi lesquelles ils ont vécu leur survivent, et la cause

---

1. Témoin le sage Hallam lui-même, *l'Europe au moyen âge*, t. III, p. 224, de la traduction française, et *passim*.

où ils ont été vaincus ou vainqueurs est toujours débattue dans le monde, ou toujours à débattre.

Étranger au pays et aux luttes des torys et des whigs, nous abordons cette histoire sans aucun engagement ; et toutefois peut-on être indifférent, j'allais dire désintéressé dans ces débats ; et ne serons-nous pas suspect à notre tour, parlant d'un prince qui fut regardé comme traître à l'Angleterre pour l'avoir voulu allier à la France? C'est un écueil : le voyant, il nous sera peut-être plus facile de nous en garder. Nous n'entreprenons pas une apologie de Richard; et il y a des époques de son règne qui nous trouveront sévère; mais nous n'adopterons pas comme un arrêt définitif les opinions des historiens du temps qui l'a proscrit : nous jugerons ces historiens sur leur langage, et le roi sur ses actes [1].

---

[1]. Nous avons placé au bas des pages les simples indications de textes; quand la note est plus étendue et renferme quelques renseignements complémentaires, nous l'avons rejetée à la fin du volume, où on la trouvera sous le numéro de la page à laquelle elle se rapporte et la désignation de la lettre qui lui sera affectée.

RICHARD II.

LIVRE PREMIER.

L'ENFANCE DE RICHARD.

I

L'ANGLETERRE A L'AVÉNEMENT DE RICHARD II.

Richard II, né à Bordeaux le 6 janvier 1367, élevé au trône à l'âge de dix ans, avait à répondre, devant la nation, de cette grande fortune qu'Édouard III, son aïeul, et le prince de Galles, son père, les glorieux vainqueurs de Crécy et de Poitiers, avaient faite à l'Angleterre par leurs victoires, et que toute leur habileté militaire, jointe au prestige de leur nom, n'avait point suffi à soutenir. La France, en effet, tant compromise par les fautes de Philippe de Valois et de Jean, s'était relevée sous Charles V. Régent pendant la captivité de son père, Charles avait réprimé la guerre intérieure et suspendu l'invasion, au prix d'un bien grand sacrifice, il est vrai : une moitié du pays servait de rançon à l'autre (traité de Brétigny, 1360). Devenu roi, il avait soustrait le royaume aux charges que la paix lui laissait, en portant la guerre au dehors. Il avait envoyé les compagnies avec Duguesclin soutenir Henri de Transtamare contre Pierre le Cruel, en Castille : expédition qui avait le double avantage de délivrer la France de ces bandes incommodes, et de lui faire un allié de l'autre côté des Pyrénées. Après quoi, il avait répudié de lui-même une paix que l'ennemi n'avait jamais pratiquée sincèrement ; et dans cette lutte où les prétentions nouvelles des princes anglais sur le trône d'Espagne lui assuraient le concours actif des flottes espagnoles, il avait su, sans rien livrer au hasard des combats, reconquérir la plus grande partie de son royaume, laissant s'user en des invasions qui ne rencontraient pas de résistance ouverte, les derniers efforts du prince de Galles et d'Édouard III.

La France échappait donc à l'Angleterre ; et l'Angleterre à son tour se dégageait de l'étroite dépendance où Édouard III l'avait tenue par la séduction de ses victoires. Le parlement, dans les dernières années du prince, avait gagné en ascendant tout ce que la royauté perdait par le contre-coup de ses échecs. La guerre n'ayant plus de succès, il avait calculé de plus près ce qu'elle coûtait à la nation, n'accordant plus les subsides qu'avec réserve, et voulant savoir ce qu'on en faisait. Il avait porté un œil scrutateur sur l'administration du royaume et jusque sur la maison du roi; et il n'avait point hésité à en signaler les désordres. Édouard avait dû sacrifier au *bon parlement* (1376) ses principaux conseillers : W. Latimer, J. Newil ; accepter, après cinquante ans de règne, une sorte de conseil de régence, et signer un décret qui, en interdisant aux femmes toute immixtion dans les affaires soumises aux tribunaux, désignait nommément et menaçait de la confiscation et de l'exil sa maîtresse, Alice Perers (*a*).

Cette situation, du reste, n'avait rien qui mît en péril l'avénement de Richard.

Édouard, vieilli avant le temps, avait dû se décharger en partie sur ses fils des soins de l'administration. Il en avait eu sept : Édouard, prince de Galles; William, mort dans l'enfance; Lionel, duc de Clarence; Jean de Gand, duc de Lancastre; Edmond Langley, comte de Cambridge (plus tard duc d'York); un autre William, mort tout jeune comme le premier, et Thomas de Woodstock (bientôt comte de Buckingham, puis duc de Glocester). Le prince de Galles était malade, et Lionel étant mort, c'est au duc de Lancastre qu'il avait surtout abandonné la conduite des affaires. C'est le duc de Lancastre qui était allé remplacer le prince de Galles en Guyenne; c'est lui qui, par suite de son mariage avec la fille aînée de Pierre le Cruel, prenant le titre de roi de Castille, avait commis la faute irréparable de diviser les forces de l'Angleterre, en même temps qu'il resserrait en une ligue offensive l'alliance de la France et de l'Espagne. C'est donc au duc de Lancastre que les Anglais se prenaient surtout de leurs revers au dehors, comme des excès du gouvernement royal à l'intérieur. C'est lui, absent alors, que le « bon parlement » avait voulu atteindre dans les hommes qui le secondaient au pouvoir; et il avait trouvé dans le prince de Galles un appui à son opposition : aussi, quand le prince mourut, n'eut-on garde d'oublier les droits de son fils. La mère de Richard, Jeanne, comtesse de Kent, ou, selon son surnom populaire, « la belle fille de Kent, » n'avait épousé le Prince Noir qu'après deux mariages dont le premier avait été déclaré nul : mariage qui, rompu canoniquement, aurait pu être réhabilité par voie d'appel ou de réforme, pour frapper d'illégitimité, au profit d'un prétendant, l'enfant né de l'union postérieure. Mais nul n'osa tenter l'aventure, en présence de l'attitude décidée du parlement. Ce fut sur la demande des communes que Richard, à la mort de son père, fut présenté au parlement comme héritier présomptif de la couronne, et nommé prince de Galles (25 juin 1376). Et quand l'année suivante Édouard mourut, Richard lui succéda aux applaudissements de tout le monde (21 juin 1377)[1] (a).

---

1. Édouard III étant mort le 21 juin 1377, c'est de ce jour que datent les années de Richard II dans la chronologie des actes publics.

Pour juger en pleine connaissance de cause les vicissitudes d'un règne qui a une importance capitale dans l'histoire de la constitution d'Angleterre, pour apprécier les raisons du débat qui s'éleva entre les grands pouvoirs, et estimer au vrai la légitimité ou les torts de l'attaque et de la résistance, il faut se rappeler à quel point en étaient précisément les choses quand ce règne commença.

La royauté fondée par les Normands en Angleterre avait une force sans pareille dans tout le monde féodal. Tandis qu'en France les Capétiens avaient tant de peine à faire reconnaître leur nouveau titre des grands vassaux, leurs égaux de la veille, en Angleterre les rois normands ne voyaient absolument rien qui ne leur fût soumis. Tout relevait d'eux et datait d'eux. Les barons, les aventuriers qui avaient accompagné Guillaume dans son expédition, l'avaient suivi comme des vassaux leur seigneur ou des soldats leur capitaine, et ne tenaient que de lui la part qu'ils avaient reçue de la conquête. Or la conquête avait fait table rase; nulle seigneurie qui dépassât ce terme fatal : elle eût frappé de nullité ses titres en prétendant les reporter au delà. Ainsi, parmi les conquérants, tout ce qui servait à établir leur domination sur les hommes ou les choses, constatait leur dépendance à l'égard du souverain; et quant à l'ancienne race, la défaite l'avait placée, privée de tous droits, aux pieds du vainqueur. Mais cette puissance, élevée sans contestation au-dessus de tout, avait trouvé dans son isolement son écueil. Les barons, rapprochés par l'identité de leurs intérêts, s'étaient unis contre le roi; et contre cette ligue le roi n'avait pas trouvé, comme en France, un appui dans le peuple : car c'était sur lui que le peuple, traité en étranger, reportait toutes les haines de la conquête. Les seigneurs avaient donc pu d'abord, sans chercher de secours ailleurs qu'en eux-mêmes, imposer au roi Jean la grande Charte : acte considérable qui, tout en donnant satisfaction à l'aristocratie, jetait les bases des libertés publiques; et quand plus tard des violations sans cesse répétées de ce grand pacte les ramenèrent aux armes sous Henri III, ils trouvèrent un appui à leur résistance en appelant les députés des comtés et des bourgs au parlement (1265). Dès ce moment la constitution anglaise est fondée. La barrière qui sépare les deux races est rompue. L'aristocratie garde son rang; mais à côté d'elle il n'y a plus seulement des vaincus, des proscrits, il y a un peuple : les Anglo-Saxons ont retrouvé droit de cité dans leur pays[1].

A l'avénement de Richard II, les Anglais, sans distinction de race, jouissaient déjà des droits essentiels d'un peuple libre.

Le roi avait toujours les principales prérogatives

---

[1]. Le premier acte formel de la convocation des députés des comtés et des bourgs au parlement est celui de Simon de Montfort. Les lettres sont du 12 décembre 1264. Voyez l'excellent ouvrage de Hallam, *l'Europe au moyen âge*, t. III, p. 126-130 de la traduction. Nous le prenons pour guide dans ce rapide aperçu de la constitution d'Angleterre avant Richard II.

de la royauté féodale. Suzerain des seigneurs et souverain du pays, maître d'un vaste domaine, il avait le double glaive de la force armée et de la justice; et, pour l'aider dans le gouvernement, de grands officiers qui tenaient de lui l'investiture ou la délégation de leur pouvoir : le sénéchal, le chancelier, le connétable, le maréchal, les deux amiraux, le chambellan, le garde du sceau privé, le trésorier. Ajoutez un conseil où ces grands officiers trouvaient place avec des prélats ou des seigneurs appelés par le roi, conseil qui suivait le prince, et qui bientôt, réduit à laisser le roi seul dans ses voyages ou les affaires à l'abandon, se divisa, quant à ses attributions judiciaires, en plusieurs cours : la cour du banc du roi, cour suprême pour tout ce qui relevait de la justice royale; la cour de l'Échiquier, spéciale pour les affaires de finances, et la cour des plaids communs pour les affaires privées (a).

Ces officiers pris parmi les seigneurs, ces conseils et ces cours étaient un premier obstacle au despotisme, obstacle insuffisant néanmoins : car si plusieurs des grands offices, comme ceux de sénéchal, de connétable, de maréchal, de chambellan, étaient devenus en quelque sorte héréditaires, leur action dans le gouvernement était restée fort limitée; quant à ceux dont la royauté requérait incessamment le concours, qui étaient proprement les instruments de sa puissance, le chancelier, le garde du sceau privé, le trésorier, comme aussi les membres du conseil privé ou « continuel conseil, » ils demeuraient sous la main du roi. Le roi, déjà si fort par la nature d'une hiérarchie féodale entièrement refondue et comme retrempée par la conquête, s'était même dégagé des entraves que ce régime avait mises ailleurs à l'action de la royauté. D'une part l'*escuage*, qui donnait aux barons la facilité de se libérer de leurs obligations militaires à prix d'argent, avait eu le double effet de les déshabituer de la guerre et de procurer au roi une milice toute dépendante : nombre de Saxons avaient pris rang parmi ces mercenaires et déjà par cette porte étaient rentrés dans la vie nationale. D'autre part, des juges envoyés périodiquement dans les divers comtés pour tenir les plaids du suzerain faisaient échec à la justice féodale, et, tout en préparant l'empire d'une loi commune, ramenaient le peuple à chercher un protecteur dans ce roi si détesté comme héritier du conquérant (a).

Ainsi les deux forces qui font l'essence du pouvoir, la force armée et la justice, étaient en Angleterre plus entièrement au roi qu'en nul autre pays; mais, d'un autre côté, la royauté devait reconnaître un frein et un contrôle à son action, je veux dire le parlement. Aux lords spirituels et temporels, prélats, barons ou bannerets et autres feudataires nommément convoqués, étaient désormais associés, quoique à titre inférieur, des chevaliers et des bourgeois, représentants des comtés, des cités et des bourgs. Ces hommes nouveaux, introduits au parlement par les seigneurs, avaient fini par être accueillis des rois. Le domaine ne suffisant plus aux dépenses de la royauté, surtout depuis qu'elle se trouvait jetée dans les guerres de conquête, il avait fallu recourir aux subsides : or la royauté féodale était limitée en ce qui touche les aides; et de plus, en pareille matière, il est plus sûr de se faire donner que de prendre. Les seigneurs, les prélats votaient pour eux-mêmes; les députés des comtés, des cités et des bourgs, appelés au parlement, offraient au roi le moyen d'obtenir en une fois le consentement de la nation tout entière. Voilà pourquoi Édouard Ier renouvela librement l'acte de Simon de Montfort, en ordonnant aux shériffs de faire élire deux chevaliers par comté, deux citadins par cité, deux bourgeois par bourg, et de les envoyer au parlement : éléments fort disparates, qui finirent néanmoins par se grouper et se confondre. Si les chevaliers des comtés tenaient aux lords par le sang (mais le sang en Angleterre, même pour les fils des lords, ne donna jamais privilége), d'autre part ils se rapprochaient des députés des cités et des bourgs par le principe même qui les faisait venir à la grande assemblée nationale. Ils n'étaient point personnellement convoqués comme les barons et les prélats; ils étaient élus comme les autres. Ils ne siégeaient pas en leur nom ni en vertu de leur droit propre : tous, chevaliers, citadins et bourgeois étaient là comme représentants des *communautés* : ils formèrent, au-dessous de la chambre des lords, la chambre des *Communes*.

Le parlement ainsi composé n'était pas sans doute la représentation complète du pays : tous les lords ayant le droit de siéger en vertu de leur titre n'étaient pas toujours convoqués; et les shériffs chargés de faire élire les députés des comtés, des cités et des bourgs, n'usaient pas de moins d'arbitraire. Se faire représenter au parlement n'était pas seulement un droit, mais une charge : il fallait indemniser les députés. Les shériffs faisaient à certains bourgs la faveur de ne les point appeler à la cour du comté pour procéder aux élections; d'autres régulièrement convoqués ne répondaient pas à l'appel, et réussissaient, par une sorte de prescription, à obtenir de n'y plus reparaître. Toutefois, si le roi trouvait avantage à faire venir ces députés au parlement, les communes n'avaient pas, au fond, un moindre intérêt à les y envoyer. Leurs députés pouvaient se concerter entre eux, faire des remontrances, et, tout en votant le subside demandé, fixer des termes, mettre des conditions, réclamer le redressement de leurs griefs; et par le fait ils avaient obtenu, non pas seulement des réparations pour le passé, mais pour l'avenir de sérieuses garanties. Édouard Ier avait dû s'engager, en l'an 25 de son règne (1297), à ne lever aucune taxe, même sur ses vassaux ou ses villes, que du consentement et dans l'intérêt de la nation. Sous Édouard II, le parlement se trouva, par les fautes du roi et par les violentes représailles qu'elles provoquèrent, presque jeté dans les voies de la révolution. Édouard III, monté au trône, avait apaisé ces mouvements, remis chaque pouvoir en son lieu; et les choses reprirent leur marche régulière. Le progrès ne s'arrêta plus. Sous ce règne, à l'occasion des subsides que la guerre, même au temps de ses plus grands succès, rendait indispensables, le parlement fit reconnaître (et ce fut autant de principes inscrits dès lors dans la Constitution) : 1° l'illégalité des impôts levés sans le consentement des lords et des communes; 2° la nécessité du concours des deux chambres pour changer la loi établie, et 3° vers la fin du règne, quand les sacrifices, dont la nation était excédée, n'eurent plus leur compensation dans les victoires, le droit aux communes de s'enquérir des abus et de mettre en accusation les conseillers du roi (a).

Voilà quelle était la constitution de l'Angleterre à l'avénement de Richard II. Le roi n'avait rien perdu qui laissât en péril son autorité légitime : il choisissait ses principaux officiers; il composait, non sans règle il est vrai, mais librement, et son conseil et ses cours de justice; il avait le droit de paix et de guerre et toute action à l'intérieur. Mais la nation, quoique imparfaitement représentée, trouvait dans le parlement le moyen d'intervenir dans la conduite des affaires publiques : votant ces aides, sans lesquelles le roi borné à son domaine était réduit à l'impuissance; faisant la loi avec lui; ayant au besoin, pour la faire observer et combattre les abus, le droit de s'en prendre aux ministres du pouvoir : droit dont il est loisible de mal user comme de tout autre, ou même de ne point user, mais que l'on ne peut dénier à un peuple, sans le placer dans la fatale alternative de tout souffrir ou de tout détruire.

II

PREMIÈRES ANNÉES DE RICHARD II.

Richard II montait sur le trône, ayant à ses côtés trois oncles, dont un seul, en tout autre temps, eût bien suffi pour le renverser. Mais à eux trois ils se faisaient contre-poids l'un à l'autre; et puis Lancastre, homme impérieux et violent, était impopulaire, Cambridge indolent, Buckingham esprit remuant et ambitieux, trop peu signalé encore par ses actes, et trop effacé par le droit d'aînesse des deux autres, pour pouvoir faire autre chose que d'entraver au besoin leurs prétentions. Ces prétentions, d'ailleurs, eussent échoué devant le parlement, qui trouvait une minorité plus favorable à l'extension et à l'affermissement de ses prérogatives. Richard avait été couronné : c'était trancher la question de régence. Point de régent, puisque le prince était revêtu par le sacre de tous les pouvoirs de la royauté. C'est en son nom que les grands officiers devaient remplir leur office. Seulement il lui fallait un conseil. Les lords et les prélats le composèrent provisoirement de douze membres qu'ils nommèrent eux-mêmes. Le duc de Lancastre, pour donner moins d'ombrage, avait demandé au roi la permission de se retirer dans son château de Kenilworth (*a*).

Le parlement, qu'on ne tarda point à réunir, sanctionna au fond ces arrangements.

Il s'ouvrit le 13 octobre 1377 à Westminster; et le compte rendu qu'on en trouve au livre des Rôles pourra nous donner, une fois pour toutes, une idée générale des formes suivies alors dans la tenue de ces assemblées.

Au jour fixé, comme on n'était pas en nombre, le roi, qui était arrivé de la veille, remit la séance au lendemain. Il se rendit le lendemain en la « chambre peinte, » et avec lui les deux archevêques de Canterbury et d'York, Mgr d'Espagne (le duc de Lancastre) et les autres prélats ou lords, juges et sergents nommément convoqués, comme aussi les chevaliers, citadins et bourgeois, députés des comtés, cités et bourgs. Quand ils furent réunis, l'archevêque de Canterbury (le chancelier était absent), ayant pris l'ordre du roi, prononça un discours divisé en trois parties « par manière de prédication. » Il avait pris pour texte ces paroles : *Rex tuus venit tibi*, « Vostre roi vient à toi, » et montrait qu'un ami peut visiter un ami pour trois causes : ou pour se réjouir d'une grâce, comme Marie, Élisabeth : *Et exultavit infans in utero ejus;* ou pour le consoler dans l'affliction, comme les amis de Job; ou pour l'assister dans ses nécessités, ainsi que dit l'Écriture : *In necessitate pro-*

babitur amicus. Le roi, disait-il, développant ses trois points, venait au parlement pour ces trois causes : 1° il venait se réjouir avec lui de son avénement ; 2° il venait le consoler de la mort du roi Édouard ; 3° il venait enfin le secourir dans ses nécessités, pourvoir à la défense et aux besoins du royaume. Il demandait au parlement de lui en fournir les moyens : c'était l'objet de la convocation et la vraie conclusion du discours [1].

Les communes aussi avaient à présenter leurs demandes ; et il était d'usage de nommer des commissaires, tant pour les recevoir que pour les examiner. On séparait les pétitions en deux séries : l'une pour l'Angleterre, l'Irlande, le pays de Galles et l'Écosse (l'Écosse figurait parmi les dépendances de la couronne) ; l'autre pour la Gascogne et les pays d'outre-mer ; et il y avait pour chaque série trois ou quatre *receveurs* et une vingtaine d'examinateurs (*triours*), sans compter les grands officiers de la couronne, qui avaient entrée, s'il en était besoin, dans les commissions d'examen. L'archevêque fit connaître au parlement les noms des receveurs et des examinateurs désignés pour la session présente ; puis il invita l'assemblée à se réunir tous les jours pour expédier les affaires, jusqu'à ce qu'elle eût congé de partir ; et il l'ajourna au lendemain [2].

---

1. *Rotuli Parliamentorum* (*Rolls of Parliament*), t. III, p. 3, § 1-6.
2. *Ibid.*, p. 4, § 7-10. L'archevêque tenait ici la place du chancelier (évêque de Saint-David) absent.

Le lendemain ce fut Richard le Scrop, sénéchal de l'hôtel, qui vint faire un exposé plus détaillé des besoins de la couronne. Les communes s'étant réunies à part dans le chapitre de l'abbaye, demandèrent au roi, vu la difficulté des affaires « et la faiblesse de leur pouvoir et de leur sens, » de vouloir bien leur adjoindre, pour en délibérer, un certain nombre de prélats et de lords : acte d'humilité qui était en même temps de bonne politique ; car ces lords, qu'elles désignaient d'ailleurs, associés par le conseil à leurs avis, en devenaient les appuis naturels au sein de la chambre haute. Puis elles prirent pour *orateur*, c'est-à-dire pour porter la parole en leur nom devant le roi et les seigneurs (et à ce titre pour président), un homme qui s'était déjà signalé à leur tête sous le Bon Parlement, Pierre de la Mare, le promoteur de la loi contre Alice Perers : jeté en prison après la dissolution du parlement, il en sortait avec d'autant plus d'autorité pour reprendre son rôle. Il se présenta à la tête des communes devant le roi et les lords siégeant en assemblée générale. Il commença par désavouer à l'avance ce qu'il pourrait dire contre leur honneur, comme il priait les communes de le désavouer lui-même s'il disait rien contre leur gré : protestation qui passa en usage. Il fit alors ses remontrances sur l'état du pays, et demanda trois choses : 1° qu'il plût au roi et aux lords (le roi figure avec les lords comme étant lord lui-même) de nommer en parlement un conseil de huit membres pris dans les trois états, pour gouverner avec le concours des grands officiers de la couronne; 2° que l'on nommât de même en parlement, parmi les gens les plus vertueux, ceux qui devaient être auprès du roi pendant son jeune âge, et qu'on réglât, en les bornant aux seuls revenus de la couronne, les dépenses de sa maison; 3° que l'on confirmât les lois et statuts établis pour le bien du royaume, et que, dans l'avenir, on tînt la main à leur exécution (a).

Les lords ajournèrent les communes au jeudi suivant, et, ce jour venu, leur donnèrent réponse. Ils décidaient sur le premier point que le conseil serait nommé en parlement : ils le portaient pour cette année à neuf membres, savoir : les évêques de Londres, de Carlisle et de Salisbury, les comtes de la Marche et de Stafford; messires Richard de Stafford et Henri le Scrop, bannerets; messires Jean Devereux et Hugh Segrave, bacheliers. Plus leur pouvoir était grand, plus on y mettait d'entraves. Ils n'étaient élus que pour un an, et rééligibles que deux ans après. S'ils abusaient de leur crédit, le roi et ses trois oncles, avec quelques prélats et seigneurs désignés par la partie plaignante, en devaient être juges. Quant à la deuxième requête, touchant la garde, l'éducation et le service du roi, les lords se récusèrent, alléguant qu'il leur semblait trop grave de mettre auprès de sa personne des hommes qui ne lui seraient pas agréables, ou d'en écarter d'autres contre sa volonté. Ils promettaient d'ailleurs de s'entendre avec les officiers de la maison du roi sur les dépenses de son hôtel, et accédaient de tout point à la troisième requête, en faveur de la confirmation et de l'exécution des lois (a).

Le conseil procédait donc du parlement; la maison du roi, quant aux personnes du moins, ne relevait que du prince : c'était la part faite à sa mère et à ses oncles. Mais il y avait auprès du roi d'autres officiers qui concentraient dans leurs mains les principales charges de l'administration publique, le chancelier, le trésorier, le baron de l'Échiquier, les deux présidents du banc du roi et des plaids communs, le sénéchal de l'hôtel, le chambellan. Les communes, soutenues par la connivence de la chambre haute, demandèrent et obtinrent que pour tout le temps que le roi serait « en tendre âge » tous ces officiers (sauf les droits du comte d'Oxford au titre de chambellan) fussent nommés par les lords en parlement, et maintenus en fonctions jusqu'au parlement nouveau : dans l'intervalle, le roi ne les pouvait remplacer qu'en cas de mort ou de révocation légitime, et sur l'avis des lords de son conseil. Ce n'est pas tout. On avait invité les communes à pourvoir aux besoins de la guerre; et, indépendamment de la taxe mise sur les toisons, les cuirs et les laines exportés du royaume, elles avaient accordé une contribution générale fondée sur l'estimation des biens meubles ou du produit des terres : deux décimes à lever dans les cités et les bourgs, et deux quinzièmes au dehors, pour deux ans. Elles demandèrent que ces deniers, aussi bien que les décimes votés par le clergé, fussent exclusivement consacrés à l'usage défini; et, pour s'en mieux assurer, elles obtinrent qu'on y préposât deux bourgeois de Londres : ce furent W. Walworth et Jean Philipot (*a*).

Le vote des subsides n'avait donc été ni sans condition ni sans garantie; mais les communes ne s'en tinrent pas là. Usant largement du droit de pétition, droit si fort quand il est joint à celui de voter l'impôt, elles touchaient à presque tous les points du service public. Elles demandèrent la confirmation des libertés, depuis la grande Charte et la charte des forêts jusqu'aux libertés particulières des villes et des bourgs : Londres réclamait avec les siennes la jouissance de toutes les franchises qui pourraient exister ailleurs. Elles demandèrent le redressement des abus; et les articles en sont nombreux : abus de l'hôtel du roi dans ses réquisitions arbitraires de denrées ou de vivres (droit de *pourvoyance*); abus des shériffs ou vicomtes dans leurs tournées et leurs enquêtes; abus des clercs de l'Échiquier et des agens forestiers; abus des seigneurs dans l'extension de leur clientèle sous le couvert de leur *livrée*, et dans ce patronage insolent qui arrêtait le cours de la justice (*maintenance*); abus des hommes de loi de tout ordre, des juges ecclésiastiques qui épargnaient les meurtriers, des geôliers mêmes qui laissaient aller en liberté les prisonniers pour dettes, au grand dommage des créanciers; abus de la cour de Rome dans la réserve et la collation des bénéfices ou dans la levée du denier de saint Pierre. Les communes demandaient encore l'éloignement immédiat et à toujours des mauvais conseillers à qui l'on imputait les souffrances du pays et l'épuisement du trésor; la révision et la révocation, s'il y avait lieu, des dons faits sous le dernier règne, avec des mesures contre le retour de semblables excès à l'avenir; l'observation de la loi commune, et la conversion en statuts, c'est-à-dire en loi perpétuelle, de toute pétition accueillie de la formule *le roi le veut;* la restriction des tribunaux exceptionnels, et l'appel au banc du roi des décisions prises par l'Échiquier. Elles demandaient que le parlement, vraie cour d'appel contre les abus, fût réuni tous les ans : c'était déjà à peu près la coutume, mais elles voulaient qu'on en fît une loi; que les shériffs, agents principaux de l'autorité royale dans les comtés, et les *eschetours*, officiers du domaine chargés de tenir note des biens *échus* par succession et des droits qu'y pouvait avoir la couronne, ne fussent nommés que pour un an et ne pussent être remis en fonction avant trois ans révolus; que les trésoriers du subside des laines rendissent leurs comptes des recettes et des dépenses à la chambre des lords. Elles n'avaient garde d'oublier ce qui touchait à la guerre, principale cause des impôts; et elles faisaient là aussi leurs remontrances ou leurs recommandations : envoyer de bons capitaines dans les villes de Gascogne et dans les places les plus menacées; forcer les seigneurs qui avaient le profit des châteaux pendant les trêves, à les approvisionner et mettre en défense ; faire comparaître devant le parlement et punir ceux qui avaient rendu leurs places à l'ennemi ; aider les villes à relever leurs murailles ; prendre des mesures sérieuses pour réparer et prévenir les désastres des flottes ; assurer toute protection à l'étaple ou marché public des laines et de tout le commerce extérieur, établi alors à Calais ; lui donner plus sûre garde qu'il n'avait été fait devant la guerre : attendu que là est « la substance de tout le trésor d'Angleterre, » et par suite le principal objet des efforts de l'ennemi ; et si, d'un parlement à l'autre, la puissance de l'ennemi sur mer devenait si grande que les marchands n'y pussent aller sans péril pour leur vie ou leurs biens, elles demandaient que le roi et les lords fixassent un autre lieu où le commerce pût se continuer sans dommage.

Les pétitions des communes en cette année ne nous offrent pas seulement le tableau des désordres de l'administration en Angleterre et des moyens qu'on avait d'y porter remède : elles témoignent aussi des intérêts égoïstes de la bourgeoisie aussi bien que des seigneurs, et de l'esprit du temps. Les communes se plaignent qu'on ne tienne pas la main à la loi des laboureurs : loi publiée au lendemain de la peste noire, quand le fléau avait dépeuplé le pays, et que les survivants ou se refusaient au travail, ou, tirant profit de la rareté de l'ouvrier, mettaient leurs bras à un prix excessif. Édouard III avait ordonné que tout homme libre ou serf, valide et de moins de soixante ans, ne vivant ni de métier ni de négoce, n'ayant ni revenus ni terre, fût contraint de travailler au service de quiconque l'en requerrait, au taux du salaire en usage dans la vingtième année de son règne (1346); et il avait imposé un semblable *maximum* aux artisans des divers métiers, ou aux marchands de tout objet de consommation. C'est cette loi que les communes voulaient maintenir avec de nouvelles rigueurs, demandant que les constables (connestables) ou magistrats des villes eussent pouvoir d'arrêter les délinquants; que nul laboureur n'eût la faculté de se faire artisan, si dans le pays quelqu'un avait besoin de son travail; et qu'en même temps le roi protégeât les maîtres contre les menaces de mort des serfs qui refusaient de servir. Elles demandaient que l'on bannît les étrangers, dans lesquels on voulait voir comme autant d'espions de l'ennemi; qu'on saisît leurs biens et qu'on en usât, soit pour indemniser ceux qui avaient perdu les leurs pendant la trêve, soit pour subvenir aux besoins de la guerre.

Le roi, ou du moins ceux qui parlaient en son nom, firent leurs réserves sur quelques points en faveur des prérogatives royales; et, par exemple, sur le *coroner*, magistrat chargé de certaines enquêtes, que les communes, pour prévenir tout conflit, voulaient faire nommer par le maire, à Londres. Ils refusèrent aussi de rien ajouter à la rigueur de la loi contre les laboureurs; renvoyant aux tribunaux l'examen des griefs particuliers, et se bornant à défendre, d'une part les exonérations illégales, et de l'autre les rassemblements menaçants qui se formaient déjà dans les campagnes. Mais ils adhérèrent à la plupart des autres demandes; et le statut publié à la suite de ce premier parlement, tout en confirmant les libertés publiques et les défenses portées contre les abus signalés, ordonnait, par exemple, selon la requête des communes, que les shériffs ne seraient nommés que pour un an, et ne pourraient rentrer en place qu'après trois ans révolus (a).

Le parlement avait donc réglé toutes choses selon sa volonté; et quand il se sépara, le 28 novembre, il n'abandonnait rien à l'aventure. Il laissait le pouvoir à un conseil formé par la chambre des lords, et à des officiers nommés par eux, avec cette clause qu'ils ne pourraient être remplacés sans cause urgente avant la réunion d'un parlement nouveau. Les oncles du roi, qui auraient pu prétendre à gouverner le royaume pendant son jeune âge, n'étaient point d'ailleurs destitués de toute influence. Placés sur les marches du trône, et par leur naissance à la tête des lords, ils tenaient aussi le premier rang dans les grandes dignités de l'État : le duc de Lancastre comme sénéchal d'Angleterre, le comte de Buckingham en qualité de connétable; et ils avaient encore la main au pouvoir par la garde de la personne du roi, que le parlement n'avait pas voulu leur disputer, et par les hommes à eux dont ils avaient composé sa maison.

Ce gouvernement, qui semblait être le gouvernement du pays par lui-même, ne répondit point aux espérances qu'il devait inspirer.

Le règne s'ouvrait en pleine guerre. Édouard III, dans les dernières années, avait été heureux de conclure, sous la médiation du pape, une trêve avec la France. La trêve expirant, Charles V n'eut garde de la renouveler. Il reprit l'offensive, et déjà les vaisseaux de la France allaient piller les côtes de l'Angleterre. L'Angleterre, il est vrai, faisait plus que d'insulter passagèrement à nos rivages. Elle y gardait ses grandes positions : Calais, Bordeaux ; et elle sut encore, dans ce temps même, relier en quelque sorte ses établissements du nord et du sud de la France, en occupant les deux points intermédiaires les plus considérables, les deux grands ports de la Bretagne et de la Normandie : Brest et Cherbourg. Par des traités particuliers avec le duc de Bretagne et le roi de Navarre, comte d'Évreux, ses deux alliés (avril et août 1378), elle se fit remettre en garde ces deux places : Cherbourg pour trois ans, terme qui fut prorogé avant l'échéance; Brest jusqu'à la fin de la guerre; et le traité portait même que si le duc de Bretagne venait à mourir sans enfants, le château de Brest avec ses dépendances appartiendrait au roi d'Angleterre (*a*).

Mais les succès diplomatiques ne furent pas soutenus par les résultats de la campagne. L'Angleterre, humiliée par les courses de nos marins sur ses rivages, avait voté un subside considérable; et le duc de Lancastre, pour reprendre par un autre côté le premier rôle, avait obtenu, non sans peine d'ailleurs, qu'on le lui remît tout entier, s'engageant à garder l'Angleterre de toute attaque pendant l'année et à remporter quelque grand avantage. Il reçut des événements les plus cruels démentis. En Angleterre un chef écossais, suivi de Français et d'Espagnols, vint enlever des vaisseaux anglais jusque dans le port de Scarborough, et ne fut châtié que par une petite flotte, armée aux frais de J. Philipot, bourgeois de Londres. Au dehors, Robert Knolles et Hugues de Calverley, l'honneur de la chevalerie anglaise, eurent bien encore sur divers points leurs succès ordinaires; mais la flotte, qui attendait Lancastre pour aller en Bretagne, fut battue par la tempête, battue par les Espagnols; et quand le duc vint en prendre le commandement, ce fut pour échouer devant Saint-Malo (1378) (a).

C'est à la suite de ces revers que le parlement se réunit à Glocester. Lancastre, qui avait repris et cachait moins son ascendant, avait eu plus d'une raison pour le faire convoquer loin de Londres; et la principale était un incident qui y tenait encore tous les esprits en émoi contre lui.

Au temps des guerres du Prince Noir en Espagne, deux chevaliers avaient pris, à la bataille de Najara, un noble castillan qu'ils avaient rendu à la liberté sous promesse de rançon, gardant son fils en otage. La rançon n'ayant pas été payée, le jeune homme était resté en Angleterre. Lancastre voulait qu'on le lui remît, dans l'intérêt de ses desseins sur le trône de Castille; et, comme les deux chevaliers s'y refusaient et cachaient leur otage, il les fit enfermer à la Tour. Ils parvinrent à s'en échapper et à se réfugier à Westminster. Mais contre les volontés de Lancastre il n'y avait pas d'asile inviolable : une troupe conduite par le gardien de la Tour et par des amis du prince, absent alors, envahit l'abbaye. L'un des deux chevaliers fut surpris et ramené à sa prison; l'autre, qui s'était mis en défense, tué au pied même des autels, et un clerc avec lui. Cette violence produisit l'effet qu'on devait attendre. L'archevêque de Canterbury fulmina l'excommunication contre les chefs de la troupe sacrilége et contre leurs complices; et l'évêque de Londres, sans tenir compte des injonctions contraires, publia la sentence et ordonna qu'elle fût proclamée quatre fois par semaine dans l'église Saint-Paul : en frappant les complices, l'arrêt épiscopal exceptait nommément le roi, sa mère, et le duc de Lancastre. Mais Lancastre se voyait avec fureur désigné par cette exception même : car tout le monde savait que le coup de main s'était fait par son ordre et à son profit. Aussi, revenu de son expédition, voulait-il marcher sur Londres et enlever l'évêque opiniâtre au milieu de ces « ribauds », comme il appelait les Londriens. Le conseil du roi s'y refusant, il fit au moins que le parlement fût réuni ailleurs qu'en ce lieu témoin de son fatal exploit. Il projetait, dit-on, contre les franchises de l'Église des mesures où il craignait l'opposition de Londres, après ce qui venait d'arriver. Toutefois, s'il est vrai qu'il ait eu cette pensée, il ne trouva pas plus d'accueil à Glocester : car il n'y en a point trace parmi les actes de ce parlement (a).

Le parlement s'ouvrit le 20 octobre 1378, et ce fut l'évêque de Saint-David, chancelier, qui exposa, selon l'usage, l'objet de la convocation. Le parlement était appelé pour aider à maintenir les libertés de l'Église, les lois du pays et la paix publique; pour satisfaire à la règle de la convocation annuelle demandée par la dernière assemblée et agréée du roi, et enfin pour aviser aux nécessités de la guerre. Richard le Scrop, sénéchal de l'hôtel, devait le lendemain faire un exposé plus étendu de la situation. Il le fit, et sa conclusion était que, pour garder ses positions, Calais, Cherbourg, Brest, Bordeaux, Bayonne, l'Angleterre avait besoin de nouveaux subsides ; car l'ennemi menaçait tous les points et le trésor était à sec. Ce tableau des possessions de l'Angleterre n'avait plus le don d'exciter l'enthousiasme, quand il aboutissait à semblable conclusion. *L'orateur* remercia le roi de sa sollicitude pour les libertés et pour la paix publique; mais il exprima de l'étonnement que le dernier subside, avec les ressources que le roi trouvait d'ailleurs dans son domaine et dans les droits régaliens, n'eût pas suffi à tout. Le débat fut long. Richard le Scrop alléguait, outre les frais de la guerre, ceux du couronnement; les communes, la libéralité comme aussi les conditions du dernier impôt. Elles alléguaient encore les ravages de la dernière épidémie et de la guerre; elles disaient que le pays était épuisé, soupçonnant que le trésor l'était moins. Et comme le sénéchal invoquait la déclaration des deux commissaires nommés pour surveiller la levée et l'emploi du subside, elles demandèrent que l'on produisît les comptes des dépenses, réclamant en outre que l'on fît connaître au parlement les noms des grands officiers et des membres du conseil chargés de gouverner pour l'année suivante (a).

Produire les comptes devant le parlement était la sanction véritable de ce qu'on lui avait octroyé, en tirant de son sein deux commissaires pour surveiller la levée et l'emploi du subside. Mais c'était un acte sans précédent, et, s'il passait en droit, une atteinte aux vieilles prérogatives de la couronne. Le gouvernement, en l'accordant cette fois, fit ses réserves pour l'avenir, déclarant qu'on ne devrait point s'en prévaloir. Pour ce qui regardait les grands officiers et les membres du conseil, il promit d'en communiquer la liste au parlement; mais le roi se réservait de nommer les officiers sur l'avis des lords, et le conseil, selon qu'il lui plairait à lui-même. On pressait en même temps l'assemblée de voter le subside et de hâter son vote, afin d'abréger la session, et d'épargner ainsi au pays les frais d'entretien dus à ses représentants.

Les communes se mirent à l'œuvre. Elles auraient voulu que les seigneurs leur envoyassent cinq ou six d'entre eux pour traiter avec elles les affaires mises en délibération : mais les lords prirent cette fois en défiance une requête qui, au précédent parlement, avait semblé dictée par un sentiment de déférence pour les lumières de la chambre haute. Ils répondirent que c'était contre l'usage, et qu'il suffirait de nommer, de part et d'autre, cinq ou six commissaires qui tiendraient conférence et feraient ensuite leur rapport à chaque état séparément. La grande question était la guerre. La guerre, rendue nationale par les victoires d'Édouard III, était devenue moins populaire, depuis qu'au prix de tant d'argent elle ne rapportait plus que des échecs. On aimait à se dire que si le roi revendiquait la France comme héritage, c'était à lui de supporter les frais du débat. Lorsque le rôle des recettes et des dépenses du dernier subside eut été, selon leur demande, soumis à l'examen des communes, elles ne manquèrent pas de faire leurs réserves sur ce point : elles signalèrent une dépense de 46 000 livres pour la garde des possessions du dehors, Calais, Brest, Cherbourg, la Gascogne, l'Irlande même, demandant qu'on la mît au compte du domaine, attendu que les pays étrangers ne les regardaient point. Les arguments ne manquaient pas à la réplique. Ces forteresses réputées étrangères, c'étaient les boulevards de l'Angleterre; c'était pour la défendre qu'on occupait le pays des autres : argument contestable sans doute, à voir comme les Français, malgré cette occupation de leurs rivages, allaient piller ceux des Anglais. Les communes, du reste, ne proposaient pas de les abandonner : elles voulaient seulement qu'on y pourvût sans charger le pays davantage. Elles finirent par voter un subside qui promettait de suffire à tout. Elles prorogèrent de six mois environ l'impôt des laines voté pour trois ans, en la cinquantième année d'Édouard III (1376), y ajoutant une taxe supplémentaire sur les mêmes objets, et un droit de six deniers par livre (2 $\frac{1}{2}$ pour 100) sur toute marchandise, tant à l'entrée qu'à la sortie d'Angleterre (a).

A ce prix, elles comptaient bien qu'on aurait égard à leurs plaintes ordinaires sur l'état du royaume. Leurs pétitions demandent encore que les libertés soient maintenues, la loi commune observée, la paix publique garantie contre les brigandages, l'agriculture protégée, même aux dépens de la liberté des laboureurs. Elles veulent contre eux une loi des fugitifs : qu'on les poursuive dans les comtés où ils cherchent d'autres moyens de vivre, dans les villes où ils se font artisans, dans les ports, matelots. Elles prient le roi de mettre un terme aux réclamations abusives de l'Échiquier, des pourvoyeurs, des receveurs de l'Église, des hommes de loi; et, pour limiter de quelque façon leurs excès, elles demandent que les *sous-eschetours* (agents du domaine), les sous-vicomtes et les clercs de vicomtes, comme les vicomtes (shériffs) eux-mêmes, ne restent point en leur office plus d'un an. En même temps qu'elles crient contre les extorsions, elles veulent que le roi tienne la main à la rentrée des revenus légitimes; qu'il fasse observer la loi touchant l'étaple de Calais : Calais, on l'a vu, était le lieu où se devait faire exclusivement tout le commerce de l'Angleterre avec les pays du dehors. Le roi, en accédant à cette pétition, fait une réserve qui prouve jusqu'à quel point s'étendait la règle : c'est que les Gascons qui apportent leurs vins en Angleterre puissent, en échange, emporter du beurre et du fromage sans l'aller prendre à Calais ! — Les communes recommandent encore au roi d'aviser à l'abus des bénéfices donnés aux étrangers; et profitant du schisme qui venait d'éclater entre Urbain VI, élu à Rome, et Clément VII, revenu à Avignon, elles demandent qu'on mette la main sur les biens des cardinaux du parti de ce dernier. Elles insistent pour que les frontières soient défendues, les rivages protégés; que les seigneurs qui y ont des biens soient forcés de contribuer à une défense où ils ont plus d'intérêt que personne; et qu'on relève la marine, dont la décadence laisse l'Angleterre exposée aux insultes de l'ennemi (a).

Le parlement s'était à peine séparé, qu'une belle occasion parut s'offrir au gouvernement anglais de prendre sa revanche sur la France. Charles V s'était cru en état de punir le duc de Bretagne de ses longues infidélités, en déclarant son duché réuni à la couronne; et par cet acte dont il se promettait la Bretagne, il avait tourné les Bretons contre lui. Il fallait en profiter; mais le trésor était vide : les taxes supplémentaires, votées au dernier parlement, ne commençaient qu'à Pâques. On fit un emprunt, battant monnaie avec le grand sceau; et ces obligations ne suffisant pas, on engagea les joyaux mêmes de la couronne. C'était trop peu encore; mais pour aller plus avant, le conseil du roi ne se crut pas assez de pouvoir. Dès la Saint-Hilaire (14 janvier 1379), il convoqua les lords en grand conseil, et ceux-ci refusant de prendre une décision qui devait imposer au pays de nouvelles charges, on convoqua le parlement pour la quinzaine de Pâques (25 avril 1379) (a).

Il fallait exposer les motifs d'une réunion si précipitée; c'est ce que fit Richard le Scrop, nommé chancelier au dernier parlement (29 octobre 1378). On avait été contraint d'emprunter 20 000 marcs, et le subside voté à Glocester n'en avait donné que 6 000. Il y avait donc à couvrir la différence, et à fournir en outre la somme nécessaire à l'expédition qu'on voulait faire en Bretagne. Pour résoudre les communes à de tels sacrifices, on devait leur en prouver la nécessité; et le chancelier se trouvait amené à leur offrir de mettre sous leurs yeux tous les comptes du trésor. Ainsi les communes entraient de plus en plus en possession de cet important privilége. Mais il ne leur suffisait pas de contrôler l'emploi des deniers publics, elles voulaient le régler pour l'avenir : et elles nommèrent une commission pour s'enquérir en même temps et des revenus du royaume et des dépenses de l'hôtel du roi (*a*).

Les pétitions de cette année portent l'empreinte du mécontentement et de l'esprit de défiance qui se répandaient dans le pays. Et d'abord, pour mieux s'assurer que leurs réclamations ne soient pas vaines, les communes demandent qu'on y réponde avant la dissolution du parlement. Puis, entrant en matière, elles se plaignent et des rigueurs et des faiblesses à contre-sens de l'administration : rigueurs à l'égard du peuple qu'on accable d'exactions; faiblesses envers les brigands qu'on laisse impunis, ou les prisonniers qu'on ne garde pas. Elles demandent qu'on abolisse les commissions établies pour arrêter les malfaiteurs en attendant la tournée des juges ordinaires : commissions qui semblaient moins utiles à la sécurité générale que dangereuses à la liberté de chacun; que le vicomte ou shériff ne puisse être chargé, dans son ressort, des fonctions de juge de paix (magistrature importante, qui devait maintenir la paix publique); que l'on nomme à cet effet cinq ou six juges par chaque comté, avec le devoir de tenir leurs assises quatre fois par an, et de faire comparaître devant eux les serfs (*servants*), les laboureurs et les artisans rebelles à la loi d'Édouard III. Elles demandent qu'on supprime les trésoriers des guerres, le trésorier général devant suffire à tout. Elles signalent la manière dont s'étaient faits les derniers emprunts : des blancseings remis aux mains des officiers du roi, leur avaient permis de faire souscrire arbitrairement ceux qu'il leur plaisait, par la menace de les traduire devant le conseil. Elles veulent qu'on tienne la main à l'expulsion des religieux étrangers réclamée, au dernier parlement ; qu'on réprime les fraudes dont le trésor avait à souffrir dans la vente des laines ; qu'on mette une taxe sur les draps d'or et de soie, comme sur les joyaux importés en Angleterre, et un frein au luxe lui-même par une loi somptuaire. Elles recommandent enfin qu'on veille efficacement à la défense des frontières, à la garde des rivages et à la sécurité des mers : pour entretenir la flotte chargée d'y veiller, une taxe de six deniers par tonne fut établie sur les bateaux marchands ou pêcheurs, par chacun des voyages accomplis, ou par chaque semaine passée à la pêche (*a*).

Un subside plus considérable était réclamé par les besoins généraux du royaume. Les communes, prenant en considération l'état du pays, révoquèrent la taxe sur les marchandises et le supplément à l'impôt des laines, votés au parlement de Glocester ; et, ramenant ce dernier subside à l'ancien taux, elles y ajoutèrent une taxe personnelle, dont le tarif fut ainsi réglé d'un commun accord :

Le duc de Lancastre, et le duc de Bretagne résidant en Angleterre et traité en Anglais, 10 m. (133 sh. 4 d.)

Les présidents du banc du roi et des plaids communs, le baron de l'Echiquier, 5 l. (100 sh.)

Les comtes ou les comtesses veuves ; — le maire de Londres, 4 l. (80 sh.)

Les barons, bannerets et chevaliers ou leurs veuves ; — le prieur de l'Hôpital ; — les aldermen de Londres et les maires des grandes villes ; — les sergents de loi et apprentis de loi (jurisconsultes) de 1er ordre ; — les avocats, notaires et procureurs de même degré, 2 l. (40 sh.)

Les bacheliers, écuyers ou leurs veuves, suivant leur fortune ; — les commandeurs et chevaliers de l'Hôpital ; — les maires des petites villes, les jurés et marchands des plus grandes ; — les avocats, notaires de moindre rang, 20 sh.; 10 sh.; 6 sh. 8 den.; 3 sh. 4 den.

Les hommes et femmes mariés, 4 d. par couple.

Les hommes et femmes non mariés au-dessus de 16 ans, 4 d. par tête [1].

Le clergé, convoqué en synode dans les deux provinces de Canterbury et d'York, s'imposa comme les laïques et dans les mêmes proportions : les deux archevêques 10 marcs, les évêques et abbés mitrés 6 marcs, les abbés inférieurs et tout le reste du clergé, tant régulier que séculier, en raison de leurs revenus. Dans les abbayes de quelque importance, les abbés, outre leur taxe personnelle qui les égalait à des comtes, ne payèrent pas moins de quarante deniers pour chacun de leurs moines.

---

1. *Rot. Parl.*, t. III, p. 57. On sait que la livre vaut 20 sous et le sou 12 deniers. Le marc qui, en France, se prend pour la demi-livre, valait en Angleterre 13 sous 4 deniers. Cela résulte d'un très-grand nombre de textes pour le temps dont nous parlons. La monnaie en Angleterre a gardé dans ses subdivisions la valeur que la nôtre, même comme monnaie de compte, a perdu sous l'influence des altérations successives des espèces monétaires. La livre sterling valait 25 de nos livres au temps de Louis XVI, et le shilling, ou sou sterling, 25 de nos sous. C'est encore à peu près la même valeur aujourd'hui.

2. *Conc. Britann.*, t. III, p. 141 et 145, 29 avril et 9 mai 1379 ; Wals., p. 221. Le moine Walsingham pousse les hauts cris.

Avec ces ressources, le gouvernement anglais se crut enfin en mesure d'agir. Les Bretons confédérés à Rennes (26 avril 1379) venaient de rappeler leur duc (4 mai); on leva en Angleterre une troupe de 2000 hommes d'armes et de 2000 archers pour le ramener dans ses États; et le duc de Lancastre fut revêtu de pleins pouvoirs pour défendre le royaume par terre et par mer (12 juin 1379). Mais la flotte, commandée par Jean d'Arundel, périt dans une tempête: on y vit le châtiment des excès qu'il avait commis en Angleterre avant de mettre à la voile; et l'argent sur lequel on comptait fit défaut. La taxe personnelle votée en parlement, jointe au subside semblable accordé par le clergé, ne produisit que 22 000 livres, et la solde des troupes en demandait 50 000. Il fallut réduire la petite armée destinée à la Bretagne, réduire les troupes réclamées pour la défense de la Picardie et de la Gascogne; et rien ne restait dans les caisses publiques, ni pour rembourser l'emprunt, ni pour subvenir aux besoins de tous les jours : car les Flamands venaient de se soulever contre leur comte (1379); tout le pays était en trouble, les métiers en souffrance : on n'achetait plus de laine; et le trésor d'Angleterre voyait se tarir la principale source de son revenu (a).

Le parlement fut donc réuni dès les premiers jours de l'année (14 janvier 1380) à Westminster, et le chancelier ne put que renchérir sur le tableau fort triste qu'il avait présenté à la dernière assemblée. Cette fois la patience des communes était à bout. A peine eurent-elles choisi leur orateur, qu'il vint à leur tête dans le parlement, et, après la protestation d'usage, il signifia leurs résolutions. Elles déclarèrent par sa bouche que si le roi avait été bien gouverné, on n'aurait point fait de si grandes dépenses; et, s'en prenant à qui de droit, elles demandèrent que les lords et les prélats du conseil fussent déchargés de leurs fonctions; que le roi ayant l'âge de discrétion, l'âge qu'avait son aïeul quand il fut couronné, gouvernât seul, assisté des cinq grands officiers : chancelier, trésorier, garde du sceau privé, grand chambellan et sénéchal de l'hôtel; stipulant comme toujours que ces officiers fussent élus dans le parlement, et ne pussent être destitués avant la réunion prochaine : c'était faire tout dépendre de cette assemblée. Afin d'apurer les comptes, à partir du jour où on lui livrait le pouvoir, l'orateur demandait que l'on instituât une commission pour faire enquête sur toutes les recettes et les dépenses de la couronne, tant en deçà qu'au delà de la mer, sans excepter l'hôtel du roi, depuis l'époque de son couronnement (a).

Les lords étaient sur tous ces points d'accord avec les communes. Le conseil se retira. On plaça près du roi, pour veiller sur sa personne et l'assister, Thomas Beauchamp, comte de Warwick; on forma la commission d'enquête de prélats, de lords et de députés des communes, et l'on publia, sans plus attendre, au nom du roi, l'ordonnance qui lui conférait ses pouvoirs (b).

Le gouvernement ainsi constitué, on lui devait donner les moyens d'agir. On vota un dixième et demi pour les cités et les bourgs, un quinzième et demi pour le reste du pays, avec cette clause, que ce subside serait entièrement appliqué à l'expédition de Bretagne ; et l'on prorogea d'un an l'impôt des laines, qui devait finir à la Saint-Michel. Au commencement du règne, on avait prié le roi de réunir le parlement tous les ans ; or, depuis quinze mois à peine, on l'avait convoqué trois fois. Les communes demandèrent qu'on ajournât la première réunion à la Saint-Michel de l'année d'après : elles voyaient trop à quelle fin et à quel prix se faisaient des convocations si fréquentes. Elles priaient d'ailleurs qu'on remédiât aux abus ordinaires : création des agents du fisc, provisions ou réserves du pape en faveur d'étrangers, etc. ; qu'on mît le pays en défense, et qu'on le protégeât, non-seulement contre les incursions de l'ennemi, mais aussi contre les pillages de ses propres défenseurs : les violences de Jean d'Arundel justifiaient cette plainte ; enfin, par un nouvel empiétement de pouvoir, elles demandaient que les juges, dont la mission était de veiller à la paix publique, fussent nommés par les lords eux-mêmes au sein du présent parlement. Il fut dit que le roi aviserait (a).

Tout semblait établi, tout promettait de marcher à la satisfaction générale : le parlement gouvernait par les grands officiers ; et l'ambition des oncles du roi trouvait au dehors de quoi se satisfaire.

La mort de Henri de Transtamare (mai 1379) avait réveillé toutes les prétentions du duc de Lancastre à la couronne de Pierre le Cruel, son beau-père. Le roi de Portugal, qui, en haine de l'Espagne, s'était attaché à sa cause, avait défié le nouveau roi de Castille, Jean Ier, et ne demandait que d'être soutenu. Un traité avait été conclu, qui reliait plus que jamais l'Angleterre aux intérêts de la Péninsule; car tandis que le roi de Portugal devait aider Lancastre à monter au trône de Castille, il s'engageait à donner sa fille unique au fils du comte de Cambridge, le second des oncles du roi. La Castille et le Portugal devenaient donc la part des deux aînés. Quant au troisième, Buckingham, il trouvait une autre compensation : c'est à lui qu'était confiée la grande expédition préparée à l'appui de la Bretagne. Tout le dernier subside était consacré expressément à son entreprise; et il voyait accourir autour de lui les plus vaillants capitaines de l'Angleterre, Robert Knolles, Hugues de Calverley, Thomas Percy, Thomas Trivet, et beaucoup d'autres (a).

Mais la suite répondit mal à tant d'espérances.

Buckingham se rendit en Bretagne, non par le trajet direct : on craignait trop de rencontrer au passage les flottes de l'Espagne et de la France; mais par Calais et par la voie de terre : on redoutait moins de traverser la France en présence de nos troupes, car ces troupes étaient enchaînées par des ordres dont heureusement nos marins étaient affranchis. De

Calais, il prit son chemin par l'Artois, le Vermandois, la Champagne! On eût dit que pour passer la Seine il lui fallût remonter à sa source! Il marchait en bon ordre; car il était suivi, et les Français (cela ne leur était pas défendu) « ratteignoient à la fois et ruoient jus (mettaient à bas) les fourrageurs anglois : » mais nulle part il ne fut combattu ; et après avoir défié, bravé jusque dans Troyes le duc de Bourgogne en personne, il reprit du même pas le chemin de la Beauce, avec moins de facilité pourtant : les passages de la Sarthe et de la Mayenne étaient gardés, et le pays plein de gens résolus à les défendre. La mort de Charles V aida les Anglais à se tirer du péril. Le duc d'Anjou et plusieurs grands barons avaient quitté leur poste pour se rendre à Paris. Buckingham arriva donc au terme de son voyage ; mais il y gagna peu. Charles V en mourant avait reconnu les torts de sa politique envers la Bretagne; et ses frères, suivant ses dernières instructions, inaugurèrent le règne du jeune Charles VI en réconciliant les Bretons et leur duc lui-même avec la couronne. Les Bretons redevenaient Français du jour où on ne parlait plus de les incorporer à la France. Le duc avait de plus fortes attaches du côté des Anglais; mais ses sujets lui remontrèrent que les Anglais, maîtres de Brest, ne lui laissaient plus qu'un vain titre : « Car, disaient-ils, n'est pas duc de Bretagne qui n'est sire de Brest. » Et le duc, n'ayant d'ailleurs d'autre alternative que de congédier les Anglais ou de repartir avec eux, finit par accepter les conditions de Paris, s'excusant fort auprès de ses alliés de la veille : si bien que Buckingham, qui avait accompli si heureusement son voyage de Calais à Vannes par Troyes en Champagne, revint comme il était venu, mais par la voie directe cette fois, en Angleterre (*a*).

Avant qu'on pût prévoir ce résultat, lorsque l'arrivée du comte en Bretagne donnait au contraire les meilleures espérances, le parlement avait été réuni à Northampton (5 novembre 1380). Il s'en fallait qu'on eût attendu le terme marqué par le vœu des communes ! Et pourquoi Northampton? pourquoi réunir une si grande multitude, au cœur de l'hiver, dans un lieu où elle devait si difficilement trouver à se loger ? Tout le monde en murmurait, et Londres surtout, que l'on avait dessein d'éviter en convoquant le parlement à Northampton : car on y voulait punir un meurtre dont ceux de Londres avaient été complices; et l'on savait que la clameur publique contre de nouveaux sacrifices, redemandés si tôt à la nation, trouverait plus d'échos dans cette grande cité (*b*).

Les besoins étaient pressants en effet. Le subside n'avait pas été détourné de sa destination. Rien n'avait été fait encore pour l'Espagne. Il avait été convenu que Lancastre irait préalablement mettre en défense les frontières d'Écosse, où les trêves étaient expirées : il y était; et Cambridge, qui le devait précéder en Portugal, n'était pas encore parti. Rien donc n'avait été dépensé de ce côté : mais il fallait soutenir le duc de Lancastre sur les frontières d'Écosse, et le comte de Buckingham en Bretagne ; car en Bretagne pas plus qu'aux marches de l'Écosse, les deux armées ne pouvaient vivre aux dépens du pays. L'archevêque de Canterbury, Simon Sudbury, chancelier nommé au dernier parlement, fit l'exposé de la situation et de la détresse du trésor ; les joyaux de la couronne étaient toujours engagés ; le subside des laines, les troubles de Flandre durant, ne rapportait pas davantage. On était obligé pour six mois encore envers l'armée de Buckingham, et l'on devait trois mois de solde aux garnisons de Calais, de Brest et de Cherbourg : en sorte qu'on avait à craindre leur désertion et la perte des places. Ajoutez l'Écosse à observer, l'Irlande à contenir et les rivages à défendre (a).

Les communes prirent un jour pour examiner l'état des affaires ; puis elles revinrent à la Chambre des lords, et là, en présence du roi et des seigneurs tant spirituels que temporels, l'orateur demanda une déclaration plus expresse de ce qu'on réclamait, priant le roi de ne pas aller au delà du nécessaire, parce que les communes étaient pauvres. On fixa la somme à 160 000 livres. — Elles se récrièrent, demandant qu'on se réduisît à une somme plus supportable, et priant en outre les prélats et les lords de voir eux-mêmes par quel moyen on la pourrait le mieux recueillir. Les lords délibérèrent longuement à part, et, rappelant les communes, ils leur proposèrent trois modes à leur choix : 1° une capitation d'un certain nombre de *groats*[1], à payer par tous, hommes ou femmes, le fort aidant le faible; 2° une taxe sur toute marchandise achetée ou vendue dans le royaume, à la charge du vendeur; 3° la ressource ordinaire des quinzièmes et des dixièmes. Ils indiquaient leur préférence pour le premier moyen, comme le plus expéditif et le moins onéreux. Les communes, après un long débat, revinrent et dirent que, malgré leur détresse, elle voteraient 100 000 liv. si le clergé, qui avait le tiers des biens du royaume, voulait pour sa part en donner 50 000. Le clergé protesta, du moins quant à la manière dont on cherchait à l'engager. Il ne voulait pas que sa contribution parût résulter d'un vote du parlement. Mais il dit que lorsque les communes auraient voté, il ferait ce qui serait nécessaire. On s'en tint donc à la somme proposée; et pour l'avoir, on adopta le mode préféré des lòrds : une capitation de trois groats (12 pence ou 1 shilling) par personne, homme ou femme, au-dessus de quinze ans, les mendiants exceptés : les plus riches dans chaque ville devaient subvenir aux plus pauvres, de telle sorte pourtant que nul ne payât, pour soi et sa femme, ni moins de 1 groat ni plus de 60 (20 schillings ou 1 livre) (*a*).

---

1. Le *groat* vaut 4 *pence* ou deniers.

Ce subside voté par les communes comme le moins lourd et le plus praticable, fit éclater le soulèvement populaire, où parut pour la première fois dans le plein usage de sa prérogative et inspiré de lui seul, au milieu des plus grands périls de la nation, le jeune roi au nom duquel on la gouvernait depuis quatre ans.

LIVRE DEUXIÈME.

L'INSURRECTION DES PAYSANS.

I

J. WICLEFF.

Le soulèvement aurait eu moins de gravité s'il n'avait eu son principe dans l'état général du pays.

L'Angleterre, on l'a vu, avait dès lors une forme de gouvernement sans pareille en Europe. Elle avait introduit dans sa charte et pratiquait dans ses rapports avec la royauté les principes des constitutions modernes; mais les rapports des classes étaient toujours du moyen âge : la liberté se faisait jour dans le gouvernement; la servitude restait dans le fond de la société.

« Un usage est en Angleterre, dit Froissart, et aussi est-il en plusieurs pays, que les nobles ont grands (*sic*) franchises sur leurs hommes et les tiennent en servage; c'est à entendre qu'ils doivent de droit et par coutume labourer les terres des gentilshommes, cueillir les grains et amener à l'hôtel, mettre en la grange, battre et vanner, et par servage les foins fener et mettre à l'hôtel, la bûche couper et amener à l'hôtel, et toutes telles corvées; et doivent iceux hommes tout ce faire par servage aux seigneurs. Et trop plus grand foison a de tels gens en Angleterre que ailleurs; et en doivent les prélats et gentilshommes être servis [1]. »

Mais nulle oppression ne dure que sous l'empire de la force : or la crise était grave pour les classes supérieures; et l'Église, d'où était venu tant de fois le salut, l'Église engagée elle-même par ses hauts dignitaires dans les liens de la féodalité, se trouvait précisément alors fort empêchée d'y porter remède. La papauté, après Boniface VIII, était tombée de la domination dans la dépendance; et cette sujétion où la retenaient dans Avignon les successeurs de Philippe le Bel, l'avait surtout compromise en Angleterre. Les Anglais voyaient dans le pape l'allié nécessaire, l'instrument de leurs ennemis; et les prétentions, toujours mal acceptées, que le souverain pontife tirait de la donation du roi Jean, leur semblaient particulièrement insupportables quand celui qui revendiquait

---

[1]. Froissart, II, 106. Voyez plus haut (p. 20) la loi des laboureurs d'Édouard III, qui s'applique aux hommes libres comme aux serfs; et les sanctions nouvelles qu'elle avait reçues des derniers parlements.

sur l'Angleterre des droits de suzerain, était lui-même le client de la France. Ce contraste rendait plus amères leurs récriminations et pouvait amener une rupture. La rupture fut évitée alors ; le pape revint à Rome, et ce furent les Français qui, pour retenir la papauté dans Avignon, firent le schisme (le grand schisme d'Occident). Or le schisme de la France raffermissait tout naturellement l'orthodoxie de l'Angleterre : les Anglais ne pouvaient songer à se séparer d'un pape qui excommuniait la France. Mais déjà pourtant, parmi ces querelles de l'Église et de l'État, on voyait poindre une révolution qui pouvait renverser l'un et l'autre : la prédication de Wicleff (a).

Wicleff, comme les réformateurs du seizième siècle qui saluèrent en lui un précurseur, a conquis son rang parmi les émancipateurs de l'esprit humain par une doctrine de servitude. Il sacrifiait le libre arbitre, ramenant tout à la grâce. L'état de grâce était pour lui l'unique fondement du droit. Dieu seul était maître, et les hommes n'étant que ses serviteurs et ses vassaux, perdaient, en manquant à leur foi, tous les pouvoirs qu'ils tenaient par délégation de son haut domaine. Ainsi, plus d'hérédité dans la souveraineté politique, plus de droit acquis et permanent dans la hiérarchie de l'État ou de l'Église : la grâce seule faisait l'autorité du magistrat et le caractère du prêtre ; et, par suite, ce caractère cessait d'être indélébile. Le péché dégradait *ipso jure* : avant de recevoir les sacrements du ministre des autels, il eût été bon de l'ouïr lui-même en confession. Mêmes conséquences dans l'ordre civil : hors de la grâce, nulle puissance sur les personnes ou sur les choses; plus d'hérédité même dans les familles, plus de seigneurie ni de propriété. Tout, dans l'État comme dans l'Église, devait être l'apanage des saints.

Ces propositions, extraites des écrits de Wicleff, n'étaient probablement pas le texte même de son enseignement; et on peut croire qu'il n'en prêchait point la pratique. C'était un idéal où il conviait les hommes, sans les y prétendre obliger par conscience; et, pour accommoder sa théorie au régime présent de la société, il disait, sur un ton trop familier sans doute, que « Dieu devait obéir au diable »; c'était sa manière de prêcher la soumission aux puissances. Mais cette maxime, que ses ennemis prenaient à la lettre pour en faire un objet d'horreur, n'était guère propre à contenir ses disciples : car comment donner les mains à ce triomphe de Satan, et ne point travailler plutôt à rétablir le règne de Dieu? Lui-même d'ailleurs, si réservé qu'il fût vis-à-vis de l'État, allait plus loin à l'égard de l'Église; et il avait en ce qui la concerne des sentences d'une application immédiate. Il attaquait directement et sa hiérarchie et sa puissance, au spirituel comme au temporel. Il niait que le pape eût plus de pouvoir qu'un simple prêtre; il lui refusait le droit de lier et de délier, le droit de grâce ou d'excommunication; et en même temps qu'il lui ôtait cette arme redoutée des grands, il donnait aux grands puissance sur l'Église, en soutenant qu'ils avaient le droit et le devoir même, sous peine de damnation, de lui prendre ses biens en des cas dont eux seuls étaient juges. Ainsi Wicleff ne s'élevait avec tant de violence contre le pouvoir spirituel, que pour le mieux assujettir au pouvoir temporel (a).

Les grands furent plus séduits par ces déclarations de Wicleff qu'effrayés des autres conséquences de ses principes; et le bas peuple lui devait applaudir sans réserve : car ces biens de l'Église qu'il donnait aux grands le pouvoir de retirer à ses ministres, il enseignait que c'était le bien des pauvres, et qu'avant de rien demander au peuple par l'impôt, c'était à l'Église, comme dépositaire de cette réserve, qu'il fallait s'adresser. Aussi put-il répandre son enseignement tout à son aise, s'entourant de disciples (les *lollards*) qui prenaient l'habit de moine, pour mieux crier contre les couvents; et lorsque enfin, à la requête du pape, il fut cité devant le primat, les appuis ne lui manquèrent point.

La première fois, à la fin du règne d'Édouard III (1377), le duc de Lancastre et Henri Percy, le sénéchal et le maréchal d'Angleterre, vinrent lui faire cortége devant ses juges; et ils interpellèrent si violemment l'évêque de Londres, chargé de la conduite du procès, qu'ils changèrent tout à coup la nature du débat. La multitude, qui haïssait Lancastre plus encore qu'elle n'aimait Wicleff, voulait tuer le prince; elle se répandit dans la ville; elle força l'hôtel de Percy; elle eût brûlé dès lors le beau palais de Lancastre, si l'évêque ne fût intervenu pour la calmer; et les deux patrons de Wicleff ne se crurent en sûreté qu'en se réfugiant à Kensington, auprès de la princesse de Galles. Quant à Wicleff, effacé par ce coup de théâtre, l'archevêque, levant brusquement la séance au milieu du tumulte, s'était borné à lui enjoindre de ne pas enseigner davantage les points incriminés de sa doctrine. Le pape, ne croyant pas que le silence suffît après une telle prédication, désapprouva cette indulgence, et demanda que le novateur fût condamné ou qu'il rétractât ses maximes. Il adressa des bulles à Oxford, à Canterbury et à Londres. Mais les choses avaient bien changé dans l'intervalle. Richard II avait succédé à son aïeul; Lancastre s'était éloigné, et Wicleff perdait en lui un patronage compromettant vis à vis du peuple, sans que son crédit fût diminué à la cour. Dans la détresse où était le trésor, on avait voulu savoir si l'on pouvait retenir l'argent en Angleterre, au risque même de l'empêcher d'aller à Rome; et on avait soumis le cas à Wicleff : à qui mieux s'adresser pour la réponse que l'on souhaitait? On lui devait bien quelque retour. Quand les bulles du pape arrivèrent, l'université d'Oxford, où Wicleff avait enseigné et où il retenait de nombreux adhérents, hésita si elle recevrait la sienne. Le primat, l'évêque de Londres, n'avaient pas les mêmes raisons de s'abstenir : et la cour ne les empêcha point d'y donner suite en assignant Wicleff à comparaître devant eux; mais le jour où il se présenta au lieu marqué, dans la chapelle de Lambeth, un messager de la princesse de Galles vint enjoindre aux prélats de ne rien prononcer contre lui; et la multitude, que l'absence de Lancastre laissait toute à ses instincts, envahit la chapelle (1378) (a).

Ce n'était plus Wicleff qui était en péril; et du reste, loin d'abuser de ses avantages, il donna les explications que l'on voulut. S'il niait la perpétuité du pouvoir politique et du domaine civil, c'est leur éternité qu'il voulait dire : et chacun devait être de son avis, à moins de nier la fin du monde et la résurrection. Lors donc qu'il limitait le règne des hommes, c'était pour réserver les droits de Jésus-Christ, qui doit un jour régner sur tout le monde; s'il refusait au père de famille le pouvoir de disposer en maître de ses biens, c'était pour réserver le droit de Dieu, à qui tout appartient, et dont les hommes ne sont que les serviteurs. La grâce qu'il enseignait, avait son fondement dans l'Évangile : le droit de lier et de délier la suppose absente ou présente en celui à qui on l'applique; nul n'est lié ou délié, s'il ne se trouve à l'avance esclave ou affranchi du péché. Quant aux biens ecclésiastiques, si le prêtre en use mal, c'est rendre service à l'Église que de l'en dépouiller; c'est dégager le spirituel du temporel au grand profit de l'un comme de l'autre : doctrine qui n'a jamais manqué d'apôtres en aucun temps. Wicleff la déclarait incontestable s'il y a un Dieu; car, disait-il, si

Dieu est, il est tout-puissant, et s'il est tout-puissant il peut donner cette autorité aux grands comme toute autre (*a*).

En présence de la multitude et de ses bruyantes manifestations, les explications furent jugées suffisantes. On renvoya encore Wicleff, en lui intimant de ne plus enseigner désormais les propositions condamnées par le pape. Il en enseigna d'autres plus radicales. Le domaine civil, disait-il, n'existait point dans l'état d'innocence; il tient donc inséparablement à l'état de péché; et le vrai clerc, dont le caractère exclut toute idée de péché, doit y demeurer étranger. Comme Jésus-Christ n'a rien possédé, le prêtre ne doit rien posséder : il ne le peut, sans pécher mortellement; et c'est faire acte méritoire que de lui retirer cette pierre de scandale[1].

Comment ces maximes nouvelles échappèrent-elles à la censure? Wicleff, qui tenait peu à être martyr de sa doctrine, recourut sans doute encore à l'interprétation. Il en usa aussi pour lui-même. Cet ennemi de la propriété ecclésiastique garda son petit bénéfice, et mourut paisiblement curé de Lutterworth (*b*).

Mais il eut des disciples qui, moins théoriciens, voulaient, à leurs risques et périls, mettre le dogme en pratique : tel fut John Ball.

Ce John Ball, « un fol prêtre de la comté de Kent, » dit Froissart, était déjà avant Wicleff un prédicateur

---

1. Walsingham, p. 208.

populaire, fort aimé de la foule. Et comment ne l'eût-il pas été? Depuis vingt ans il enseignait qu'on ne devait pas payer les dîmes à plus riche que soi, et que, comme les offrandes, elles appartenaient de droit aux paroissiens, s'ils étaient de meilleure vie que leur curé. Lorsque Wicleff enseigna, J. Ball adopta avec ardeur sa doctrine : il lui avait frayé les voies; il lui avait servi de précurseur comme Jean-Baptiste à Jésus-Christ, dit Knighton. Avec lui la doctrine de Wicleff devait difficilement demeurer dans le demi-jour de la théorie. Aussi J. Ball fut-il assez vite interdit; mais, chassé des églises, il allait prêcher dans les rues, dans les champs. Il attendait les paysans le dimanche, au sortir de la messe, dans l'enclos qui faisait le cimetière, les rassemblait tous, hommes et femmes, autour de lui, et faisant appel au sentiment des maux réels dont ils souffraient, il leur prêchait pour remède la doctrine de Wicleff dans ses dernières conséquences (a).

« Bonnes gens, leur disait-il, les choses ne peuvent bien aller en Angleterre tant que les biens ne seront pas en commun, et qu'il n'y ait plus ni vilains ni gentilshommes, mais que tous nous soyons unis. De quel droit ceux que nous nommons seigneurs sont-ils plus grands maîtres que nous? A quel titre l'ont-ils mérité? Pourquoi nous tiennent-ils en servage? Et si nous venons tous d'un même père et d'une même mère, Adam et Ève, en quoi peuvent-ils dire ou prouver qu'ils sont mieux seigneurs que nous, si ce n'est parce qu'ils nous font gagner pour eux par le travail ce qu'ils dépensent? Ils sont vêtus de velours, fourrés de vair et de gris; et nous, couverts de pauvres draps. Ils ont le vin, les épices et le bon pain; et nous, le seigle, la paille et de l'eau à boire. Ils ont le loisir et les beaux manoirs; et nous, la peine et le travail, la pluie et le vent aux champs. C'est de nous et de notre labeur que leur vient ce dont ils tiennent état. Nous sommes appelés serfs, et l'on nous bat si nous ne faisons présentement leur service; et nous n'avons souverain à qui nous plaindre, ou qui nous en voulût faire droit. Allons au roi, il est jeune; remontrons-lui notre servitude, et lui disons que nous voulons qu'il en soit autrement, ou que nous y pourvoirons de remède. Si nous y allons tous ensemble, tous ceux qui sont en servitude nous suivront pour être affranchis ; et quand le roi nous aura vus et entendus, ou bellement (de bonne grâce) ou autrement, de remède il y pourvoira[1].

On devine comment ces discours étaient accueillis de la foule. Les pauvres gens ne perdaient rien d'un tel sermon. Ils se le répétaient les uns aux autres et le murmuraient dans les veillées de la maison, dans les travaux des champs. La prédication de J. Ball courait de village en village, et le retentissement en arriva jusqu'à l'archevêque de Canterbury, qui fit prendre le hardi prêcheur, le retint deux ou trois

1. Froissart, II, 106.

mois en prison, puis le relâcha, « se faisant grand conscience de le faire mourir, ce qui mieux eût valu, » dit Froissart, fort peu tendre pour « ces méchants gens. » J. Ball une fois dehors « rentrait dans sa ruse; » et l'archevêque le remit en prison. Il y était quand eut lieu le mouvement provoqué depuis si longtemps par ses discours[1].

II

WAT-TYLER.

Un acte indigne de l'un des agents du trésor le fit éclater.

La capitation qui frappait toute personne âgée de quinze ans avait été mal vue du peuple, et rapportait peu à l'État. Elle donnait moins que la taxe plus forte, il est vrai, sur les classes supérieures, mais beaucoup moindre sur la masse, qui avait été votée au parlement de Westminster (avril 1379). On s'en prit à la négligence des collecteurs, et trois hommes, parmi lesquels J. Leg, demandèrent des pouvoirs pour y veiller, promettant bien que cet impôt, dans leurs mains, produirait davantage. Les familles, autant que possible, y dérobaient leurs enfants, et lorsqu'ils étaient à la limite des deux âges, ce n'était pas, comme on

---

1. Froissart, II, 106; Wals., p. 275.

le pense bien, par les registres des paroisses qu'on les pouvait convaincre de fraude. L'un des exacteurs menaça de recourir publiquement à un moyen de contrôle qu'il avait l'infamie d'estimer plus simple et plus court, et plusieurs payèrent pour épargner à leurs filles cette honte. Mais un jour il osa faire plus que de menacer.... Le père outragé dans la pudeur de son enfant, tua le misérable [1].

C'était un couvreur en tuiles du nom de Wat : Wat-Tyler. Il entraîna facilement à la révolte ceux d'alentour; et le mouvement se communiqua de proche en proche dans tout le comté de Kent, cette terre si bien préparée par les prédications de John Ball, et dans les comtés du voisinage, Essex, Sussex, Surrey, Hertford, Cambridge, Suffolk, Norfolk, etc. Dans tous ces pays, depuis longtemps (les plaintes des parlements antérieurs et les ordonnances rendues sur leur demande nous l'ont révélé) il y avait des serfs fugitifs armés contre leurs maîtres, et même des hommes libres jetés dans la vie d'aventure par la dureté des lois contre les laboureurs. Les artisans des villes, compris dans les rigueurs de ces mêmes lois, faisaient cause commune avec les paysans; les apprentis quittaient leurs maîtres : ils accouraient de cinquante ou de cent lieues à la ronde, armés de bâtons, de haches, d'épées rouillées ou même d'arcs dé-

---

1. *La capitation* : « Non sine diris imprecationibus levari fecerunt. » Wals., p. 245 ; — *Jean Leg* et ses associés : Knighton, p. 263, et Chron. de saint Alban, citée par Stow, *Ann.*, p. 283 (Lond. 1631).

pourvus de flèches. Les trois quarts, dit Walsingham, ne savaient où ils allaient, ni à quelle fin; mais tous suivaient, et nul n'avait la liberté de rester en arrière : il fallait marcher sous peine de mort (mai 1381) (*a*).

Quoi qu'en disent à cet égard les moines chroniqueurs, il est à croire que de tels moyens n'étaient pas nécessaires pour remuer les paysans. La levée de l'impôt avait répandu dans tout le royaume un mauvais vouloir et, sur plusieurs points, des résistances qui n'avaient besoin que d'un signal pour éclater en révolte. Les commissaires envoyés avec des pouvoirs spéciaux (*trailbaston*) pour réprimer les premiers mouvements, se trouvèrent fort empêchés au milieu d'un soulèvement si général. Plusieurs réussirent à se sauver; d'autres furent pris et mis à mort. Robert Belknap, président des plaids communs, qui était venu pour rétablir l'ordre dans l'Essex, n'échappa, dit-on, lui-même qu'en prêtant le serment de ne plus tenir ses assises et en livrant les noms des jurés. On les décapita, on planta leurs têtes sur des piques; et après avoir pillé leurs maisons, les révoltés allèrent tous se jeter sur un beau manoir que le prieur de Saint-Jean, Robert de Hales, trésorier d'Angleterre, avait dans le comté : ils mangèrent et burent tout ce qu'ils trouvèrent dans les caves et dans le cellier, et saccagèrent le reste [1].

Le principal rassemblement se fit dans le comté de

---

1. Stow, *Ann.*, p. 284.

Kent, et dès l'origine il manifesta hautement son but et ses tendances. Il ne s'agissait plus seulement pour les révoltés de la taxe et des exacteurs, mais de leur propre état, et de la société tout entière. Une même pensée les animait tous : mettre un terme au vieil ordre de choses. Le roi était trop jeune pour qu'on l'en pût rendre responsable; ce fut sous son patronage qu'ils placèrent leur insurrection. Ils disaient qu'il y avait trop de rois en Angleterre; qu'ils n'en voulaient qu'un seul, le roi Richard. C'était dire qu'ils voulaient supprimer tous ceux qui avaient gouverné en son nom. Au début de leur soulèvement, ils gardaient les routes de Canterbury, contraignant tous ceux qu'ils arrêtaient à jurer fidélité au roi Richard et aux communes (les communes, c'étaient eux); et, par une vieille habitude, reportant sur l'aîné des oncles du jeune prince leurs ressentiments et leurs défiances, ils faisaient jurer en même temps de ne prendre jamais pour roi personne du nom de Jean (nom du duc de Lancastre). Chacun devait s'engager en outre à les rejoindre à la première réquisition, à ranger ses concitoyens dans le même parti, et à ne jamais souffrir d'autre taxe que l'ancienne taxe des quinzième (a).

Plusieurs des révoltés de l'Essex, conduits par Jack Straw, étaient venus se joindre à ceux de Kent. Se trouvant en nombre, ils se portèrent sur Canterbury, où « toutes gens, dit Froissart, leur firent fête; car toute la ville étoit de leur sorte ». Ils commencèrent par forcer la prison, d'où ils tirèrent John Ball :

ils le voulaient faire archevêque sans plus attendre. L'archevêque Simon Sudbury leur était doublement odieux, comme le premier personnage de l'État et de l'Église : de même que Thomas Becket autrefois, il réunissait les titres de primat et de chancelier. Le prélat se trouvant à Londres, ils donnèrent une première satisfaction à leur rage en pillant son palais, buvant son vin, défonçant ses tonneaux, forçant ses parcs, et chassant son gibier, qu'ils tuèrent ou dispersèrent. Dans le sac du palais, tout en jetant les objets les plus précieux par les fenêtres : « Ce chancelier d'Angleterre, disaient-ils, a eu bon marché de ce meuble ; il nous rendra tantôt compte des revenus d'Angleterre et des grands profits qu'il a faits depuis le couronnement du roi. » (Lundi 10 juin) (a).

Wat-Tyler, John Ball et Jack Straw comptaient alors plus de cent mille hommes sous leurs ordres, et le nombre en grossissait tous les jours. Ils avaient lancé des proclamations qui se transmettaient, non de main en main, mais de bouche en bouche : proclamations dont les périodes rimées, tombant en cadence, retentissaient comme un tocsin dans les campagnes. La noblesse, comme frappée de stupeur, n'essayait pas de lutter contre cet entraînement. Ils résolurent de marcher sur Londres, où d'ailleurs ils étaient attendus : c'est là qu'ils donnaient rendez-vous aux paysans de l'autre côté de la Tamise, se proposant d'envelopper ainsi la ville et de faire que le roi ne leur pût échapper ; non pour le perdre, mais au contraire pour le mettre à leur tête. C'était au nom du roi qu'ils voulaient abolir tout l'ancien gouvernement, niveler la société : ils avaient juré, disait-on, de ne se point séparer qu'ils n'eussent exterminé tous les seigneurs (a).

Ils se mirent en marche le mardi (11 juin), et tout le peuple de Canterbury avec eux. Ils prirent le chemin de Rochester, entraînant à leur suite la population des villages à droite et à gauche ; et tout en cheminant, ils abattaient et « foudroyaient » comme une tempête les maisons des avocats, procureurs et autres officiers de justice, n'épargnant pas plus leur personne : car ils comprenaient les hommes de loi dans la haine qu'ils avaient vouée aux grands. Ils disaient qu'il n'y aurait pas de liberté tant qu'il en resterait un seul au monde, et ils jetaient au feu les chartes et les registres des cours, afin de détruire les droits de leurs maîtres avec les titres qui pouvaient en faire foi. Tout ennemis qu'ils étaient des seigneurs, ils avaient tellement l'habitude de voir en eux le caractère du commandement, qu'ils ne se crurent pas suffisamment conduits, s'ils n'en mettaient un à leur tête. Arrivés à Rochester, où on leur fit « grand'chère » comme à Canterbury, ils voulurent avoir pour chef J. Newton, chevalier, commandant de la ville. « Il faut, lui dirent-ils, que vous vous en veniez avec nous et que vous soyez notre souverain meneur et capitaine, *pour faire ce que nous voudrons.* » — « Le chevalier, ajoute Froissart, s'excusa moult bellement, et remontra plusieurs raisons d'excusances, si elles pussent valoir; mais nenni; car on lui dit : « Messire Jean, messire Jean, si vous ne faites ce que nous voulons, vous êtes mort. » Ce n'était point une vaine menace : J. Newton le vit bien, et il partit avec eux (*a*).

Ils reprirent donc le chemin de Londres, abattant les maisons, coupant les têtes de ceux qu'ils réputaient ennemis. La princesse de Galles, mère de Richard, qui revenait à Londres, tomba dans leur troupe, et eut grand'peur pour elle et pour les dames de sa compagnie. Ils assaillirent en effet assez brutalement sa voiture; mais ils la laissèrent aller : s'ils voulaient gagner Richard, ils ne devaient pas insulter sa mère; et, poursuivant leur route au cri : « Le roi, le roi ! » ils vinrent s'établir sur une colline nommée Blackheath (la noire bruyère), à quelques milles de la capitale. Ils voulaient, avant de faire le dernier pas, se rallier et se compter (12 juin)[1].

La terreur fut grande parmi ceux qui entouraient le roi. Le parlement était dissous, les lords dispersés; et il n'y avait pas plus de secours dans les oncles du prince : le duc de Lancastre se trouvait aux frontières d'Écosse; le duc de Cambridge à Plymouth, déjà en mer, prêt à partir pour le Portugal; et l'on disait que Buckingham, récemment revenu de Bretagne, était pour les paysans. Le maire de Londres, W. Walworth, fit fermer les portes du pont de la Tamise et y établit

---

1. Froissart, II, 107, et les historiens déjà cités.

des gardes. Mais quelle sécurité avoir, quand de nouvelles bandes arrivaient de l'Essex sur l'autre bord du fleuve, et qu'on savait d'ailleurs qu'en deçà du pont, derrière les gardes, il y avait, au sein même de Londres, trente mille hommes pour les révoltés? Ce n'était pas en effet seulement aux serfs, c'était au menu peuple tout entier que s'adressait la révolte. John Ball, à Blackheath, reprenant la suite de ses sermons au milieu de deux cent mille hommes armés pour les appliquer, choisissait pour texte, non une parole de l'Évangile, mais ce vieux dicton populaire qui battait en brèche la société, en rapprochant son état présent de ses origines :

> When Adam dalfe and Eve span,
> Who whas than a gentleman?

> Quand Adam bêchait et qu'Ève filait,
> Qui était alors gentilhomme?

« Tous les hommes, disait-il, ont été créés égaux par la nature; la servitude a été introduite par l'injuste oppression de gens pervers, contre la volonté de Dieu : car si Dieu avait voulu créer des serfs, il aurait marqué au commencement du monde qui doit servir et qui doit être maître. Voici le temps que Dieu vous donne pour rejeter l'esclavage, et jouir de la liberté si longtemps désirée. Vous le pouvez, si vous voulez. Soyez donc hommes de cœur, et imitez, sans tarder plus, le bon père de famille qui, cultivant son champ, arrache et coupe les plantes nuisibles au développement des fruits. » Et il signalait à leurs coups les seigneurs d'abord; puis les hommes de loi, jurés et juges; enfin tous ceux qui pourraient par la suite nuire à la communauté. A ce prix, il leur promettait paix et sécurité dans l'avenir. Les grands détruits, ils devenaient tous égaux en liberté, en noblesse, en puissance et en dignité.

Ces paroles transportaient la multitude. Ils eussent voulu donner à leur prédicateur toute la dépouille de Simon Sudbury en une fois, les sceaux avec la primatie. Quant à eux pourtant, ils se fussent contentés de moins, et dans leurs rapports avec la cour ils ne se posaient pas même en ennemis. Ils disaient qu'ils étaient au roi et au noble commun (peuple) de l'Angleterre; et ils envoyèrent leur chevalier à Richard pour l'inviter à venir conférer avec eux, protestant que tout ce qu'ils faisaient était pour lui, pour l'honneur du royaume. Depuis trop d'années, le pays était mal gouverné au détriment « du commun et menu peuple » par ses oncles et par son clergé, et notamment par l'archevêque de Canterbury, son chancelier. Ils en voulaient avoir compte (a).

J. Newton passa la Tamise et fut mené au roi, qui se tenait dans la Tour avec la princesse de Galles, sa mère, le comte de Kent et Jean de Holland, ses frères utérins, nés du premier mariage de la princesse; les comtes de Salisbury et de Warwick, l'archevêque de Canterbury et le grand prieur de l'Hôpital, l'un chancelier, l'autre trésorier; plusieurs autres seigneurs, le maire de Londres et des notables de la cité. Ce fut à genoux et d'un ton suppliant que le chevalier remplit sa mission auprès de Richard. Il le priait de venir à Blackheath, l'assurant qu'il y serait traité en roi, et réservant d'ailleurs à ceux qui l'envoyaient le soin de s'expliquer sur le reste; il demandait avec instance quelques bonnes paroles à rapporter, car il fallait qu'il retournât : ses enfants, demeurés en otage, en répondaient sur leur tête (*a*).

Le jeune roi allait montrer dans cette crise une décision, une présence d'esprit et une vigueur dignes du sang du Prince Noir. Il prit l'avis de ses conseillers, et malgré les remontrances du chancelier et du trésorier, fort opposés à ce qu'il allât trouver « ces ribauds va-nu-pieds » (*ribaldos discalciatos*), il déclara qu'il irait, non à leur montagne, mais au bord de la rivière : « Qu'ils se rendent demain sur la Tamise, dit-il, et je leur parlerai[1]. »

Le lendemain, en effet, jour de la Fête-Dieu (13 juin), le jeune roi, ayant ouï la messe à la Tour, entra dans une barque avec les comtes de Salisbury, de Warwick, d'Oxford et de Suffolk, et plusieurs autres, et se dirigea vers le bord opposé de la Tamise. La multitude couvrait le rivage, tumultueuse, bruyante, l'œil inquiet, le visage hagard, comme de gens affamés : ils n'avaient rien mangé que ce qu'ils avaient trouvé sur la route; et à Blackheath

---

1. Froissart, II, 107; Wals., p. 248.

ils n'avaient rien trouvé. A la vue de la barque, « ils commencèrent tous à huer et à donner un si grand cri, qu'il semblait proprement que tous les diables d'enfer fussent là descendus en leur compagnie. » J. Newton était au milieu d'eux, plus mort que vif, et commençant à respirer pourtant; car l'arrivée du roi le sauvait : s'il n'était venu, ils l'eussent mis en pièces. Mais ceux qui accompagnaient le prince n'osèrent l'abandonner en pareille aventure; ils promenaient la barque le long du bord, et toujours à distance, en sorte que le roi put interpeller la foule sans se mettre à sa discrétion.

« Seigneurs, dit Richard quand il fut assez près de la rive, que voulez-vous? dites-le-moi; je suis venu pour vous parler.

— Nous voulons, crièrent-ils, que tu viennes sur la terre; nous te montrerons alors et te dirons plus aisément ce qu'il nous faut.

— Seigneurs, répliqua Salisbury, vous n'êtes pas en tel arroi et ordonnance que le roi puisse vous aller parler. »

Il fit virer de bord et ramener le roi à la Tour (a).

Les révoltés, voyant le roi partir, crièrent : « Trahison, trahison! » Ils coururent à la montagne où était « le grand peuple »; et tous, d'une même voix, s'écrièrent : « Allons à Londres! » Sur la route, ils détruisirent plusieurs manoirs d'abbés ou de gens de cour. Arrivés au grand faubourg qui étendait Londres sur la rive droite de la Tamise, ils abattirent encore plusieurs hôtels, renversèrent les prisons de la maréchaussée qu'ils vidèrent, et menacèrent de brûler Londres même si on les réduisait à y entrer de vive force. Mais tandis qu'ils tenaient ce langage, le peuple de Londres s'attroupait et disait : « Pourquoi ne laisse-t-on pas ces bonnes gens entrer en la ville? Ce sont nos gens, et tout ce qu'ils font c'est pour nous. » On disait qu'ils venaient chercher les traîtres et qu'ensuite ils se retireraient[1].

Il fallut donc bien qu'on ouvrît les portes. Ils s'y précipitèrent. Leur première pensée fut d'entrer n'importe où et de manger et boire, car ils mouraient de faim; et partout les habitants se montraient empressés de pourvoir à leurs besoins. Mais il y avait d'autres appétits à satisfaire. Tandis que les paysans savouraient à loisir, et, on le peut croire, à peu de frais, les vins les plus exquis, les chefs de la révolte songeaient à frapper leurs ennemis. Guidés par ceux de Londres qui partageaient leurs ressentiments, ils se portèrent vers l'hôtel de Savoie, hôtel du duc de Lancastre, le plus beau du royaume. Ils y entrèrent de force, tuant les gardes; et, à défaut du duc, prenant un de ses justaucorps, ils le dressèrent au bout d'une pique, le criblèrent de flèches et le mirent en pièces à coups d'épée; puis ils saccagèrent son hôtel et y

---

1. *Fureur de la multitude :* « Cumque viderunt regem redire, exclamaverunt voces suas, clamantes : *Treyson*, *Treyson*, et sic rapidissimo cursu usque Londoniam properarunt. » (M. Evesh., p. 25, cf. Froissart, II, 110.) — *Le peuple à Londres :* Froissart, Walsingham, et le moine d'Evesham, l. c.

mirent le feu « pour l'exemple de tous les traîtres » ; et, afin de montrer que l'amour des richesses n'entrait pour rien dans leur résolution, ordre fut donné de ne rien garder des trésors qui s'y trouvaient amassés. La vaisselle plate fut brisée et jetée par menus morceaux à la rivière ; les vêtements de soie déchirés et foulés aux pieds ; les joyaux, les pierres précieuses, écrasés au marteau. Un homme qui emportait un vase d'argent fut, avec son butin, jeté au feu. Ils disaient, en effet, par un sentiment qui n'est pas rare dans les mouvements populaires, mais ne se soutient pas toujours, ils disaient qu'ils étaient zélateurs de vérité et de justice, et non voleurs et larrons. Plusieurs pourtant qui avaient pénétré dans les caves et s'y étaient gorgés de vin, périrent sous les décombres et dans les flammes (a).

L'hôtel brûlé et rasé de fond en comble, ils allèrent, en haine du prieur de l'Hôpital, trésorier d'Angleterre, traiter de la même sorte la maison des Hospitaliers de Saint-Jean à Clerkenwell : maison, église, hôpital, tout fut détruit ; puis l'école de droit de Templebar : les livres, les chartes étaient tirés, à coups de hache, des coffres des étudiants, mis en pièces et donnés en pâture au feu. Les maisons particulières des hommes de loi n'étaient pas plus épargnées des paysans : les plus vieux, quand il s'agissait de démolir, grimpaient au comble des édifices avec une agilité de rat ou de diable, dit Knighton. Point de vol : mais le meurtre, chemin faisant, s'associait à la destruction et à l'incendie. Tout légiste ou apprenti légiste que l'on pouvait découvrir était, sans délai, mis à mort. Mais l'esprit d'homicide est contagieux, et les haines se donnaient libre cours au milieu de ces massacres. Qui avait un ennemi en profitait pour s'en débarrasser. Les apprentis tuaient leurs maîtres et allaient se joindre aux rebelles. On tuait par vengeance, on tuait par rivalité de commerce ou par haine de nation. On tua, à l'instigation de ceux de Londres, tous les Flamands que l'on trouva, même dans les monastères et les églises. On força aussi les maisons des Lombards, et on les pilla sans scrupule : prendre bien d'usurier, c'était à leur sens peut-être rentrer dans leur propre bien. Wat-Tyler alla aussi visiter un homme riche nommé Richard Lyons qu'il avait servi comme varlet à la guerre, et qui un jour l'avait battu. Le varlet, devenu par l'insurrection capitaine, ne l'avait point oublié. Il vint chez lui avec ses gens et lui fit couper la tête : elle fut portée par les rues de Londres au bout d'une pique (a).

Après toute une journée d'incendies et de meurtres, les rebelles vinrent sur le soir se loger devant la Tour. Ils disaient qu'ils ne partiraient pas que le roi n'eût accédé à toutes leurs demandes, et ils déclaraient tout particulièrement vouloir apurer les comptes du chancelier. Qu'étaient devenues les sommes immenses levées depuis cinq ans sur le royaume d'Angleterre ? S'il n'en rendait raison à leur entière satisfaction, malheur à lui ! Tout dans l'attitude de la foule, sa joie féroce, ses cris, ses huées, disait assez quelle serait sa justice : l'épouvante régnait dans la Tour (a).

Le roi tint conseil; et plusieurs, principalement le maire de Londres, W. Walworth, en face de ce grand péril, proposèrent une résolution désespérée. Tout seigneur, tout riche bourgeois, tenait ses gens armés dans son hôtel : Robert Knolles comptait bien cent vingt hommes dans sa troupe; Perducas d'Albret n'en avait guère moins. On pouvait réunir ainsi sept à huit mille hommes avec lesquels, vers minuit, on serait tombé, par quatre rues en même temps, sur cette multitude mal armée et désarmée par le sommeil ou par l'ivresse (tous les celliers leur avaient été ouverts par ordre): le maire se faisait fort de les exterminer. Mais Salisbury et de plus sages combattirent cet avis. On pouvait battre les paysans, mais était-on sûr du peuple de Londres? et s'il se mettait de la partie, qui répondrait du résultat? Il semblait donc meilleur d'apaiser la multitude par de belles paroles, et de ne pas commencer une œuvre qu'on aurait bien pu ne pas achever. Le conseil prévalut. Le maire eut ordre de ne tenter aucun mouvement dans la ville. Le jeune roi, payant de sa personne, se chargeait de dissiper l'orage qui grondait sur les siens (b).

Le vendredi matin, les clameurs redoublèrent au pied de la Tour; ils demandaient le roi, et criaient que s'il tardait davantage, ils prendraient le château de force et tueraient ceux qui étaient dedans. Le roi leur fit dire qu'ils allassent tous hors de Londres, dans une plaine nommée « Mile's End », lieu de promenade des bourgeois de la cité, et que lui-même irait au milieu d'eux pour leur accorder tout ce qu'ils demanderaient. A cette nouvelle, transmise par le maire et criée par la ville, les paysans commencèrent à se rendre au lieu désigné, non pas tous pourtant; car plusieurs trouvaient que puisqu'on était à Londres, il n'en fallait pas sortir ainsi : Londres était un butin qu'on ne retrouverait pas tous les jours. Parmi ces gens de toute sorte qui s'étaient joints à la troupe des paysans, plusieurs ne s'étaient mis en route pour autre chose; et les chefs du mouvement eux-mêmes avaient à traiter avec d'autres que le roi. Quand le roi fut sorti de la Tour pour se rendre à Mile's End, Wat-Tyler, Jack Straw et John Ball saisirent l'occasion et pénétrèrent avec quatre cents hommes environ dans la place (a).

Jamais on n'eut plus hideux spectacle de la fascination qui peut troubler les cœurs les plus braves dans les crises des révolutions. Il y avait, dit Walsingham, à la Tour, six cents archers et six cents hommes d'armes, les plus vaillants et les plus consommés au métier de la guerre : ils demeurèrent comme frappés de stupeur et plus morts que vifs, en présence de ces quatre cents hommes mal armés. Le souvenir de leurs exploits, le sentiment de leur valeur et l'amour de la gloire, tout s'était comme éteint en leur âme; toute l'audace de la milice anglaise s'était évanouie sous le regard de quelques paysans. Ces paysans, armés de vils bâtons, entraient sans résistance dans la chambre du roi ou de sa mère; ils faisaient plus que d'user de menaces, ils osaient de leurs sales mains toucher, caresser la barbe des plus nobles chevaliers, les inviter familièrement à faire société avec eux, à leur garder fidélité, à leur prêter serment de les aider dans la recherche des traîtres : traîtres eux-mêmes, s'écrie l'historien, quand ils souillaient leurs pennons et leurs bannières dans le commerce de ces ribauds! Et les misérables se dispersaient dans les salles du château, s'installant sur les siéges, s'étalant sur les lits, s'ébaudissant sur le lit même du roi. Ils retrouvèrent dans ses appartements la princesse de Galles, mère de Richard; ils l'entourèrent sans plus de cérémonie comme sans plus d'empêchement de la part de tous ces chevaliers, et l'invitèrent à les baiser! La princesse tomba évanouie, et fut emportée par ses valets et par ses femmes (a).

Mais, au milieu de cette débauche d'impudeur et d'audace, les chefs n'avaient point oublié pourquoi ils étaient surtout venus. Le chancelier, archevêque de Canterbury, le trésorier et les plus compromis n'avaient eu garde de suivre le roi à Mile's End dans sa conférence avec les insurgés. Mal leur en prit : l'archevêque, prévoyant bien son sort, attendait les meurtriers dans la chapelle; un clerc portait la croix devant lui, et un prêtre, le saint sacrement. « Où est le traître, le spoliateur du peuple?

crièrent les furieux en se précipitant dans le lieu saint. — Voici votre archevêque, dit le prélat, il n'est ni traître ni spoliateur; » mais eux, sans se laisser émouvoir ni de ce calme ni de cet appareil, l'entraînent par les bras, par la tête, jusque hors de la Tour avec des cris sauvages, des huées infernales. L'archevêque chercha encore à les détourner du crime; mais, voyant ses efforts impuissants, il leur pardonna sa mort et tendit la tête : on ne l'abattit qu'au huitième coup. Robert de Hales, le trésorier, Jean Leg, le principal commissaire de l'impôt, et plusieurs autres avaient été découverts en leurs retraites et menés au même lieu. Leurs comptes, que l'on avait paru si désireux d'examiner à fond, furent réglés sommairement : on les décapita, et leurs têtes, jetées à la foule, servirent de jouet à ses vengeances. La tête de l'archevêque, portant sa barrette fixée au crâne par un clou, fut plantée sur une pique et promenée dans la ville, au cri : « Voilà le traître ! » jusqu'au pont de Londres où on l'exposa. Les autres, roulées à coups de pied par les rues et les ruisseaux de Londres, allèrent rejoindre celle du primat au lieu ordinaire de ces exhibitions (a).

Le jeune roi, parti de la Tour dans l'espoir de faire diversion à la fureur de la multitude, et de sauver, au péril de sa propre personne, la vie des siens, se dirigeait, sans rien savoir encore de ces massacres, vers le lieu désigné. Ses deux frères utérins, le comte de Kent et Jean de Holland, n'osèrent pas le suivre jusque-là; d'autres seigneurs le quittèrent encore sur la route. Il continua avec sa petite escorte, et trouva dans la plaine soixante mille hommes assemblés.

« Bonnes gens, dit-il en les abordant sans trouble, je suis votre roi et votre sire : que vous faut-il ? que voulez-vous ?

— Nous voulons que tu nous affranchisses à toujours, nous, nos hoirs et nos terres, et que nous ne soyons jamais nommés ni tenus serfs.

— Je vous l'accorde : retirez-vous en vos maisons et en vos pays, et laissez seulement de par vous deux ou trois hommes de chaque village; et je leur ferai tantôt écrire et sceller de mon grand sceau des lettres telles que vous les demandez. »

Et pour mettre cette révolution (car c'en était une) sous la sauvegarde de l'autorité royale, il promit de leur faire délivrer par comtés et par communes sa propre bannière (a).

Ces paroles dissipèrent comme par enchantement l'émotion de la foule. Tous ses vœux se trouvaient accomplis, dépassés même. « C'est bien dit, c'est bien dit, criait-on : nous ne demandons pas mieux ! » Le roi avait ajouté un mot qui mettait le comble à la joie générale. Il leur accordait pleine amnistie, à la seule condition qu'ils suivissent ses bannières et s'en retournassent en leurs villages, comme il l'avait ordonné. La multitude rentra donc à Londres, et le roi fit hâter l'expédition de ses ordres. Plus de trente clercs furent employés dans la journée à écrire des lettres, que l'on scellait et délivrait sitôt que faites. Elles portaient en propres termes :

« Richard, par la grâce de Dieu, roi d'Angleterre et de France, et seigneur d'Irlande, à tous nos baillis et fidèles qui les présentes verront, salut.

« Sachez que, de notre grâce spéciale, nous avons affranchi tous nos hommes liges et sujets, et autres du comté de.....; que nous les dégageons tous et chacun de toute servitude (*bondagio*), et acquittons par les présentes ; et aussi que nous pardonnons à nos mêmes hommes liges et sujets toutes félonies, trahisons, transgressions, extorsions, faites ou perpétrées de quelque manière par eux ou quelqu'un d'eux; et si quelque mise hors la loi (*utlegariam*) a été prononcée contre eux ou quelqu'un d'eux dans ces occasions, nous la leur remettons et leur accordons notre souveraine paix. En foi de quoi nous leur avons fait faire en notre nom ces lettres patentes, moi présent, à Londres, le 15 juin, l'an iv de notre règne (*a*). »

Grand nombre, ceux de l'Essex notamment, partirent emportant leurs lettres. Mais, dit Froissart, « le grand trouble et venin demeuroit derrière, Wat-Tyler, Jacques Straw et Jean Ball. » Ils avaient juré de ne s'en point aller ainsi; et ils gardaient trente mille hommes avec eux, qui « ne se pressoient pas trop fort à avoir lettres ni sceaux du roi. » Ils trouvaient d'ailleurs à Londres une masse d'adhérents plus compacte que ne le pouvait être le ramassis des gens qu'ils avaient amenés de la campagne, une troupe qui restait sous leur main quand tous les autres se dispersaient. Si l'on en pouvait croire absolument les historiens (mais ce règne même ne doit-il pas nous montrer que les vaincus sont trop souvent les victimes de l'histoire?), Wat-Tyler avait résolu d'appliquer plus radicalement la doctrine de John Ball. Aux chartes qu'on lui offrait, il demandait que le roi joignît une commission qui lui donnât pouvoir de couper la tête à tous les gens de loi, à tous les receveurs du domaine, à tous les hommes instruits dans le droit ou tenant au droit par leur office; et, avec les légistes, il voulait supprimer toutes les lois, pour n'en plus admettre que venant de la multitude : on sait ce que cela veut dire. Il avait dit, en portant la main à ses lèvres, qu'avant quatre jours toutes les lois d'Angleterre émaneraient de sa bouche; et, pour se préparer la place, pour faire table rase des anciens pouvoirs, il devait mettre le feu aux quatre coins de Londres, piller la ville, tuer le roi et ses adhérents.

L'exagération du rapport en décèle la fausseté. La suite prouve qu'il ne voulait pas tuer le roi; mais, quant aux autres, ils devaient être moins assurés de leur vie. Les nobles, les riches bourgeois savaient bien le péril, et chacun, nous l'avons dit, avait armé ses gens, rassemblé ses amis en son hôtel : défense bien insuffisante dans son isolement contre une attaque menée avec ensemble. Ce qui peut-être ajourna le projet, c'est que le succès n'en semblait pas douteux. Ils ne se hâtaient donc point. Ils erraient par la ville, tuant au hasard dans les rues, dans les maisons, dans les cimetières, dans les églises, et, plus d'une fois, s'entre-tuant les uns les autres. Leur refuser hommage, ne point marcher d'accord avec eux, était un crime puni de mort. Un cri, un geste, le chaperon jeté bas, tenaient lieu de sentence. A ce cri bien connu, on accourait de toutes parts, et l'homme était décapité : ils ne tuaient plus qu'en coupant la tête. Aux massacres succédèrent les orgies. La nuit se passa dans les mêmes excès que la veille : hommes du peuple et paysans étaient maîtres de la place; heureux qui leur pouvait faire bonne chère! Ceux des Lombards qu'ils n'avaient point pillés tenaient pour eux table ouverte, leur servant à discrétion le grenache et le malvoisie : et Dieu sait comme ils en usèrent! Plusieurs demeurèrent ivres-morts, étendus dans les rues, « comme des porcs saignés, » dit Knighton. Mais le matin les chefs étaient sur pied, et, si quelques-uns s'attardaient encore dans les tavernes, plus de vingt mille se rassemblèrent à leur appel sur la place de Smithfield, où se tenait le marché aux chevaux. Là, portant les bannières qu'ils avaient reçues la veille pour une tout autre fin, ils préparaient leur journée; et les capitaines, se ravisant sur leur désintéressement du premier jour : « Nous n'avons rien fait, disaient-ils. Ces franchises que le roi nous a données nous portent trop peu de profit. Mais soyons tous d'un commun accord : courons cette grosse ville riche et puissante de Londres, avant que ceux d'Essex, de Sussex, de Cambridge, de Bethford et des autres contrées voisines ne viennent ; car tous viendront. Et si nous nous emparons de la ville, l'or et l'argent seront à nous ; si nous les laissons, ceux qui viennent nous les raviront (*a*). »

Tous approuvaient, quand tout à coup parut le roi (*b*).

Le jeune prince, revenu à la Tour, et apprenant avec la mort de ses principaux officiers l'insulte faite à sa mère, s'était empressé de l'aller rejoindre dans une maison de plaisance nommée Queen's Wardrobe (la garde-robe de la Reine), située sur la Tamise, à l'autre extrémité de Londres. Il avait passé la nuit auprès d'elle, et dès le matin, après une pieuse station à l'abbaye de Westminster, il était monté à cheval avec ses barons, se dirigeant vers la Tour. Il avait pris à gauche pour regagner le château sans traverser la ville, quand, arrivé devant l'abbaye de Saint-Barthélemy, il découvrit le grand rassemblement de Smithfield. Il s'arrêta, et dit qu'il n'irait pas plus avant sans savoir de ce peuple ce qu'il voulait. De son côté, Wat-Tyler, apercevant le prince, dit à ses gens : « Voilà le roi, je veux aller lui parler. Ne vous mouvez d'ici si je ne vous fais signe ; et, si je vous fais ce signe (il fit le geste), venez avant et tuez tout, hormis le roi : car il est jeune, nous en ferons notre volonté ; nous le mènerons partout où nous voudrons en Angleterre, et serons seigneurs de tout le royaume. » Il donna des éperons et s'en vint droit à Richard, si près du prince que la queue de son cheval touchait la tête du cheval du roi ; puis, l'interpellant sans plus de formes :

« Roi, dit-il, vois-tu toutes ces gens qui sont là ?

— Oui, dit le roi, pourquoi le dis-tu ?

— Je le dis pour ce qu'ils sont tous en mon commandement, et m'ont tous juré foi et loyauté à faire ce que je voudrai.

— A la bonne heure, dit Richard, je veux bien qu'il en soit ainsi.

— Eh bien, reprit Tyler, qui ne demandait que dispute, penses-tu, dis, roi, que ce peuple qui est là, et autant à Londres, se doive partir de toi sans emporter leurs lettres ? Nenni, nous les emporterons devant nous.

— Cela est ordonné ainsi ; mais il faut expédier l'un après l'autre. Compagnon, retirez-vous tout bellement devers vos gens ; faites-les retirer de Londres, et soyez en paix, car c'est notre intention que chacun de vous, par village et commune, ait sa lettre comme il a été dit. »

Pendant que le roi parlait, Wat-Tyler, qui ne s'intéressait guère à ses discours, aperçut derrière lui, portant l'épée royale, un écuyer du prince, qu'il haïssait : car il s'était jadis pris de paroles avec lui, et l'écuyer l'avait blessé.

« Ah ! ah ! dit-il, tu es là ? donne-moi ta dague.

— Non, certes, dit l'écuyer ; pourquoi te la donnerais-je ? »

Le roi se tourna vers l'écuyer et lui dit : « Donne-lui ta dague. » L'écuyer la donna, bien malgré lui.

Quand Tyler la tint, il se mit à jouer avec l'arme, la faisant tournoyer; et s'adressant à l'écuyer :

« Donne-moi cette épée.

— Non, non! s'écria l'écuyer : c'est l'épée du roi! Tu n'es pas digne d'y toucher : car tu n'es qu'un vaurien; et, si j'étais seul avec toi dans cette place, tu ne dirais ni eusses dit ces paroles, pour aussi gros d'or que cette église de Saint-Paul est grande!

— Par ma foi, dit Tyler, oubliant tout dans son enivrement, je ne mangerai point que je n'aie ta tête! »

L'insulte passait toute mesure et ne comportait plus que l'on tînt compte du péril. Le maire de Londres venait de rejoindre le roi avec douze hommes armés sous leurs vêtements. Ayant ouï la menace de Tyler :

« Gars, s'écria-t-il, comment es-tu si osé de dire telles paroles en présence du roi?

— De ce que je fais ou dis, que t'importe? » dit fièrement Wat-Tyler.

Mais le roi indigné avait dit : « Maire, arrêtez-le! » Et le maire, se sentant avoué :

« Vraiment, dit-il, misérable, parles-tu ainsi en la présence du roi, mon naturel seigneur? Que je meure si tu ne le payes! »

Et, tirant un grand coutelas, il l'en frappa si violemment sur la tête qu'il l'abattit aux pieds de son cheval. Un écuyer du roi, Jean Standich, mit pied à terre et l'acheva d'un coup d'épée (a).

Les assistants l'avaient entouré pour dérober la vue de sa mort à ses partisans. Mais ceux-ci, ne le voyant plus à cheval, devinèrent ce qui était arrivé : « Ils ont tué notre capitaine! s'écrièrent-ils pleins de rage. Allons, allons, tuons-les tous. » Et ils saisirent leurs armes. La troupe royale était perdue. Que pouvait cette poignée d'hommes contre une multitude en furie? Mais le jeune roi, illuminé par le péril : « Demeurez ici! que nul ne me suive, » dit-il à ses gens; et, courant seul au-devant des insurgés : « Seigneurs, que vous faut-il? C'est moi qui suis votre capitaine. Je suis votre roi : suivez-moi. Vous aurez ce que vous désirez (a). »

Cette démarche imprévue, cette confiance hardie du royal enfant (il avait quatorze ans!), ce ton de commandement, cet air de maître, jetèrent la confusion parmi ces hommes habitués à obéir. Ils le suivirent, incertains encore s'ils devaient le tuer, ou déposer les armes et emporter leurs chartes. Mais le maire avait couru à la ville, et, ralliant les mieux disposés : « Citoyens, disait-il, venez vite au secours du roi qu'on veut tuer. » Un bruit vague de ce qui était arrivé s'était déjà répandu dans la cité. Au cri : « On tue le roi! » les chevaliers, les principaux de Londres sortirent enfin avec les gens qu'ils tenaient armés dans leurs hôtels. Ils prirent Robert Knolles pour capitaine : et ces hommes, qu'il eût été si facile d'accabler dans leur dispersion, formèrent en peu de temps une troupe de six à sept mille combattants, qui rejoignirent le roi et se rangèrent à ses côtés. C'était maintenant aux révoltés de craindre pour eux-mêmes. Les seigneurs étaient impatients de les assaillir, et Robert Knolles ne demandait qu'un signal pour les exterminer. Le roi s'y refusa : « Le plus grand nombre, dit-il, n'ont suivi que par peur : il ne faut pas que les innocents payent pour les coupables. » Il voulut donc qu'on les épargnât, pourvu qu'ils lui rendissent tout ce qu'ils avaient obtenu de lui par la révolte. Trois hommes venaient d'être nommés par lui chevaliers : le maire, l'écuyer J. Standich et Nicolas Brambré, un des principaux de Londres. Ce furent eux qu'il chargea d'aller réclamer des paysans ses bannières : elles lui furent rapportées. Si l'on en croit Froissart, après les bannières le roi ordonna qu'on lui rendît les chartes; et, à mesure qu'elles lui étaient remises, il les faisait déchirer en leur présence. Walsingham dit, au contraire, qu'il continua de leur faire expédier les lettres promises : tradition plus vraisemblable; et le texte qui nous en est resté porte la date de ce jour même. La révolte n'était comprimée que dans Londres; on pouvait faire renaître tous les périls en poussant les paysans au désespoir. Pour le moment, c'était assez que de leur reprendre Londres. Défense fut faite de les recevoir dans la ville. On leur permettait de coucher dehors; mais la plupart, jetant leurs armes, se dispersèrent[1].

---

1. Wals., p. 253. Cf. M. Evesh., p. 29, Froissart, II, 115.

Richard ramena sa troupe à Londres, et sa première pensée fut de courir au château où le matin il avait laissé sa mère dans l'émotion des périls courus la veille et dans la crainte de ceux de la journée. « Ah ! beau fils ! s'écria-t-elle pleine de joie en le revoyant, comme j'ai eu en ce jour grande peine pour vous et grande angoisse ! — Certes, madame, je le sais bien, dit le jeune prince. Or, maintenant, réjouissez-vous et louez Dieu : car j'ai aujourd'hui recouvré mon héritage qui était perdu, et le royaume d'Angleterre[1]. »

L'infortuné ! ce n'était pas pour lui !

III

L'INSURRECTION DANS LES PROVINCES.

La rébellion vaincue à Londres était frappée au cœur : mais ce n'était pas sans qu'elle se continuât ailleurs encore, et que les succès obtenus par elle en divers points n'exigeassent de nouveaux efforts pour la réduire ; car elle n'était pas l'œuvre d'un seul homme : elle avait ses racines dans le peuple ; et il n'est pas sans intérêt d'en recueillir quelques autres épisodes, si l'on veut voir la part qu'il y faut faire soit aux instincts de la foule, soit à l'excitation des auteurs du soulèvement.

---

1. Froissart. II, 115.

Dans les lieux où elle procédait surtout de Wat-Tyler, il était difficile qu'elle se soutînt après sa défaite. C'est ce qu'on put voir à Saint-Alban. Nulle part ne se fit plus sentir le contre-coup des événements de Londres dans leurs vicissitudes.

Le mouvement y avait éclaté sur l'injonction des insurgés eux-mêmes : dès le lendemain de leur entrée à Londres, ils donnèrent ordre à ceux de Saint-Alban et de Barnet de venir les y rejoindre tout armés, s'ils ne voulaient voir vingt mille hommes se rendre chez eux pour brûler leur ville. L'abbé de Saint-Alban, instruit de cette menace, avait tenté d'en prévenir les effets. Il avait rassemblé ses serviteurs et des gens de la ville, et les avait envoyés à Londres, non point avec des armes, mais avec des paroles d'accommodement pour les insurgés : tentative fort aventureuse; car, à peine partie, cette troupe avait formé deux bandes : les gens de l'abbaye, contraires au mouvement; ceux de la ville, prêts à le seconder. Et ces derniers, rencontrant aux portes de Londres J. Straw occupé à brûler une maison du maître des hospitaliers de Saint-Jean, avaient prêté dans ses mains serment *au roi et aux communes;* c'était le mot d'ordre de l'insurrection[1].

Cependant ce que voulaient ceux de Saint-Alban, c'était avant tout leurs franchises. Pour arriver plus sûrement à leurs fins, ils députèrent tout à la

---

1. Wals., p. 249.

la fois au roi et à Wat-Tyler. Wat-Tyler ne fit pas attendre sa réponse; il promettait de leur envoyer, s'il le fallait, vingt mille hommes pour raser l'abbé, le prieur et les moines; c'est-à-dire pour leur couper la tête, dit Walsingham : le sort de l'archevêque, décapité le jour même, ne justifiait que trop cette interprétation.

Ceux de Saint-Alban n'en demandaient pas tant, et ne voulaient pas d'ailleurs aller si loin. Ils se bornèrent à envahir l'abbaye, comme ceux de Londres la Tour (le prieur et plusieurs moines avaient pris la fuite); ils ouvrirent la prison, firent comparaître devant eux les prisonniers, les renvoyèrent pour la plupart : mais l'un d'eux, jugé coupable (on ne dit pas de quel crime), fut décapité avec les cris sauvages qui avaient salué à Londres de pareilles exécutions [1].

Les choses en étaient là, quand arriva William Grindecobbe que l'on avait envoyé au roi. Il avait reçu comme les autres sa charte et sa bannière : c'était la liberté sous la sanction royale, c'est-à-dire ce qui devait satisfaire les honnêtes gens; et Grindecobbe sut décider le peuple à revenir à ces voies légales. On mande aussitôt l'abbé, on le somme de se conformer aux prescriptions du roi, de livrer toutes les chartes anciennes qui liaient la ville à l'abbaye; et en attendant, la multitude, pénétrant dans le cloître, enlevait du

---

1. Wals., p. 254.

parloir une pierre meulière qu'on y avait placée en témoignage des conventions faites autrefois entre la ville et le couvent : ils la mirent en pièces et se la partagèrent par morceaux, « comme on fait le pain bénit, » afin que ces parcelles leur fussent un gage et un souvenir de leurs droits recouvrés et de la part qu'ils avaient prise à l'œuvre. Le débat fut long. L'abbé avait bien dû finir par livrer les actes qu'il avait ; mais les habitants le soupçonnaient d'en retenir quelqu'un qui eût rendu vaine la remise de tous les autres ; et, de guerre lasse, on s'ajourna au lendemain. Cette trêve ne servit qu'aux violents ; ils revinrent aigris de la contestation de la veille, plus disposés à brûler le couvent qu'à lui demander des chartes. C'était le jour où, à Londres, Wat-Tyler se proposait d'agir avec tous ceux que les chartes royales n'avaient point désarmés. Ceux de Saint-Alban, plaçant des sentinelles aux environs, de peur que des secours ne vinssent au monastère, commencèrent à se poser en maîtres, et publièrent qu'ils feraient droit à toute réclamation contre le couvent. Devant de pareils arbitres, nulle requête n'était téméraire. Un ancien fermier de l'abbaye, qui avait fui pour ne lui point payer sa dette, osa venir réclamer 100 marcs comme indemnité de déplacement : c'était le prieur qui l'y avait contraint, disait-il, en exigeant de lui ce qu'il ne devait en aucune sorte ; et il menaçait de brûler le couvent si l'abbé ne lui faisait justice. L'abbé lui donna 20 livres ; il les prit en murmurant qu'il eût mieux aimé la tête du prieur[1].

Dans de pareilles conjonctures, l'abbé ne pouvait guère se croire en sûreté : il songeait à fuir avec ses moines, à l'exemple du prieur, quand, le dimanche, arriva la nouvelle de la mort de Wat-Tyler. Cet événement changeait toute la situation : les insurgés perdaient leur point d'appui, et l'abbé vit bientôt arriver des officiers du roi chargés de le prendre sous leur garde. Mais les premiers étaient assez nombreux pour qu'on crût prudent de les ménager (ceux de Barnet étaient venus les rejoindre), et ils se sentaient assez de force encore pour ne se point séparer sans garantie. Il ne leur suffit pas de la paix du roi qu'on leur offrait. Ils voulurent quelque chose de plus spécial ; et, sans insister davantage pour avoir la charte qu'on ne trouvait point, ils s'en firent donner une nouvelle par l'abbé, avec serment qu'il n'avait pas l'autre[2].

Le mouvement de Saint-Alban, né de celui de Londres, ne lui avait donc pas survécu ; mais d'autre part plusieurs des vaincus de Londres, se jetant dans

---

1. *Les pierres du parloir*. Interim ribaldi cum instrumentis claustrum ingredientes de locutorio forinseco lapides molares (qui in pavimento locutorii monumentum et memoriam antiqui placiti inter villanos et monasterium quondam abbatis Ricardi locati fuerant) levaverunt.... et confregerunt, dantes partem cuique, ut panis benedictus dominicis partiri et conferri in ecclesiis parochialibus consuevit, ut videlicet videntes particulas apud se recognoscerent se olim in ea causa de monasterio vindicasse. Wals., p. 257. — *Le fermier de Saint-Alban, Ibid.*, p. 259.

2. Wals., p. 260, 261 ; Knighton, p. 2639.

les comtés voisins, y cherchaient de nouvelles chances de triomphe, ou tout au moins de sanglantes satisfactions à leur défaite. Ainsi le prêtre Jean Wraw, quittant la capitale après la mort de Wat-Tyler, pénètre dans le Suffolk et le Norfolk, y réunit cinquante mille hommes avec lesquels il parcourt le pays, détruisant les maisons des grands et des gens de loi, tuant tous les juristes. Ils firent périr entre autres J. Cavendish, président du banc du roi, et Jean de Cambridge, prieur de Bury, haï des habitants pour avoir trop bien défendu contre eux les intérêts de son monastère. Leurs têtes, plantées sur des bâtons, furent portées processionnellement dans Bury; et, chemin faisant, ces hommes cruels prenaient plaisir à les rapprocher, comme pour les faire se parler l'une à l'autre ou se baiser mutuellement, jusqu'à ce que, lassés eux-mêmes de ces jeux féroces, ils finirent par les exposer sur la potence; puis ils envahirent le couvent, réclamant quelque autre victime. Mais ces hideuses saturnales n'inspiraient pas plus de confiance dans leur triomphe; et ceux mêmes dont ils servaient les intérêts n'eussent point osé avouer leurs services. Après de nouvelles exécutions, les révoltés, rassemblant les moines, leur dirent que trop longtemps le couvent avait opprimé leurs bons amis de Bury; et se faisant livrer toutes les chartes qui obligeaient la ville au profit du monastère, ils invitèrent les habitants à voir si on ne leur en dérobait rien : vérification que ceux-ci accomplirent avec un empressement dissimulé sous un air de contrainte et de tristesse; puis ils voulurent qu'on délivrât à la commune une charte nouvelle où toutes ses libertés fussent reconnues; et comme gage de l'assentiment de l'abbé, absent alors, ils se firent remettre les plus précieux joyaux du monastère (a).

Cette campagne de J. Wraw était une suite, et, comme l'émeute de Saint-Alban, une sorte d'appendice de l'insurrection qui s'était abattue sur la capitale. Ailleurs d'autres mouvements, procédant de la même cause, allaient aboutir par des voies toutes pareilles à la même fin. C'était en effet, avec la même haine contre les seigneurs, le même soin d'en prendre pour chefs ou plutôt pour enseignes. Ceux de Norfolk conduits par J. Littester, teinturier de Norwich, voulaient mettre à leur tête le comte de Suffolk, qui s'échappa sous un déguisement. Ils en prirent d'autres, et parmi eux Robert de Salles, qui ne put s'empêcher de manifester bientôt son horreur pour leurs excès, et le paya de sa tête. Selon le récit de Froissart, il n'attendit pas si longtemps pour leur exprimer son mépris et en recevoir la récompense. Robert de Salles n'appartenait point par sa naissance à la noblesse. Il était de ceux (et c'est le secret de la force, on peut même dire de la popularité de cette aristocratie), il était de ceux qui s'y font place par leur mérite : homme de petite origine, mais « le mieux tourné de membres et le plus fort homme de l'Angleterre », l'un des plus braves aussi, il avait été fait chevalier par Édouard III pour sa vaillance; il était capitaine de Norwich quand les bandes des comtés voisins, passant par là, eurent la pensée de le prendre pour chef, croyant, dit l'historien, qu'ils en seraient plus « cremus (craints) et mieux aimés ». Ils l'invitèrent à leur venir parler aux champs, menaçant, s'il ne le faisait, de prendre et de brûler la ville. Le chevalier monta à cheval et les vint trouver seul. Ils lui firent grand'chère et grand honneur, le prièrent de descendre, l'environnèrent et commencèrent à le traiter « bellement et doucement ».

« Robert, lui disaient-ils, vous êtes chevalier et un homme de grand'créance en ce pays, et de renommée moult vaillant homme. Et quoique vous soyez tel, nous vous connaissons bien, vous n'êtes mie gentilhomme, mais fils d'un vilain et d'un maçon, si comme nous sommes. Venez-vous-en avec nous, vous serez notre maître; et nous vous ferons si grand seigneur, que le quart d'Angleterre sera en votre obéissance. »

Le chevalier les regardant avec mépris :

« Arrière, méchantes gens, faux et mauvais traîtres que vous êtes! voulez-vous que je relinquisse (laisse) mon naturel seigneur pour telle merdaille que vous êtes, et que je me déshonore? J'aurais plus cher que vous fussiez très tous pendus, ainsi que vous serez; car vous n'aurez autre fin. »

Il voulut remonter à cheval; mais il manqua l'étrier, et le cheval s'effraya. Mille huées, mille cris partaient de la foule : « A la mort! à la mort! » Il tira son épée, « une belle et longue épée de Bordeaux, et vous commence à escarmoucher et à faire place autour de lui, que c'était grand'beauté de voir. » De chaque coup il coupait pied, tête, bras ou jambe; et il n'y avait si hardi qui ne le redoutât. Mais ils étaient plus de soixante mille, et il était tout désarmé; et à vrai dire, eût-il été de fer ou d'acier, il serait demeuré sur la place. Après en avoir tué douze, « sans ceux qu'il meshaigna et affola » (blessa), il succomba lui-même. Les paysans lui coupèrent les jambes et les bras, et le mirent en pièces[1].

Littester ne chercha plus d'autre chef que lui-même : il se fit appeler roi des communes; et, si l'on en croit Walsingham, les nobles qu'il avait contraints de marcher avec lui ne se firent épargner qu'à force de bassesses, obtenant, comme signe de ses bonnes grâces, de goûter aux mets de sa table et de le servir à genoux pendant son repas. Mais cette insolente royauté ne dura guère. Là aussi les paysans, après l'enivrement des premiers jours, se montraient mal disposés à suivre leur chef jusqu'au bout. Ils se souciaient fort peu que Littester fût roi : il leur suffisait d'être libres; et ils se croyaient plus sûrs de l'être, s'ils obtenaient du roi Richard des chartes d'affranchissement et de rémission. Littester, contraint de céder à leurs instances et ébranlé sans doute par les nouvelles de Londres, désigna deux de ses chevaliers

---

1. Froissart, II, 114, cf. Wals., p. 263; Knighton, p. 2638.

pour se rendre, avec les plus sûrs d'entre les siens, auprès du roi [1].

Ils n'allèrent pas jusqu'à lui. Sur la route, ils rencontrèrent Henri Spenser, évêque de Norwich, prélat guerrier, armé jusqu'aux dents. L'évêque s'étonna de voir les deux chevaliers en pareille compagnie. Bien qu'il n'eût que peu de monde avec soi, il paya d'audace, et, les interpellant d'un ton de maître, il leur demanda s'il n'y avait point quelque rebelle dans la troupe. Les chevaliers, retrouvant confiance à la parole du hardi prélat, désignèrent parmi ceux qui les entouraient deux des chefs de la révolte, et dirent qu'un troisième était allé chercher des vivres. L'évêque arrêta les deux chefs au milieu de leurs compagnons consternés et leur fit couper la tête; après quoi, il se mit en quête du troisième, voulant, dit Walsingham, « trouver sa brebis qui était perdue, et qui allait perdre la vie en vertu de sa décision pastorale. » Les têtes furent exposées à New-Market, et l'évêque marcha vers le gros des paysans, ralliant sur la route une foule de chevaliers; car partout ils reprenaient courage, excités par l'exemple d'un prélat si habile à manier tout autre chose que le glaive spirituel. Les paysans étaient retranchés derrière un fossé bien défendu, ayant leurs chariots derrière eux, et prêts à soutenir la bataille. Le fougueux évêque ne la fit pas longtemps attendre; il fait son-

---

1. Wals., p. 263.

ner de la trompette, et, sans donner aux archers le temps d'engager le combat, il franchit, la lance au poing, le retranchement, frappe, renverse et tue. En quelques instants, les paysans sont dispersés, Littester pris; et l'évêque, après l'avoir dûment confessé et absous, le conduisit lui-même à la potence, « montrant, dit Walsingham, toute sa mansuétude et sa piété, par le soin qu'il prenait de soutenir la tête du patient et de la préserver de tout choc, pendant qu'on le traînait sur la claie au lieu du supplice (a). »

C'était là, ou sur le pont de Londres, parmi les sanglants trophées du bourreau, que les chefs de la révolte devaient bientôt se retrouver; et les violents efforts de quelques-uns pour relever leur parti abattu, n'avaient fait que rendre leur cause plus odieuse et leur sort moins regrettable. De toutes parts, les nobles menacés se ralliaient autour du jeune roi qui leur avait donné le signal et l'exemple. En trois jours, Richard avait compté sous ses drapeaux quarante mille hommes. Il les passa en revue sur cette même colline de Blackheath où l'on pouvait voir encore les traces du grand rassemblement populaire; et il pensait les mener au foyer primitif de l'insurrection, dans le comté de Kent, où de nouveaux mouvements lui étaient signalés : mais ces dernières tentatives avortèrent, et une députation des principaux habitants s'empressa de venir apporter au prince la soumission du pays. On se borna donc à y envoyer des justiciers : « Et la terre se tut devant eux, » dit en style biblique Walsingham[1].

C'était de la même sorte qu'on achevait à Londres la victoire remportée par Richard.

Dès le jour où Wat-Tyler fut tué, le maire de Londres avait fait crier dans toutes les rues de par le roi l'ordre de sortir de la ville à tous ceux qui n'en étaient point originaires, ou qui n'y demeuraient pas depuis un an révolu; quiconque y serait trouvé le lendemain dimanche, au soleil levant, devait être tenu pour traître et mis à mort. La plupart se dispersèrent, mais non pas tous. Ceux qu'on arrêta furent traduits devant le tribunal du maire, entre autres celui qui avait décapité l'archevêque. La mort cruelle du prélat avait fait une vive impression sur le peuple. On le regardait maintenant comme un martyr, et ses bourreaux comme des suppôts de l'enfer. Celui qui l'avait décapité, dit Walsingham, saisi aussitôt du démon et frappé de folie, rentra chez lui, et se suspendant au cou, par devant son épée, par derrière sa dague, il parcourait les rues et les places, criant qu'il avait tué l'archevêque. Au bout de quelques jours, il revint à Londres, disant qu'il venait chercher la récompense de son action. Il eut la mort pour récompense. « Et, continue le moine, tous ceux, soit de Kent, soit d'Essex, qui avaient porté la main sur l'archevêque, vinrent ainsi malgré eux,

1. Wals., p. 266; M. Evesh., p. 32. Froissart, II, 118, dit que le roi alla dans le pays de Kent.

mais par une force supérieure à leur volonté, se livrer eux-mêmes, faisant des aveux qu'ils n'étaient pas maîtres de contenir. » Ils subirent presque tous à Londres leur châtiment[1].

On fit comparaître au même tribunal un des principaux chefs de l'insurrection après Wat-Tyler, Jacques Straw, le chef des bandes de l'Essex. On voulut savoir de lui le secret de la conjuration. Condamné, il n'avait rien à attendre de la miséricorde de son juge; mais le maire lui promit si bien de faire dire trois fois par an des messes pour le repos de son âme, qu'il se décida, dit Walsingham, à faire connaître toute la vérité. « Lorsque, dit-il, nous fûmes assemblés à Blackheath et que nous résolûmes d'y appeler le roi, notre dessein était de faire périr tous les grands de sa suite, de le prendre et de parcourir avec lui le pays, appelant tout le peuple à se joindre à nous sous ses auspices. Et quand nous aurions réuni une foule assez considérable, nous aurions massacré les seigneurs qui eussent pu nous faire résistance, et particulièrement les chevaliers de l'Hôpital; puis tous les clercs possessionnés, évêques, moines, chanoines, curés des églises, ne laissant vivre que les mendiants : ils eussent suffi pour célébrer les offices et administrer les sacrements à tout le monde. Nous aurions fait des rois : Wat-Tyler dans le comté de Kent, et d'autres dans les autres comtés. Mais l'archevêque

---

1. Wals., p. 267; M. Evesh., p. 30; et les vers sur la mort de l'archevêque. *Political poems and songs*, t. I, p. 228.

ayant fait manquer le complot (en détournant le roi d'aller à Blackheath), la haine s'accrut contre lui, et l'on eut hâte de le faire périr. Le soir du jour où fut tué Wat-Tyler, comme le peuple de Londres et surtout les plus pauvres étaient pour nous, nous voulions mettre le feu aux quatre coins de la ville et nous en partager le butin[1]. »

Voilà ce qu'il déclara « sur son salut, » et tous les autres chefs, dit Walsingham, firent la même confession. Ces aveux sont-ils bien authentiques, et l'histoire n'a-t-elle pas enregistré comme chose avérée les rumeurs répandues dans le public au jour des représailles? Ce qui laisse entrevoir au moins un fond de vérité parmi ces exagérations, c'est la conduite des insurgés pendant toute la durée de ces troubles. Partout c'est la guerre aux seigneurs, la guerre aux gens de loi, la guerre à tous ceux qui, par quelque moyen et à quelque degré que ce fût, coopéraient à leur servitude. Ils avaient, par exemple, une telle horreur pour les chartes, ces instruments de droit où l'on stipulait bien moins souvent leurs franchises que leurs obligations, qu'en plusieurs lieux ils contraignirent les maîtres d'école à jurer de ne plus instruire les enfants, de peur que, sachant écrire, ils ne servissent à les rédiger. Ils faisaient périr avec ces documents ceux qui pouvaient être employés à les récrire. « Il était dangereux, dit Walsingham, d'être reconnu pour

---

1. Wals, p. 265; M. Evesh, p. 31.

clerc; mais c'était un plus grand danger d'être rencontré par eux avec une écritoire à la ceinture; dans ce cas, on ne parvenait jamais à se tirer de leurs mains. »

Un soulèvement si général, on le sentait bien, ne pouvait pas être l'effet d'un simple accident : on en cherchait la cause; et chacun, jetant les yeux autour de soi, la trouvait, comme il arrive, dans les fautes d'autrui. On s'en prenait tour à tour à la mollesse du haut clergé envers les lollards (partisans de Wicleff), à l'orgueil et à l'impiété des grands, aux vices du peuple. Walsingham s'en prend à tous, principalement aux moines mendiants (il est bénédictin), et il invite tout le monde à la pénitence. On s'en prit surtout aux paysans, et si dans les premiers temps on eut soin encore de les ménager, ce furent eux, comme les plus engagés dans la révolution, qui finirent par payer pour tous les autres (a).

L'insurrection avait surtout sévi dans la région sud-est de l'Angleterre. Les actes d'amnistie, par les exceptions mêmes qu'ils renferment, signalent notamment les comtés de Norfolk, Suffolk, Cambridge, Essex, Hertford, Kent, Sussex, Winchester et Sommerset[1]. Toutefois, le retentissement s'en était fait sentir plus loin encore, et jusqu'aux frontières du nord où était Lancastre, négociant une trêve avec les Écossais.

1. Voyez les actes du parlement de la cinquième année. *Rot. Parl.* t. III, p. 111-113.

Il était difficile sans doute que le contre-coup n'en fût pas éprouvé là où était le duc de Lancastre. Jean de Gand, en effet, aux yeux de la multitude, était toujours comme l'âme damnée d'un pouvoir que l'intervention dominante du parlement n'avait pas rendu moins odieux aux classes inférieures ; et la faveur même qu'il n'avait pas cessé de montrer à Wicleff et à ses disciples, n'avait pas diminué de plus anciens ressentiments. Les révoltés, on l'a vu, l'accusaient hautement de vouloir se faire roi ; ils le comptaient au premier rang parmi les traîtres : c'était sa tête qu'ils demandaient avant toutes les autres, quand ils vinrent à Londres. Ils avaient dû se borner à l'exécuter en effigie et à brûler son hôtel ; mais ils ne désespéraient pas de l'atteindre. Vaincus à Londres et déjà poursuivis partout, ils avaient conçu la pensée de l'aller chercher jusqu'aux frontières d'Écosse. Si l'on en croit Knighton, tel était leur acharnement contre lui, que les gens mêmes du prince n'osaient y tenir tête. Sa femme Constance, qui cherchait à le rejoindre, frappa vainement aux portes de Pomfret : ceux de Pomfret se seraient crus perdus s'ils se fussent hasardés à lui donner asile ; et elle dut faire vingt milles encore pendant la nuit, jusqu'à ce qu'elle arrivât en un lieu où elle eût plus de chance de rester cachée[1].

Au premier bruit du soulèvement, et avant que la

---

[1] Knighton, p. 2640.

nouvelle en vînt aux Écossais, Lancastre s'était hâté de conclure la trêve, abandonnant tout un territoire en litige ; mais cela même ne lui donna pas les moyens de marcher contre l'insurrection. Ses propres chevaliers lui firent défaut. Dans ce commun péril, chacun songeait à la défense des siens, et comme Lancastre les avait laissés libres d'y pourvoir, presque tous le quittèrent. Bien plus, à son retour en Northumberland, il trouva partout porte close. Le roi ayant donné ordre de tenir les villes bien fermées, on observait la consigne contre lui-même. Le comte de Northumberland, son ancien ami, alla jusqu'à lui signifier qu'il ne pourrait le recevoir en aucune place, avant de connaître les dispositions du roi à son égard. Comme les rebelles prenaient partout le nom du roi en signe de ralliement, on disait qu'ils n'agissaient que par ses ordres : on ajoutait même que Richard avait sacrifié son oncle à leurs réclamations ; et Lancastre apprenait en même temps que deux bandes, de dix mille hommes chacune, marchaient vers le nord, l'une par l'est, l'autre par l'ouest, pour être plus sûres de ne le pas manquer. Il se crut perdu. En signant la trêve avec les Écossais, il leur avait demandé un sauf-conduit pour les aller visiter au besoin. Il en usa, et fut reçu à la frontière et mené à Édimbourg avec un empressement et des honneurs qui ne pouvaient que le compromettre davantage parmi les siens. Le bruit courut bientôt en Angleterre qu'il s'était donné aux Écossais. En plus d'un lieu, on renversa ses armes, tête en bas, comme d'un traître. L'impression fut tellement générale, qu'avant de revenir en Angleterre, il crut prudent d'écrire au roi pour savoir comment il y serait reçu. Le roi dut publier des lettres qui attestaient le zèle de son oncle pour sa personne, repoussaient les calomnieuses imputations des rebelles envers lui, et ordonnaient à tous de le tenir pour innocent. Comme ce n'était point assez, Richard lui écrivit à lui-même, se portant fort contre ses diffamateurs, et l'autorisant à le venir trouver en armes, avec tel nombre de troupes qu'il lui semblerait nécessaire ; et ce fut le comte de Northumberland que le roi chargea de lui faire escorte, et de lui recruter les archers et les hommes d'armes dont il pourrait avoir besoin pour sa sûreté (a).

La révolte, en effet, bien que réprimée, laissait encore le pays fort ému, comme la mer demeure agitée après qu'a passé la tempête. Les insurgés, on l'a vu, pour rendre leur cause plus imposante, avaient fait courir le bruit qu'ils se levaient au nom du roi. Le jeune Richard était demeuré jusqu'alors en tutelle : en attaquant un gouvernement oppresseur, n'était-ce pas lui qu'on allait délivrer ? Plusieurs, en se jetant dans le mouvement, avaient eu la simplicité de le croire. Le roi dut expédier des lettres qui démentaient ces allégations, ordonnant aux vicomtes, etc., de dissiper tous les rassemblements ; et la terreur les fit cesser en général dans les pays où ils s'étaient formés. Les plus compromis fuyaient dans les bois. Les hommes de loi sortaient de leurs cachettes, tout disposés à prendre leur revanche sur ceux qui les avaient tant effrayés. Toutefois il y eut des villages qui, étrangers aux excès de la révolte, s'étaient réveillés au cri de la liberté, et qui résolurent de la revendiquer même au péril de la vie. Ainsi les gens de Billerica (près de Hatfield) députèrent tardivement vers le roi, ne demandant pas moins que d'être libres comme les seigneurs. Les réclamations les plus justes prenaient un air de rébellion à la suite des événements qui venaient de s'accomplir, et la demande parut impertinente, quand partout l'insurrection jetait les armes. Le roi leur répondit durement, et son oncle Buckingham fut envoyé avec Thomas Percy pour les réduire. Vaincus chez eux, ils se rallièrent au voisinage, cherchant à entraîner d'autres villes dans le mouvement; ils ne cédèrent qu'après avoir soutenu deux batailles (a).

Ce fut le dernier et incontestablement le plus pur épisode de cette insurrection. Pour répondre en une fois aux demandes de cette sorte et ne laisser à la révolte rien de ce qu'elle avait su obtenir, le roi publia des lettres qui abolissaient toutes les chartes d'affranchissement récemment concédées (2 juillet 1381). Ce qui n'empêcha pas qu'en bien des lieux le servage ne fût en cette année comme suspendu, les paysans refusant leurs services ou ne les voulant donner qu'à prix d'argent; et les maîtres durent temporiser, de peur de provoquer des mouvements qu'ils n'eussent pas été capables de vaincre. Mais le gouvernement se promettait bien de leur prêter main-forte. Ce n'était point assez de reprendre à l'insurrection ses trophées, si on ne la mettait, par le châtiment des coupables et l'intimidation de tous les autres, hors d'état de les reconquérir; et, afin d'ôter aux populations l'idée que la révolte ait eu en vue l'affranchissement du roi, afin de leur ôter l'envie de se soulever en son nom désormais, c'est le roi lui-même qu'on mit en avant dans les plus tristes épisodes de ces exécutions. Richard donc se rendit dans l'Essex, et y établit son grand-juge Trésilian (président du banc du roi), pour faire enquête et faire justice. Les habitants vinrent pieds nus demander leur grâce, et ne l'obtinrent qu'à la condition de livrer les plus criminels. Un jury de vingt-quatre membres dut procéder à cette désignation. Plusieurs furent pendus, et quelquefois jusqu'au nombre de dix-neuf à la même poutre. En d'autres lieux, dans le comté de Kent et à Londres, les potences ne suffisant pas, on usa de la décollation. Mais le châtiment sembla trop peu apparent pour un crime si public : on revint aux potences (a).

La ville de Saint-Alban, quoique moins compromise grâce à la modération de ses chefs, n'en dut pas moins subir ces représailles; mais les mêmes hommes qui avaient retenu le peuple au temps de la révolte, William Grindecobbe et d'autres, surent l'affermir aux jours de l'épreuve, et, pour un moment, tenir l'autorité royale en échec. L'officier du roi n'avait été reçu qu'en déclarant qu'il venait en ami; et dès qu'il voulut procéder, il ne trouva que des entraves. Il demandait qu'on lui désignât les coupables : le jury chargé de les trouver répondit qu'il n'y en avait pas; il réclamait au moins la restitution des chartes enlevées au monastère : mais le peuple convoqué pour cela vint en telle masse, que l'officier n'osa point insister davantage, de peur de les rejeter dans la révolte. Il dut recourir au guet-apens. Sentant dans ces démonstrations la main des chefs populaires, il crut qu'avant de rien entreprendre il les fallait tenir; il donna donc ordre au bailli d'arrêter nuitamment et de lui amener sous bonne escorte, à Hertford, W. Grindecobbe et ceux qui avaient enlevé la pierre du parloir de l'abbaye; et il n'attendit pas qu'on l'eût fait pour s'y rendre lui-même. Ce ne fut pas sans raison. Le peuple, apprenant le matin l'arrestation de ses chefs, se souleva, jurant que pour un des prisonniers mis à mort il demanderait cent têtes. Celle de l'abbé n'eût pas été la dernière qu'on eût prise; il s'empressa d'envoyer à Hertford et de faire suspendre le procès commencé. Grindecobbe fut même renvoyé sous caution : on comptait sur lui pour faire rendre les chartes. Que si les chartes n'étaient pas rendues, il devait être, au retour, mis à mort[1].

Cet incident provoqua un acte d'héroïsme, dont le récit est d'autant moins suspect que le héros est

---

1. Walsingham, p. 270-272. L'auteur se complaît dans ce récit.

moins goûté de l'historien. Grindecobbe, « dont le cœur était endurci dans le mal, » dit Walsingham[1], s'adressant à la multitude : « Concitoyens, dit-il, qu'une liberté bien longtemps enviée a relevés d'une oppression invétérée, tenez ferme tant que vous le pourrez, et ne vous inquiétez pas de ma peine : car si je meurs, je mourrai pour la cause de la liber é que nous avons acquise, m'estimant heureux de terminer ma vie par ce martyre. Faites donc aujourd'hui ce que vous auriez fait si hier, à Hertford, j'avais été décapité : car c'en était fait de moi, si l'abbé n avait rappelé ses écuyers, au moment même où ils m'accusaient devant un juge tout disposé à les croire et à verser mon sang. »

Les habitants s'enhardirent à ces nobles paroles, et jurèrent de ne pas renoncer à leurs libertés. Ils ne regrettaient qu'une chose : c'était de n'avoir pas pris la tête de l'officier du roi pour l'exposer au gibet, et inspirer par là une terreur légitime à ces faux justiciers ! Ils gardaient donc leurs chartes, mais ils abandonnaient leur généreux concitoyen, qui fut ramené dans sa prison jusqu'au jugement du roi[2].

Le roi vint en effet à Saint-Alban. Il fut reçu processionnellement, ayant pour escorte mille archers et mille hommes d'armes, et avec eux son justicier Trésilian, qui porte la charge de ces cruelles poursuites.

1. « Cujus cor jam in malo induratum fuerat. » Walsingham, p. 273.
2. Wals., *ibid.*

Dès le lendemain le tribunal était dressé. On commença par y faire comparaître John Ball, qui venait d'être arrêté par les gens de Coventry. Il ne pouvait rien nier : il fut puni du supplice des traîtres. Mais on tenait surtout à y faire comparaître les coupables de Saint-Alban, et les moyens employés pour donner à ces actes de vengeance les formes de la légalité, laissent bien voir si de plus habiles juristes que le jeune roi menaient toute cette affaire. Un premier jury de douze membres fut nommé, non pour juger, mais pour désigner les coupables : et comme ils répondaient encore qu'il n'y en avait pas, Trésilian leur dit qu'ils n'avaient obtenu eux-mêmes la clémence du roi qu'à la condition de lui livrer les auteurs de la révolte; puis, tirant de sa manche une liste de noms : « Voici, dit-il, les gens que vous proclamez bons : ils m'ont été signalés comme traîtres par de sûrs témoignages. Songez donc à votre salut, au lieu de chercher à sauver des hommes déjà marqués pour la mort. » Le jury, intimidé, nomma ceux qu'on voulut; deux autres commissions successivement formées et appelées à donner, l'une après l'autre, leur avis sur la liste arrêtée par la première, l'approuvèrent de même : en sorte que les accusés, désignés par Trésilian seul, parurent condamnés par la voix de trente-six jurés ! Grindecobbe était du nombre, et il fut, avec quinze autres, envoyé au supplice en présence des habitants consternés. Tout ce qu'osèrent ses concitoyens, ce fut d'aller, après le départ du roi, dépendre les corps des suppliciés ; mais dès qu'on le sut, ordre fut donné de les rependre avec des chaînes de fer. Les habitants durent ramasser de leurs mains ces restes sans forme déjà et sans nom, et les rependre au gibet ; les chaînes manquant, il fallut, pour pendre les maîtres, en détacher du cou de leurs chiens (a) !

IV

LE PARLEMENT DE 1381.

L'insurrection de 1381 avait eu le sort commun de bien des mouvements populaires. Née d'une aspiration légitime vers des droits méconnus, elle s'était laissé emporter elle-même à l'oubli des droits les plus sacrés ; provoquée par des abus criants, elle les avait dépassés par ses violences, et elle en avait porté la peine. Ce n'était point le crime de tous, sans aucun doute, et la masse se fût contentée d'obtenir des réformes : le plus grand nombre des paysans amenés à Londres par Wat-Tyler en étaient partis heureux des chartes qui leur avaient été octroyées ; et les bandes de Littester n'en demandaient pas davantage : mais les chefs voulaient un bouleversement ; et il était arrivé ce que l'on voit communément aussi : la répression de leurs excès avait entraîné l'abolition des libertés accordées, et des rigueurs dont les coupables ne furent pas seuls victimes.

Cette réaction violente ne fut pas du reste l'œuvre exclusive des conseillers du roi : le parlement s'y associa pleinement et la fit sienne. Le roi l'avait convoqué dès le 16 juillet pour le 14 septembre; mais la réunion fut ajournée au 2 novembre, et elle faillit commencer mal. Lancastre, revenu d'Écosse, avait accusé Northumberland de rébellion à son égard. Northumberland, appelé devant le roi, parla avec tant de hauteur, que Richard le fit arrêter, et ne lui rendit la liberté que sous la caution des comtes de Warwick et de Suffolk, et à la charge de se représenter devant le parlement. Les deux rivaux étaient venus à Westminster avec de nombreuses troupes. Londres avait fait au comte grand accueil, mettant tout à la disposition de ses gens. Le duc (tant les haines contre lui étaient vives encore) n'avait pas même osé y demeurer. Les seigneurs, arrivant, prenaient parti pour l'un ou pour l'autre. On craignait un conflit, et la multitude l'espérait : indifférente à la querelle des lords, mais comptant bien y trouver l'occasion de venger ses propres chefs décapités, traînés sur la claie et pendus par les officiers du roi. Mais le roi intervint : il fit grâce à Northumberland, en exigeant qu'il s'excusât auprès de Lancastre, et l'on s'occupa des affaires[1].

La première qui fut soumise au parlement, ce fut celle des libertés. Après le discours de l'archevêque

---

1. *Querelle de Lancastre et de Northumberl.* Wals., p. 279, 280. — *Parlement de Westminster*, 2 novembre 1381, *Rot. Parl.*, t. III, p. 98.

élu de Canterbury, chancelier, Hugh Segrave, trésorier, chargé d'exposer plus particulièrement les motifs de la convocation, l'y comprenait en termes formels. Le roi, pour apaiser l'émeute, avait dû, contre la loi du pays, donner des chartes de rémission. Il les avait révoquées de l'avis de son conseil, dès qu'il avait recouvré le libre usage de son pouvoir. Avait-il bien fait, oui ou non? Les lords et les communes étaient invités à le dire : « Car, ajoutait le ministre, si vous désirez affranchir et mettre en liberté lesdits natifs (serfs) de votre commun assentiment, comme il a été rapporté au roi qu'aucuns de vous le désirent, le roi consentira à votre prière. » Ainsi la question était tout entière aux mains du parlement; et de nouvelles assurances en furent données à l'assemblée quand le roi, sans doute pour lui complaire, eut remplacé le chancelier qu'il avait nommé de lui-même après la mort de Simon Sudbury, et qui avait ouvert la session, par Richard le Scrop, déjà chargé des sceaux au parlement de la deuxième année (Glocester, octobre 1378). La réponse ne se fit pas attendre. Sans plus délibérer, tous, prélats, barons, chevaliers, citoyens et bourgeois, répondirent d'une même voix que la révocation était bien faite, et la concession primitive nulle, attendu qu'on ne pouvait mettre en liberté les serfs sans le consentement de ceux qui y ont intérêt : « Or, ajoutaient-ils, nous n'y avons jamais consenti de bon gré ni autrement, et nous ne le ferons jamais, dussions-nous mourir tous en un jour! » Cette révocation des chartes, que le roi n'avait faite qu'en son nom et par simple ordonnance, ils le priaient de la publier de par l'autorité du parlement. — Si quelqu'un avait vraiment exprimé au roi des sympathies pour la cause des libertés, il garda le silence : le procès-verbal constate l'unanimité de la décision (a).

Les paysans ainsi remis en servitude comme par un vote de question préalable, le parlement s'empara de leurs plaintes, et se fit de leurs griefs un instrument pour battre en brèche et envahir ce qui restait de pouvoir aux mains du roi. Le roi, quoique émancipé de droit dès l'origine, n'avait pas encore gouverné. Mais il commençait à grandir, et il avait montré dans les derniers troubles s'il était capable de résolution et de conseil. Plus le moment de son émancipation réelle approche, plus le parlement lui veut mettre d'entraves pour remplacer les liens que le temps allait rompre.

Les communes demandèrent d'abord qu'on leur adjoignît, pour délibérer, un certain nombre de prélats et de seigneurs choisis par elles ; c'est une chose qu'on ne leur refusait plus, et elles désignèrent, comme toujours, les plus considérables[1]. Elles auraient voulu, en outre, que les lords, les prélats et les juges, et chacun selon son état, exprimassent avant tout leur

---

1. Le duc de Lancastre et le comte de Buckingham, oncles du roi; les évêques de Winchester, de Norwick, d'Exeter; les comtes de Warwick, d'Arundel, de Suffolk, de Northumberland; les lords Nevil, Clifford, Willoughby, J. de Cobham, Richard le Scrop, chancelier, Gui de Brian.

avis, et que cet avis fût apporté aux communes « afin que bon remède fût ordonné. » **Mais les lords opposèrent à cette demande l'ancien usage, à savoir :** que les communes fissent d'abord connaître leur sentiment : usage qui, s'il s'était maintenu, leur eût bientôt assuré la prééminence ; car, entre pouvoirs égaux, l'avantage est évidemment à celui qui a l'initiative. Mais les communes n'étaient pas encore regardées comme un pouvoir : elles avaient à exprimer une opinion, à donner un consentement, la décision était ailleurs. C'eût donc été déplacer les rôles que d'intervertir l'ordre ancien ; les lords eussent paru, parlant les premiers, présenter la requête : ils tenaient à en demeurer les juges. Ils refusèrent et l'on n'insista pas [1].

Les lords que les communes s'étaient adjoints, donnaient à l'avance aux résolutions de ces dernières le patronage de la chambre haute. Elles revinrent en parlement, et, s'appuyant de l'avis conforme de ces seigneurs, elles déclarèrent que si le gouvernement du royaume n'était amendé sans retard, le royaume serait perdu et détruit pour toujours : et elles cherchaient le principe du mal dans le mauvais gouvernement du roi et de son hôtel. Elles signalent « l'outrageux nombre de familiers qui remplissent sa maison ; les abus de ses cours : chancellerie, banc du roi, banc commun, Échiquier ; les mainteneurs et brasseurs de

---

1. *Lords adjoints aux communes. Rot. Parl.*, t. III, p. 100, § 14. — *Question d'initiative. Ibid.*, § 16.

querelles, qui sont comme rois dans le pays et n'y laissent plus ni droit ni loi pour personne ; les pourvoyeurs de l'hôtel qui pillent toute la contrée, et d'autres qui, à leur exemple, se font donner vivres et charrois sans payer davantage ; les tailles, les subsides qui ruinent le royaume sous prétexte de le mettre en défense, sans qu'il soit mieux protégé contre les incursions et les ravages de l'ennemi. C'était là ce qui avait amené le soulèvement des gens du peuple : et il fallait craindre pis encore, si on n'y pourvoyait de remède. Les communes priaient donc le roi et les seigneurs d'y travailler efficacement : de révoquer les mauvais officiers ou conseillers pour les remplacer par de meilleurs ; de supprimer les abus qui avaient causé les derniers troubles, et de placer autour du roi, pour lui servir de conseil, les hommes les plus capables et les plus honorés du pays [1].

Richard prit l'avis des seigneurs, et donna son assentiment à la demande. Il fut déclaré qu'une commission serait nommée pour faire enquête sur le gouvernement de la personne du roi et de l'hôtel. Les pouvoirs s'étendaient à tous et à tout : « car, fut-il dit au parlement, pour faire une bonne réforme il faut commencer au principal membre, et puis de personne en personne, si bien de sainte Église comme autres, et de place en place, du plus

---

1. *Rot. Parl.*, t. III, p. 100, § 17.

haut degré en plus bas : nulle personne, degré ni place épargnant; » et afin de donner à cette commission plus d'autorité, on y fit entrer, en première ligne, le duc de Lancastre. Pour débuter, elle décida que le confesseur du roi ne demeurerait plus dans l'hôtel, et n'y pourrait venir qu'aux quatre principales fêtes de l'année. Les communes avaient demandé qu'on lui retirât son office [1].

La commission instituée, les communes voulurent lui tracer nettement son programme. Elles revinrent en parlement, et s'adressant au duc de Lancastre qui, par un étrange caprice de la fortune, et en même temps par un calcul habile de l'assemblée, au lendemain d'une insurrection dirigée surtout contre sa personne, se trouvait à la tête de la commission chargée de réformer l'État, elles le prièrent de choisir les plus dignes pour composer le conseil privé du roi et les officiers de son hôtel; de réduire les gens de pied ou de cheval qui formaient sa maison, et de faire que le roi pût vivre désormais de son revenu, sans plus charger son peuple. Après avoir réglé l'hôtel du roi, qu'il nomme un bon chancelier, et que le chancelier élu, procédant sans affection et sans haine, chasse tous les mauvais employés, « attendu que

---

1. *Rot. Parl.*, t. III, p. 101, § 18. La commission comprenait, avec le duc de Lancastre, les deux archevêques de Canterbury et d'York, les évêques de Winchester, d'Ely (Thomas Arundel), d'Exeter, de Rochester; les comtes d'Arundel, de Warwick, de Stafford, de Suffolk, de Salisbury; lord Nevil, lord Grey de Rutlin; Richard le Scrop, Gui de Brian et plusieurs autres.

grande rumeur est dans le royaume qu'ils sont pour la plus grande partie trop gras en corps comme en bourse et trop bien fourrés » aux dépens du peuple qu'ils oppriment « par couleur de leur office ». Les communes sollicitaient les mêmes réformes pour l'Échiquier et pour les cours de justice, exprimant le vœu qu'en ce qui les concerne, une commission spéciale d'hommes de loi fût chargée de signaler les abus à redresser. La réforme une fois arrêtée sur tous les points pour les hommes et les choses, elles demandaient qu'on leur fît connaître, au préalable, et les noms des nouveaux officiers et les articles des règlements, voulant contrôler par elles-mêmes, et le choix des personnes et le texte de l'ordonnance, avant qu'ils fussent rendus définitifs. Après cela elles priaient la commission de songer à mettre un terme au brigandage qui désolait le pays; à réduire, autant que possible, le champ de la guerre et les maux de la guerre; à considérer comme le royaume était appauvri par l'exportation de la monnaie, par les pertes du commerce maritime et par la dépréciation de tous les produits du sol : et, ici encore, elles réclamaient une enquête pour rechercher la cause du mal et le remède. L'ordonnance étant rédigée, tous les seigneurs devaient s'engager à l'accomplir et à la faire observer [1].

On s'empressa de donner une première satisfac-

---

1. *Rot. Parl.*, t. III, p. 101, 102, § 19-27.

tion à cette requête. Deux commissions furent nommées : l'une de jurisconsultes pour la réforme des abus de justice ; l'autre de marchands pour s'enquérir des maux dont souffrait le commerce, et qui réduisaient les ressources de l'État. Les communes avaient aussi demandé que le roi ouvrît l'ère nouvelle où ces réformes allaient introduire le pays, par une amnistie : amnistie d'abord pour ceux qui avaient réprimé la révolte, car dans la répression ils avaient commis plus d'une violence coupable ; amnistie aussi pour les complices de l'insurrection ; amnistie enfin pour tout autre délit dans les contrées qui y étaient demeurées étrangères, de peur que la grâce du roi ne parût s'étendre à ceux-là seuls qui s'étaient soulevés contre lui [1].

Il n'y avait qu'une chose dont elles ne parlassent pas : je veux dire le subside ; et pourtant cette guerre civile, jointe à la guerre du dehors, n'avait pas diminué les charges du royaume. De plus le roi, quoique fort jeune encore, allait se marier : il épousait Anne de Bohême, fille de Charles IV, sœur de Wenceslas. Les cérémonies du mariage et du couronnement de la jeune reine devaient ajouter encore aux dépenses courantes : or le trésor était vide. C'est ce qui fut représenté aux communes à propos de leurs plaintes contre les pourvoyeurs. Elles répondirent que, vu l'irritation qui était encore si vive dans le pays, elles

---

1. *Commissions spéciales. Rot. Parl.* t. III, p. 102, § 28. — *Demande d'amnistie. Ibid.*, § 30.

n'osaient ni ne voulaient accorder aucune taille nouvelle. — Mais le subside des laines finissait à Noël : il fallait au moins le proroger. Elles dirent que Noël était proche, en effet, et que depuis bien longtemps elles étaient assemblées. Elles demandaient une prorogation jusqu'après les fêtes, ajoutant que dans l'intervalle on aviserait : que chacun reverrait sa commune, et pourrait la disposer à contribuer plus volontiers aux charges publiques. La raison était plausible : et, comme la jeune reine arrivait, c'était un moyen de laisser aux seigneurs la faculté d'aller lui rendre leurs devoirs. L'ajournement fut donc résolu (a).

Avant qu'il fût prononcé, le roi fit savoir aux communes que le comte d'Arundel et Michel de la Pole avaient été choisis et assermentés afin de résider auprès de lui en son hôtel, « pour gouverner et conseiller sa personne. » Le comte d'Arundel, Richard Fitz-Allan, tenait un des premiers rangs parmi les seigneurs du royaume; Michel de la Pole était d'une famille marchande, élevée à la noblesse par des services rendus à l'État. Ce double choix répondait à la principale demande des communes. Elles eussent voulu aussi qu'avant l'ajournement l'amnistie fût publiée. Mais le roi leur fit dire qu'il n'était pas d'usage d'octroyer les grâces, et une grâce comme celle d'un pardon général, avant que les communes eussent rien accordé, ajoutant qu'elles missent leur requête par écrit, et qu'il y répondrait le dernier jour du parlement. Cette déclaration les fit réfléchir. L'amnistie, en effet, était un gage de sécurité pour tous : pour les vainqueurs, à cause des actes contraires à la loi dont on leur pouvait, un jour ou l'autre, demander compte ; pour les vaincus et pour le pays en général, car c'était le meilleur moyen de ramener ou de retenir au travail ceux que la crainte du châtiment avait pu ou pouvait encore jeter dans la vie d'aventures, et de couper court à un mouvement qui, réprimé comme insurrection, se continuait par le brigandage. Les communes se retirèrent, et, après avoir délibéré, elles revinrent dire qu'elles consentaient à proroger le subside des toisons, des cuirs et des laines ; mais, de peur que la continuité de l'aide ne finît par en faire oublier la nature, et que le roi ne prît pour un revenu de son domaine une chose qui lui était donnée par pur octroi, elles avaient imaginé d'interrompre la prescription par une suspension passagère. Le subside finissait à Noël : elles décidèrent qu'il ne recommencerait qu'à la Circoncision pour durer jusqu'à la Chandeleur. Avant la Chandeleur le parlement devait être réuni, et pourrait aviser plus à loisir aux besoins du royaume. Le roi, se tenant pour satisfait de leur concession, donna la charte d'amnistie (a).

Par une attention délicate, c'est au nom de celle dont il allait faire sa compagne, et, disait-il, à sa spéciale requête, qu'il publiait son amnistie : amnistie limitée sans doute, quoiqu'elle soit appelée générale.

On exceptait les villes de Canterbury, Bury-Saint-Edmond, Beverley, Scanderbury, Bridgewater et Cambridge, et, pour les autres lieux, un certain nombre de personnes signalées comme ayant pris une part principale à la révolte. Or les listes remises au parlement en contenaient dix-sept pour le comté de Norfolk, vingt pour Suffolk, vingt pour Kent, vingt-trois pour Middlesex, cent cinquante-un pour Londres! On amnistiait ceux que l'on ne connaissait pas, et, en les amnistiant, on arrivait à les connaître ; le pardon n'était accordé qu'à ceux qui le solliciteraient avant la Pentecôte : pour être pardonnés, les rebelles devaient aller se dénoncer eux-mêmes aux officiers du roi. On prit d'ailleurs des mesures sévères contre le retour de pareils mouvements. On les déclara crimes de haute trahison, et, afin de les étouffer dans l'origine s'il venait encore à s'en produire, une autre ordonnance, à la requête des communes, établissait dans chaque comté des commissions extraordinaires chargées de les punir sans retard. Après quoi le parlement fut ajourné (13 décembre) jusqu'au 24 janvier suivant (a).

Tous les regards étaient alors portés vers la jeune reine qui arrivait en Angleterre. Jean de Holland, frère utérin du roi, J. de Montaigu, sénéchal de son hôtel (frère du comte de Salisbury) et Simon Burley, chambellan, l'étaient allés chercher à Calais. Les autres s'étaient rendus à Douvres pour la recevoir et lui faire cortége (21 décembre).

Les scènes sanglantes qui, l'an dernier, avaient assombri Londres, furent oubliées dans ce concours de tous les seigneurs qui venaient rendre hommage à leur nouvelle souveraine. Le mariage fut célébré en grande pompe à Westminster par l'archevêque de Canterbury (vers l'Épiphanie, 1382). Il y eut des joutes, des tournois où les plus nobles rivalisèrent de valeur et de magnificence. Puis on fit trêve aux fêtes chevaleresques, et l'on rouvrit le parlement (a).

La première session du parlement avait eu principalement pour objet la révocation des libertés, la réforme de l'hôtel et l'amnistie; dans la seconde (27 janvier 1382), on devait s'occuper des charges de l'État et des moyens d'y subvenir.

La principale charge était la guerre: et l'on sait les périls qu'elle présentait en France depuis que la France paraissait lasse d'être conquise; on sait l'étrange diversion que l'ambition particulière de Lancastre y avait apportée. L'influence qu'il avait tout à coup regagnée dans le parlement en se plaçant à la tête de la commission de réforme, lui donnait l'espoir de la mener à sa guise : son frère, le comte de Cambridge, était allé en Portugal pour soutenir les bonnes dispositions des Portugais, alliés nécessaires de l'Angleterre contre la Castille, amie de la France. Mais rien ne se pouvait faire si Lancastre n'arrivait avec de nouvelles troupes. Il offrit au parlement d'y mener et d'y entretenir deux mille hommes d'armes et deux mille archers pendant six mois, si on lui voulait donner 60 000 livres : avec cela il se faisait fort de conquérir son trône de Castille, et, ce qui touchait l'Angleterre davantage, de rétablir la sécurité des mers. Il s'engageait d'ailleurs, si, ce qu'à Dieu ne plaise, il n'était ni tué ni pris, à rembourser dans les trois ans la somme prêtée, soit en argent, soit « en service qui dût être acceptable [1]. »

Cette proposition agita violemment l'assemblée; les partisans de Lancastre l'appuyaient, et ils montraient que les troupes que l'on avait en Portugal étaient fort exposées si on ne leur venait en aide. Les autres disaient que s'il emmenait d'Angleterre une telle force, le royaume serait bien compromis lui-même dans le cas où de nouveaux mouvements éclateraient à l'intérieur. Le parlement finit par voter le subside des laines jusqu'à la Saint-Jean-Baptiste, et de là pour trois ans. Il devait être consacré à la défense du pays. Mais comment? en acceptant l'offre de Lancastre, ou de toute autre manière? Les communes ne le voulaient point décider et s'en remettaient au conseil des seigneurs, faisant toutefois cette réserve, qu'elles n'entendaient point se lier aux entreprises de Lancastre sur l'Espagne, et ne voulaient que défendre le royaume de la façon jugée la meilleure [2].

Le subside voté ne devait remplir le trésor, pour ainsi dire, que goutte à goutte; et il eût fallu longtemps attendre avant d'y trouver de quoi fournir à Lancastre ce dont il avait besoin. Mais on pouvait

---

[1]. *Rot. Parliam.*, t. III, p. 114, § 66.
[2]. *Ibid.*, § 67.

l'escompter par avance en s'adressant aux marchands (banquiers). Pour rendre la négociation plus facile, les communes autorisaient le roi à se départir du règlement touchant le marché de Calais, et à donner temporairement toute licence d'aller chercher la laine partout ailleurs. Si l'on faisait paix ou trêve, elles recommandaient bien de ne point dépenser le subside, et elles insistaient pour qu'on arrivât à diminuer les dépenses de guerre, en attendant qu'on les pût supprimer (a).

Le rôle des pétitions contient avec les plaintes d'usage, aussi constantes dans la reprise ou les variations du même thème que l'étaient les abus, quelques traits où l'on reconnaît davantage la double empreinte des événements de cette année, l'insurrection et la réforme. Les communes demandent l'extension de l'amnistie et des pouvoirs des juges, pour la plus prompte libération des personnes arrêtées sans charges suffisantes; l'expédition nouvelle et sans frais des titres détruits, la remise en état des procès engagés, nonobstant la destruction des pièces de procédure: car en cette matière on voulait l'impossible. Elles demandent d'autre part que les grands officiers de l'hôtel jurent et fassent jurer aux officiers inférieurs l'observation de l'ordonnance de réforme. Elles demandent que le roi s'abstienne de tout don, tant qu'il aura des dettes ou même des charges de guerre, et que quiconque en sollicitera de lui soit retranché de son service et de sa compagnie pour toujours. Elles demandent enfin qu'on interdise l'exportation de l'argent et la sortie du royaume, sauf quelques exceptions commandées par les besoins mêmes ou du commerce ou du service public; qu'on remédie à la cherté des vivres, et notamment des vins; qu'on attire les marchands étrangers, et, pour relever la marine, que nul Anglais ne puisse charger de marchandises que sur vaisseaux anglais (a).

Tels furent les actes du parlement qui suivit la grande insurrection populaire. Le roi n'avait pas encore gouverné. C'est le parlement qui avait en mains tous les pouvoirs; c'est lui qui, de fait, nommait les grands officiers et le conseil; c'est lui qui disposait de la fortune publique par l'impôt; c'est à lui que revenait l'idée de cette taxe odieuse d'où était née la révolte, et le peuple ne s'y était point mépris : les revoltés, dans leurs manifestations, n'avaient nommé le roi que pour l'invoquer contre leurs seigneurs et le demander à leur tête. — Le parlement est sans pitié pour les révoltés. Plutôt mourir que de leur concéder ces franchises que le roi leur a données sans pouvoir, qu'il a reprises, mais qu'il offre, s'ils le veulent, de leur restituer. Plutôt mourir! c'est le cri unanime. Il n'est guère plus clément pour le roi. Le roi pourtant n'avait point fait défaut à leur cause : il n'avait voulu sacrifier aucun des siens, et c'était lui qui, dans le péril universel, quand la capitale était envahie et que chacun semblait l'abandonner, avait, par sa présence d'esprit et sa résolution, sauvé le royaume. Un pareil acte aurait bien dû l'émanciper. Le digne fils du prince de Galles, comme son père à Crécy et plus jeune encore, avait gagné ses éperons en une journée plus périlleuse qu'une bataille. Et néanmoins le parlement n'eut qu'une pensée, ce fut de le placer dans une plus étroite dépendance. Plus le roi, par le progrès des ans, semble près d'échapper à sa tutelle, plus il s'efforce de l'y retenir. De toutes les choses qui intéressaient la royauté, une seule était restée en dehors de son intervention directe : l'hôtel du roi; et quand les communes, dans le premier parlement, avaient demadé que les lords y pourvussent, ils s'y étaient refusés, on l'a vu, laissant à la famille les choses domestiques, et ne voulant pas placer auprès du prince des hommes qui n'eussent pas sa confiance, ou lui retirer ceux qui auraient son agrément. Maintenant que le roi est en âge de discernement, et peut, même à cet égard, se passer de ses oncles, le parlement met la main sur l'hôtel. Lancastre, devenu chef de la commission qui le doit réformer, pourra régler avec l'autorité du parlement ce qu'il ne pouvait plus faire en son nom; et c'est au moment où Richard se marie qu'on place à ses côtés deux hommes du parlement « pour le gouverner! »

Richard se prêta à tout de bonne grâce. Il nommait en parlement dès l'origine, et recevait ainsi de l'autorité des seigneurs et des communes, son conseil de gouvernement et ses grands officiers; il reçut de même les deux gouverneurs et les officiers de son hôtel. Il accepta la réforme et la commission de réforme, convertit en loi les pétitions, ne faisant de réserve que là où sa dignité semblait trop compromise ; ainsi, quand les communes demandèrent qu'il s'abstînt de rien donner tant qu'il aurait des dettes ou des charges de guerre, il refusa de se lier de la sorte, disant que cela « ne lui semblait ni honnête, ni chose honorable à sa dignité. » Il promit seulement de se restreindre, et de ne rien faire que d'accord avec son conseil. Le jour allait venir pourtant où cet état de choses devait finir. Richard avait été déclaré majeur dès son avénement; et le parlement ne s'était attribué des pouvoirs qui avaient toujours appartenu à ses ancêtres, la nomination du conseil et des grands officiers, que pour le temps où il serait « en tendre âge : » la condition en était écrite dans l'acte même qui l'en avait investi. Laisser plus longtemps au parlement ces pouvoirs, c'était abdiquer ses propres droits, c'était se reconnaître en quelque sorte toujours en état d'enfance ; mais les reprendre, c'était détruire un ordre de choses qui semblait consacré par une sorte de prescription. La situation, en se prolongeant, allait donc s'aggravant de plus en plus : et il y avait à craindre qu'à l'heure où le roi voudrait effectivement s'émanciper, le parlement ne prît cette revendication des prérogatives de la royauté pour un empiétement sur la coutume du royaume ; comme aussi que le prince, en s'affranchissant d'une intervention excessive dans les choses de la couronne, n'eût l'envie de se débarrasser d'un contrôle commandé par le bien de l'État (a).

Cette crise si périlleuse en elle-même allait se produire au milieu de circonstances qui la devaient rendre plus grave et plus difficile encore.

LIVRE TROISIÈME.

L'INSURRECTION DE FLANDRE.

I

SITUATION INTÉRIEURE ET EXTÉRIEURE.

Quand la fiancée de Richard débarqua en Angleterre, il y eut une chose qui fit dans le peuple une vive impression. A peine avait-elle mis le pied sur la plage qu'une tempête, s'élevant tout à coup, dissipa la flotte et mit en pièces le vaisseau qui l'avait apportée. En ces rencontres, tout devient un signe, et les Anglais, renommés au moyen âge pour leur esprit superstitieux, ne pouvaient manquer de relever celui-là. Les uns virent un témoignage de la faveur du Ciel dans l'heureuse fortune qui avait sauvé la reine et tous les siens avant que le vaisseau pérît; d'autres, un présage funeste dans cet orage éclatant à son arrivée. Mais la vue de la noble jeune fille et du jeune roi, si beau dans ses quinze ans, beau comme sa mère, brave comme son père (il en avait donné la preuve), devait dissiper ces nuages et faire luire l'espérance dans les cœurs. La suite pourtant devait donner raison à ceux qui avaient pressenti les orages[1].

Une grande agitation n'avait pas cessé de régner dans le pays.

Wicleff prêchait toujours, et même après ces répressions violentes dont J. Ball, qui s'avouait son disciple, avait été victime, il prêchait sans péril : il prêchait contre les traîtres. Prenait-il donc parti lui-même contre les insurgés? Les traîtres, dans toutes les proclamations royales, c'étaient ceux qui avaient trempé dans la révolte. Mais Wicleff, tout en parlant comme les gens du roi, songeait à d'autres traîtres : il les voyait à Rome et dans les amis de Rome. Sa doctrine n'était pas moins dangereuse à l'État qu'à l'Église, mais sa politique était de ruiner l'Église par l'État; et quelles qu'aient pu être ses vues ultérieures sur la constitution de la société, provisoirement il s'efforçait de mettre roi, seigneurs et communes de son côté, en flattant tout à la fois en eux les sentiments de cupidité, d'indépendance et de domination à l'égard de l'Église. Il adressait ses propositions sur cette matière aux lords du parlement; et, mêlant toujours aux maximes les plus radicales des réserves qui lui assuraient auprès des politiques un

---

1. *Signe à l'arrivée de la reine.* Wals., p. 281.

abri contre les théologiens, il y déclarait que le roi et le royaume ne devaient relever d'aucun siége, si ce n'est en tant que les saints Livres veulent qu'on obéisse à Jésus-Christ; qu'aucun argent ne devait être envoyé à Rome ou à Avignon, à moins que l'Écriture n'en fît une loi; nul bénéfice en Angleterre aux cardinaux, à moins qu'ils n'y résident, ou qu'ils ne soient légitimement excusés par les grands dans l'intérêt du royaume; qu'on prenne sur les biens du clergé avant de mettre des tailles sur les communes : car les biens du clergé sont les biens des pauvres, et il est bon que les clercs vivent en pauvreté. Il demandait en outre que le clergé fût exclu des charges de l'État, sous peine d'apostasie pour celui qui accepterait l'emploi, comme pour le roi qui le donnerait. Il retirait à l'Église l'appui du pouvoir civil, et il la soumettait à son empire, en déclarant d'une part que le roi ne devait emprisonner personne pour cause d'excommunication, et d'autre part qu'il était tenu de priver de son temporel tout évêque ou curé trouvé en faute[1].

Ainsi Wicleff portait les questions les plus graves devant le parlement, avec une hardiesse dont le secret d'ailleurs ne peut échapper à personne. La fiscalité de la cour de Rome faisait, dans presque tous les parlements, l'objet des réclamations des communes. Wi-

---

1. *Propositions adressées par Wicleff au parlement.* Wals., p. 283. Ce fut, dit Walsingham, au parlement, qui se réunit en cette année 1382, vers la fête de Saint-Jean-Porte-Latine : nous en parlerons tout à l'heure.

cleff, s'établissant sur ce terrain, était bien sûr d'être appuyé; et il pouvait, sans se hasarder davantage, aller plus loin encore. Il n'avait rien à craindre des lords temporels quand il leur sacrifiait le pouvoir de l'Église, ni des communes en leur abandonnant les biens du clergé. En même temps qu'il envoyait ses propositions au parlement, il répandait dans le peuple des maximes où les dogmes de l'Église n'étaient pas plus respectés que sa hiérarchie. Wicleff venait de traduire la Bible en langue vulgaire : parce qu'elle est le trésor de toute vérité, il la donnait comme la source de toute inspiration; et ses disciples, l'interprétant à volonté, allaient, comme il arrive, plus loin que lui dans leur manière d'en appliquer les termes. Ils attaquaient l'Église, non-seulement dans l'usage qu'elle faisait de ses biens et de son pouvoir, mais jusque dans son droit de propriété et de juridiction; et ils choisissaient pour leurs prédications les églises principales et les jours de grande fête. Vainement les curés voulaient-ils leur imposer silence, et les évêques leur interdire le droit de prêcher : la multitude était pour eux, paralysant toute action des autorités légitimes; et ils avaient d'ailleurs de puissants auxiliaires à la cour (a).

Parmi les nombreux disciples de Wicleff qui bravaient par leurs prédications toute la puissance de l'Église, Knighton cite un certain William de Swinderby, qu'on nommait William l'Ermite. Interdit par l'évêque de Lincoln, il alla s'établir sur un tas de pierres qui bordait la route, et, convoquant la foule, il disait que la voie publique était au roi, et que, tant qu'il aurait pour lui le peuple, il y prêcherait, « malgré l'évêque et ses dents. » L'interdiction lui attirant plus de monde, l'évêque l'assigna devant lui dans l'église de Lincoln. Il en appela au roi, qui renvoya l'affaire au parlement, et le parlement à l'évêque. Il comparut donc et fut condamné ; mais le « pieux » duc de Lancastre, « qui tenait les lollards pour des saints, » intercéda et lui obtint, moyennant rétractation, le pardon de l'Église. Réconcilié, l'Ermite n'avait plus personne à ses sermons. Il s'enfuit à Coventry, reprit sa prédication de grand chemin, et retrouva sa popularité (a).

Tant que Wicleff s'était borné à attaquer la puissance ou la richesse de l'Église, il avait eu de nombreux soutiens dans la noblesse et dans le peuple. Dans l'Église même, plusieurs avaient pu se moins alarmer de sa théologie, quand elle restait enveloppée des formes de la vieille controverse et ne menaçait que par voie de conséquence les choses établies. Mais quand il toucha par des définitions contradictoires à des dogmes précis, à l'Eucharistie par exemple, il devenait plus difficile de fermer les yeux sur ses doctrines. A Oxford même on s'en émut, et, sur l'avis d'une commission de douze docteurs, le chancelier les condamna. Wicleff en appela, non au métropolitain, mais au roi : c'était agir conformément à ses maximes sur les rapports de l'Église et de l'État.

Mais le duc de Lancastre, sur l'appui duquel il comptait comme toujours, ne voulait point, pour une affaire de dogme, se brouiller avec le clergé; il lui commanda de ne plus rien dire sur cette matière. Wicleff répondit en publiant une confession où, tout en protestant de son attachement à l'Église, il reprenait, sous le voile de ses interprétations, plusieurs des articles incriminés; et l'Université d'Oxford parut lui revenir : les élections de 1382 nommèrent un chancelier qui lui était favorable. C'est alors que W. Courtney, devenu archevêque de Canterbury, réunit le concile provincial de Londres (17 mai 1382). Wicleff n'y fut point assigné comme jadis à Lambeth. On parut s'attacher à n'y point impliquer sa personne; on jugeait des propositions sans nom d'auteur : elles furent condamnées; et l'archevêque résolut de les poursuivre au sein de l'Université où elles semblaient accueillies.

Il y eut résistance, mais force pourtant resta au primat. Le chancelier, mandé à Londres et déclaré suspect de favoriser les lollards, s'humilia et reçut lui-même les décrets qu'il se chargea de publier, non sans péril. Les principaux adhérents de Wicleff, cités à leur tour devant le prélat et condamnés, ayant vainement recouru au duc de Lancastre, finirent par abjurer; et un édit du roi ordonna de rechercher les livres de Wicleff, avec défense de recevoir à Oxford ses partisans. Quant à Wicleff lui-même, tranquille sous le patronage du duc de Lancastre dans sa cure de Lutterworth, il reçut bien encore assignation de comparaître, et cette fois devant le pape; mais l'assignation lui fut portée tardivement, et lorsque déjà la paralysie le mettait, l'eût-il voulu, hors d'état d'y répondre. Il s'excusa par une lettre où, tout en se félicitant de voir sa doctrine soumise au jugement du saint-père, il l'invitait à l'adopter quant au domaine de l'Église; et il mourut le dernier jour de cette année (31 décembre 1384), sans que l'Église l'eût autrement inquiété dans l'exercice de ses fonctions pastorales (a).

Le concile de Londres et les condamnations qui avaient suivi n'avaient pas ruiné le parti de Wicleff. Vaincu à Oxford dans l'Université, il gardait toute faveur dans le peuple. Il y vivait par ce qu'il avait de plus intelligible pour la foule, par ses appels contre les abus dont l'Église était alors affligée : abus signalés déjà par les plus saints docteurs, et qui, si l'on n'y portait remède, devaient donner à l'hérésie même les dehors d'une réforme. Mais le cri de la réforme, jeté dans cette multitude, pouvait tout aussi bien n'y provoquer que des excès d'une autre sorte. Ainsi à Londres, en 1382, les gens du peuple, forts, dit-on, de l'appui du maire Jean de Northampton, se jetèrent sur les prisons ecclésiastiques, en tirèrent les femmes accusées de fornication et d'adultère, et, leur rasant la tête, ils les promenèrent par les rues de la ville, précédées de trompettes et de joueurs de flûte, avec toutes sortes d'outrages et d'infamies. Ils disaient que le clergé usait de trop d'indulgence envers ces malheureuses, et qu'ils voulaient purger la ville de ces souillures, de peur d'attirer sur eux la peste et le glaive, ou que la terre ne s'ouvrît sous leurs pas (a).

Le pays demeurait donc troublé; et cette agitation, bien que se renfermant encore en apparence dans le cercle des débats religieux, n'en fomentait pas moins le malaise dans les esprits. Les choses du dehors devaient achever de les aigrir.

L'Angleterre qui, pendant si longtemps, s'était fait craindre de tous les pays du voisinage, se trouvait tenue à son tour en échec.

La France, on l'a vu, avait pris une attitude menaçante, ayant pour auxiliaires, d'une part l'Écosse, que des jalousies de frontières et de race faisaient et firent toujours, jusqu'à ce qu'elle devînt anglaise, l'ennemie acharnée de l'Angleterre; de l'autre l'Espagne, dont la dynastie nouvelle avait été entraînée à une alliance offensive contre les Anglais, par les prétentions rivales du duc de Lancastre. Cette situation ne datait pas de Richard II; mais le mal s'était accru pendant sa minorité. Les Écossais portaient périodiquement le ravage dans les comtés du nord de l'Angleterre, et les flottes de l'Espagne, après s'être jointes aux nôtres pour battre les flottes anglaises sur les côtes de France, s'unissaient encore à elles pour opérer des descentes hardies sur les rivages et dans les îles du sud de l'Angleterre.

Les Anglais répondaient bien aux invasions des

Écossais en envahissant l'Écosse à leur tour; mais l'invasion était sans profit pour les uns, et pour les autres presque sans dommage. L'Écosse était encore un pays pauvre et sauvage. Pour y vivre, l'ennemi était forcé d'y apporter ses approvisionnements. La campagne, c'étaient des bois; les villages, des amas de huttes; Édimbourg ne comptait point alors quatre cents maisons. A l'approche des Anglais, les Écossais quittaient leurs demeures, poussant leurs troupeaux dans les montagnes; et les envahisseurs ne pouvaient que brûler les villes et regagner au plus tôt leur pays. Eux partis, les indigènes sortaient de leurs retraites, et, en quelques jours, les villes se relevaient : quelques pièces de bois, de la ramée et un peu de boue (l'Écosse n'en manquait pas) faisaient tous les frais de l'ouvrage. Les comtés du nord étaient donc ravagés sans compensation; et la mer ne protégeait pas mieux, nous l'avons dit, les côtes de l'Angleterre contre les incursions de l'Espagne et de la France. Aussi les communes, jadis si empressées à seconder les expéditions d'Édouard III en France, se plaignaient-elles maintenant de la guerre, disant qu'elle se faisait aux dépens du pays, par les impôts qu'en réclamait le roi, comme par le butin que l'ennemi venait y faire; et, dans les deux derniers parlements, elles avaient insisté pour qu'on en finît aussitôt qu'on le pourrait[1].

---

1. *L'Écosse*, voy Froissart, II, 228 et 236; — *Ravages des*

Mais, pour y mettre un terme, il fallait être en mesure de débattre les conditions de la paix ; il fallait faire sentir à l'ennemi la puissance de l'Angleterre. Par quel moyen? la question avait été soumise au dernier parlement, et l'on a vu où elle avait abouti. Il y avait trêve avec l'Écosse; des négociations étaient entamées avec la France : c'est à l'Espagne, but exclusif de son ambition, que Lancastre avait presque obtenu de faire appliquer le subside voté. Et pourtant, si l'on voulait la paix, n'était-ce pas en France qu'on devait l'aller conquérir? C'est la France qui soutenait l'Écosse, la France qui entraînait l'Espagne dans sa lutte offensive : c'est en France que la victoire, en même temps qu'elle déciderait du sort de la guerre, offrait le plus d'avantages aux intérêts de l'Angleterre. Le parlement dissous, le roi, qui commençait à s'affranchir de l'autorité de son oncle, n'hésita point à faire ajourner l'entreprise. Dans un grand conseil tenu à Windsor, il exposa ses résolutions. C'était du côté de la France qu'il voulait porter, comme le commandait la raison, toutes les forces du pays; et lui-même se proposait de se mettre à leur tête [1].

Écossais, Wals. p. 219, 228, 244; M. Evesh; p. 9, 21 ; — *Ravages des côtes de l'Angleterre;* Wals. p. 198, 240; M. Evesh. p. 2, 20; Otterbourne, p. 148; et les plaintes des communes au parlement de la 6ᵉ année (octobre 1382). *Rot. Parl.*, t. III, p. 138, § 30 et 37.

1. *Trêve avec l'Écosse.* C'est la trêve conclue par le duc de Lancastre, le 8 juin 1381. Rymer, t. VII, p. 312; — *Négociations avec la France. Pouvoirs donnés aux commissaires,* le 16 décembre 1381; *sauf-conduit aux commissaires français,* (18 décembre). Rymer, t. VII, p. 338

Les seigneurs accueillirent avec joie ses paroles, et s'engagèrent à le servir toute une année. Mais il fallait de l'argent, et le roi n'avait pour en trouver que le subside des laines, avec la faculté de le négocier comme il pourrait. Il fit assembler les marchands, tant nationaux qu'étrangers, et leur proposa la transaction. Ils déclinèrent ses offres. Un emprunt sous la garantie d'un subside à recevoir leur paraissait chose trop aventureuse, moins d'un an après la grande insurrection populaire; et puis, ce n'était point assez à leurs yeux que l'autorisation éventuelle du parlement, pour une opération de cette sorte. Ils dirent au roi qu'ils ne trouvaient pas sûreté suffisante, si le parlement n'était de nouveau convoqué[1].

Le parlement fut donc réuni à Westminster, moins de trois mois après qu'il avait été congédié (7 mai 1382). Richard le Scrop, chancelier, lui en exposa les motifs, en racontant ce que nous venons de dire. L'emprunt qu'il s'agissait de garantir n'excédait pas la somme réclamée par Lancastre pour son expédition d'Espagne, 60 000 livres. On ne pouvait moins pour la première campagne que le roi devait faire, « car on n'oserait, disait-il, lui conseiller de prendre moins de trois mille hommes d'armes et de trois mille archers; » et, si l'on recourait à l'emprunt, c'é-

et 340. — *Grand conseil de Windsor. Rot. Parl.*, t. III, p. 122, § 3, dans l'exposé fait par R. le Scrop au parlement suivant.

1. *Rot. Parl., ibid.*

tait pour ménager le pays aux dépens même du trésor (a).

Les communes revinrent le lendemain, et, sous prétexte que l'affaire regardait surtout les marchands, les chevaliers des comtés demandèrent aux lords qu'on en remît la charge à ceux de cette classe qui siégeaient parmi les députés des communes. Jean Philipot, Nicolas Brambré et douze autres furent désignés. Lorsqu'ils en eurent délibéré, ils dirent qu'ils ne savaient, en effet, comment une si grande somme pourrait être obtenue, sinon par les marchands. Mais les marchands redoutaient le péril d'une négociation de ce genre. Ils craignaient que, par la suite, on ne les accusât d'avoir trompé le roi; et ils rappelaient l'exemple de William de la Pole et de plusieurs autres, qui après avoir fait à la couronne des prêts considérables dans un moment de grande nécessité, avaient été, pour un peu de gain, « détruits oultrement, » ruinés pour la plupart de fond en comble. Ils avaient peur, quant à eux, d'un pareil sort, et refusaient. Seulement, si les prélats, barons, chevaliers, écuyers et clercs du royaume, voulaient, pour leur compte, prêter au roi « franchement et sans gain reprendre » quelque notable somme, plusieurs disaient qu'on trouverait des marchands disposés à en faire autant, moyennant sûreté suffisante. Ils ne voulaient pas prêter autrement[1].

---

1. *Rot. Parl.*, t. III, p. 123, § 10 et 11.

La proposition ne fut pas accueillie, et le roi dut renoncer à l'emprunt. Il se borna à faire agréer du parlement plusieurs mesures qui, en provoquant par l'appât d'une remise le payement anticipé des droits sur les laines, lui devaient procurer en quelques mois l'équivalent du subside d'environ deux années. On le destinait à la campagne de France. Pour la défense des rivages, on accepta une proposition des mariniers de l'ouest, qui, moyennant l'octroi d'un subside de 2 sous par tonne de vin à l'importation, et de 6 deniers par livre sur toute marchandise à l'entrée ou à la sortie, se chargeaient d'équiper et d'entretenir une flotte pendant deux ans (a).

Si cette dernière mesure suffisait à la protection du royaume, il était douteux que l'autre fournît de même le moyen de passer la mer. Aussi Richard, sans y renoncer encore, crut-il ne devoir pas suspendre les négociations entamées. Des conférences pour la paix devaient s'ouvrir au 1er juin; et déjà on était convenu d'une suspension d'armes pour l'Aquitaine (23 mars 1382). Les conférences furent ajournées sans que d'ailleurs on y renonçât; et le 3 juin des sauf-conduits furent donnés aux envoyés de la France. Mais la France, que naguère on aurait pu surprendre elle-même dans les premiers embarras d'une minorité et les dangers d'une insurrection populaire (les Maillotins), commençait à s'en dégager (mai 1382); et elle en allait sortir par une action d'éclat, dont le contre-coup devait être vivement senti de l'Angleterre; car l'événement mettait en péril les dernières possessions et les plus chers intérêts des Anglais sur notre frontière du nord (a).

II

PHILIPPE ARTEVELD.

Une insurrection, qui d'abord semblait répondre aux vœux de l'Angleterre, avait provoqué ce résultat.

La Flandre, si étroitement unie à l'Angleterre par Jacques Arteveld, avait été rapprochée de la France par les sympathies toutes personnelles de ses comtes. Louis Ier, oubliant les griefs de Gui de Dampierre contre Philippe le Bel, s'était attaché à Philippe de Valois. Louis II, sollicité par Édouard III de donner l'héritière de la Flandre en mariage à l'un de ses fils, l'avait mariée au duc de Bourgogne; et ce pays, si nécessaire à l'Angleterre, se voyait déjà entraîné dans la politique de la France. En de pareilles conjonctures, la révolte de Gand, à l'instigation de Jean Hyoëns (1379), ne devait pas être mal vue des Anglais; et ils devaient, ce semble, y applaudir encore plus, quand la révolte, après la mort de J. Hyoëns, raffermie par la vigueur de Pierre Dubois, l'un des serviteurs de ce dernier, fut placée par lui sous la direction de Philippe Arteveld, fils du grand ami de l'Angleterre (1382). Les Flamands, en toute circonstance, témoignaient de leur attachement pour les Anglais. Lorsque les Gantois prirent Bruges, d'où le comte eut tant de peine à s'échapper, des mesures toutes spéciales mirent à couvert du pillage les marchands anglais qui demeuraient dans la ville. Il y avait peine de mort pour quiconque serait convaincu de leur avoir fait dommage. Un marchand anglais s'étant plaint qu'on eût brisé son comptoir, sans pouvoir désigner le coupable, le capitaine de Gand à qui il s'adressa lui donna comme dédommagement son propre cheval : un cheval, dit l'historien, qui valait dix fois son comptoir (a).

La France et l'Angleterre étaient donc rappelées sur cet éternel champ de bataille. Le comte chassé s'adressait à la France. La France pouvait-elle se dispenser de lui venir en aide, et l'Angleterre de soutenir les révoltés? La France n'hésita point; et le jeune Charles VI se jeta dans cette guerre avec tout l'emportement de son âge. L'Angleterre se hâta moins; et il y avait en effet une circonstance aussi propre à paralyser son intervention qu'à précipiter celle de la France : c'est l'impression que produisait au loin cette insurrection victorieuse. En France, en Angleterre, tous les yeux étaient fixés sur Gand. C'était l'espoir des Maillotins mal soumis à Paris, et de cette nombreuse population qui naguère à Londres avait reçu Wat-Tyler et les paysans comme en triomphe[1]. Les

---

1. « Or regardez, dit Froissart, la grand'diablerie que c'eût été si le roi de France eût été déconfit en Flandre, et la noble chevalerie qui étoit avecques lui en ce voyage. On peut bien croire et imaginer que toute gentillesse et noblesse eût été morte et perdue en France, et autant bien ès autres pays; ni la Jacquerie ne fut onc-

oncles de Charles VI, et notamment le duc de Bourgogne, gendre du comte de Flandre, n'eurent donc pas de peine à y entraîner le jeune roi. La politique était d'accord avec son ardeur naturelle pour une première campagne : c'était à Gand qu'il fallait frapper les mécontents de Paris. Les oncles et les conseillers de Richard hésitaient davantage à le pousser dans une guerre où il fallait faire cause commune avec l'insurrection. La révolte en Angleterre était à peine comprimée, et elle grondait encore sourdement sous les rigueurs qui l'avaient accablée. Naguère, on se le rappelle, lors de la querelle de Lancastre et de Northumberland au parlement de Westminster, on avait vu la populace impatiente de les voir aux prises, dans la pensée d'y trouver l'occasion de venger les suppliciés. En maints cantons, les serfs opposaient aux réclamations des maîtres une résistance qui, si les maîtres n'eussent usé de ménagement, eût pu cesser d'être passive ; et le parlement qui suivit l'insurrection, tout en demandant amnistie pour les coupables, avait dû prendre de nouvelles mesures contre les mouvements que l'on redoutait encore. Le statut de la cinquième année contenait un article spécial, qui

---

ques si grande ni si horrible qu'elle eût été; car pareillement à Reims, à Châlons, en Champagne, et sur la rivière de Marne, les vilains se rebelloient et menaçoient jà les gentilshommes, et dames et enfans qui étoient demeurés derrière ; aussi bien à Orléans, à Blois, à Rouen, en Normandie et en Beauvoisis, leur étoit le diable entré en la tête pour tout occire, si Dieu proprement n'y eût pourvu de remède, ainsi comme orrez recorder ensuivant en l'histoire. » (Froissart, II, 187.)

faisait des rassemblements de paysans un crime de trahison : « Tout sujet fidèle, dit Walsingham, était autorisé à les arrêter et jeter en prison quand on en trouvait plus de six ou sept réunis. » Or, si peu de ressemblance qu'il y eût eu entre l'insurrection communale de Gand et le mouvement révolutionnaire des paysans d'Angleterre en 1381, il suffisait qu'elle triomphât pour faire éclater la sourde irritation qui fermentait dans la masse[1].

En Flandre on ne soupçonnait point ces craintes, et on comptait absolument sur l'Angleterre. Philippe Arteveld, dès le commencement de la lutte, avait appelé et vu accourir à son appel deux cents Anglais de la garnison de Calais. Lorsque le comte, chassé de Flandre, eut cherché un refuge et un appui auprès de Charles VI, le chef de Gand, menacé des forces de la France, avait trouvé tout naturel de s'adresser à Richard : c'était suivre l'exemple de son père, et, on le peut dire, le penchant de son pays. Arteveld ne pouvait point douter que l'Angleterre ne vînt en aide à la Flandre. La Flandre lui était trop nécessaire et dans la guerre et dans la paix : c'était la sauvegarde de Calais, et le principal débouché des laines anglaises. Il en doutait si peu, que les députés qu'il envoya au delà du détroit devaient, avant de solliciter l'appui de l'Angleterre, réclamer d'elle l'acquittement d'une

---

1. *Nouveaux symptômes de troubles en Angleterre.* Voy. ci-dessus, p. 116, avec la note correspondante à la fin de ce volume, et Wals; p. 281, 282.

ancienne dette de 200000 écus, contractée par Édouard III envers Jacques d'Arteveld. Les députés, au nombre de douze, furent bien reçus à Calais, envoyés à Douvres sans plus de retard, puis à Londres, et partout fort bien accueillis du peuple. Le nom d'une ville qui s'était si bien comportée et avait chassé son seigneur, leur attirait toutes les sympathies. Ils réussirent moins auprès du conseil quand ils vinrent faire leur réclamation d'argent. « Avez-vous pas vu ces Flamands? se disaient les seigneurs après qu'on les eut congédiés. Ils demandent à être confortés et ils disent qu'il leur besogne (qu'ils en ont besoin); et avec tout cela ils demandent notre argent! » Cette démarche était bien propre à refroidir le zèle à leur égard; mais ils n'insistèrent pas, et il y avait dans la question un intérêt si capital pour l'Angleterre, qu'il pouvait bien faire oublier leur maladresse (a).

Le parlement venait d'être réuni aux octaves de la Saint-Michel (1382), et il s'ouvrait avec des dispositions peu favorables au roi. Richard ne s'était point seulement affranchi de l'influence de Lancastre en ajournant la guerre d'Espagne; il s'était émancipé vis-à-vis du parlement lui-même, en remplaçant de son propre chef le chancelier nommé à l'avant-dernier parlement; et il l'avait fait en des circonstances qui rendaient le grief plus sérieux. Le parlement, on se le rappelle, lui avait voulu interdire toutes largesses, tant qu'il aurait ou des dettes ou des charges de guerre, ce qui les ajournait pour longtemps. Richard n'avait point accepté ces entraves; mais il avait promis d'être discret dans ses dons et de prendre avis de son conseil; or cette promesse n'avait point été fort strictement tenue. Le jeune roi avait pour ceux qui l'entouraient des bontés imprudentes, comme d'un enfant qui ne sait pas compter. Les fiefs qui revenaient à la couronne ne faisaient guère (au dire de Walsingham, il est vrai) que passer par ses mains; et ce n'était pas toujours des plus grands services rendus à l'État qu'ils devenaient la récompense. Le chancelier Richard le Scrop, l'homme du parlement, voulut s'opposer à ces aveugles libéralités; et un jour il refusa d'apposer aux chartes de donation le sceau du roi. C'en fut assez pour le perdre. Les courtisans signalèrent dans ce refus un mépris de l'autorité royale. Richard lui ôta les sceaux pour les donner à l'évêque de Londres : destitution qui devait être vivement sentie du parlement quand il se rassembla; car l'usage établi pendant la minorité était que le chancelier, comme les grands officiers, fût nommé en parlement et ne pût être, sans grave motif, remplacé dans l'intervalle des sessions : or c'était pour avoir voulu faire respecter l'un des vœux des communes que Richard le Scrop avait dû résigner son office (a).

Le mercredi 8 octobre, le parlement se trouvant en nombre, l'évêque de Londres, chancelier, exposa les motifs de la convocation. Il s'agissait surtout de deux choses : 1° prendre des mesures contre le retour de l'insurrection : « car, disait-il, les rebelles et autres malfaiteurs qui sont encore en chaque pays du royaume, sont mieux appris et appareillés, s'ils trouvaient temps et lieu convenables, à recommencer leurs méfaits et révoltes; » 2° pourvoir à la défense extérieure du pays : car la trêve allait finir avec l'Écosse; les troupes laissées en Portugal avec le comte de Cambridge étaient en péril, et les communes de Flandre invoquaient l'Angleterre à l'appui de leur insurrection menacée[1].

Ces derniers points, après que le parlement eut été constitué selon l'usage, furent particulièrement repris et développés au nom du roi par l'évêque de Hereford, substitué peut-être dans cette mission délicate au nouveau chancelier, comme moins mal vu des communes. Tout le monde convenait qu'il était bon de proroger la trêve avec l'Écosse. Quant à la guerre, deux chemins se présentaient ouverts, disait le prélat, en quelque sorte par Dieu lui-même : d'un côté, la Flandre, dont l'alliance devait être si utile contre les ennemis de l'Angleterre; de l'autre, le Portugal : « car, ajoutait-il, si Monseigneur d'Espagne (c'était le titre affectionné de Lancastre) y va en force suffisante, il sera roi d'Espagne; et si Dieu le fait réussir, « le de- « meurant de nos guerres sera tôt mis à fin. » Un tel résultat méritait bien qu'on fît quelques sacrifices : et le duc de Lancastre réduisait ses premières propo-

---

1. Parlement de la 6e année (6 octobre 1382); *Rot. Parl.*, t. III, p. 132, § 1 et 2. — *Exposition du chancelier, ibid.*, § 3.

sitions : il ne demandait plus que 43 000 l., pour le même nombre d'hommes, deux mille hommes d'armes et deux mille archers pendant six mois, s'obligeant toujours à rembourser le trésor dans les trois ans, « ou en monnaie ou en service, au choix du roi. » De plus, pour l'une et l'autre entreprise, la nation avait un secours inespéré.

L'Angleterre et la France étaient divisées sur la question de la papauté comme sur tout le reste. La France étant pour Clément VII, les Anglais n'avaient point hésité à se déclarer pour Urbain VI. Or le pape Urbain VI avait prêché une croisade contre les clémentins, c'est-à-dire contre la France et ses alliés, l'Espagne et l'Écosse ; en d'autres termes, contre les ennemis de l'Angleterre. C'était donc à l'Angleterre à y répondre; et le pontife ne s'était point borné à l'y attirer par des indulgences : « Car bien savoit que les nobles d'Angleterre, pour toutes ses absolutions, ne chevaucheroient point trop avant, si l'argent n'alloit devant; car gens d'armes, ajoute l'historien, ne vivent point de pardons : ils n'en font point trop grand compte, fors au détroit de la mort. » A ses bulles le pape avait donc joint l'octroi d'un décime à lever sur l'Église; et il se flattait que l'Église faisant le fond de la contribution, les fidèles, par l'attrait du pardon, la grossiraient assez de leurs aumônes pour que l'argent suffît à deux expéditions à la fois : l'une contre la France et l'autre contre l'Espagne. Contre la France : il ne demandait qu'une chose, c'est que l'Église payant, l'expédition fût conduite par un chef d'Église. Or il y en avait un tout désigné pour cette mission, par l'étrange façon dont il savait allier l'humeur militaire au caractère épiscopal : l'évêque de Norwich, ce prélat guerrier, qui, dans la dernière insurrection, avait si bien su, cumulant tous les rôles, battre et juger, confesser et absoudre, et, selon l'expression anglaise, « lancer dans l'éternité ». Contre l'Espagne : le chef en était tout trouvé, c'était le « pieux » duc de Lancastre.

L'évêque de Hereford annonça les deux croisades au parlement, comme une grâce du ciel en pareille circonstance, et le pria d'y aviser pour le bien du royaume [1].

Les communes s'étant fait adjoindre, comme d'habitude, ceux des prélats et des lords qui avaient leur confiance, se retirèrent au lieu affecté à leurs délibérations, dans l'abbaye de Westminster; et, prenant en considération les dangers du royaume, elles accordèrent un subside d'un quinzième et d'un dixième, comme elles l'avaient accordé autrefois (un dixième dans les villes et les bourgs, un quinzième au dehors), entendant bien qu'on l'employât exclusivement à la défense du pays. Quant à la manière de l'employer, elles ne voulaient rien prescrire ; seulement elles

---

1. *Discours de l'évêque de Hereford, Rot. Parl.* t. III, p. 133, § 9-13. — *Les deux croisades.* Froissart, II, 207 ; M. Evesh., p. 41. « En queux viages homme avera autielle remission et pardon en toutes choses come auront en viage fait sur la Terre sainte. (Discours de l'évêque.) *Rot. Parl.*, t. III, p. 134, § 13.

exprimaient des vœux. Et d'abord elles recommandaient de bien veiller à la frontière d'Écosse : car si la guerre se renouvelait de ce côté, comme il en était bruit, « ce serait, disaient-elles, la plus forte et la plus mauvaise guerre qui nous pourrait avenir; » et elles demandaient que l'évêque de Durham, le comte de Northumberland, les sires de Nevil et de Clifford demeurassent en leur pays pour garder la frontière; que le roi même et la reine allassent de leur personne à York, jusqu'à ce qu'on fût assuré d'une plus longue trêve et qu'on sût les intentions des Écossais. Quant à la guerre du dehors, elles étaient d'avis que la croisade octroyée par le pape à l'évêque de Norwich fût mise à profit pour alléger les charges de l'armée et aider le roi à recouvrer son héritage. Elles y voyaient un moyen d'assurer l'alliance de l'Angleterre avec la Flandre, alliance nécessaire au roi et au royaume, et que l'on pourrait perdre si les Flamands n'étaient hâtivement secourus. Elles y trouvaient en même temps un puissant secours, et pour l'Angleterre en Gascogne et pour Lancastre en Espagne : car les Français, ayant à se défendre en Picardie, devraient retirer leurs troupes de Gascogne et renoncer à aller en Castille, où Lancastre aurait toute liberté de conquérir son royaume. Aussi les communes priaient-elles le roi de donner temporairement à l'évêque, avec une somme convenable pour commencer le voyage, tout pouvoir sur la frontière de Calais, où il lui serait plus facile de recueillir ceux qui viendraient, soit d'Angleterre, soit du continent, pour prendre part aux grâces de la croisade[1].

Par ces divers avis, les communes marquaient assez leur sentiment. Elles étaient, avant tout, pour une alliance avec la Flandre; et, afin d'y aider, elles allaient jusqu'à autoriser le roi à enlever de Calais le marché des laines et à le transporter partout ailleurs (c'était à Bruges que l'on pensait). Mais elles n'excluaient pas l'expédition d'Espagne : on le peut voir à l'allusion qu'elles y faisaient en parlant de la croisade; et les lords n'y avaient point paru plus défavorables. Expressément invités à en dire leur avis, ils avaient répondu que, des troupes y étant déjà envoyées, il leur paraissait bon de faire partir les autres, et le plus tôt possible, pour « mettre cette guerre à hâtive et bonne fin ». Ils convenaient même que l'expédition devait être utile au roi et au pays, pourvu toutefois, ajoutaient-ils (et la réserve n'était pas sans raison), que le duc y menât assez de monde et en appareil suffisant; car il leur semblait que le nombre de gens proposé était bien petit pour faire la guerre à si fort royaume[2].

---

1. *Adjonction des lords aux communes.* Ce sont à peu près les mêmes que l'on a vus aux derniers parlements : le duc de Lancastre; les évêques de Winchester, de Norwich et d'Exeter; les comtes d'Arundel, de Stafford et de Salisbury; lord Nevil, Gui de Brian, Richard le Scrop. (*Rot. Parl.*, t. III, p. 134, § 14.) — *Octroi du subside, ibid.*, § 15. — *La frontière d'Écosse, ibid.*, p. 138, § 33 (n° 10 des pétitions. — *La Croisade, ibid.*, p. 140, § 46.

2. *La Flandre. Rot. Parl.*, t. III, p. 140, § 46. — *L'étaple, ibid.*, p. 136, § 22. On la voulait porter de Calais à Bruges, afin de

Telles furent les résolutions du parlement devant les demandes qui lui étaient soumises. Il se montrait disposé à soutenir le roi sur tous les points où l'intérêt national était engagé; mais son amertume à l'égard des derniers actes de Richard se manifesta en plusieurs lieux dans le rôle des pétitions. Les communes prient le roi, eu égard à la détresse du pays, d'ordonner « que bon gouvernail soit mis entour son honorable personne, » de telle sorte qu'il puisse vivre « honnêtement et royalement » des revenus de la couronne, et que « toutes manières, de gardes, mariages, reliefs, forfaitures » et autres droits régaliens puissent être consacrées aux besoins de la guerre, à la défense du royaume, « et nulle part ailleurs. » Elles se plaignent de l'état de la marine et du défaut de surveillance des rivages : l'impôt voté pour cette fin n'y est point appliqué; l'ennemi vient impunément, pille les côtes, enlève même les vaisseaux avec ceux qui les montent, et les emmène en France. Dans la dernière année, il a pris sur la côte du nord soixante navires et gros bateaux, et de plus petits à foison. Pour remédier à la misère publique, les communes sollicitent quelques mesures nouvelles et la révocation de plusieurs autres, qui ont fait plus de mal que de bien ; elles demandent qu'on interdise l'exportation du blé : elles demandent qu'on révoque et la défense de se servir pour le commerce d'autres vaisseaux que

se gagner plus sûrement les Flamands. — *L'expédition d'Espagne, ibid.*, p. 136, § 23.

de vaisseaux anglais, et les entraves apportées à la liberté des échanges. D'autres mesures qu'elles veulent, au contraire, confirmer de plus en plus, ce sont celles qui ont trait aux bénéfices possédés par les étrangers, aux prélèvements de la cour de Rome ou aux abus de justice. — Au dernier parlement, le roi, sur la demande sans doute des évêques, avait fait un édit qui ordonnait aux shériffs et autres officiers royaux d'arrêter, sur l'attestation des prélats, les prêcheurs ou fauteurs d'hérésies, et de les tenir en prison jusqu'à ce qu'ils eussent donné satisfaction à l'Église. Les communes protestent que cette ordonnance, qui est en effet portée au rôle, a été rendue sans leur assentiment; et elles demandent que le statut soit déclaré nul : « car nous ne voulons pas, disent-elles, nous obliger, nous ni nos successeurs, envers les prélats, plus que nos ancêtres ne l'ont été au temps passé. » Et Richard leur donna raison par la formule : « Il plaît au roi (a). »

L'édit publié à la demande des prélats, et révoqué sur la réclamation des communes, montre combien la prédication des partisans de Wicleff était active, et comme elle était soutenue. D'autres mesures du parlement font voir combien l'insurrection réprimée laissait encore de ferments de trouble dans le pays. C'était le temps des représailles, c'est-à-dire le moment où souvent se perdent les victoires. Partout des récriminations ou des rigueurs : dommages à réparer, pardons à acheter. On avait bien donné l'amnistie, mais l'amnistie n'avait pas supprimé les actions en dommage, et les réclamations s'élevaient de tous les côtés. De plus, il y avait eu des exceptions : il fallait se racheter à prix d'argent. Plusieurs villes étaient mises à rançon pour des sommes considérables. Enfin, même pour la masse, l'amnistie n'avait pas été sans condition ; pour l'obtenir, il la fallait demander, et cette condition en avait rendu les effets presque nuls. Les gens du peuple n'avaient guère le moyen de payer leurs lettres d'absolution, et personne d'ailleurs n'était tenté de venir se déclarer ainsi à la justice. Les paysans donc, craignant d'être poursuivis, s'enfuyaient dans les bois, et non-seulement les coupables, mais grand nombre d'autres qui avaient peur d'être pris pour tels. Les communes voulurent remédier à un mal qui devenait inquiétant ; elles demandèrent que le pardon fût général et sans condition, et elles l'obtinrent, sauf toutefois les personnes nominalement exceptées, et la malheureuse ville de Bury-Saint-Edmond, qui n'avait pu encore rentrer en grâce (a).

Quoi qu'il en fût de cette situation intérieure et de la sollicitude qu'elle provoquait, on ne songeait pas à laisser succomber l'insurrection de Flandre ; seulement on y voulait prendre ses sûretés. Le parlement dissous, on s'occupa de répondre à l'ambassade flamande, par un ambassadeur qui devait s'aboucher avec les Gantois sur les conditions de l'alliance. Mais lorsqu'il vint à Calais, Charles VI était déjà aux portes de la Flandre. Les Français forçaient le passage de la Lys, prenaient Ypres et tout le pays que l'envoyé de Londres avait à traverser pour aller jusques à Gand. Que voulait-on qu'il fît? Attendre. Ce fut l'avis de Jean Devereux, capitaine de Calais. Arteveld rassemblait ses forces, et il allait livrer bataille : « Si les Flamands sont déconfits, dit le capitaine, vous n'avez que faire en Flandre; si le roi de France perd, tout est nôtre[1]. » Le roi de France gagna, et l'Angleterre faillit y perdre beaucoup plus encore que le capitaine de Calais ne semblait croire.

Cette campagne fait révolution dans l'histoire des guerres de la France et de l'Angleterre, et elle exerça tant d'influence sur les rapports des deux pays entre eux, qu'il convient de s'y arrêter un moment.

III

LA BATAILLE DE ROSEBECQUE.

Depuis le jour où les deux peuples, quoique toujours en guerre, avaient cessé de se prendre, pour ainsi dire, corps à corps, les Français avaient acquis des qualités dont l'Angleterre n'avait pas même conçu le soupçon. Ce n'étaient plus ces chevaliers téméraires, pleins de mépris pour les règles de la prudence la plus commune, qui avaient, en plus d'une fatale

1. Froissart, II, 189.

journée, dissipé par leur folle ardeur la fortune de la France. Tenus loin des grandes aventures par Charles V, et façonnés à une certaine tactique par Duguesclin, ils avaient appris qu'il y avait mieux à faire que de se sacrifier au point d'honneur chevaleresque : c'était de se ménager pour la patrie et de vaincre pour elle, et en plus d'une rencontre ils avaient regagné l'avantage. Ce n'avait pas été assurément sans de douloureux sacrifices. Il avait fallu abandonner les champs de bataille aux Anglais, leur laisser ouvertes les plaines de la France, se borner à les suivre et à ne recueillir que ce que laissait à l'aventure leur négligence ou leur témérité. La France avait ainsi réparé en partie ses dommages ; mais l'honneur de ses armes n'était pas suffisamment rétabli, et ce double sentiment de sa force accrue et de son renom diminué l'excitait à de plus grandes entreprises. Il arriva, après la mort de Charles V, ce que l'on vit plus tard après la mort de Louis XI. La France ne se résigne jamais longtemps à pratiquer la maxime suivie par ce dernier roi et fort prônée de son historien Commines : « Qui a le profit, a l'honneur ; » et le même instinct qui poussa Charles VIII aux guerres d'Italie, entraînait le jeune Charles VI à des actions d'éclat. Mais l'armée qui entrait en Flandre avec lui, ne ressemblait plus que par ses bannières à celle qui avait succombé à Courtrai. Les désastres de Crécy et de Poitiers avaient passé par-dessus ce grand désastre, et ces deux leçons, qui devaient bien se perdre encore, avaient alors porté leur fruit. Dès le début de la campagne, cette jeune et ardente noblesse avait donné des preuves d'un empire sur soi-même et d'une solidité dignes de servir d'exemple aux plus beaux jours de nos annales militaires.

Philippe Arteveld avait montré quelque dédain à la nouvelle des armements de Charles VI. « Mais par où pense ce roitiau (roitelet) entrer en Flandre? disait-il : il est encore trop jeune d'un an. » Il confia au sire de Harselles la conduite du siége d'Audenarde, où s'étaient renfermés les partisans du comte de Flandre, vint à Bruges préparer tout pour la défense, et envoya Pierre Dubois et Pierre de Vintre garder les principaux passages de la Lys.

C'était la barrière de la Flandre, et plusieurs la réputaient infranchissable si les ponts en étaient solidement occupés. Le connétable Clisson ne connaissait pas le pays; et, prenant en considération ce qu'on disait de ces obstacles, il eut un instant la pensée de les tourner. Il s'enquit des sources de la Lys, qui n'étaient pas fort éloignées. « Puisqu'elle a commencement, disait-il, nous la passerons bien. » Mais il eût fallu la remonter par un pays plein de marécages. D'autres proposaient de passer l'Escaut à Tournai, pour se porter sur Audenarde. Mais à moins d'entrer à Gand après avoir délivré Audenarde, on aurait dû passer la Lys plus bas encore pour pénétrer au cœur du pays. Mieux valait marcher droit devant soi, là où l'ennemi se montrait en puissance. Si les Anglais lui voulaient venir en aide, c'était d'ailleurs un sûr moyen de leur barrer le chemin. On s'arrêta donc à la résolution de franchir la Lys, et l'on se porta vers le pont de Commines où était Pierre Dubois[1].

Le pont avait été rompu. Comment y suppléer? Point de bateaux aux environs, ni moyen d'en avoir. Dans cet embarras, quelques jeunes seigneurs, le sire de Saint-Py et d'autres, se dirent que s'ils avaient deux ou trois barques avec des cordes fixées sur les deux rives, ils pourraient établir de l'une à l'autre un va-et-vient qui leur permettrait de passer et de prendre les Flamands à revers. Saint-Py mit la chose à exécution. Il se fit amener de Lille par chariot un *baquet* (petit bac, barque plate) et des cordes; on en trouva un autre au voisinage, et les jeunes seigneurs passèrent dix par dix, comme il avait été réglé. Tout le monde s'y serait porté, au risque d'ébruiter la tentative, si l'un des maréchaux, Louis de Sancerre, n'y eût fait résistance; mais lui-même passa après les autres, tandis que le connétable détournait l'attention des Flamands par une démonstration du côté du pont. Le passage heureusement accompli, nos gentilshommes, au nombre de quatre cents environ, rajustèrent leurs armures, bouclèrent leurs bassinets, et se dirigèrent par les marais vers Commines[2]

Un de nos artistes les plus spirituels et les plus

---

1. *Dédain d'Arteveld pour l'expédition de Charles VI.* Froissart, II, 174. — *Délibération sur l'entrée en Flandre. Ibid.*, 177.
2. Froissart, II, 180.

vrais en même temps, Raffet, dans une de ces rapides esquisses consacrées au souvenir de nos grandes guerres, représente une compagnie de grenadiers de la République, derrière un pli de terrain, dans l'eau jusqu'à mi-jambe, et le capitaine disant : « *L'ennemi ne se doute pas que nous sommes-là*! Il est sept heures : nous le surprendrons demain à quatre heures du matin [1]. »

Cette scène, et ces paroles mêmes semblent inspirées du récit qui va suivre.

Ici le terrain ne permettait pas aux hommes de se dérober à la vue de l'ennemi. Quand Pierre Dubois, du haut de la chaussée, les aperçut dans cette plaine basse : « Par quels diables de lieux, s'écria-t-il, sont venus ces gens, et où ont-ils passé la rivière? » Car il savait qu'il n'y avait point de pont jusqu'à Courtrai. Plusieurs les voulaient aller attaquer sans plus attendre. « Non, dit Dubois, laissons-les venir, et demeurons en notre force et en notre place : ils sont bas et nous sommes haut sur la chaussée. S'ils nous viennent assaillir, nous aurons avantage. Attendons la nuit, et alors nous prendrons conseil [2]. »

Olivier Clisson n'était pas sans inquiétude sur cette petite troupe ainsi aventurée en face de l'armée flamande. Il fit travailler à reconstruire le pont, mais la nuit suspendit le travail. Cependant nos jeunes seigneurs, contents d'avoir été vus des Flamands, s'étaient

1. Raffet, *Album de* 1836.
2. Froissart, II, 181.

arrêtés résolûment au milieu du marais, « demeurant tout cois en la bourbe et ordure. » « Or, regardez, dit l'historien, et considérez la peine qu'ils eurent et leur grand'vaillance, quand en ces longues nuits d'hiver, au mois de décembre ou environ, toute nuit nuitie (toute la nuit) en leurs armures, estant sur leurs pieds, leurs bassinets en leurs têtes, ils furent là sans boire et sans manger. » Ils se disaient les uns aux autres : « Tenons-nous cy tous ensemble, et attendons tant qu'il soit jour, que nous voyions devant nous, et que ces Flamands qui sont en leur fort avalent (descendent) pour nous assaillir. » Et Pierre Dubois, de son côté, disait aux siens : « Ces gens d'armes qui sont passés pour nous combattre ne sont pas de fer ni d'acier; ils ont huy (aujourd'hui) tout le jour travaillé et toute la nuit estampé en ce marais : ne peut être que sur le jour sommeil ne les prenne et abatte; en cet état nous viendrons tout coyement (tranquillement) sur eux et les assaillerons[1]. »

La nuit se passa de la sorte. « Ces barons, chevaliers et écuyers, dit Froissart, qui se tenoient en ces marais et assez près de leurs ennemis n'étoient pas à leur aise, en tant qu'ils s'étoient boutés en la boue et en l'ordure jusques aux chevilles les aucuns, et les autres jusques à mi-jambe; mais le grand désir et plaisance qu'ils avoient de conquerre le passage leur faisoit assez entroubler le travail et peine. Si ce fût

---

1. Froissart, II, 182-184.

aussi bien au temps d'été comme c'était en hiver, le vingt-septième jour de novembre, ils eussent tout tenu à revel (badinage); mais la terre étoit froide et orde, boueuse et mauvaise, et la nuit longue; et pleuvoit à la fois sur leurs têtes; » l'eau ruisselait de leurs bassinets; car ils étaient en équipage de combat, n'attendant « autre chose, fors qu'on les vînt assaillir. » Pour leur faire prendre patience, le sire de Saint-Py, qui s'était mis à l'avant-garde comme connaissant mieux le pays, s'en allait de temps à autre en tapinois vers le logis des Flamands, et revenait dire à ses compagnons tout bas : « Or cy, cy, nos ennemis se tiennent tout cois, *espoir* (peut-être) *viendront-ils sur le jour;* chacun soit tout pourvu et avisé de ce qu'il doit faire. » Et vers le point du jour, il accourut enfin leur apporter la bonne nouvelle : « Véez-les cy (les voici), ils viennent, vous les aurez tantôt; les larrons viennent le petit pas; ils nous cuident attraper et surprendre! » Ils furent surpris eux-mêmes. La petite troupe dont ils se promettaient si bon marché, était surexcitée par cette longue attente de la bataille. « Ils furent recueillis de ces longs glaives aux fers tranchants affilés de Bordeaux, dont ils se voyoient empallés, que les mailles de leurs cottes ne leur duroient néant plus que toile doublée en trois doubles; mais les passoient tout outre et les enfiloient parmi ventres, parmi poitrines et parmi têtes. » Ils reculaient, et les Français, les pressant d'autant plus, gagnèrent après eux la chaussée, d'où ils les forcèrent à fuir avec leur chef grièvement blessé. Le connétable vint les y rejoindre par le pont qu'il avait rétabli[1].

La Flandre était ouverte, et, avec de pareils hommes, tout était possible. Arteveld ne s'était point découragé toutefois. « Le roi de France, disait-il fièrement, a vingt mille hommes d'armes; je lui en mettrai autant ensemble devant lui en bataille. » Il s'étonnait pourtant que les Anglais ne vinssent pas, et se réjouit fort quand on lui apprit l'arrivée d'un héraut d'Angleterre; mais quand il sut qu'on n'envoyait après lui qu'un chevalier porteur des conditions de l'alliance à conclure : « Ah! dit-il, ce sera trop tard. » Charles VI, en effet, avait rejoint l'armée à Commines, et il était pressé de porter un coup décisif; car il avait derrière lui Paris murmurant. C'est à peine si, pour éclater, on s'y résignait à attendre les bonnes nouvelles qu'on espérait des communes de Flandre. Et la noblesse ne souhaitait pas moins vivement la bataille. Le temps était affreux, les routes, les terres détrempées, défoncées par la pluie. Cette campagne dans la boue, inaugurée au pont de Commines, laissait à désirer d'autres journées.

L'intérêt d'Arteveld eût été de traîner en longueur, de mettre les Anglais en demeure de venir; mais il voyait les Français faire chaque jour des progrès : Ypres, et à son exemple Cassel, Bergues, Bourbourg, Gravelines, Furnes, Dunkerque, Poperinghe avaient

---

1. Froissart, II, 184.

fait leur soumission à Charles VI, et il y avait à craindre que la défection ne gagnât Bruges, peu attachée à la cause de Gand. D'autre part, il avait sous les yeux le spectacle de la dévastation du pays. L'invasion avait été si peu redoutée, que rien n'avait été mis à couvert. Le soldat n'avait qu'à prendre; et d'abord il trouvait tant de choses qu'il ne daignait ramasser que l'or et l'argent. Mais le pillage était devenu plus méthodique et rencontrait plus de facilités. Des marchands de Lille et de Douai suivaient l'armée, achetaient les draps; les Bretons et d'autres encore en chargeaient des chariots à leur exemple, et les expédiaient eux-mêmes vers leur pays. Arteveld ne voulut point éviter la lutte : il réunit toutes les forces de Gand, et alla s'établir en un lieu où il pouvait disputer aux Français le chemin d'Audenarde et celui de Bruges, à Rosebecque; et les Français, sachant qu'il attendait la bataille, ne tardèrent point à venir prendre position en face de lui [1].

Dans la nuit qui précéda cette journée décisive, il y eut une alerte au camp des Flamands. On entendit un grand bruit qui semblait venir du côté des Français; tous se tinrent sous les armes : mais l'ennemi n'avait point remué; et l'on se demanda avec inquiétude quelle était la cause de ce bruit : « Or, disent

---

1. *Le roi à Commines.* Froissart, II, 185; — *Dispositions de Paris*, ibid., 187; — *Arteveld et les Anglais*, ibid., 185; — *Progrès de Charles VI en Flandre*, ibid., 186; — *Pillage du pays*, ibid., 184 et 188; — *Arteveld et les Français à Rosebecque*, ibid., 189-191.

aucuns que c'étoient les diables d'enfer qui là jouoient et tournoient où la bataille devoit être, pour la grand' proie qu'ils en attendoient. » Les Flamands se crurent trahis; néanmoins ils se préparèrent avec vigueur au combat. Dès le point du jour ils avaient pris leur ordre de bataille. Un large fossé, des taillis et des ronces couvraient leur front. Ils étaient cinquante mille, tous hommes de choix, « des plus forts, des plus apperts et des plus outrageux, et qui le moins accomptoient de leurs vies. » Ils n'avaient rien négligé d'ailleurs de ce qui les pouvait protéger : chapeaux de fer, hoquetons et gants de baleine; et, pour armes offensives, maillets, houes et plançons (épieux) à pointe ou à virole; tous à pied sous leur armure demi-chevaleresque. Arteveld seul faisait tenir à côté de lui un cheval de prix, non pour fuir, mais pour commander la poursuite, quand les Français seraient vaincus. Il avait donné ordre qu'on épargnât le roi : « Car, disait-il, c'est un enfant, on lui doit pardonner : il ne sait ce qu'il fait, il va ainsi qu'on le mène. Nous le mènerons à Gand apprendre à parler et à être Flamand. Mais ducs, comtes et gens d'armes, ajoutait-il, tuez tout; les communautés de France ne nous en sauront pas mauvais gré; car ils voudroient, de ce suis-je tout assuré, que jamais pied n'en retournât en France; et aussi ne fera-t-il[1]. »

1. *Alerte parmi les Flamands.* Froissart, II, 192. — *Dispositions pour la bataille*, ibid., 193. — *Ordre d'Arteveld*, ibid., 191.

Cette journée fut, sur une scène plus vaste, la répétition de ce qui s'était passé au pont de Commines. Cette fois encore ce furent les Flamands qui se lassèrent d'attendre. « Que faisons-nous, disaient-ils, étant sur nos pieds? Nous nous refroidissons. Que n'allons-nous avant de bon courage, puisque nous en avons la volonté, requerre nos ennemis et combattre? Nous séjournons cy (ici) pour néant, jamais les François ne nous viendroient cy querre (quérir). » Ils quittèrent donc leurs fortes positions pour gagner une colline située entre les deux armées.

Mais les Français ne leur en laissèrent pas le temps. Lorsque Clisson, qui les épiait, les vit en marche : « Sire, dit-il au roi, réjouissez-vous; ces gens sont nôtres. Nos gros varlets les combattroient. » Et jetant sur les ailes l'avant-garde et la réserve, il porta son corps de bataille au-devant des Flamands[1].

Arteveld, pour opposer à la chevalerie française une plus forte résistance, avait rangé toute son armée en masse; c'était un souvenir de sa victoire de Bruges, et il la rappelait à leur mémoire : « Souvenez-vous, leur disait-il, de nos ennemis : comme ils furent tout déconfits et ouverts à la bataille de Bruges, par nous tenir drus et forts ensemble, afin qu'on ne nous pût ouvrir : si (donc) faites ainsi, et (que) chacun porte son bâton droit devant lui, et vous entre-

---

1. *Mouvement en avant des troupes flamandes.* Froissart, II, 195. — *Mot de Clisson,* ibid., 196.

lacez de vos bras par quoi on ne pût entrer dedans vous[1]. »

La brume qui se dissipait ne dérobait plus rien à la vue. C'était un spectacle imposant que celui de cette masse d'hommes couverts de fer, tous serrés l'un contre l'autre, tenant l'épieu droit devant soi : il semblait de ces bois ferrés que ce fût une forêt qui descendait de la colline. Le premier choc fut terrible. Quand les Flamands, après avoir lancé leurs balles et leurs carreaux, se heurtèrent contre l'armée française, elle recula d'un pas. « Ils venoient, dit Froissard, roides et durs, et boutoient, en venant, de l'épaule et de la poitrine, ainsi comme sangliers tout forcenés, et étoient si fort entrelacés ensemble qu'on ne les pouvoit ouvrir ni dérompre. » Mais les rangs des Français se raffermirent sans se laisser entamer : et pendant qu'ils tenaient bon, l'avant-garde et l'arrière-garde, jetées, ainsi qu'on l'a vu, sur les ailes, accomplissaient leur évolution, et, prenant en flanc cette masse épaisse, la resserrèrent comme dans un étau. Ce fut comme la manœuvre d'Annibal à Cannes, avec cette différence qu'Annibal avait affaibli son centre pour qu'il cédât et s'ouvrît aux Romains, tandis qu'à Rosebecque, le centre arrêtant les Flamands, ajouta pour sa part à l'écrasement où ils périrent. Les longues lances des Français frappaient les Flamands et traversaient leurs cottes de mailles, sans que leurs

---

1. Froissart, II, 195,

épieux pussent soutenir la lutte. Ils reculaient pour éviter les coups, et ceux qui étaient dans le milieu, perdant force et haleine, tombaient étouffés sans coup férir. Ce fut bientôt sur les trois faces une immense boucherie. Les haches, les maillets de fer ou de plomb faisaient alors leur office : « Ils rompoient bassinets et décerveloient têtes. » Un homme abattu était mort; les valets, se glissant parmi les gens d'armes, se chargeaient de ceux qui étaient par terre, et les achevaient de leurs grands couteaux. « Là, ajoute Froissart, étoit le cliquetis sur ces bassinets si grand et si haut, d'épées, de haches, de plombées et de maillets de fer, que on y oyoit goutte pour la noise (le bruit). Et ouïs dire que si tous les haulmiers de Paris et de Bruxelles fussent ensemble, leur métier faisant, ils n'eussent pas mené ni fait plus grand noise comme les combattans et les férans (frappants) sur ces bassinets faisoient[1]. »

Arteveld était de ceux qui avaient été étouffés dans la bataille[2] (jeudi, 27 octobre 1382).

La bataille de Rosebecque tranchait la question des révoltes populaires. Une victoire des Flamands leur eût partout rendu puissance. C'était au moins la crainte universelle, crainte justifiée par la consternation qui régna dans Paris quand on sut les Flamands déconfits, et Philippe d'Arteveld, leur capitaine, tué. Partout

1. Froissart, II, 197.
2. Le jeune roi fit rechercher son corps parmi les morts, et, par un indigne outrage, il le fit pendre. Froissart, II, 198.

l'insurrection se sentit frappée à mort avec l'armée de Gand. Aussi par contre-coup, lorsque l'ambassadeur anglais, qui était à Calais, jugeant, non sans quelque raison, sa mission finie, revint en Angleterre, les seigneurs n'en firent pas grand deuil : « Et avoient dit et disoient encore, et soutenoient toujours, dit Froissart, que si le commun de Flandre gagnoit la journée contre le roi de France, et que les nobles du royaume de France y fussent morts, l'orgueil seroit si grand en toutes communautés, que tous gentilshommes s'en douteroient (auraient lieu d'en être effrayés), et jà en avoit-on vu l'apparent en Angleterre ; donc de la perte des Flamands ne firent compte[1]. »

Mais on ne fut pas plutôt rassuré de ce côté, qu'on vit l'objet sous son autre face. Si la défaite des insurgés flamands prévenait tout réveil de l'insurrection en Angleterre, la victoire des Français menaçait directement la position des Anglais sur le continent. La Flandre était perdue pour eux. Quand, un peu plus tard, les Français entrèrent à Bruges, ces marchands d'Angleterre, si ménagés des Gantois autrefois, furent loin d'obtenir les mêmes égards des nouveaux vainqueurs : leurs biens furent confisqués, plusieurs mis à mort ; et le comte lui-même ne montrait pas beaucoup plus de faveur aux autres. Quelques-uns des principaux, appelés auprès de lui, comptèrent si peu

1. Froissart, II, 203.

sur ses bonnes grâces, qu'au lieu de se rendre à Lille, ils prirent le chemin de l'Écluse, et partirent pour l'Angleterre, abandonnant tous leurs biens, qui échurent au fisc. Ce n'était pas seulement le commerce des Anglais, c'était leur empire qui était compromis : ils ne pouvaient plus se faire illusion, quand ces soldats français, qui depuis si longtemps étaient tenus loin des champs de bataille, y reparaissaient avec l'éclat d'une victoire égale à celles de Crécy et de Poitiers. Le vif sentiment qu'ils en avaient se trahit par les termes de mépris avec lesquels ils parlaient entre eux de cette bataille : « Ah! sainte Marie! disaient-ils, que ces François font maintenant de fumée pour un mont de vilains qu'ils ont rués jus (jetés bas). Plût à Dieu que ce Philippe d'Arteveld eût eu des nôtres deux mille lances et six mille archers! Il n'y auroit pas eu un seul de ces François qui ne fût mort ou pris. Et par Dieu! ajoutaient-ils, ne sachant plus maîtriser leur jalousie, gloire ne leur demeurera mie longuement. Or avons-nous bel avantage d'entrer en Flandre : car le pays a été conquis par le roi de France; nous le conquerrons pour le roi d'Angleterre. » Et, prenant pour prétexte les dispositions du comte et sa conduite récente à l'égard de leurs nationaux : « Encore montre bien à présent le comte de Flandre qu'il est grandement sujet au roi de France, et qu'il lui veut complaire de tous points, quand tous marchands anglois demeurant à Bruges depuis trente ans il a bannis et chassés de Bruges et de Flandre. On a vu le temps qu'il ne l'eût fait pour nul avoir; mais maintenant il n'en oseroit autre chose faire pour la doutance (crainte) des François[1]. »

Tel était donc l'effet de la bataille de Rosebecque en Angleterre. Devant l'insurrection de Flandre menacée par la France, les Anglais étaient restés partagés : car son triomphe était le triomphe de tous les révoltés, et sa défaite le triomphe de la France. Maintenant que la France avait vaincu, ils n'avaient plus qu'une pensée, qu'un désir : effacer cette victoire; et ils y étaient d'autant plus attirés que l'insurrection chez eux n'était plus à craindre, et qu'ils se trouvaient conduits à cette alternative : avoir la Flandre à soi ou l'abandonner aux Français.

Toute la politique du parlement est entraînée dans cette direction. Les communes qui, tout récemment encore, ne voulaient plus voir dans la guerre de France qu'une guerre d'ambition dynastique, disant au roi : « C'est votre affaire : subvenez-y de votre domaine; » les communes qui, pressées d'en partager les charges, insistaient pour qu'on y mît fin, n'ont maintenant rien de plus à cœur; et malheur au roi si, averti par des coups plus sensibles, il veut

---

1. *Biens des Anglais à Bruges confisqués par les Français.* « Nam sicut perantea in conflictu inter Gandavenses et Burgenses, mercatores anglici sunt salvati et in rebus suis nil mali passi; ita versa vice modo prævalentibus Gallicis, externis mercatoribus cunctis impunitate gaudentibus, solummodo Anglicorum bona direpta sunt et regis Francorum usibus confiscata, occisis apprentitiis anglicis obviam illis factis. » (Wals., p. 295.) — *Le comte de Flandre et les Anglais.* Froissart, II, 206 ; — *Dépit des Anglais contre les Français. Ibid.*

rentrer dans la voie qu'on lui marquait naguère, et terminer une lutte qu'il juge funeste à son pays. Ceux qui lui feraient un crime des charges et des revers d'une guerre à outrance, ne lui pardonneront pas davantage les sacrifices commandés par la paix.

IV

LA CROISADE DE L'ÉVÊQUE DE NORWICH.

Richard alors était comme tout le monde très-décidé à marcher en avant. Il ne s'agissait plus de deux expéditions. Du côté de l'Espagne l'occasion était manquée : le roi de Portugal, forcé à traiter avec les Castillans, avait dû congédier les Anglais, et le comte de Cambridge revenait en Angleterre. Du côté de la Flandre il y avait urgence, au contraire : un instant même on crut que Charles VI vainqueur allait se porter sur Calais; et Richard, résolu d'y courir, mit arrêt sur tous les vaisseaux du port de vingt tonneaux, pour les faire servir à son passage. Charles VI n'avait marché ni sur Calais ni sur Gand. Il n'alla pas même cette fois à Bruges : il s'était replié sur Courtrai, qu'il brûla au départ comme pour venger la bataille désastreuse dont cette ville gardait les trophées : acte odieux qui, sans effacer l'échec de Philippe le Bel, déshonorait son propre triomphe. Puis il avait quitté la Flandre pour aller à Paris recueillir sur les Maillotins les fruits de sa victoire. La ville de Gand, qu'il eût été si facile de surprendre et d'accabler dans la première stupeur de la défaite, avait donc pu se raffermir. Elle avait repris courage à la voix énergique du brave P. Dubois; mais il fallait qu'elle fût secourue. Richard reprit le projet de passer lui-même la mer et d'aller à son aide. Il avait à cette fin, un peu après l'Épiphanie (6 janvier 1383), réuni les barons et les prélats en grand conseil à Westminster. Ils approuvèrent sa résolution. Le roi à la tête de l'armée, c'était, à leur avis, le moyen d'y attirer le plus de monde avec le moins de frais pour le trésor, chacun mettant volontiers du sien pour servir sous ses yeux. Il fallait de l'argent pourtant, et le parlement fut convoqué à bref délai[1].

Il se réunit à Westminster le 23 février, et l'évêque de Londres, chancelier, exposa la situation et le projet de Richard.

Les communes demandèrent encore que le roi leur adjoignit un certain nombre de lords qu'elles désignaient; ce qui leur fut accordé, avec cette remarque pourtant que le choix en appartenait au roi et à nul autre. Après avoir mûrement délibéré, elles revinrent

---

1. *Traité du roi de Portugal avec les Castillans.* Froissart, II, 145; cf. Wals., p. 296; M. Evesh., p. 41; — *Charles VI à Courtrai et à Paris.* Froissart, II, 200-205; — *Pierre Dubois à Gand. Ibid.*, 203; — *Arrêt sur les vaisseaux pour le passage du roi*, 12 décembre 1382. Rymer, t. VII, p. 373; — *Grand conseil de Westminster.* Il est rappelé dans l'exposition du chancelier au parlement suivant. *Rot. Parl.*, t. III, p. 144, § 3.

en parlement, et firent connaître leur avis par l'organe de leur orateur James de Pickering. Elles déclinaient toujours la mission de rien décider en matière de guerre; mais leur responsabilité ainsi couverte, elles n'en exprimaient pas moins leur sentiment. Le trouble, disaient-elles, régnait encore partout dans le royaume, et la trêve avec l'Écosse expirait à la Saint-Jean : si, comme tout le faisait croire, elle ne se renouvelait pas, on avait à craindre de ce côté une guerre ruineuse; et la plus sûre manière d'y faire obstacle, et même de la prévenir, était à leur avis, que le roi et ses trois oncles demeurassent en Angleterre. Il leur semblait donc mieux de s'en tenir à la croisade, et d'accepter les propositions de l'évêque de Norwich. Il demandait qu'on lui accordât tous les subsides de guerre : d'une part, les quinzième et dixième votés par les laïques et le clergé; de l'autre, les six deniers par livre sur les marchandises et les deux sous par tonne de vin, accordés pour la sauvegarde de la mer; et il offrait à ce prix de conduire sous peu de temps en France, trois mille hommes d'armes et trois mille archers bien montés et pourvus. Cinq cents hommes d'armes et cinq cents archers devaient être à la mer, pour aller au secours de Gand dans les vingt jours qui suivraient le premier payement. Il se chargeait de tous les frais et de l'entretien de l'armée, ne demandant plus autre chose que des lettres qui lui assurassent l'obéissance des officiers du roi; et, pour maintenir ses communications avec l'Angleterre, la présence de l'amiral de l'Ouest dans les parages voisins avec dix gros vaisseaux, dix bonnes barges armées et cinq cents combattants[1].

Ces propositions, appuyées par les communes, étaient moins bien accueillies des lords. Il leur répugnait de voir un prélat prendre la direction de la guerre. Pour vaincre cette opposition, qui était menaçante, l'évêque de Norwich, avant qu'on délibérât, renchérit encore sur ses offres, rabattant même de ses demandes. Il ne demandait plus le produit de cette taxe sur le vin et sur les marchandises, consacrée exclusivement à la défense des rivages. Il se contentait du quinzième voté, et s'engageait à servir le roi pendant un an entier dans le royaume de France, avec deux mille cinq cents hommes d'armes et deux mille cinq cents archers; mille hommes, et non plus seulement cinq cents, devaient prendre la mer dans les vingt jours du premier à-compte. Assurément on ne pouvait avoir à moins de frais plus de soldats; mais encore fallait-il qu'on les sût conduire. L'opposition des lords subsistait donc, et ils multipliaient les objections ou les réserves. L'évêque se faisait fort d'avoir des soldats : avait-il aussi des capitaines? Il promit d'en avoir, et des meilleurs,

---

1. II*e Parlement de la sixième année* (23 février). *Rot. Parl.*, t. III, p. 144; le moine d'Evesham (p. 44) se trompe sur la date de ce parlement, qu'il place en mai; —*Exposé du chancelier. Rot. Parl.*, t. III, p. 144, § 2 et 3; — *Réponse des communes. Ibid.*, p. 145, § 9 et 10.

mais il se refusait à dire leurs noms avant que l'expédition lui eût été accordée. Autre point : il était le chef de la croisade ; mais il fallait qu'il y eût auprès de lui un lieutenant du roi : car jamais prélat en Angleterre n'avait exercé les pouvoirs de commandant d'armée. L'évêque dit qu'il mettrait par écrit les noms de plusieurs seigneurs, et que le roi choisirait parmi eux son lieutenant, à la condition que le lieutenant du roi lui obéirait en ce qui touche la croisade, comme lui-même obéirait pour le reste au lieutenant du roi. Mais voici une difficulté : l'expédition était une croisade contre les Clémentins; si la France venait à se convertir au pape Urbain VI, qu'arriverait-il? Une chose fort simple : l'évêque repliait la bannière de la croisade et déployait sa propre bannière; cela fait, il continuait la guerre avec ses croisés redevenus soldats du roi. Il en prenait l'engagement. Les lords cédèrent, et Walsingham en fait presque un miracle : « Enfin, dit-il, après bien des faux-fuyants cherchés par les lords, bien des entraves suscitées par les barons, mais brisées par la louable persévérance des communes, le samedi, et à l'heure où l'Église chante *Vexilla crucis prodeunt*, les adversaires de la croix, comme foudroyés par ce chant solennel, acclamèrent son triomphe (*a*). »

Le roi publia, sans plus tarder, un édit qui permettait à ses sujets de traverser la mer avec l'évêque, sauf ceux qui étaient de sa retenue ou de celle des autres grands seigneurs. L'évêque, comme il s'y était engagé, remit au roi les noms de quatre seigneurs pour qu'il choisît son lieutenant : mais le roi savait combien ce choix lui serait désagréable, et, pour n'entraver en aucune sorte son entreprise, il s'abstint de se donner aucun lieutenant auprès de lui : c'était lui en abandonner les pouvoirs[1].

L'évêque de Norwich avait donc tout ce qu'il voulait : il était chef de croisade et chef de guerre; et il n'y avait autre croisade et autre guerre que la sienne. Point de concurrence du côté de l'Espagne. Un seigneur gascon, le sire de Lesparre, venu de ce pays, ayant offert d'indiquer le moyen d'y avoir une bonne paix, la proposition, appuyée des communes, avait été agréée du roi; et pour plus de garantie, tandis que lui-même était employé à cette négociation, Lancastre, chef obligé de la croisade d'Espagne, était envoyé vers l'Écosse afin d'y prolonger la trêve. Ainsi tout était pour la Flandre et pour le belliqueux prélat; et jamais plus d'efforts n'avaient été combinés à une même fin. Le pape Urbain VI avait, dit-on, expédié en Angleterre jusqu'à trente bulles : tous les évêques y avaient prêté leur concours; et l'évêque de Norwich, en sa qualité de légat apostolique, se mettait directement en rapport avec tout le clergé des deux provinces. Aux termes de ses instructions, chaque prédicateur était accompagné d'un clerc tenant registre des sommes versées ou des gens enrôlés

---

1. *Rot. Parl.*, t. III, p. 147, § 21.

pour la croisade; tout curé devait y exhorter ses paroissiens, et trois ou quatre personnes dans chaque paroisse étaient spécialement chargées d'y faire contribuer les habitants, laboureurs ou ménagers. Ce n'est pas tout, les instructions de l'évêque avaient pour supplément les ordonnances du roi. Du mois de mars au mois de mai, les recueils sont pleins d'actes relatifs à son expédition : ordre de veiller au produit des collectes : plusieurs, en effet, qui recevaient au nom de l'évêque, détournaient l'argent à leur profit; ordre à tous les vicomtes de hâter le départ de ceux qui le devaient rejoindre (17 mars); ordre de rassembler les vaisseaux à Sandwich (26 mars); d'y réunir les approvisionnements, les armes et les vivres (26 et 30 mars); ordre à Jean Philipot et à quelques autres de faire la presse pour la flotte; à tous les collecteurs d'apporter l'argent reçu (8 avril). Ce n'étaient pas seulement les confesseurs : les sergents d'armes eux-mêmes étaient chargés de publier les indulgences et de recueillir les offrandes; et, comme si cela n'était point assez clair, le roi proclamait que la croisade se faisait à son service : *In obsequium nostrum* (a).

Le succès de la prédication dépassa toute attente. « Le peuple d'Angleterre, qui croyoit assez légèrement, dit Froissart, y eut trop grand'foi, et ne cuidoit nul ni nulle issir de l'an à honneur ni jamais entrer en paradis, s'il n'y donnoit et mettoit du sien. » Londres seule avec son diocèse donna « plein un tonnel de Gascogne d'or et d'argent. » Les prédicateurs ne négligeaient rien pour exciter cette ferveur des fidèles. Il y en avait qui disaient qu'à ce prix les anges descendaient du ciel pour aller tirer les âmes des flammes du purgatoire et les ramener, sans plus de retard, en paradis. Les femmes apportaient leurs bracelets, leurs colliers. Les mourants laissaient tous leurs biens pour obtenir les grâces avec plus d'abondance : « Heureux ceux qui pouvoient mourir en cette saison pour avoir si noble absolution ! » On recueillit en cet hiver, « tant par aumônes que par les dixièmes des églises, car tous étoient taillés et eux-mêmes ils se tailloient trop volontiers, la somme de « vingt-cinq cent mille francs (2 500 000 fr.). » Et les hommes ne firent pas plus défaut que l'argent. On s'enrôlait avec ardeur dans une expédition qui promettait, avec la grâce des indulgences, tant d'autres bénéfices dont les précédentes campagnes de France avaient popularisé le souvenir; aussi plusieurs de ceux qui s'y étaient signalés autrefois, accouraient-ils auprès du prélat : Messire de Beaumont, Hugues de Calverley, Thomas Trivet et beaucoup d'autres (a).

Cette campagne, si pleine d'espérances pour ce monde et pour l'autre, devait singulièrement ajouter aux humiliations de l'Angleterre [1].

---

1. Chose étrange, Turner qui, dans son histoire de l'Angleterre au moyen âge, donne de si longs détails sur les expéditions du comte de Cambridge et du duc de Lancastre en Espagne, vrai hors-d'œuvre, ne dit pas un mot de cette campagne de Flandre, qui tient si étroitement à la suite de l'histoire d'Angleterre.

L'évêque de Norwich ne se contenait pas de joie en se voyant à la tête d'une expédition si désirée. Il avait, comme légat du pape, donné ses ordres et usé de ses pouvoirs dans l'Église d'Angleterre; il allait maintenant, comme chef de guerre, commander aux capitaines. Déjà il avait publié son réglement disciplinaire : défense aux femmes d'être du voyage, sans une licence spéciale de l'évêque; défense aux hommes de piller ou voler sur la route, *avant d'entrer en pays ennemi*, à peine de perdre le bénéfice des indulgences et d'être exclu de l'armée. Il lui tardait de prendre possession de cette armée. Plus le parlement, en applaudissant à sa croisade, avait paru désireux d'en remettre la direction militaire en d'autres mains, plus il avait hâte de passer la mer, et de trancher définitivement la question en entrant en campagne. Comme il était occupé des derniers préparatifs, le roi l'ayant mandé, il craignit qu'on ne le voulût retenir, et partit brusquement avec ce qu'il avait de monde, se bornant à adresser au roi une lettre où il lui alléguait, pour toute excuse, l'urgente nécessité du départ. (Vers la Trinité, 17 mai) (*a*).

Arrivé à Calais, il ne se montra pas moins pressé d'agir. Plusieurs seigneurs, William de Beauchamp, par exemple, étaient en marche pour le rejoindre. On lui devait envoyer des troupes, et sans doute les instructions qu'il n'avait pas prises en partant : il ne voulut rien attendre. Mais où aller? Il avait devant lui la France et la Flandre : ce fut pour la Flandre qu'il se décida. Hugues de Calverley, informé de ce dessein, ne put s'empêcher de témoigner son étonnement. Une armée anglaise aurait pu hésiter en effet entre la France et la Flandre : car si la France était l'ennemie de l'Angleterre, la Flandre venait d'être conquise par la France et replacée par elle sous le gouvernement du comte son allié; mais une armée de croisés n'avait point la liberté du choix : car, tout au contraire de la France qui était pour Clément VII, la Flandre était pour Urbain VI, aussi bien que l'Angleterre. C'est ce que Hugues de Calverley prit la liberté de représenter à l'évêque; mais l'évêque « comme chaud et bouillant qu'il était » s'écria : « Oil, oil (oui, oui)! messire Hue, vous avez tant appris au royaume de France à chevaucher, que vous ne savez chevaucher ailleurs. Où pouvons-nous mieux faire notre plaisir et profit que d'entrer en cette riche frontière de mer, de Bourbourg, de Dunkerque et de Poperinghe? En ce pays-là que je vous nomme, comme je suis informé des bourgeois de Gand qui sont en notre compagnie, ils ne firent oncques guerre qui leur grevât. Si (ainsi) nous irons là rafreschir et attendre messire Guillaume de Beauchamp s'il veut venir; encore n'est-il mie apparent de sa venue[1]. »

Le chevalier n'était point tenu d'avoir plus de scrupules que l'évêque en pareille matière. « Pardieu,

---

1. *Passage à Calais. Rot. Parl.*, III, 154, § 19. — *L'évêque de Norwich et Hugues de Calverley.* Froissart, II, 207.

sire, reprit-il, si vous chevauchez, messire Hue de Calverley chevauchera avec vous; ni vous ne serez jà en voie ni en chemin où il ne s'ose bien voir.

— Je le crois bien, dit l'évêque, qui avait grand désir de chevaucher; or vous appareillez, car nous chevaucherons le matin[1]. »

Ils se dirigèrent vers Gravelines, qui ne s'y attendait guère, entrèrent dans le port à la marée basse, et de là dans la ville, en forçant la palissade pauvrement établie et mal défendue; puis ils attaquèrent l'abbaye, et tuèrent pour la plupart les habitants qui s'y étaient retranchés (a).

Le bruit de cet événement se répandit dans le pays d'alentour. La stupeur était universelle : les gens de la campagne se réfugiaient dans les forteresses. Tout aussi grand fut l'étonnement du comte de Flandre et de ses chevaliers : « Que voulaient donc leurs bons amis les Anglais? Pourquoi cette invasion, sans déclaration de guerre, sous l'évêque chargé de la croisade à laquelle ils se trouvaient conviés eux-mêmes? » En attendant que le mystère s'éclaircît, le comte, d'après l'avis de son conseil, envoya vers l'évêque deux chevaliers qui devaient avoir crédit auprès de lui : car ils étaient à la pension du roi d'Angleterre. Quand, arrivés devant le prélat, ils lui dirent qu'ils venaient au nom de monseigneur de Flandre :

« Quel seigneur? dit l'évêque.

---

1. Froissart, II, 207.

— Le comte, sire; il n'y a autre seigneur en Flandre que lui.

— En nom Dieu! dit l'évêque, nous y tenons à seigneur le roi de France ou le duc de Bourgogne nos ennemis; car par puissance ils ont en cette saison conquis tout le pays.

— Sauve soit votre grâce, répondirent les chevaliers, la terre fut à Tournay ligement rendue et remise en la main et gouvernement de monseigneur Louis le comte de Flandre, qui nous envoie devers vous, en priant que nous, qui sommes de foi et de pension au roi d'Angleterre votre seigneur, ayons un sauf-conduit par aller en Angleterre et pour aller au roi, à savoir pourquoi, sans défier, il fait guerre à monseigneur le comte de Flandre et à son pays.

— Nous aurons conseil de vous répondre, dit l'évêque, et vous en serez répondus le matin. »

Le lendemain, l'évêque leur fit le meilleur accueil, causant avec eux de choses et d'autres jusqu'à ce que ses chevaliers fussent réunis autour de lui. Quand ils se trouvèrent assemblés : « Beaux seigneurs, leur dit-il, vous attendez réponse, vous l'aurez. » Et il leur déclara qu'ils pouvaient, selon qu'ils le voudraient, retourner vers le comte ou aller vers le roi d'Angleterre à leurs risques et périls; mais de sauf-conduit point de nouvelle : « Car, disait-il, je ne suis pas du roi d'Angleterre chargé si avant que pour ce faire. Je suis soudoyer au pape Urbain, et tous ceux qui sont en ma compagnie sont à lui et à ses gages, et ont pris ses deniers pour le servir. » Et il ajoutait que la terre où il était se trouvant de l'obédience de Clément VII, il y ferait la guerre, à moins que les habitants ne voulussent se joindre à son expédition pour en mériter les indulgences.

Cette réponse surprit bien les deux chevaliers, mais elle devait leur rendre tout espoir : s'il ne s'agissait que des papes, la Flandre n'était-elle point pour Urbain VI comme l'Angleterre? « Sire, dirent-ils, tant comme aux papes, je crois que vous n'avez point ouï parler du contraire que monseigneur de Flandre ne soit bon Urbaniste; vous êtes donc mal adressés si vous lui faites guerre ni à son pays; et il croit que le roi d'Angleterre ne vous a pas chargé si avant que de lui faire guerre; car si guerre lui voulût faire, il est bien si noble et si avisé qu'il l'eût avant fait défier. »

Mais l'évêque, d'autant plus furieux qu'il n'avait rien à répondre :

« Or allez, et dites à votre comte qu'il n'en aura autre chose; s'il veut envoyer en Angleterre pour mieux savoir l'intention du roi, que ses envoyés prennent ailleurs leur chemin : car par ici ni par Calais ils ne passeront point. »

Les chevaliers n'eurent d'autre parti à prendre que de remonter à cheval, et de s'en revenir à qui les avait chargés du message[1].

Froissart, II, 207.

De Gravelines, l'évêque de Norwich conduisit son armée vers Dunkerque. Il y avait là douze cents hommes avec le bâtard de Flandre et plusieurs chevaliers disposés à faire résistance. L'évêque n'en fut que plus excité : « Voyez, disait-il, le comte de Flandre; il semble qu'il n'y touche, et il fait tout ! il veut prier l'épée à la main. » Il marcha donc, faisant porter la bannière de saint Pierre avec ses armes. Les Flamands étaient sortis de la ville pour se ranger sur une colline qui la protégeait. A leur vue, Hugues de Calverley fut pris encore de quelques remords. On n'avait pas défié le comte de Flandre, et l'on commençait la croisade au nom d'Urbain en attaquant des partisans d'Urbain ! « Et qui nous dit qu'ils sont Urbanistes? » reprit l'évêque impatienté. Au moins convenait-il de s'en enquérir au préalable : et l'évêque ne put s'y refuser. Mais les Flamands, pleins de défiance, ne virent dans le héraut qu'un espion : ils l'accueillirent à coups de flèches. Sa mort tranchait le débat. Les habitants de Dunkerque, vivement assaillis, furent vaincus et la ville prise (25 mai). Les Anglais prirent encore Bourbourg, Cassel, Poperinghe, Messines, pillant ces villes ni plus ni moins que si elles eussent été excommuniées; et quand ils se furent assurés de tout le rivage, de Gravelines à L'Écluse, ils marchèrent sur Ypres. Ackerman, un des meilleurs capitaines de Gand, qui était avec eux dès l'arrivée et les avait menés de ville en ville, répondait que la place ne leur résisterait pas davantage; que les seigneurs n'oseraient tenir, et que les bourgeois seraient pour eux[1].

Il n'en fut point ainsi. Les Anglais entrèrent sans grand obstacle dans les faubourgs et croyaient avoir ville gagnée, les prenant, tant ils étaient grands, pour la ville. Mais ils furent arrêtés aux murailles, et, dès la nuit suivante, ces faubourgs où ils s'étaient fort commodément installés, furent, à leur grand déplaisir, brûlés par les habitants. Il fallait donc faire un siége en règle. Ackerman courut à Gand, et en ramena vingt mille hommes en parfaite ordonnance. Les recrues arrivaient aussi en foule d'Angleterre. Dès qu'on eut appris comment la guerre se faisait en Flandre, tout le monde voulait en être, au grand dépit du duc de Lancastre, qui n'avait pas perdu l'espoir de reprendre, en temps plus opportun, sa croisade de Castille. On se pressait de franchir le détroit, et l'évêque, effrayé lui-même de ce grand concours, écrivait, dit-on, à Jean Philipot, de ne plus laisser passer personne. Il est vrai qu'il lui arrivait plus de pillards que de soldats: on ne se donnait même plus la peine de garder les apparences en apportant des armes. Le comte de Flandre, plus justement alarmé, s'était adressé au duc de Bourgogne qui lui avait envoyé, en toute hâte, le peu de troupes dont il pût alors disposer. Mais n'espérant point obtenir à temps

---

1. *Prise de Dunkerque.* Froissart, II, 208; cf. Wals., p. 299; M. Evesh., p 45; Otterbourne, p. 157; *Grande Chronique de Flandre*, publiée par Denys Sauvage (1562), CXII, p. 124. L'imprimé porte le 15, mais la concordance du lundi prouve qu'il faut lire le 25. — *Autres conquêtes. Ibid.*

des secours suffisants, il avait député à l'évêque de Norwich, l'évêque de Liége, un des prélats les plus déclarés en faveur d'Urbain VI, le chargeant d'offrir aux Anglais, pour prix de leur retraite, un secours de cinq cents lances, entretenues à ses frais, pendant trois mois, contre les Clémentins. Mais il s'agissait bien des Clémentins! l'évêque voulait Ypres, et répondit qu'il ne partirait pas sans l'avoir (a).

Il ne l'eut pas. Vainement pour emporter la place, les chevaliers ne pouvant rien, eut-il recours aux armes de la croisade : l'excommunication échoua comme les attaques de vive force. Les habitants étaient, tout aussi bien que les Anglais, pour Urbain VI. Ils en appelèrent à lui-même de la sentence qui les frappait comme refusant de le reconnaître : et quand l'évêque arbora contre eux la bannière sacrée, une bannière d'azur au crucifix, ils témoignèrent pour elle grande vénération et firent des processions dans la ville; mais quand les Anglais, à l'ombre de cette bannière, approchèrent des murailles, ils les reçurent comme de simples mécréants. Cette vigoureuse résistance donna aux Français le temps d'arriver. De toutes parts on répondait à l'appel de Charles VI, non-seulement les barons français, mais les nombreux seigneurs étrangers qui faisaient la clientèle de la France : le comte de Savoie et le comte de Genève; les ducs de Bar, de Lorraine, de Bavière. Le duc de Bretagne lui-même, cet ami de l'Angleterre, amenait deux mille lances de Bretons plus disposés, on le peut croire, à battre les Anglais que ne l'était leur capitaine. Cent mille hommes étaient sous les armes, et les approvisionnements étaient faits pour cette multitude. Un bourgeois de Paris s'était chargé du service des vivres; il les fournit pendant quatre mois. L'évêque, instruit de leur approche, tenta un dernier assaut (8 août), et le succès n'en étant pas meilleur, il crut prudent de ne point insister davantage (10 août). Il congédia les Gantois, et se porta sur Bergues et sur Bourbourg, afin d'y attendre le roi, à qui il n'était point fâché de laisser désormais toute la charge de la guerre (a).

Mais Richard était loin, et Charles VI avançait rapidement. Il était à Arras quand il apprit la levée du siége d'Ypres; il vint à St-Omer, poussant son avant-garde jusqu'à Cassel, d'où les Anglais furent rejetés sur Bergues; puis il marcha sur Bergues. Hugues de Calverley s'y était arrêté et s'y mettait en défense, tandis que déjà une partie des croisés repassaient le détroit, pour soustraire leur butin aux chances de la guerre, et que l'évêque lui-même se retirait vers Gravelines, pour être plus proche de Calais [1].

Rien n'égala la surprise des Anglais, quand, après une si longue période où ils n'avaient guère rencontré les Français que par bandes et dans des escarmouches, ils se trouvèrent en présence d'une véritable

---

1. *Marche des Français.* Froissart, II, 210. — *Retour d'une partie des croisés*, « quorum aliqui pro spoliis eorum salvandis citius recesserunt. » (M. Evesh., p. 47). — *L'évêque à Gravelines.* Froissart, Wals. et M. Evesh., l. l.

armée française. Le tableau de Froissart rappelle cette page où le moine de Saint-Gall nous peint l'étonnement du roi des Lombards, Didier, quand, du haut des murs de Pavie, il voit apparaître et se dérouler dans la plaine la grande armée de Charlemagne[1]. Mais, quoi qu'il en soit des formes du récit, le sentiment qu'il exprime est vrai, et l'on peut, à ce titre-là, rattacher la scène à l'histoire[2].

L'armée du roi, à la nouvelle que les Anglais se fortifiaient à Bergues, s'était avancée en quatre corps pour les envelopper de toutes parts. L'avant-garde, avec le connétable et les maréchaux, devait dépasser la ville et la prendre par derrière; après venaient le comte de Flandre et le duc de Bretagne; puis le roi, les ducs de Berri, de Bourgogne et de Bourbon; puis le comte de Blois, le comte d'Eu et l'arrière-garde qui devaient achever de les cerner. « Et étoit grand beauté à voir reluire contre le soleil ces bannières et ces pennons, et ces bassinets, et si grand foison de gens d'armes que vue d'yeux ne les pouvoit comprendre, et sembloit un bois des lances qu'on portoit droites. » Un héraut anglais, que les Français avaient bien voulu laisser passer par leurs batailles, en alla porter la nouvelle à la ville.

« D'où viens-tu? lui dit Hugues de Calverley quand il se présenta devant lui.

— Monseigneur, dit le héraut, je viens de l'est de

---

1. Mon. Sangall., II, 26, ap. *Scrip. rerum Franc.*, t. V, p. 131, 132.
2. Froissart, II, 212.

France, et j'y ai vu les plus belles gens d'armes et la plus grand'foison que nul roi pût aujourd'hui mettre ensemble.

— Et de ces belles gens d'armes que tu dis, quelle foison sont-ils bien?

— Par ma foi, dit le héraut, monseigneur, ils sont bien vingt-six mille hommes d'armes, la plus belle gent, les mieux armés et les mieux arroyés qu'on puisse voir de deux yeux.

— Ha! répondit messire Hugues de Calverley, tout courroucé de cette parole; que tu es bien taillé de bien farcer une belle bourde! Or sais-je bien que tu as menti, car j'ai vu plusieurs fois les assemblées des François; mais ils ne se trouvèrent oncques vingt-six mille, ni même six mille hommes d'armes. »

Comme il parlait encore, le guetteur de Bergues sonna de la trompette. Du beffroi, il venait d'apercevoir l'avant-garde qui cheminait pour passer devant la ville. « Or, allons, dit Calverley à ses chevaliers, allons voir ces vingt-six mille hommes passer! Entendez-vous? notre guetteur les corne. »

Ils allèrent donc sur les murs de la ville, et virent défiler l'avant-garde qui pouvait compter quinze cents lances, et, après elle, le comte de Flandre, le duc de Bretagne avec quinze cents lances encore ou environ. Calverley, croyant avoir tout vu : « Or, regardez si je disais bien : voilà ces vingt-six mille hommes d'armes! s'ils sont trois mille lances, je veux bien qu'ils soient cent mille. Allons dîner, allons; encore n'ai-je vu gens pour qui nous devions laisser la ville à cette heure. Ce héraut nous ébahiroit bien, si nous le voulions croire. »

Le héraut, continue Froissart, fut tout honteux; mais il dit: « Sire, vous n'avez vu que l'avant-garde; encore sont le roi et tous ses oncles derrière, et leur puissance; et de rechef encore y est l'arrière-garde, où il y a plus de deux mille lances; et tout ce verrez-vous dedans quatre heures, si tant vous voulez ici demeurer. » Messire Hugues n'en fit compte, rentra à son hôtel, disant qu'il avait tout vu, et il s'assit à table. Comme il dînait, le guetteur se mit à corner et à recorner et à mener « grand friente. » Calverley se lève de table, court aux murailles. Alors passait le roi de France et ses oncles, et le duc Frédéric de Bavière, le duc de Bar, le duc de Lorraine, le comte de Savoie, le dauphin d'Auvergne, le comte de la Marche et leurs troupes : une grosse bataille qui comptait bien seize mille lances. Le chevalier reconnut son erreur. « Le héraut avait raison, dit-il, et j'ai eu tort de le blâmer. Allons, allons, montons à cheval, sauvons nos corps et le nôtre; il ne fait pas ici trop sain demeurer. Je ne me connais plus à l'état de France! Je n'en vis oncques tant de quatre fois ensemble, comme j'en vois là et ai vu parmi l'avant-garde; et encore convient-il qu'ils aient l'arrière-garde. » Et, sans attendre celle-ci, il quitta les murs et gagna son hôtel. Les chevaux étaient sellés; ils montèrent dessus, sans faire de bruit, et s'en allèrent avec leur butin par la porte de Bourbourg, échappant aux Français, qui déjà croyaient les tenir.

Calverley ne voulut pas même s'arrêter à Bourbourg. Devant cette imposante apparition de la France, il avait perdu toutes les illusions de sa vie militaire. « Seigneurs, dit-il à Th. Trivet et à ses compagnons, par ma foi, nous avons fait en cette saison une très-honteuse chevauchée; jamais si pauvre ni si malheureuse ne sortit d'Angleterre. Vous avez agi selon votre volonté et cru cet évêque de Norwich, qui pensait voler comme s'il eût des ailes. Or, voyez à quelle fin vous en venez. En tout ce voyage, on ne m'a cru de chose que je disse. Je vous le dis, voilà Bourbourg : retirez-vous là si vous voulez ; pour moi, je passerai outre et m'en irai droit à Gravelines et à Calais, car nous ne sommes pas gens pour combattre le roi de France[1]. »

Ceux qu'il interpellait reconnurent bien qu'ils n'avaient pas toujours eu raison ; mais il leur en coûtait d'abandonner ainsi leurs positions sans les défendre ; et, avec ce calme et fier courage qui, dans les circonstances les plus critiques, ramena tant de fois aux Anglais la fortune dont ils ne désespéraient pas, ils lui répondirent : « Dieu y ait part ! Nous nous retirerons à Bourbourg, et là attendrons-nous l'aventure telle que Dieu nous voudra l'envoyer[2]. »

1. *Hugues de Calverley et l'armée française à Bergues.* Froissart, II, 212, et le Religieux de Saint-Denys (IV, 2 et 3), qui intervertit l'ordre des siéges.
2. Froissart, II, 212.

Les Français, apprenant que les Anglais étaient sortis de Bergues, entrèrent dans la ville, pillèrent ce que l'ennemi n'avait point emporté, et brûlèrent le reste. Le feu fut tel que le roi dut passer outre, et les seigneurs se loger au dehors. Le lendemain matin, ils prirent le chemin de Bourbourg, où cette fois l'ennemi les attendait, et ils se déployèrent autour de la ville, « bannières et pennons ventilants, chaque sire entre ses gens et dessous sa bannière. » Il n'y avait pas moins de vingt-quatre mille hommes d'armes, tant chevaliers qu'écuyers. Les Anglais, au contraire, n'étaient qu'en petit nombre, et la ville n'offrait pour les abriter qu'un fossé muni d'une palissade et des maisons couvertes de chaume, où, si l'on ne parvenait point à les forcer aux palissades, on les pouvait brûler. Aussi le résultat n'était-il douteux pour personne. Les Français, voyant à quelle place et à quelle faible garnison ils avaient affaire, disaient que cela ne les arrêterait pas longtemps. Les Anglais, sans se flatter de les arrêter toujours, n'en étaient pas moins résolus à tenir jusqu'au bout, fiers de montrer ce qu'ils sauraient faire dans une situation jugée perdue. Sommés de se rendre, ils avaient déclaré qu'ils se trouvaient trop honorés qu'un si noble roi fût venu en telle puissance faire visite à une si petite troupe : ils voulaient répondre à sa politesse en acceptant la bataille qu'il leur offrait[1].

1. *Incendie de Bergues.* Froissart, II, 212. — *Les Français devant Bourbourg.* Froissart, *ibid.* et 215; Wals., p. 303; M. Evesh, p. 47;

Rien n'empêchait donc de commencer l'assaut, « Bretons, Bourguignons, Normands, Allemands et autres gens qui sentoient là grand profit pour eux si de force on les prenoit, étoient trop durement courroucés de ce qu'on ne se délivroit (hâtait) d'assaillir. » On murmurait déjà que le duc de Bretagne et le comte de Flandre, fort suspects, l'un par ses antécédents, l'autre par sa position, de vouloir ménager les Anglais, cherchaient à faire que les assiégés se rendissent sans combat; aussi les soldats n'étant ni commandés ni retenus, couraient aux barrières, escarmouchant contre les avant-postes, en même temps que des traits enflammés portaient l'incendie dans la ville. L'attaque ainsi engagée ne tarda pas à devenir générale. Les Français, se jetant dans les fossés, allaient, à travers la boue, jusqu'aux palissades où les Anglais se défendaient avec vigueur, moins inquiets peut-être encore de l'assaut auquel ils faisaient face, que du feu qu'ils avaient par derrière. Mais le combat avait commencé tard, et la nuit, en le suspendant, sauva les assiégés : ils l'employèrent à éteindre le feu et à rétablir leurs palissades. Les Français comptaient bien reprendre l'attaque dès le matin : mais c'était dimanche, cause de retard, sinon d'ajournement; et le duc de Bretagne, qu'on n'avait point soupçonné à tort, en profita pour faire agréer

---

Knighton, p. 2672 : « Eo quod tam nobilis rex tam grandi potentia paucos viros anglicanæ nationis tanto honore prædonaverat, bellandi gratia visitando. »

aux Anglais ses conseils et au roi sa médiation. Le lundi matin ordre fut donné de s'abstenir de toute attaque : quatorze des principaux chevaliers vinrent de Bourbourg et furent présentés par le duc à Charles VI; et le jeune roi, épris de la gloire, ne reçut pas sans une vive émotion des hommes si renommés pour leur vaillance. Il ne leur marchanda point les conditions. Les Anglais se résignaient à sortir d'une place où ils ne pouvaient même plus se défendre. On leur sut gré de ce qu'ils s'en allaient; et on leur permit d'emporter de leurs biens tout ce qu'ils pourraient prendre avec eux (a).

Les Anglais, qui eussent dû se tenir heureux de sauver leur propre personne, employèrent toute la journée du lendemain à emplir leurs malles; et le mercredi, chargeant leurs bêtes, ils défilèrent, munis du sauf-conduit du roi, à travers l'armée française qui se montrait fort courroucée, les Bretons surtout, « de ce qu'ils partoient si pleins et si garnis. » Qu'auraient dit nos soldats, s'ils avaient su qu'on leur payait ce qu'ils ne pouvaient emporter avec eux!

Ils se replièrent sur Gravelines, où l'évêque de Norwich, on l'a vu, les avait un peu prématurément devancés. Ils n'étaient guère mieux en état de s'y défendre; mais ils pouvaient, en partant, ruiner la ville. Pour la sauver, les Français entrèrent en négociation avec le prélat; ils signèrent une suspension d'armes de quelques jours, et lui offrirent une capitulation qui lui adjugeait 10,000 francs d'or pour ce qu'il avait dépensé à fortifier sa conquête. Ils lui envoyèrent même d'avance la moitié de la somme. Accepter l'argent, c'était s'engager à livrer à l'ennemi la place avec toutes ses défenses. Il refusa, mais il n'entreprit point de résister davantage, et partit, brûlant la ville.

Ainsi finit la croisade de l'évêque de Norwich. Walsingham, qui a raconté l'opposition du parlement à cet étrange général, pour nous dire comment elle avait cédé par miracle, n'a garde de donner raison contre ce prodige aux répugnances des barons, et de laisser le prélat sous le poids de son échec. C'est l'idée fixe de tout le récit qu'il fait de cette campagne : si elle a échoué, qu'on s'en prenne non à l'évêque, mais aux capitaines qui ont refusé de se soumettre à sa direction. L'évêque voulait aller en France : ce sont les capitaines qui le forcent à venir au siége d'Ypres. L'évêque voulait donner l'assaut à la ville : ce sont les capitaines qui, par crainte du danger et peut-être par trahison, traînent en longueur jusqu'à ce que l'armée, en proie à la maladie et à la famine, se voit réduite à lever le siége. Le siége levé et les Français approchant, l'évêque voulait entrer en Picardie et y combattre le roi de France : ce sont les capitaines qui s'y refusent, répondant à ses exhortations par des injures, et disant qu'il est insensé d'aller combattre un contre cent.

Ici l'histoire devient épineuse pour le prélat et

pour son historien : car tandis que ces chevaliers si trembleurs, au dire de Walsingham, s'établissent dans Bourbourg et y attendent l'armée française, l'évêque gagne en toute hâte Gravelines (c'est Walsingham qui le dit) « pour tantôt être à Calais, » ajoute malicieusement Froissart. Mais Walsingham révèle un fait inconnu de tout le monde. Si le prélat quitte les chevaliers, c'est pour envahir, comme il l'avait juré, la Picardie; il y entre avec une petite troupe, déploie sa bannière au voisinage de l'armée française, qui, n'étant pas encore toute réunie, n'ose l'attaquer, et alors seulement, repliant son étendard, il s'en va à Gravelines. C'est une chose que l'évêque lui-même a omise dans sa défense devant le parlement! (a)

Disons-le hautement, dans tout le récit de cette campagne en forme de croisade, on voit trop bien quel est l'habit du narrateur : mais tous ces détails sont à relever, car ils nous donnent déjà la mesure de la véracité de cet historien, et du crédit qu'il lui faut accorder sur tous les points où sa passion est en jeu. Ici, pour sauver la réputation militaire de son évêque, il ne craint pas d'y sacrifier le vieux renom de toute la chevalerie anglaise, accueillant contre elle de la même sorte les accusations de peur ou de trahison. Combien plus volontiers y sacrifiera-t-il le roi ! Pendant que le prélat combattait, dit Walsingham, le roi faisait à la jeune reine les honneurs de son royaume, promenant ses loisirs de monastère en monastère, et les laissant moins enrichis que ruinés par la grâce de sa visite (autre grief). Il était à Deventer quand les lettres de l'évêque de Norwich lui annoncent le péril de Gravelines et la nécessité d'un prompt secours : s'il veut combattre, comme il l'a dit, son adversaire, rien de plus facile : le roi de France est là sur le rivage ; à moins de passer en Angleterre, il ne saurait être plus près. Richard, continue l'historien, se lève de table, saute à cheval, court toute la nuit, forçant les relais comme s'il allait, au bout de sa course, pourfendre le roi de France. Mais arrivé à Westminster il se jette sur un lit, harassé, s'endort, et au réveil, voyant que le repos était bon, il charge un autre d'aller battre l'ennemi à sa place, à l'exemple de ceux dont le poëte a dit :

Parturiunt montes, *exibit* ridiculus mus[1].

Ces traits envenimés de Walsingham montrent dans quel esprit il continuera son histoire. Il faut à l'Angleterre un homme sur qui elle rejette la cause de ses échecs : ce sera le roi. La calomnie s'attaque à sa personne du jour où le pays s'est senti humilié.

---

1. *Le roi dans les abbayes.* Wals., p. 302; — *Lettre de l'évêque de Norwich* : « Jam tempus esse (si unquam vellet congredi cum rege Francorum) properare vel mittere qui cum eo auderent congredi, etc. *Ibid.*, p. 305.

LIVRE QUATRIÈME.

MICHEL DE LA POLE.

I

LES COMPTES DE LA CROISADE.

Au moment où commençaient pour Richard ces temps difficiles, la direction des affaires venait d'être remise à un homme qui, mesurant tous les périls de la situation, n'hésita point à se compromettre lui-même afin de raffermir l'autorité royale, et d'y chercher un moyen de salut pour le pays comme pour le roi : Michel de la Pole.

Ce n'était ni un prélat ni un baron d'ancienne souche. Son père, William de la Pole, riche marchand de Kingston-sur-Hull (Hull) avait, dans les nécessités de la guerre, prêté de l'argent à Édouard III, sans y rien gagner qu'un procès en parlement, avec le risque de tout perdre. Depuis, il avait été fait chevalier; et Michel, dès son plus jeune âge, avait combattu dans les guerres de France, sous le prince Noir, sous le duc de Lancastre. En la première année de Richard, il était un des deux amiraux d'Angleterre, et il figure à ce titre parmi les lords du parlement. Il ne cessa plus d'y être convoqué, et il y reçut des marques éclatantes de la confiance du roi et des communes : en 1382, il fut l'un des deux personnages agréés du parlement pour remplir la mission délicate de gouverner le roi en son hôtel ; il avait été nommé chancelier vers la fin du dernier parlement (13 mars 1383) (a).

La nouvelle de l'échec où aboutissait la croisade de l'évêque de Norwich avait fait en Angleterre une impression profonde. On s'attendait à tout autre chose. On avait compté sauver la Flandre; on avait même, aux débuts de la campagne, espéré mieux encore, et le roi avait envoyé des pouvoirs à l'évêque et aux principaux capitaines pour recevoir en son nom l'hommage des Flamands, comme vrai roi de France. La levée du siége d'Ypres avait été un premier désenchantement. Le crédit de l'évêque était ruiné, et Richard, ne comptant plus sur la guerre sainte, avait voulu se mettre, comme le faisait Charles VI, à la tête de ses armées. Il avait envoyé un défi à son rival : il lui offrait de combattre ou seul à seul, ou chacun accompagné de ses trois oncles, ou enfin l'un et l'autre avec leurs forces en une journée qui fût décisive (8 septembre); et puis, sans attendre la réponse, et cédant, selon toute apparence, à des conseils plus sûrs, il avait nommé le duc de Lancastre son lieutenant en Picardie, lui donnant tous les pouvoirs, soit pour combattre, soit pour traiter. Mais les choses, on se le rappelle, avaient suivi une marche plus prompte qu'on ne l'avait pu imaginer. Les plus hardis des capitaines s'étaient vus forcés dans Bourbourg ; toutes les villes conquises avaient été évacuées jusqu'à Gravelines, et l'abandon de Gravelines pouvait amener les Français vainqueurs sous les murs de Calais (a).

L'Angleterre était donc comme surprise par ce brusque dénoûment, et livrée en quelque sorte à la merci des résolutions de sa rivale.

Le roi de France, en effet, avait deux partis à prendre : ou poursuivre ses avantages sur les Anglais en assiégeant Calais, ou marcher sur Gand pour y réprimer l'insurrection qui reprenait des forces. Le jour même que les Français occupaient Bergues abandonné par les Anglais, les Gantois avaient surpris Audenarde, dont le capitaine était allé fort tranquillement rejoindre l'armée du roi ; et, afin de mieux s'en assurer la possession, ils en avaient mis tous les habitants à la porte, « en leurs chemises. » Mais de ces deux choses on ne fit ni l'une ni l'autre. On crut que les vaincus de Rosebecque seraient toujours bien faciles à réduire ; et on s'imagina que les Anglais, se retirant, étaient prêts à tout abandonner : on ne se tourna de leur côté que pour entrer en négociation. Le gouvernement anglais, tout résolu qu'il fût de ne rien céder, s'empressa d'accueillir ces ouvertures. C'était pour lui une excellente occasion de se remettre de ce coup imprévu. De part et d'autre on choisit les personnages les plus importants de chaque royaume. Du côté de la France, les ducs de Berri et de Bretagne, le comte de Flandre, les évêques de Laon, de Bayeux, etc. Du côté de l'Angleterre, le duc de Lancastre et le comte de Derby, fils aîné de Lancastre, Jean de Holland frère du roi, W. de Beauchamp, Thomas Percy, J. Cobham, J. Devereux, capitaine de Calais, l'évêque de Hereford et J. Philipot; et le roi réunit le parlement afin de s'appuyer de son concours, soit pour la paix, soit pour la guerre (a).

Le parlement s'ouvrait sous d'assez tristes auspices (26 octobre 1383); et les débuts devaient être rudes au nouveau chancelier, chargé d'y parler au nom du roi.

Son discours devant l'assemblée fut tout à la fois modeste et ferme : il s'excusait de son insuffisance, et il montrait qu'il était à la hauteur de sa charge par l'énergie de ses résolutions. Le parlement était convoqué pour aviser à la défense du royaume. La trêve avec l'Écosse expirait à la Purification. Le duc de Lancastre, qui l'avait négociée, avait rapporté la promesse que des députés seraient envoyés à Londres pour traiter de la paix. Si la paix se faisait, il y aurait à régler des questions de territoire; si elle ne se faisait pas, il faudrait se préparer à la guerre, à une guerre périlleuse. Et déjà on avait en présence trois ennemis redoutables, l'Espagne, la France et la Flandre. Le chancelier remontrait que cette guerre n'était pas imputable au roi, qu'il l'avait reçue avec la couronne; et il insistait pour qu'on prît l'offensive, au nom de l'intérêt et de l'honneur du pays : de son intérêt, car il vaut mieux faire invasion que d'être envahi et d'avoir ainsi deux armées à sa charge; de son honneur, car les Anglais étaient demandeurs dans la querelle, et c'est au demandeur, sous peine de couardise, qu'il appartient d'attaquer. A ces causes de convocation il en joignait une autre : l'Angleterre n'avait pas seulement des ennemis à combattre au dehors, elle avait à maintenir la paix chez soi; et pour cela, disait Michel de la Pole, il fallait affermir l'autorité du roi et de tous ses officiers : car c'est en se révoltant contre les agents inférieurs du pouvoir, les collecteurs et les vicomtes, qu'on en était arrivé à se révolter contre les grands officiers et contre le roi lui-même[1].

Dans les circonstances graves où l'on était, les communes ne marchandèrent point le subside. Elles prorogèrent jusqu'à la Saint-Michel l'impôt sur les marchandises et sur le vin, et, de l'assentiment des lords, elles accordèrent un quinzième en y mettant

---

1. *Ier Parlement de la 7e année* (26 octobre 1383). *Rot Parl.*, t. III, p. 149. — *Discours du chancelier. Ibid.*, § 2-6. Le chancelier s'adressant particulièrement aux lords, à la fin de son discours, leur dit que le roi leur commandait de prendre en considération l'urgence de ces matières; et il les invita à s'en occuper, sans désemparer, tous les jours, laissant de côté toute autre chose, et à ne point quitter le parlement sans en avoir congé du roi.

ces deux conditions : que tout laïque, de quelque degré qu'il fût, y contribuât, et que le clergé, de son côté, accordât une aide proportionnelle à son avoir. Elles stipulaient en outre que l'évêque de Norwich et tous ses capitaines fussent tenus d'accomplir pour le roi tout leur service jusqu'au terme marqué par leur contrat (ils s'étaient engagés pour un an); que tout l'or qu'ils avaient reçu indûment des ennemis, tout ce qui avait été destiné à la Guyenne et à la Bretagne, et n'avait pas été dépensé, fût employé aux besoins du royaume, et diminuât d'autant les charges du peuple. Elles recommandaient particulièrement que l'on gardât la marche d'Écosse, de manière à préserver le pays de tout mal (a).

La demande des communes touchant l'or reçu par l'évêque de Norwich et par les capitaines promettait d'étranges révélations sur la fin de cette campagne si saintement commencée.

Le bruit courait en effet, et il devait être avidement accueilli, que la retraite de l'armée anglaise n'avait pas seulement été le résultat de la force; que l'évêque avait reçu de l'argent pour rendre Gravelines, et les capitaines pour les divers châteaux abandonnés à l'ennemi. On en disait le chiffre : ce n'était pas moins de 18 000 francs d'or. L'évêque protestait hautement de son innocence; il demandait que le roi l'entendît et lui permît de répondre en parlement aux imputations des communes. Il provoquait une enquête; et le gouvernement était résolu à la pousser jusqu'au bout : il avait à cœur de se dégager lui-même de ces tristes affaires et de montrer qui devait en répondre devant le pays[1].

On fit donc venir devant le parlement Henri Bowet, un des clercs de l'évêque, et on lui demanda s'il savait que le prélat eût rien reçu de l'ennemi. Il répondit que dans l'acte touchant l'évacuation de Gravelines il avait été mis que l'évêque aurait 10 000 francs d'or pour ce qu'il avait dépensé aux fortifications de la ville et pour les vivres qu'il y devait laisser ; mais le prélat fit effacer cette clause, ce qui n'empêcha pas les Français d'envoyer le lendemain 5000 fr. d'or qui furent laissés dans la chambre du déposant. L'évêque, averti par lui, ordonna de les rendre ; il en chargea William de Faringdon, un des négociateurs, disant qu'il ne voulait s'exposer à aucun reproche, et n'aurait de repos que cet argent ne fût rendu : mais W. de Faringdon s'en alla sans le prendre. Maître Henri, le retrouvant chez lui, le remit à Robert de Fulmère, trésorier de l'évêque, en lui disant la volonté du prélat. Il ne pouvait faire davantage : il partait à l'heure même pour affaire de service. Il n'avait revu ni le trésorier, ni l'évêque, ni rien su de cet or jusqu'à son retour en Angleterre. Il était donc innocent, et pouvait de plus affirmer que l'évêque ignorait que l'argent fût aux mains de son trésorier.

On fit venir le trésorier, qui confirma la déposition

---

1. *Rot. Parl.*, t. III, p. 152, § 15.

précédente. Les capitaines présents au traité, Thomas Trivet, W. de Elmham, W. de Faringdon pouvaient, ajoutait-il, témoigner comme lui que l'évêque ne savait pas qu'il eût gardé cet or. En disculpant son maître il s'accusait lui-même : pourquoi avait-il agi contre ses ordres? Il s'excusa en homme qui, ayant beaucoup à payer, prend l'argent d'où il vient, et se croit trop heureux d'en recevoir pour en rechercher l'origine. L'évêque, disait-il, avait besoin d'argent pour s'acquitter du prix des vivres achetés à Calais, pour rembarquer ses troupes, pour leur donner l'arriéré de leur solde. Rendre cet or à l'ennemi pour qu'il en tirât avantage, mieux eût valu, à son gré, le jeter à la mer. Il ne l'avait ni rendu ni jeté à l'eau : sans en rien dire, ni au prélat qui l'eût restitué, ni aux soldats qui l'eussent enlevé de force, il l'avait gardé afin de le mettre, à son retour, au service du roi. Il l'avait en un lieu sûr, et il était prêt à le rendre, sauf quelques francs dépensés, soit pour les vivres à Calais, soit pour le retour de l'évêque et de ses gens : dépense que le prélat croyait faite au moyen d'un prêt des marchands de Calais[1].

De l'argent avait donc été reçu : le trésorier avait fait des aveux, comptant bien d'ailleurs que sa dernière déclaration leur ferait trouver grâce auprès des plus difficiles. Il se trompait. Le chancelier repoussa avec force cette prétendue justification : « Le roi, dit-

---

1. *Rot. Parl.*, t. III, p. 152, § 15.

il, aime mieux laisser à ses ennemis tout leur or que de voir ses sujets le recevoir ainsi de leurs mains; car autrement le premier traître vendrait impunément les châteaux dont il aurait la garde, sauf à couvrir sa trahison du même prétexte. Il déclara donc les excuses de Robert de Fulmère inacceptables, et ordonna qu'il fût mis en prison, jusqu'à la restitution intégrale des sommes reçues de l'ennemi[1].

Mais cet argent n'avait pas été le seul donné, et plusieurs des capitaines étaient signalés comme s'étant aussi laissé corrompre.

Le 16 novembre, le parlement enjoignit à tous ceux qui avaient reçu de l'argent de l'ennemi, sous peine d'être tenus pour traîtres, de venir déclarer devant le chancelier d'Angleterre ce qu'ils avaient reçu, et pourquoi; et, sans plus attendre, on fit comparaître Pierre de Cressingham et Jean de Spikesworth, accusés d'avoir livré aux Français le château de Drinkham, en Flandre. Spikesworth répondit qu'il n'était point capitaine du château, qu'il fourrageait aux environs lorsqu'il avait été contraint par l'ennemi d'y chercher un refuge; il y avait combattu, avait été blessé à la défense de la place, et y était resté jusqu'à ce qu'on la rendît. Nul ne contredisant, il fut mis en liberté. P. de Cressingham reconnut qu'il avait la garde du château comme capitaine : mais lorsqu'on y avait su la reddition de Bourbourg, ses soldats refu-

---

1. *Rot. Parl.*, t. III, p. 153, § 15.

sèrent d'y rester; il ne retint que cinq personnes en tout : force lui avait donc été de capituler pour se sauver lui et ses gens. Il affirmait n'avoir rien reçu de l'ennemi, ni par don ni en nulle autre manière, et ne croyait avoir mérité aucun reproche. Son excuse ne fut point jugée suffisante, et il fut envoyé en prison pour y demeurer à la volonté du roi[1].

Cette sentence prouvait combien on était décidé à sévir contre tous ceux qui avaient trahi ou simplement trompé les espérances de l'Angleterre en cette campagne. Le premier de tous était leur général, l'évêque de Norwich. Disculpé du chef de concussion, il avait cet autre compte à rendre : et ce n'était pas la chose la plus facile en présence des dispositions du parlement. Le chancelier lui reprochait tout à la fois les engagements qu'il avait pris sans les tenir, et les concessions qu'il avait, en quelque sorte, arrachées au respect du roi pour son caractère. L'acte d'accusation se résumait en quatre points : 1° Il s'était engagé à servir le roi dans ses guerres de France avec deux mille cinq cents hommes d'armes et autant d'archers, pendant un an entier : et avant que six mois fussent écoulés, il était revenu et avait dissous son armée, au déshonneur et au dommage du roi et du royaume; 2° Il n'avait pas eu le nombre de soldats auquel il s'était obligé, et n'en avait point passé la revue à Calais devant les commissaires du roi;

---

[1]. *Les capitaines renvoyés devant le chancelier.* Rot. Parl., t. III, p. 153, § 16. — *Pierre de Cressingham et Th. de Spikesworth.* Ib., § 17.

3° Comme on était d'accord au dernier parlement pour mettre à la tête de l'expédition de France le duc de Lancastre ou un autre des oncles du roi, il avait, par ses promesses, si bien gagné l'esprit du roi et des communes, qu'il en avait obtenu la charge ; 4° Le roi voulait se donner pour lieutenant près de lui un des seigneurs du royaume; mais l'évêque avait tant fait, que ces pouvoirs mêmes lui avaient été abandonnés. Or c'est par défaut de lieutenant et de bons capitaines que tout le mal était arrivé[1].

L'évêque, sans réclamer ni délai ni conseil, voulut répondre sur-le-champ. L'accusation s'attaquait tout d'abord à l'exécution de son contrat et aux résultats de sa croisade. Il soutint qu'il avait rempli son engagement, et, autant qu'il était en lui, ses promesses. Par son contrat il s'était surtout obligé à secourir la ville de Gand : il y allait, et c'est en passant qu'il avait pris Gravelines et Dunkerque. C'est à la demande des Gantois qu'il avait été porter le siége devant Ypres : les Gantois lui avaient affirmé que la ville n'avait ni assez de gens ni assez de vivres pour tenir contre les forces de l'Angleterre jointes aux leurs, et que la prise d'Ypres déciderait du sort de la Flandre; les capitaines anglais avaient appuyé ces raisons, et c'est ainsi que le siége commença. Les maladies, l'indiscipline, et enfin le départ des Gantois réduisirent l'armée anglaise à l'impuissance et ne lui permirent

---

1. *Rot. Parl.*, t. III, p. 153, § 18.

pas de se mesurer contre les Français. Mais, disait-il, cela ne devait point empêcher de tenir compte des succès obtenus dans l'expédition : on lui devait la trêve existante et le traité de paix en projet. Sur le second point, il convenait qu'il n'avait pas fait à Calais la revue de ses troupes : il était pressé d'aller à Gand, et partit de Calais au bout de deux ou trois jours avec le petit nombre de ceux qu'il avait pu réunir; mais devant Ypres il avait autant de monde qu'il s'y était engagé, et plus encore. On lui reprochait en troisième lieu, de n'avoir pas eu de meilleurs capitaines : il en avait eu de bons, et il en aurait eu de meilleurs si plusieurs ne lui avaient été refusés, le sire de Nevil, par exemple, qui ne put avoir congé du roi. Pour l'affaire du lieutenant, il convenait que le roi lui écrivit en Flandre à ce propos; mais il affirmait que dans ses réponses il s'était toujours montré disposé à recevoir quiconque lui serait envoyé. Il croyait donc ne mériter aucun reproche, mais plutôt récompense et faveur[1].

Le chancelier dans sa réplique releva la dernière assertion de l'évêque. Le roi avait compris qu'il fallait adjoindre au prélat un chef militaire; et sur le rapport des capitaines eux-mêmes, qui montraient combien l'armée, faute de bonne direction, était en péril, il s'était adressé au comte d'Arundel. Le comte avait accepté la lieutenance, promis de conduire à l'armée

---

1. *Rot. Parl.* t. III, p. 154, § 19.

un nombre suffisant de gens d'armes et d'archers pour la remettre en bon état : et le roi en écrivit à l'évêque, ne voulant rien faire sans son aveu. Mais celui-ci avait manifesté tant de répugnance à cet égard (on pouvait le lui prouver par ses lettres), que le roi y avait renoncé. Du reste, ce qu'il avait pu dire ou faire dans les derniers temps ne le justifiait pas du grief principal, c'est-à-dire, de n'avoir point accepté de lieutenant du roi au départ d'Angleterre[1].

Le refus de l'évêque, même sur ce point, n'avait jamais été formel : les procès-verbaux du dernier parlement le constatent; mais son échec ne permettait pas qu'on le jugeât autrement que coupable. En conséquence, le chancelier, au nom du roi et des lords, lui déclara que ses réponses n'avaient point paru suffisantes; qu'il demeurait atteint et convaincu des griefs compris dans les quatre articles. Il fut condamné à payer telle amende que le roi jugerait bon; et le roi était autorisé à l'y contraindre par la saisie de son temporel[2].

L'évêque n'accepta point ce jugement comme définitif. Dans le délai qui lui avait été donné pour fournir, selon la demande des communes, les noms des chevaliers engagés, comme lui, au voyage, et tenus encore d'une partie de leurs obligations, il demanda qu'on voulût bien l'entendre de nouveau, alléguant

1. *Rot. Part.*, p. 155, § 20.
2. *Ibid.*

que la dernière fois il avait été troublé, interrompu, et qu'il avait laissé en oubli une partie des choses qui pouvaient appuyer sa défense. Au jour fixé (24 novembre), il répéta ses précédentes explications touchant les quatre articles, et ajouta plusieurs traits à l'histoire qu'il avait faite de son expédition. S'il l'en faut croire, le siége d'Ypres ayant été levé à la nouvelle que l'avant-garde des Français était entrée en Flandre, il avait résolu de marcher au-devant pour les combattre; mais il avait été arrêté par l'opposition des capitaines, qui voulurent s'enfermer dans leurs places fortes. C'est pourquoi il était revenu à Gravelines, et il y était demeuré aussi longtemps que les autres gardèrent leurs forteresses. Il y serait resté davantage; mais on lui vint dire que six ou sept mille Anglais étaient gisants sur les dunes près de Calais, la ville n'ayant pas voulu les accueillir faute de vivres, et que les Français, à l'expiration de l'armistice (il expirait dans deux ou trois jours), se proposaient de leur courir sus et de les tuer tous. On le priait donc, au nom du roi, d'abandonner la ville aux ennemis ou de l'abattre, et d'aller secourir ces malheureux : s'il leur arrivait mal, on l'en rendait personnellement responsable. Sur ces instances, il s'était résolu à détruire Gravelines et à l'abandonner : il en avait le droit, disait-il, car c'était sa conquête; et puis, le roi l'y avait autorisé en cas de disette : or on manquait de tout dans la ville. Il en était sorti, il avait secouru les troupes abandonnées sous les murs de Calais, et était revenu en Angleterre[1].

Cette réponse fut encore moins admise que l'autre. Le chancelier remontra au prélat que quand la lettre du roi lui parvint, il avait des vivres en quantité suffisante; que d'autres lettres lui annonçaient la prochaine arrivée du duc de Lancastre; et nonobstant, il était parti, abandonnant la place aux ennemis, contrairement au texte de ses obligations : car si le roi lui avait accordé la possession des villes qu'il pourrait conquérir, il n'avait pas entendu lui donner le droit de les vendre ou de les laisser aux ennemis. Le chancelier n'acceptait pas davantage que l'on dût à la croisade la trêve présente et les propositions de paix faites par le roi de France; on les devait à la nouvelle répandue parmi les Français de la prochaine venue du roi et du duc de Lancastre; ce n'est pas une armée désorganisée, et n'osant plus se montrer en campagne, qui pouvait amener l'ennemi à ce résultat. L'évêque ne pouvait avec plus de raison alléguer la rébellion de ses capitaines : c'est lui-même qui les avait choisis; et dans ces conditions, les traités qui avaient livré les forteresses à l'ennemi étaient sans excuse. La conclusion ne fut pas moins sévère que la première fois : « Seigneur évêque, lui dit le chancelier, bien que le roi notre seigneur ait manifestement le droit de vous traiter et juger comme personne tem-

---

1. *Requête des communes. Rot., Parl.*, t. III, p. 155, § 21. — *Appel de l'évêque* : Nouvelles explications. *Ibid.*, § 22.

porelle de son royaume, attendu que vous vous comportez vous-même comme telle; que, par exemple, vous vous êtes engagé à être soldat du roi, à faire la guerre au peuple chrétien après le terme de votre croisade, et que vous usez communément d'avoir votre épée portée devant vous; bien que vous fassiez chaque jour mainte autre chose semblable comme seigneur temporel, publiquement et contre la coutume de l'état de prélat d'Angleterre : néanmoins, par raison de votre état, le roi notre seigneur veut bien s'abstenir, quant à présent, de mettre la main sur votre personne. Mais comme il est informé que vous vous êtes plaint à plusieurs seigneurs du royaume, disant que naguère on vous avait fait tort et que cela ne s'était point fait du consentement et au su de vos pairs du royaume : chose étrange, puisque cela ne touche point à votre pairie, mais à vos engagements et à vos conventions comme soldat du roi, ce dont le roi seul est juge; comme vous n'avez, par vos dernières réponses, rien ajouté à vos excuses, que vous les avez affaiblies même : pour ces causes, du consentement des comtes, barons et autres seigneurs temporels, présents en ce parlement, il est décidé que vous serez en la merci du roi et mis à finance en raison de votre méfait, et que vous y serez contraint par la saisie du temporel de votre évêché de Norwich. Le roi vous commande de ne plus faire ni souffrir qu'on porte l'épée devant vous, et le parlement entend que vous fassiez remettre sans délai au trésor tout ce qui a été dépensé à votre usage des francs d'or reçus de l'ennemi[1]. »

La sentence rendue contre les chevaliers accusés d'avoir reçu de l'argent des Français ne devait pas être moins sévère. C'étaient W. de Elmham, Thomas Trivet, W. de Faringdon, Henri de Ferriers, J. de Dryton et Robert Fitz-Rauf. Ils avaient comparu, comme il leur avait été ordonné, devant le chancelier; ils n'avaient pas nié la chose, mais ils prétendaient n'avoir rien reçu que pour cause légitime : ils devaient s'en expliquer devant le parlement. Le chancelier rappela les faits pour les flétrir et en rejeter toute excuse. Ils avaient reçu, celui-ci 2000 francs pour le château de Bourbourg; ceux-là 3000 francs pour Gravelines, et de plus 2000 francs en pur don, du moins à ce qu'ils disaient[2] : « dont est à merveiller, ajoutait le chancelier, que les François, qui sont tenus pour sages gens, voulussent vous donner si grande somme, si ce n'était pour quelque grand profit à eux, dommageable au roi notre seigneur. » Le chancelier accusait en outre Faringdon de n'avoir pas rendu aux Français, selon la volonté de l'évêque, les 5000 francs dont il a été parlé; Ferriers, d'avoir su tirer d'eux les cinq autres mille francs, formant le complément des 10 000 francs portés à la convention de Gravelines, et 1000 francs en outre, sans cause spécifiée.

1. *Rot. Parl.* t. III, p. 156, § 23.
2. Elmham, 2000 francs, pour le château de Bourbourg; le même,

J. de Dryton avait été mis hors de cause, comme n'ayant rien eu que de l'aveu du roi; les autres entreprirent de se défendre. Les 2000 fr. reçus à Bourbourg étaient le prix des vivres et la rançon des prisonniers laissés dans la place. La ville n'avait été rendue que par force : elle était la proie des flammes, et la garnison se voyait perdue, si l'on ne capitulait. Faringdon prétendit que certaines personnes lui devaient de l'argent en France, qu'on n'avait fait que lui payer sa dette, et qu'il avait laissé aux Français de bons chevaux d'une valeur égale à ce qu'il avait touché; quant aux 5000 fr. qu'on lui reprochait de n'avoir point rendus aux Français, il répondit, comme le trésorier de l'évêque de Norwich, qu'il lui semblait que mieux eût valu jeter tout cet or à la mer. Henri Ferriers confessa sans détour avoir reçu les cinq autres mille francs, avec les 1000 fr. que les Français lui donnèrent, dit-il, « franchement pour son travail[1]. »

Le chancelier répondit avec vigueur à ces raisons, n'acceptant à aucun prix des prétextes dont les traîtres se pourraient si facilement couvrir; et au nom du roi, il annonça qu'il avait été résolu en parlement

---

Trivet et Faringdon, 3000 francs, pour Gravelines; les mêmes et les trois autres, Ferriers, Dryton, et Fitz-Rauf, 2000 francs en pur don. Elmham était encore accusé d'avoir fait marché de sauf-conduits, laissant ainsi nombre de gens pénétrer parmi les Anglais, au grand dommage du roi.(*Rot. Parl.*, III, 156, § 24.)

1. *Ibid.*, p. 157. Faringdon convenait bien d'avoir reçu un peu d'argent; mais c'était peu de chose, et c'était du duc de Bretagne. Le duc de Bretagne, on le voit, quoique dans l'armée de Charles VI, n'était point tenu pour un ennemi en Angleterre.

que les accusés apportassent au trésor toutes les sommes qu'ils avaient reçues de l'ennemi. Elmham, Trivet, Ferriers et Fitz-Rauf devaient être tenus en prison jusqu'à ce qu'ils eussent payé une amende proportionnée à leur faute; Faringdon, qui reconnaissait avoir touché diverses sommes d'or et donné des chevaux sans permission, était mis à la merci du roi corps et biens (a).

Le gouvernement, par ce procès, avait habilement rejeté sur qui de droit la charge des derniers événements. Il s'était montré sévère à l'égard de l'évêque de Norwich. Il s'était montré rigoureux à l'égard des capitaines. Faringdon n'avait que ce qu'il méritait, sans doute; mais les autres n'auraient-ils pas eu quelque droit de se plaindre? Les héroïques défenseurs de Bourbourg n'avaient point failli à la bravoure anglaise : ils n'auraient pu faire davantage, à moins de périr tous; et si, dans la capitulation, ils avaient obtenu de la folle libéralité de Charles VI plus que ne le comportait une situation véritablement désespérée, pouvait-on leur en faire un crime? C'eût été à la France d'en demander raison à Charles VI, si en France il y avait eu encore un contrôle du pouvoir. Toutefois de pareilles choses ne pouvaient pas non plus passer sans blâme en Angleterre, et le chancelier avait justement réprouvé ces transactions privées, et, en quelque sorte, clandestines, où pouvaient, en d'autres circonstances, se cacher de véritables trahisons. Quant aux communes, elles s'étaient d'autant plus volontiers associées à ces mesures de sévérité, qu'elles y trouvaient une sorte de satisfaction pour l'amour-propre national. Que si l'honneur des chevaliers en devait souffrir, au fond pourtant la sentence n'impliquait pas qu'ils eussent vraiment trahi : verser au trésor de l'argent indûment reçu, ce n'était point en Angleterre la peine des traîtres.

II

LA QUESTION DE LA PAIX.

Les comptes de la croisade ainsi réglés en parlement, il s'agissait d'en prévenir les suites au dehors. La croisade, malgré ses promesses, n'avait rien fait gagner à l'Angleterre. Il fallait tâcher au moins de n'y rien perdre : c'était l'objet des négociations entamées. Le jeune roi de France s'y était jeté avec des espérances folles : parce que l'évêque de Norwich lui avait abandonné Gravelines, il se figurait que l'Angleterre lui rendrait Calais. Calais, Guines et tout ce qui restait aux Anglais en Picardie, voilà ce qu'il réclamait au préalable, voulant bien, après cela, consentir à laisser en fief la Guyenne à Richard. Le roi d'Angleterre, de son côté, offrait de renoncer à son titre de roi de France, pourvu qu'on lui donnât, avec ce qu'il avait déjà en France, ce qu'il avait perdu en Guyenne, et de plus la Normandie ! Les négociateurs, réunis à Leulinghem, entre Calais et Boulogne, devaient avoir de la peine à concilier de semblables prétentions ; mais le débat n'avait pas été en pure perte pour les Anglais. Le temps avait passé ; l'ardeur des Français s'était ralentie, et l'hiver venait imposer un terme à leur campagne. Charles VI, inquiété d'ailleurs par les mouvements des Flamands sur ses derrières, dut se contenter pour le moment d'une trêve de huit mois, qui laissait chacun dans sa position et s'étendait aux alliés de part et d'autre, moins l'Espagne (26 janvier 1384) : transaction toute à l'avantage des Anglais ; car elle empêchait les Français d'attaquer les Flamands, et les Écossais l'Angleterre, sans interdire à celle-ci d'envahir l'Espagne selon le vœu de Lancastre (a).

L'Angleterre put voir par cette trêve tout ce qu'elle aurait à gagner à la paix. Le commerce rassuré y importa de Normandie et de France une si grande quantité de marchandises, qu'il en résulta une abondance extraordinaire[1] : preuve nouvelle et bien frappante, non pas seulement de l'état précaire de l'industrie anglaise à cette époque, mais de l'empire que nos marins, joints à ceux de l'Espagne, avaient acquis sur la mer.

Cette trêve, du reste, dans les circonstances présentes, n'avait que peu de solidité : trop de questions restaient à résoudre.

La ville de Gand n'avait point succombé, mais elle

---

[1] Wals., p. 308.

était plus que jamais en péril. Le comte de Flandre, Louis de Male, venait de mourir (30 janvier 1384); sa succession allait au duc de Bourgogne, son gendre; et ainsi la Flandre échappait à l'Angleterre pour échoir à la maison de France. D'un autre côté, l'Écosse n'offrait pas plus de sécurité. L'Écosse, dans les premiers temps et au milieu des premiers succès de la croisade, avait bien consenti à proroger sa trêve particulière. Mais quand l'évêque de Norwich eut échoué devant Ypres (10 août), quand Charles VI se fut mis en campagne, elle n'eut rien de plus pressé que d'accueillir les propositions de la France. Le roi de France s'engageait à envoyer en Écosse mille hommes d'armes et mille harnais : c'étaient mille cavaliers de plus, l'Écosse donnant les chevaux et les hommes; en outre, 40 000 fr. d'or comme subside de guerre (20 août). Les Écossais n'avaient même attendu ni ce secours, ni l'expiration de la trêve; et, dès l'automne de cette année, ils avaient passé la frontière, pris et brûlé Werk sur la Tweed. — La France ayant posé les armes, on avait espéré en Angleterre que l'Écosse en ferait autant. On l'avait comprise d'office dans la trêve de Leulinghem (26 janvier 1384). Le comte de Northumberland avait été chargé de publier immédiatement le traité sur la frontière (6 février); et des saufs-conduits étaient expédiés aux commissaires français qui devaient traverser l'Angleterre pour l'aller communiquer, au nom de Charles VI, aux Écossais. Mais ces commissaires ne s'étaient point pressés de partir, et les proclamations du comte de Northumberland n'avaient guère été entendues que des Anglais (*a*).

Il fallut donc recourir à d'autres moyens. Toutes les forces disponibles de l'Angleterre, celles qui revenaient de Flandre, celles que Lancastre espérait toujours mener en Espagne, furent lancées sur l'Écosse sous la conduite de Lancastre lui-même et de Buckingham, oncles du roi : invasion formidable qui ne servit qu'à mieux faire ressortir l'impuissance des Anglais dans cette lutte. Les Écossais ne résistaient pas : ils brûlaient les villes, Édimbourg comme les autres, et se retiraient dans les bois. Lancastre voulut leur ôter cet abri. Il entra dans les forêts : quatre-vingt mille haches, dit Knighton, faisaient retentir en même temps les échos du bruit des arbres qu'on abattait pour les livrer aux flammes. Mais les forêts de l'Écosse pouvaient lasser plus de bras encore! Les Écossais reculaient devant la dévastation, et Lancastre se trouva bientôt dans un désert où son armée mourait de faim. Il la ramena décimée en Angleterre, laissant au comte de Northumberland la tâche périlleuse de défendre la marche d'Écosse; car les Écossais irrités de cette invasion, franchirent à leur tour la frontière, et firent dans les comtés du Nord cent fois plus de dommage qu'on n'avait pu leur en faire subir (*b*).

Cette campagne malheureuse finissait, lorsque s'ouvrit, à Salisbury, le nouveau parlement (29 avril 1384). On l'ajourna de quelques jours pour attendre Lancastre et les autres seigneurs qui revenaient d'Écosse; et comme ils tardaient, le jeudi 5 mai on commença sans eux. Le principal objet d'une si hâtive convocation était la paix. Il y avait trêve avec la France; et déjà pour cette trêve le roi avait pris l'avis du parlement. Mais maintenant la chose était plus grave : il ne s'agissait plus seulement d'une convention qui, laissant de part et d'autre les choses en même état, ne pouvait provoquer nulle récrimination (on a vu combien ce temps d'arrêt avait été favorable à l'Angleterre); il s'agissait d'un arrangement définitif, car la France ne voulait plus rien de provisoire [1].

La question fut nettement posée par le chancelier Michel de la Pole devant le parlement. Après avoir rappelé les causes ordinaires de la convocation, l'affermissement des libertés, le maintien des lois, exorde commun des discours d'ouverture, il en vint à cet objet tout spécial, la paix : il annonça que les commissaires nommés de part et d'autre, après de longues délibérations, étaient convenus de plusieurs articles. Le roi, ajoutait-il, pourrait bien décider seul, puisqu'il s'agit de son héritage à lui et d'une ancienne dépendance de la couronne; mais comme le parlement a longtemps soutenu la charge de cette guerre, il ne veut rien conclure sans son avis (a).

La paix, comme la guerre, exigeait de l'argent : la paix, car elle ne se devait point faire sans une entre-

---

1. *IIe Parlement de la 7e année de Richard II* (Salisbury, 24 avril 1384). *Rot. Parl.*, t. III, p. 166, § 1-3.

vue des deux rois, et le roi d'Angleterre ne pouvait point paraître avec moins d'éclat que l'adversaire de France; la guerre, car la frontière d'Écosse et tout le littoral se trouvaient menacés en même temps. Le chancelier demandait donc un subside.

On fut d'accord sur la nécessité du subside. Il fut voté moyennant cette clause, que le clergé y contribuerait de son côté, et c'était la règle; on voit même, par des plaintes portées à ce parlement, qu'après avoir payé le dixième pour sa part, on le contraignait en plusieurs lieux à payer encore le quinzième avec les laïques. Quant à la question de la paix, soumise aux communes, leur sentiment au fond n'était pas douteux. Elles l'avaient exprimé à plusieurs reprises dans les derniers temps, pressant elles-mêmes le roi de réduire et d'arriver à supprimer les dépenses de guerre; et si elles avaient poussé avec ardeur à la croisade de l'évêque de Norwich, le résultat les avait ramenées à leurs premières dispositions. Mais, invitées à se prononcer sur des conditions précises, elles hésitaient : ayant indiqué le chemin, elles eussent voulu que le gouvernement y marchât à ses risques et périls. Elles répondirent donc que si la paix était faite honorable, rien ne saurait être plus à leur gré; mais c'était au roi de faire ce qui lui semblerait le meilleur, comme en chose qui est de son domaine et de son propre héritage, et n'appartenant pas à la couronne. Elles le priaient donc de les dispenser d'en dire davantage, pour les périls qui en pourraient advenir (a).

Le chancelier n'accepta pas l'excuse.

« Voulez-vous, dit-il, la paix ou la guerre? car, pour une trêve, les Français n'en veulent plus.

— Nous souhaitons, répondirent-elles, que le roi fasse paix honorable. »

Et elles se hasardaient à signaler dans le projet d'accord certaines choses qui provoquaient les répugnances : « Nous n'entendons pas bien, disaient-elles, les termes de droit; mais il nous semble que, dans les articles proposés, il est dit que le roi devra, pour certaines terres de Gascogne, hommage et service au roi de France. Nous ne pensons pas que le roi consentirait facilement à de semblables conditions pour Calais et pour d'autres places conquises par la force des armes. Nous ne voudrions pas qu'il en fût ainsi, s'il le pouvait faire autrement sans dommage.

— Les Français, reprit le chancelier, n'accepteront pas la paix sans cet hommage. Mettez-vous à la place du roi, et dites ce que vous feriez, ayant à défendre un si petit royaume contre tant d'ennemis. »

La question était pressante. Mises en demeure de rompre ou d'accepter, et n'osant pas rompre, les communes placèrent leur adhésion sous le couvert de l'autre chambre. « Nous avons ouï dire, reprirent-elles, que les lords invités à répondre dans les mêmes termes ont préféré la paix à la guerre; nous nous rallions à l'opinion des lords[1]. »

---

1. *Rot. Parl.*, t. III, p. 170, § 17 et 18.

Le conseil du roi avait donc l'aveu du parlement pour suivre et mener à leur terme les négociations commencées. Il sentait qu'il était urgent de conclure sans trop de retard : les événements de l'Écosse pouvaient singulièrement réveiller les préférences des Français pour la guerre. Ce n'était point pourtant sans de graves soucis qu'il allait s'engager plus avant dans cette voie. Les communes, par leurs hésitations, leurs observations même ou leurs réticences, avaient assez révélé le fond de leur pensée. Elles désiraient la paix, mais elles n'en acceptaient pas les charges; elles voulaient laisser au gouvernement seul le soin d'en répondre devant le pays, et se refusaient, non pas seulement à la résolution, mais au conseil, afin de garder toute la liberté de leurs allures quand le parlement serait appelé à juger les faits accomplis.

Un incident, qui marqua cette session même, pouvait montrer que, le jour venu, les prétextes et les instruments pour perdre le ministre ne manqueraient pas.

Un poissonnier, nommé J. Cavendish, se présenta devant le parlement, demandant qu'on lui donnât sûreté vis-à-vis de ceux contre qui il avait à porter plainte, et il nomma le chancelier. L'ayant obtenue, il raconta qu'il avait intenté une action en réparation de dommages contre quatre personnes qui avaient « entrepris la sauvegarde de la mer, » et faisaient métier d'assurer toutes les marchandises contre les risques de l'ennemi. Il s'était adressé à un clerc de la chancellerie pour hâter le jugement de l'affaire, et le clerc lui en avait garanti le succès, moyennant 40 livres pour le chancelier et 4 livres pour lui-même. Cavendish, n'ayant pas la somme entière, en avait donné pour une partie l'équivalent en poisson et autres marchandises. Mais il n'y avait rien gagné. Le clerc répondait à ses instances qu'il pouvait avoir plus de ses adversaires; et, chaque fois que lui-même était allé à la chancellerie, il les y avait trouvés en grande faveur, selon toute apparence. Le chancelier était-il coupable? « Dieu le saït, disait le plaignant; le parlement en jugera. Toujours est-il que récemment il m'a fait payer le poisson fourni à son hôtel. L'a-t-il fait par conscience ou pour éviter l'esclandre? Vous en jugerez, messieurs[1]. »

Le chancelier se récria contre cette indigne accusation. La plainte sur les lenteurs de la justice était sans fondement. L'affaire venait d'être plaidée : il n'y avait plus qu'à rendre la sentence. Quant au grief tout autrement sérieux qui s'y mêlait, voici ce qu'il en pouvait dire. S'étant fait rendre compte de sa dépense, il avait appris que du poisson avait été apporté à son hôtel et non payé. Il voulut savoir pourquoi, et on lui dit que c'était en vertu d'une obligation contractée par un poissonnier. Il se fâcha, et fit serment de ne rien manger que ce poisson ne fût payé et l'obligation réduite à néant. En conséquence, il fit

---

1. *Rot. Parl.*, t. III, p. 168, § 11 et 12.

venir le poissonnier et le clerc dans sa chapelle, et là, en leur présence et devant le saint sacrement, il jura qu'il avait ignoré le contrat ; il ordonna au clerc de détruire l'obligation et fit payer le poisson reçu. Après cela, le plaignant n'avait pu agir que dans la pensée de le diffamer sans raison : il en demandait justice[1].

Cavendish vit bien qu'il s'était trop avancé ; il s'excusa, disant qu'après tout il n'avait mis en cause que le clerc. Le clerc, interrogé, affirma que le chancelier n'avait rien su, en effet, de la convention ; et les adversaires du poissonnier, présents au parlement, jurèrent que dans leur procès ils n'avaient fait au chancelier ni don ni promesse. Les lords déclarèrent donc que le chancelier était innocent, et, sur sa requête, ils ordonnèrent que J. Cavendish fût arrêté ou donnât caution jusqu'à ce qu'il comparût lui-même devant le juge.

La démarche de l'accusateur tournait à son détriment ; mais, pour la risquer, il avait bien fallu qu'il comptât trouver dans le parlement des appuis contre le chancelier. Déjà, en effet, Michel de la Pole y pouvait pressentir une opposition menaçante. Il avait excité les défiances de l'assemblée, quand lui, sorti du parlement, avait proclamé si haut, dès le début, la nécessité de relever l'autorité royale ; et sa conduite n'avait fait qu'aigrir contre lui les dispositions des

---

1. *Rot. Parl.*, § 13.

trois ordres. Il avait offensé le clergé, en frappant dans l'évêque de Norwich le chef malencontreux de la croisade si follement prônée par les communes; il avait blessé les lords eux-mêmes, en poursuivant avec tant de rigueur les capitaines pour des actes trop communs parmi les gens de guerre, et dont chacun pourrait avoir un jour à répondre. Enfin, il était loin de s'être gagné les communes, lorsque à la suite de ces revers dont il n'était pas responsable, placé devant la redoutable question de la guerre ou de la paix, il l'avait, au lieu de la résoudre, soumise au parlement : invitant non-seulement les lords, mais les députés des comtés et des bourgs, à donner un avis qu'il se déclarait prêt à suivre; les pressant de répondre plus qu'ils n'auraient voulu, et, par cette déférence inopportune, leur disputant cette position commode où ils pouvaient recueillir les bénéfices de la paix, et se venger de ses sacrifices sur celui qui l'aurait procurée.

Une autre accusation fut portée durant cette session, et celle-là s'adressait plus haut encore; mais elle n'arriva point jusqu'au parlement, et le dénoûment fut plus tragique.

Il s'agissait du duc de Lancastre.

Nous avons dit comment Lancastre, par le rôle qu'il avait joué vers la fin du règne d'Édouard III, s'était rendu odieux au peuple et suspect au parlement. On lui rapportait les maux du passé; on se défiait pour l'avenir de ses vues ambitieuses, quand un enfant seul le séparait du trône. Pour se soustraire à cette impopularité et à ces soupçons, il avait fait mine de se retirer de la scène; mais, après quatre années d'effacement, il est vrai, plutôt que de retraite, la haine était encore si vivante dans le peuple, que la grande insurrection, cherchant un homme en qui se personnifiât un gouvernement détesté, s'en prenait encore à lui, brûlait ses châteaux, le frappait en effigie, menaçait de l'aller chercher à la tête de ses troupes, et le contraignait de s'enfuir en Écosse, d'où il n'avait osé revenir qu'avec une garde et sous la protection des lettres publiées par le roi. Depuis, sa position avait changé au sein du parlement : après avoir provoqué jadis une si vive opposition, il s'était mis à la tête des demandes de réforme; et, grâce à cette conduite, il avait obtenu qu'on appliquât à ses projets sur l'Espagne ces subsides dont le parlement se montrait si avare. Mais les événements étaient allés à la traverse de ses desseins. Au moment où il comptait partir, la victoire de Rosebecque et la conquête de la Flandre par Charles VI avaient détourné de ce côté toutes les forces de l'Angleterre. Il s'était vu réduit, lui prétendant et appelé roi, au rôle de négociateur : négociation avec l'Écosse, pour aider à la croisade de l'évêque de Norwich; avec la France, pour en réparer les désastres. A la faveur de cette dernière trêve, il espérait enfin aller en Espagne : on l'avait envoyé en Écosse. Au lieu d'une guerre qui lui promettait une couronne, il avait fait une campagne où il n'avait trouvé que le désert, et d'où il ramenait des troupes décimées sans avoir même combattu.

Un homme moins fier et moins ambitieux aurait eu le droit d'être mécontent, et en Angleterre on ne pouvait être plus satisfait de lui. Les bruits les plus étranges circulaient sur la manière dont il avait mené l'expédition. On se rappelait ses querelles avec le comte de Northumberland, sa fuite en Écosse et les honneurs qui l'y avaient accueilli; et peut-être faut-il voir l'influence de ces souvenirs dans le tableau que l'on faisait de sa campagne : les comtés du nord ruinés par le séjour prolongé de son armée plus qu'ils ne l'étaient d'ordinaire par les ravages des ennemis; les Écossais épargnés aux dépens de ses propres soldats. Arrivé devant Édimbourg, il avait, disait-on, laissé aux habitants la faculté d'emporter tous leurs biens, consignant ses troupes, sous peine de mort, à trois lieues de la ville, comme pour donner plus de sécurité à cette sorte de déménagement. Avait-il cru ramener les Écossais par cette conduite? au moins avait-il été bien trompé! Les habitants étaient partis sans lui laisser même leurs maisons. Quand il y était venu, il avait trouvé la ville en cendres; il avait dû camper au milieu de marais glacés, où il avait perdu cinq cents chevaux (pour ne point parler des hommes, dit l'historien); et comme, malgré ses défenses, les soldats, mourant de faim, se dispersaient dans les campagnes, au risque de rencontrer l'ennemi, le duc fondait sur eux à grands coups de lances, en sorte qu'il avait tué plus d'Anglais que d'Écossais[1].

Voilà ce qu'on disait en Angleterre, et ce que rapporte Walsingham comme l'histoire de cette expédition. Dans ce mécontentement général, les anciens ennemis du duc de Lancastre (et il en avait dans le clergé comme soutien des lollards) crurent sans doute trouver l'occasion de le perdre. Lancastre, mécontent lui-même, avait-il par quelque parole donné prise à la calomnie? Cela ne serait pas impossible. Toujours est-il qu'au moment où le roi était à Salisbury, un carme, Irlandais d'origine, le vint trouver et lui remit un écrit, où il accusait le duc de vouloir le perdre pour s'emparer du trône : il indiquait le temps, le lieu et les autres circonstances, jurant sur une hostie consacrée, en ce même jour, par lui-même, qu'il ne disait rien que de vrai, et priant le roi de ne pas entendre le duc en ses excuses, attendu qu'il n'en userait que pour gagner du temps et mieux accomplir ses desseins. Le duc survint sur ces entrefaites, et, trouvant au roi l'air effaré, il se retira sans deviner ce qui lui valait un tel accueil. Il en fut bientôt éclairci. Le roi le fit venir et lui remit la dénonciation : noble et franche démarche, où l'on reconnaît celui qui sut arracher Londres aux insurgés. Cette fois encore il allait droit au but, avec l'assurance de confondre le dénonciateur ou de désarmer

---

1. Wals., p. 308 et 309.

le conjuré. Le duc se récria avec la chaleur que l'on peut croire. Selon certains récits, le comte de Buckingham se précipita dans la chambre du roi, jurant de tuer quiconque oserait accuser son frère de trahison, sans en excepter personne, pas même le roi. Le duc de Lancastre, aimant mieux que l'affaire fût mise au grand jour, pria Richard de faire tenir l'accusateur en lieu sûr jusqu'à ce qu'il fût requis de s'expliquer publiquement, et demanda qu'on le donnât en garde à Jean de Holland, son gendre, le plus jeune des deux frères utérins du roi : ce qui fut agréé. Mais la nuit même où le carme devait comparaître, Jean de Holland le fit torturer et mettre à mort dans sa prison, et le lendemain son cadavre fut traîné sur la claie, comme on faisait des traîtres. S'il l'était, pourquoi n'avoir pas attendu qu'il eût été jugé tel? Craignait-on qu'il ne parlât? Et qui le pouvait craindre? L'accusé, ou les instigateurs secrets de l'accusation? Selon toute apparence, Lancastre n'était pas coupable; et Jean de Holland, choisi par lui pour garder le dénonciateur, ne peut être soupçonné davantage de complicité secrète dans l'acte de ce dernier : s'il n'avait voulu qu'étouffer sa voix, il lui aurait pour le moins épargné les tortures. Ce prince, violent de sa nature et fort attaché à Lancastre, ne voulait sans doute laisser à personne le soin de le venger : craignant que l'habit de l'accusé ne le dérobât au supplice, et comptant bien lui-même sur l'impunité. Mais par là l'affaire demeura mystérieuse, et le dénoûment ne pouvait qu'inspirer de la défiance à ceux mêmes qui, dès l'origine, auraient repoussé tout soupçon (*a*).

Le conseil, autorisé du parlement, reprit les négociations, et rien ne trahit le refroidissement que l'affaire du carme eût pu amener entre le roi et ses oncles. Lancastre et Buckingham reçurent tous les pouvoirs pour traiter, d'une part avec la Flandre, et d'autre part avec la France. On leur recommandait de ne pas nommer la Flandre dans le traité avec la France; on aimait mieux s'arranger séparément avec elle. Le choix des deux oncles du roi comme négociateurs était d'ailleurs de bonne politique en chose si délicate. La paix ne se pouvait point faire sans concessions, et, si l'orgueil national en était blessé, ils perdaient le droit de s'en faire une arme contre le roi (*b*).

On s'acheminait donc vers la paix, mais tous les signes étaient à la guerre.

Et d'abord, du côté de l'Écosse elle n'avait pas cessé. Le comte de Northumberland, les Écossais, avaient encore envahi tour à tour, le premier l'Écosse, les autres l'Angleterre : ceux-ci recrutés d'une bande de Français, qui étaient partis, pour leur propre compte, de l'Écluse afin de prendre part à la campagne. C'était le temps que d'autres venaient en Angleterre, avec sauf-conduit, pour aller, selon le traité de Leulinghem, inviter l'Écosse à la paix. L'Angleterre, qui avait retenu ces envoyés tant que Northumberland était en Écosse, les fit partir en toute hâte dès qu'elle le sut de retour. Ils n'arrivèrent point à temps pour prévenir les représailles des Écossais. Les Anglais, à leur tour, voulaient de nouveau jeter toutes leurs forces sur l'Écosse, quand arriva un messager du roi Robert, qui désavouait cette dernière invasion et acceptait la trêve; et le duc de Lancastre, songeant toujours à son expédition de Castille, fit agréer ces excuses. La trêve fut donc étendue à l'Écosse, et les chevaliers français venus pour la guerre n'eurent plus qu'à s'en aller. Mais ils avaient eu le temps de voir de près les sentiments du pays; et, de retour en France, ils annonçaient qu'on pouvait avoir par là une belle entrée en Angleterre (*a*).

Tandis que cela se passait à la frontière d'Écosse, une chose plus compromettante pour la paix s'accomplissait en Flandre. Le sire d'Escornai, malgré la trêve, reprenait Audenarde aux hommes de Gand; et les Gantois s'en étaient plaints vainement à leur nouveau comte, le duc de Bourgogne. Le duc leur avait déclaré qu'il n'y était pour rien; il leur avait offert d'en écrire au sire d'Escornai : et celui-ci, alléguant que les Gantois n'avaient jamais observé la trêve à son égard, le duc avait, sans grande difficulté on le peut croire, accueilli ses raisons. Tout cela donnait peu de confiance. La guerre recommença entre Gand et le duc de Bourgogne; et les Gantois, cherchant un appui dans leur isolement, ne se bornèrent plus à une demande de secours. Ils arborèrent les armes du roi d'Angleterre, et ils chassèrent ou mirent à mort ceux qui ne voulaient pas plus de l'Angleterre qu'eux mêmes de la France (18 juillet)[1].

C'est au milieu de ces complications que se poursuivaient les négociations pour la paix : si elles offraient des difficultés, on voit que tout cela n'était guère de nature à les résoudre. La trêve allait finir au 1er octobre : on la prorogea (14 septembre) jusqu'au 1er mai, c'est-à-dire jusqu'à l'époque où la guerre pourrait commodément être reprise ; car tout dans l'attitude de la France annonçait qu'elle était résolue à n'accepter ni les propositions de l'Angleterre, ni l'attermoiement d'un état provisoire. Les princes anglais revenus des conférences avaient pu en rapporter l'entière conviction[2].

III

PRÉLIMINAIRES DE LA GUERRE.

Le jeune roi ne voulut point paraître poursuivre davantage une paix que refusait la France ; et le jour même qu'il publiait la prorogation de la trêve, il dénonçait la guerre prochaine à son pays. Il écrivit à

---

1. *Reprise d'Audenarde par le sire d'Escornai.* Froissart, II, 221. — *L'étendard du roi d'Angleterre arboré à Gand.* Chroniques flamandes citées par M. Kervyn de Lettenhoven ; *Hist. de Flandre*, t. IV, p. 9.
2. *Prorogation de la trêve de Leulinghem.* Les ducs de Berri et de Bourgogne y figurent pour la France avec les mandataires des rois de Castille et d'Écosse, en présence du duc de Lancastre et du comte de Buckingham (14 septembre 1384). Rymer, t. VII, p. 438-443.

l'archevêque de Canterbury pour lui signaler la malice des Français. Si la paix avait échoué, c'étaient eux seuls qui en étaient la cause. Les Anglais, disait-il, étaient venus au lieu marqué, avec la bonne intention de conclure sur les bases qui paraissaient être acceptées ; mais les ducs de Berri et de Bourgogne avaient refusé de se rendre aux conférences, se vantant d'envahir prochainement, non-seulement l'héritage continental du roi, mais son royaume d'Angleterre; d'en exterminer le peuple, sans distinction de rang, d'âge, de sexe ni de personnes, et d'y introduire une langue nouvelle. Le roi invitait l'archevêque à l'annoncer au clergé et au peuple, afin que la nation, animée de l'esprit de force, s'apprêtât à confondre l'audace de l'ennemi (a).

Le peuple, par la voix des prêtres, était donc déjà appelé à la guerre, lorsque s'ouvrit le parlement, le 12 novembre 1384. Après ce manifeste, le discours du chancelier ne pouvait plus rien avoir qui surprît personne. Sans emprunter à la lettre du roi cette effrayante peinture des projets de la France, qui était à l'adresse de la multitude, il fit le tableau des périls de la situation. Passant en revue les ennemis qui entouraient l'Angleterre, les Français redoutables par leur multitude, les Espagnols par leurs galères, les Flamands par leurs gros vaisseaux, les Écossais par les facilités de l'invasion, il adjurait l'assemblée de pourvoir à la défense du royaume. Il déclarait que le roi était prêt à marcher en personne partout où on le jugerait le meilleur, et invitait le parlement à lui donner les moyens de faire avec honneur sa première campagne, en votant un subside qui s'étendît à tous, riches et pauvres, et fût ainsi plus abondant pour le trésor et plus léger pour le pays. — Cette déclaration ne répondait guère aux espérances que les membres du dernier parlement avaient emportées dans leurs comtés. — Le chancelier, comme le roi, s'en prenait à la France, et répétait presque dans les mêmes termes ses accusations de mauvais vouloir et de mauvaise foi. Il ajoutait que le droit du roi en était d'autant plus fort, et que l'on devait avoir plus de confiance en attaquant dans les Français les ennemis de la paix [1].

Le parlement, entrant sans hésiter dans les vues du roi, doubla le subside ordinaire. Mais en même temps, pour adoucir leurs charges, les communes demandaient que ceux qui avaient des châteaux ou des domaines sur la frontière d'Écosse, fussent tenus d'y veiller à leurs frais : et les circonstances donnaient un singulier à propos à cette requête. Les Écossais, malgré la trêve, surprirent le château de Berwick. C'était le comte de Northumberland qui en avait la garde. On le rendit responsable de l'infidélité de son capitaine; et, à l'instigation du duc de Lancastre, son ennemi, on le condamna sans l'entendre (le soin de

---

1. *Parlement de la 8ᵉ année de Richard* (Westminster, 12 novembre 1384). *Rat. Parl.*, t. III, p. 184. Le procès-verbal est en latin. — *Discours du chancelier. Ibid.*, § 2-4.

défendre la frontière le tenait absent du parlement) : condamnation imméritée, que le roi révoqua bientôt, mais qui ne fit qu'envenimer les haines entre le comte et le duc (*a*).

Le langage du chancelier, le vote du subside, tout dans ce parlement annonçait la guerre : et les Écossais par l'occupation de Berwick avaient montré si l'on avait eu tort de la prévoir. Un acte plus significatif encore prouva que, de son côté, l'Angleterre ne craignait plus de la provoquer.

Nous avons dit la résolution qu'avaient prise les chefs de l'insurrection à Gand. Pour sauver ce qu'ils croyaient être leur indépendance, ils s'étaient donnés au roi d'Angleterre; ils avaient arboré son étendard : c'était le mettre dans l'alternative de les venir défendre ou d'abandonner son propre drapeau. Richard avait d'abord différé de répondre, ne voulant ni défier en quelque sorte Charles VI au moment où il négociait la prorogation de la trêve, ni se priver de tels auxiliaires si la paix ne se faisait pas. Au point où en étaient les choses, après sa proclamation à l'archevêque de Canterbury et le discours du chancelier au parlement, il n'y avait plus à hésiter. Richard répondit à la démarche des Gantois en leur envoyant un de ses chevaliers pour les gouverner en son nom avec le titre de *reward* de Flandre : c'était le titre qu'avait eu Artevelt. L'acte qui l'investissait, indiquait la position que le roi d'Angleterre voulait prendre par là vis-à-vis de Charles VI et du duc de Bourgogne. Il affirmait son droit de suzeraineté sur la Flandre comme roi de France; et il nommait le *reward*, vu la mort du dernier comte de Flandre, et en attendant que son héritier (le duc de Bourgogne) vînt recevoir une investiture qu'il se déclarait tout prêt à lui donner (a).

Si les Français n'avaient pas songé à la guerre, ces actes, ce langage, les y auraient déterminés. Mais la chose n'était plus pour eux en question, et déjà tous leurs plans étaient combinés. Ils voulaient attaquer l'Angleterre et chez elle et dans ses établissements du dehors. Le duc de Bourbon et le comte de la Marche devaient prendre deux mille lances, pour aller dans le Poitou et la Saintonge enlever les châteaux d'où les Anglais portaient le pillage à l'entour; et d'un autre côté l'amiral Jean de Vienne se chargeait de mener deux mille hommes d'armes en Écosse (b).

En présence de ce grand péril, l'Angleterre n'avait pas trop de toutes ses forces : et des intrigues fomentaient la discorde jusque dans la famille du roi. Au rapport du moine d'Evesham, Richard avait convoqué après les fêtes de Noël un grand conseil à Waltham. On détourna Lancastre d'y aller, en lui disant que les familiers du roi lui tendaient un piége. Il s'excusa; et pressé d'y venir, il y vint avec un appareil de forces qui devait ôter la pensée de lui faire aucun mal, et il en dit au roi la raison. Richard affirma qu'il ne savait rien de ces embûches; et il dut être blessé d'une attitude qui semblait un acte de défiance envers lui-même.

Si l'on en croyait Walsingham, les choses se seraient passées tout autrement. Richard était du complot : Trésilian n'attendait que de tenir le duc entre ses mains pour lui faire son procès. Mais le duc se retira dans son château de Pomfret et s'y mit en défense, et des troubles graves allaient éclater à la faveur de ces divisions, quand la mère de Richard intervint entre l'oncle et le neveu et fit si bien qu'elle les rapprocha. Rien n'empêche d'admettre ce dernier trait : mais, quant à la part du roi au complot, le témoignage de Walsingham ne suffit pas pour lui donner crédit; et l'on peut s'en fier au moine d'Evesham, quand il se sépare de son guide ordinaire, sur un point où la mémoire de Richard est attaquée. Lancastre revint donc en grâce auprès du roi; et d'autre part Northumberland obtenait son entier pardon. Il avait réparé le tort de son officier à Berwick en reconquérant la ville. Le roi la lui rendit en garde : il avait compris qu'à la veille d'une invasion des Écossais on avait besoin sur cette frontière du concours dévoué d'un homme aussi considérable. Il avait pourvu de la même sorte à la sûreté de ses places en France : il avait confié Cherbourg à Jean de Holland, son frère; Brest à Thomas Percy, frère de Northumberland; et des mesures étaient prises pour la garde de la mer (a).

Mais si l'Angleterre avait eu jusque-là tant de mal à défendre ses rivages contre des incursions isolées, que ne devait-elle pas craindre de la flotte dont on annonçait l'armement? A en croire Walsingham (les

Anglais qui récusent ici son témoignage sont-ils fondés, le rejetant pour eux-mêmes, à l'admettre si aveuglément en ce qui touche le roi?), à en croire donc le moine de Saint-Alban, l'Angleterre fut prise d'une terreur immense. On parlait de six cents voiles, d'une armée infinie. Non-seulement le peuple, mais les chevaliers, jadis si braves et si pleins de feu, maintenant lâches, énervés, timides comme des femmes, laissaient là toute idée de résistance et de combat, pour ne parler que de fuite et de soumission. Mais, disons-le, l'historien fait un peu trop agir ici les soldats comme on pensait dans son couvent peut-être. L'Angleterre, au jour du péril, ne s'abandonna jamais ainsi. Seulement on n'était pas rassuré; et, malgré des actes qui étaient comme une déclaration de guerre, on chargea le comte de Northumberland de s'aboucher avec les Écossais; on envoya en France de nouveaux commissaires, on expédia des saufs-conduits en blanc pour ceux que les Français voudraient nommer (4 mars 1385). — On n'aboutit à rien, et la suite allait montrer combien le chancelier avait eu raison de vouloir au plus tôt, même au prix de quelques sacrifices, tirer le pays des voies de la guerre (a).

La trêve était expirée, et c'était l'Angleterre qui, à son tour, se voyait réduite à se défendre. En même temps qu'elle était menacée dans ses possessions du midi de la France, le bruit courait que trois expéditions étaient dirigées contre elle-même : l'une partant de Bretagne sous le duc que l'on disait devenu bon Français; l'autre de Normandie, et la troisième d'Écosse. Ainsi l'invasion était imminente, et Richard l'annonça à son peuple. Dans une proclamation adressée à tous les vicomtes, il dit que, prévenu par l'ennemi, il se voit forcé de rester en Angleterre pour repousser son invasion au moment où lui-même se proposait de l'envahir; et pour conclure, par une résolution qui marque bien l'honnêteté de son gouvernement, au lieu de réclamer un supplément de subside, il fait remise du quinzième et du dixième votés au dernier parlement, pour être levés à la Saint-Jean. Cet argent était destiné à la guerre du dehors. La guerre allant se faire à l'intérieur, la nation se devait suffire à elle-même : c'était assez des hommes d'armes liés au roi par le devoir féodal, quand le territoire était menacé [1].

Le pays ne fit pas plus défaut au roi que le gouvernement au pays; et la situation d'ailleurs n'était point aussi compromise qu'on l'aurait pu craindre. Le duc de Bourbon et le comte de la Marche s'attaquaient à des châteaux isolés, sentinelles perdues de la domination anglaise, et non aux grands établissements de l'Angleterre; et les trois expéditions dont on parlait, se réduisaient à une : celle de Jean de Vienne, qui par un bon vent partit du port de l'Écluse, et vint aborder près d'Édimbourg (fin de mai 1385).

---

1. *Bruits sur le plan d'attaque des Français.* Froissart, II, 224 et 227; — *Proclamation de Richard à tous les vicomtes* (15 mai 1385). Rymer, t. VII, p. 471.

IV

LA GUERRE EN ÉCOSSE.

Dès le premier moment, on put voir s'évanouir les espérances que l'on avait fondées en France sur le concours des deux peuples.

Douglas et quelques seigneurs avaient fait bon accueil aux arrivants. Mais les Écossais, en général, virent de très-mauvais œil cette troupe nombreuse descendre dans leur pays : « Quel diable les a mandés, s'écrient-ils dans le naïf récit de Froissart; ne savons-nous pas bien faire notre guerre sans eux aux Anglais? Nous ne ferons bonne besogne, tant qu'ils seront avec nous. Qu'on leur dise qu'ils s'en aillent, et que nous sommes gens assez en Écosse pour par maintenir notre guerre, et que point ne voulons de leur compagnie. Ils ne nous entendent point, ni nous eux; nous ne savons parler ensemble. Ils auront tantôt riflé (pris) et mangé tout ce qui est en ce pays; et nous feront plus de dommages que ne feraient les Anglais : car lors même que les Anglais brûleraient nos maisons, que nous en chaut? Nous les aurons tantôt refaites à bon marché. » Si les Écossais appréhendaient tant la présence des Français, les Français ne se trouvaient guère mieux du séjour de l'Écosse. Les chevaliers et les barons, habitués aux beaux palais et aux bons lits, s'accommodaient assez mal de la manière de vivre en cet étrange royaume; et prenant le parti de rire de leur mésaventure : « En quel pays nous a ci menés l'amiral? disaient-ils. Nous ne sûmes oncques ce que fut pauvreté ni dureté. Voilà bien les promesses que nos seigneurs de pères et nos dames de mères nous ont promises au temps passé, en disant : « Va, va, tu « auras encore en ton temps, si tu vis longuement, « de durs lits et de pauvres nuits. » C'est bien aujourd'hui que ces paroles s'accomplissent. — Pour Dieu, se disaient-ils l'un à l'autre, finissons-en et chevauchons sur l'Angleterre. Il n'y a ni profit ni honneur à séjourner longtemps ici. »

Jean de Vienne tâchait de les apaiser : « Puisque nous nous sommes mis en ce danger, disait-il, il nous faut souffrir et attendre; nous ne pouvons revenir sur nos pas ni retourner par l'Angleterre. Prenez en gré ce que vous trouvez. Vous ne pouvez pas toujours être à Paris, à Dijon, à Beaune. Il faut, qui veut vivre en ce monde et avoir honneur, accepter le bien et le mal[1]. »

Mais ce n'est pas tout : ce pays qui n'avait rien, leur vendait tout à des prix fabuleux; un cheval de dix florins se payait dix fois davantage; quant aux harnais, si on n'en avait pas, il en fallait faire venir de Flandre. Pour le fourrage dont le pays ne devait pas manquer, il n'était guère plus facile d'en avoir :

---

1. *Le duc de Bourbon et le comte de la Marche dans le Poitou et la Saintonge.* Froissart, II, 227; — *Les Écossais et les Français.* Froissart, II, 228. Sur cette expédition, voyez aussi Knighton, p. 2674; Wals., p. 316; M. Evesh., 61.

on laissait bien les valets faire leur provision dans les campagnes; « mais au retour on les attendait sur un pas où ils étaient vaillamment détroussés et souvent occis; et tant que nul valet n'osait plus aller fourrager. »

Autre incident. Les Écossais, au secours desquels on venait, voulaient garder leur rôle d'auxiliaires de la France. Pour combattre, ils entendaient se faire payer, et affectaient de n'être pas en humeur de guerroyer pour cette saison, afin de se mettre à plus haut prix : le roi Robert, qui était dans la « sauvage Écosse, » ne voulait point revenir à Édimbourg que le marché ne fût conclu à son gré. Il fallut que Jean de Vienne y souscrivît, et promît de demeurer, lui et les siens, comme en gage en Écosse, jusqu'à ce que le roi eût intégralement ce qu'il exigeait[1].

On peut deviner ce que devait être une campagne faite sous de tels auspices. Le roi d'Écosse, qui se faisait payer si cher, était enfin arrivé : « un grand bonhomme aux rouges yeux embrasés; ils semblaient fourrés de sendail (drap écarlate). Et bien montroit qu'il n'étoit pas aux armes trop vaillant homme, et qu'il eût plus cher le séjourner que le chevaucher. » Il convoqua ses gens; et comme, après tout, il s'agissait d'attaquer les Anglais, trente mille hommes accoururent, fort pauvrement armés sans doute. On les équipa, autant qu'on put, de harnais apportés de France. Après

---

1. Froissart, II, 228.

quoi, le roi les fit partir avec les Français, et demeura à Édimbourg, leur donnant d'ailleurs, pour tenir sa place, ses neuf fils, tous amis de la guerre. Ils passèrent donc la frontière et ravagèrent le Northumberland (a).

L'Angleterre s'était trop bien sentie menacée pour être surprise. Il n'y avait de doute que sur le point où se ferait l'attaque principale. L'invasion venant de l'Écosse, ce fut de ce côté que le roi résolut de se porter personnellement. Dès le 4 juin, il annonça son expédition aux prélats d'abord, puis aux comtes et aux barons, les sommant tous, lords spirituels et temporels, de lui amener leurs hommes, selon leurs obligations féodales, à Newcastle sur la Tyne, pour le 14 juillet. En même temps, il ajournait jusqu'à l'octave de la Saint-Michel (octobre) les sessions des cours souveraines, et il pourvoyait à la garde des rivages, à la protection de Jeanne sa mère en son absence : sa mère qu'il aimait si tendrement, et qui, non moins attachée à ses fils, allait mourir victime, dit-on, de sa propre tendresse. Comme il traversait le comté d'York, un des archers de Richard de Stafford se prit de querelle avec un écuyer de Jean de Holland, frère du roi, et le tua. Jean de Holland le vengea non sur l'archer, mais sur le maître. Richard de Stafford était le fils unique du comte de Stafford, qui vint au roi, le sommant de lui faire justice : et le roi le promit. Jeanne intervint sans rien obtenir; et bien que le péril ne fût pas immédiat, car Jean de Holland s'était réfugié dans l'île de Saint-Jean de Beverley, elle en conçut une telle peine, qu'elle en mourut au bout de quatre ou cinq jours (a).

Le jeune roi, pour ses débuts, se voyait à la tête de la plus belle armée que l'Angleterre eût depuis longtemps mise en campagne. Elle comptait quatre mille hommes d'armes et cinquante mille archers, dit-on, au départ, et se grossissait en allant (b).

Il passa par Berwick; et là, sur les bords de la Tweed, au moment d'envahir le territoire ennemi, il voulut nommer de hauts dignitaires, comme on faisait des chevaliers à l'heure de la bataille. Il éleva au même rang que Lancastre ses deux autres oncles : le comte de Cambridge devint duc d'York, le comte de Buckingham duc de Glocester (c'est par ces noms qu'ils seront désignés désormais) : le chancelier Michel de la Pole fut créé lui-même comte de Suffolk. Mais aucune bataille ne consacra ces promotions. Nul Écossais n'était là pour la défense de la frontière. Le roi ne trouvant donc personne devant lui, franchit la Tweed et entra en Écosse (6 août 1385)[1].

Jean de Vienne, apprenant l'arrivée de l'ennemi, voulait marcher à sa rencontre et donner bataille : « Par ma foi, monseigneur, dirent les barons d'Écosse, nous créons bien que vous et les vôtres sont

---

[1]. *Promotion des comtes de Cambridge et de Buckingham; de Michel de la Pole.* Voyez les chartes qui leur confèrent avec ces titres, aux deux premiers, 1000 livres; au troisième, 500 livres de revenu (6 août, Heselowelogh, sur la Tweed et 20 août, Newcastle, sur la Tyne). *Rot. Parl.*, t. III, p. 205, 206 et 207.

toutes gens de fait et de vaillance; mais nous entendons que toute Angleterre est vidée pour venir en ce pays. Oncques ne se trouvèrent les Anglois tant de gens ensemble! » Ils lui conseillèrent donc de choisir une position d'où il pût préalablement voir à qui il avait affaire. Le conseil était sage; et quand Jean de Vienne eut vu défiler le roi, sept mille hommes d'armes, soixante mille archers, il renonça à son dessein et adopta le plan de campagne généralement suivi des Écossais. Les populations eurent ordre de se retirer, avec leur bétail, dans les forêts; les hommes d'armes, avec les Français, franchirent les montagnes, et pénétrèrent dans le Northumberland, brûlant les châteaux et les villages [1].

Richard était entré sans résistance à Édimbourg, mais il se trouvait assez embarrassé dans son triomphe. Il avait la capitale de l'Écosse; mais les Écossais lui échappaient, fuyant devant lui sans disputer le pays à ses ravages, tandis que les autres, prenant l'offensive, ravageaient l'Angleterre. Devait-il donc revenir sur ses pas ou pousser en avant? Le duc de Lancastre conseillait d'aller en avant, de suivre l'ennemi jusqu'au fond de ses retraites, et de le forcer au combat ou de le convaincre d'impuissance. L'avis était peu raisonnable et fort étrange de la part du duc de Lancastre. N'était-ce pas en suivant cette marche qu'il avait naguère si misérablement échoué, et croyait-il se relever de son échec en ménageant au

---

1. Froissard, II, 236.

roi semblable fortune? Comme le duc, à plusieurs reprises, et tout récemment encore avait été accusé de conspirer, il donnait beau jeu à ses ennemis. Le jeune comte d'Oxford, Robert de Vère, qui déjà avait pris empire sur l'esprit du roi, ne manqua pas de signaler ce qu'il y avait de périlleux et de suspect dans le conseil; et lorsque Lancastre se représenta devant lui, le roi ne lui dissimula pas l'impression qu'il en avait reçue : « Oncle de Lancastre, lui dit-il, vous ne viendrez pas encore à votre entente. Pensez-vous que pour vos paroles nous nous veuillions perdre ni nos gens aussi? Vous êtes trop outrageux de nous conseiller follement, et plus ne croirai ni vous ni vos consaulx; car en ce j'y vois plus de dommage et de péril que de profit, d'honneur ni d'avancement pour nous et pour nos gens. Et si vous voulez faire le voyage que vous nous mettez avant, si (ainsi) le faites, car point ne le ferons; ainçois (mais) retournerons-nous en Angleterre; et tous ceux qui nous aiment, si nous suivent. » Cela dit, il donna l'ordre de la retraite. Il ne voulut pas même revenir par le chemin des montagnes, où l'on avait quelque chance de rencontrer les Écossais et les Français, et, au bout de quinze jours, il regagna l'Angleterre, y rapportant moins de butin que l'ennemi n'en emporta (20 août 1385) (a)[1].

---

[1] *Le roi en Écosse.* Froissart, II, p. 236; Wals., p. 317; — *Le comte d'Oxford.* Froissart, l.l.; — *Retraite.* Froissart et Wals., l.l. M. Evesh., p. 63.

L'expédition d'Écosse était donc manquée. Les affaires de Flandre, dans le même temps, eurent une issue plus fâcheuse encore pour l'Angleterre.

C'était de Flandre qu'était partie l'expédition de Jean de Vienne : c'était à l'Écluse qu'on amassait les renforts destinés à la soutenir. Les Gantois qui, pour obtenir le secours de Richard, s'étaient donnés à lui, avaient voulu de leur côté lui venir en aide dans ce péril, en entravant par une diversion ce qui se faisait ou se préparait contre l'Angleterre. Pendant que Richard envahissait l'Écosse, François Ackerman, un des capitaines de Gand, surprit Dam, où il entra, une belle nuit, par escalade, et de là il se mit en intelligence avec ceux de l'Écluse. Mais ces succès ne devaient avoir d'autre résultat que de montrer à la France la nécessité d'en finir au plus tôt de ce côté. La nouvelle de la prise de Dam était arrivée à Amiens le lendemain du jour où Charles VI y épousait la jeune Isabeau de Bavière. Le roi jura de ne point retourner à Paris avant de s'être vengé ; et, sans s'arrêter plus longtemps aux fêtes de son mariage, il convoqua ses barons pour le 1er août, et partit lui-même d'Amiens le 25 juillet[1].

Le 1er août il était devant Dam, où Ackerman avait réuni une forte artillerie et de nombreux archers anglais. De toute part on accourait sous la bannière du roi. Plus de cent mille hommes, dit-on, entouraient

---

1. *Surprise de Dam*. Froissart, II, 230; Wals., p. 317; — *Mariage de Charles VI; son départ pour la Flandre*. Froissart, II, 231.

la ville. Ackerman eut pourtant des auxiliaires : ceux de l'Écluse avaient projeté de massacrer la garnison française, de brûler la flotte, et de rompre les digues afin de noyer toute l'armée assiégeante. Mais le complot fut découvert et puni ; et, pour mettre en plus sûre garde cette importante position, le roi fit que la ville de l'Écluse, qui était un fief de Guillaume de Namur, passât, bon gré, mal gré, au duc de Bourgogne, en échange d'autres domaines[1].

La ville de Gand ne pouvant songer qu'à se défendre, et les Anglais, occupés alors en Écosse, ne venant pas, Ackerman n'avait d'autre parti à prendre que de se sauver, lui et les siens. Il feignit que le lendemain il aurait à soutenir un grand assaut, mit toutes les femmes de la ville dans les églises et tous les hommes sur les remparts, leur recommandant, pour chose qu'ils vissent, de ne point bouger des créneaux ; puis, laissant ceux-ci au guet et celles-là en prières, il monta à cheval avec tout son monde, sans négliger son bagage, et partit par la porte de Gand. Ceux des murailles, les voyant courir, descendirent au plus tôt, nonobstant toute consigne, et se mirent à les suivre ; et les Français, avertis à leur tour, leur donnèrent la chasse ; mais les Gantois avaient trop d'avance : ceux de Dam seuls furent rejoints, pris ou tués. Quant à la ville, abandonnée sans défense et sans capitulation, on la prit à l'escalade ; et comme

---

1. *Complot à l'Écluse; la ville au duc de Bourgogne.* Froissart, II, 231.

les Gantois l'avaient pillée par avance, les Bretons et les Bourguignons y mirent le feu, malgré le roi et le duc (23 août 1385)[1].

Dam pris, le roi porta le ravage dans le pays des Quatre-Métiers, allié de Gand, et revint, se proposant de marcher sur Gand même. Mais la suite dans les idées et la constance n'étaient point les qualités de Charles VI, et il prit encore le premier prétexte pour remettre ce coup décisif à la prochaine saison. Les Gantois respiraient donc encore, sans toutefois se faire illusion sur l'avenir. Le duc de Bourgogne les enveloppait de toutes parts, disposant de toutes les ressources de la France; et l'Angleterre, qui avait si grand intérêt à les soutenir, leur avait bien envoyé un chevalier pour les gouverner, mais rien de plus pour les défendre. En cet état de choses, les hommes les plus dévoués à leur pays commencèrent à croire qu'on le servait mal en le retenant, depuis sept ans déjà, dans cette insurrection. Le comte avec lequel on avait rompu était mort; le duc de Bourgogne, son héritier, n'avait point épousé ses griefs et ne devait pas sans doute marchander beaucoup les conditions de l'accommodement. Charles VI, par un acte du 12 octobre, promettait en son propre nom et au nom du duc de Bourgogne la confirmation des franchises et l'entier oubli du passé, si la ville voulait revenir à l'obéissance. Les bateliers et les bouchers, deux

---

1. *Dam abandonnée par Ackerman.* Froissart, II, 232; Wals., p. 318; M. Evesh., p. 63.

corporations importantes, se prononcèrent les premiers pour la soumission : beaucoup d'autres suivirent ; et François Ackerman lui-même se déclara en faveur de la paix, si le duc voulait tout oublier. On avait conclu une trêve avec lui. Deux chevaliers le vinrent trouver secrètement ; ils rapportèrent les meilleures paroles avec des lettres scellées de son sceau. Dès ce moment il n'y eut plus que deux hommes pour la résistance, le gouverneur anglais Jean le Boursier et Pierre Dubois. Dubois voulut encore tenter auprès du peuple ce que pouvait son ancien crédit. Les doyens des métiers devaient, à une heure déterminée, descendre dans la rue, avec la bannière du comte de Flandre et le cri : « Flandre au Lion ! le seigneur au pays ! Paix en la bonne ville de Gand ; quittes et pardonnés tous les méfaits ! » Dubois le sut, vint trouver Jean le Boursier, et lui proposa d'y paraître une heure plus tôt, avec la bannière d'Angleterre et le cri : « Flandre au Lion ! le roi d'Angleterre au pays ! paix et seigneur en la bonne ville de Gand ! et meurent tous les traîtres ! » Mais les autres devancèrent l'heure fixée, et occupèrent en foule le fameux marché des vendredis. Quand Dubois et Boursier y vinrent avec leur troupe, la partie n'était plus égale ; Dubois disparut. Jean le Boursier, sommé de dire s'il venait ami ou ennemi, répondit : « Je suis au roi d'Angleterre et je lui veux rester ; car c'est lui qui m'a envoyé, et je ne suis venu qu'à votre requête. » On respecta sa loyauté, et on lui donna toute garantie, mais à la condition qu'il s'en allât.

Ainsi la ville qui depuis si longtemps tenait, même vaincue, la France en échec, ouvrait ses portes au duc de Bourgogne. L'Angleterre s'émut de cette révolution, et le 8 décembre le roi chargeait William de Drayton et Henri Spenser d'aller au secours de sa ville de Gand. Mais Gand n'était plus à lui. Une députation, dont faisait partie Ackerman lui-même, était venue porter au duc de Bourgogne les vœux de la ville et ses requêtes. Le duc les agréa, et un traité en forme scella la réconciliation de Gand avec lui. Toute la Flandre reconnaissait pour seigneur l'oncle du roi de France. Jean le Boursier, qui était resté jusqu'à la fin, put l'aller dire à celui qui l'avait envoyé (a)!

Cet événement était pour les Anglais un dommage, une humiliation et un péril. C'était la ruine de leur marché principal, et la constatation publique de leur impuissance; c'était enfin une menace directe. La Flandre, qui depuis si longtemps avait été leur point d'appui contre la France, se retournait contre eux. Aux mains du duc de Bourgogne, elle découvrait leurs possessions en Picardie : elle rendait même possible ce qui, jusqu'alors, n'avait été qu'une vaine menace de la part de la France, et comme un épouvantail dans le parlement : l'invasion.

LIVRE CINQUIÈME.

L'INVASION FRANÇAISE.

I

LE ROI, LA COUR ET LE CHANCELIER.

L'Angleterre était à la veille d'une grande crise. L'intérieur ne lui offrait pas moins de danger que le dehors, et, comme il arrive, l'influence réciproque des deux situations ajoutait de chaque côté à la gravité du péril.

On a vu le rôle du parlement depuis l'avénement de Richard. Les lords avaient, dès les premiers jours, fait sacrer le jeune roi pour écarter du trône tout protecteur suspect et incommode. Ils lui avaient, par le sacre, remis en main avec la couronne tous les pouvoirs de la royauté, en se réservant d'en user seuls. Ils avaient donc gouverné sans partage, disposant des grandes charges, et par là de l'administration tout entière, et ne laissant, officiellement du moins, aux oncles du roi que son hôtel. Avec cela ils n'avaient empêché ni les revers ni les souffrances : et l'on n'a point sujet d'en être surpris ni de les en incriminer. Le parlement, pas plus que le jeune roi, n'était l'auteur de cette guerre fatale que l'on ne pouvait ni finir sans humiliation, ni continuer sans ruine. Il n'avait pas créé dans le pays cet antagonisme des classes qui, surexcité par les charges de la guerre, provoqua la grande insurrection des paysans. Le roi, dont on ne connaissait encore que le nom, avait paru alors. Il parut un jour pour sauver le pays, après quoi il était retombé en tutelle : son mariage même ne l'en avait pas fait sortir. C'est alors que le parlement, faisant un pas de plus, avait mis la main sur son hôtel, par la commission de réforme, et placé, à demeure fixe, deux surveillants à ses côtés.

Richard, il le faut dire, pouvait encore avoir besoin de contrôle. Parmi les seigneurs qui l'entouraient, le jeune roi avait assez naturellement donné ses préférences à ceux qui partageaient ses loisirs, éloignés par leur âge des affaires dont lui-même on ne l'occupait pas. Si le pouvoir était aux autres, les faveurs, les largesses étaient pour eux. Un de ceux envers qui il en fut le plus prodigue, était un jeune seigneur dont les ancêtres, comtes d'Oxford depuis les temps de la conquête, avaient l'office héréditaire de chambellan du roi. Robert de Vère était encore enfant quand son père lui laissa ce grand héritage. Devenu majeur en

1382, il avait fait hommage au roi, qui, au temps de l'expédition d'Écosse, le retint sous sa bannière et lui donna plusieurs châteaux. La prédilection que le roi lui montrait, ne pouvait manquer d'exciter contre lui la jalousie des grands; et les dons qu'il lui faisait, alors même qu'ils étaient pris sur ses propres biens, y ajoutaient l'animadversion des communes : car le domaine royal étant le principal fond des dépenses publiques, le réduire c'était aggraver d'autant le poids des charges qu'il fallait, par supplément, imposer au pays. Le ressentiment qui le poursuivait devait donc remonter au roi lui-même. Plus il était avant dans ses bonnes grâces, plus il était signalé à la haine populaire; et pour le mieux atteindre, elle ne recula devant aucune extrémité (a).

Richard, quand il se maria en 1382, avait quinze ans. Qu'il ait aimé le luxe et le plaisir, à cet âge et dans cette haute fortune, cela ne peut surprendre. C'était l'aurore de la Renaissance. L'Italie, qui avait recueilli les dernières lueurs de la civilisation du monde ancien, et qui devançait les peuples modernes par le développement, sans rival, de son commerce et de sa marine, répandait partout le goût des belles choses. On conçoit que Richard n'y ait pas été insensible, qu'il se soit plu à briller dans les fêtes, à rehausser par la magnificence et la richesse de ses habits l'éclat de son rang et les grâces juvéniles de sa beauté ; et si, dans une cour où la mollesse engendre si facilement la corruption, sa vie privée n'eût pas été à l'abri de tout reproche, l'histoire des princes n'autoriserait point à lui en faire un crime capital. Mais on ne se borna point à de banales accusations de galanterie. Ce prince, marié avant l'âge même où naissent les passions, si attaché à la jeune reine, qu'il la menait partout avec lui, si fidèle, que parmi ces dames et damoiselles dont Anne de Bohême aimait à s'entourer, nulle n'est signalée comme l'ayant entraîné ni dans les désordres d'une liaison durable, ni dans les égarements des folles amours ; si constant, qu'à la mort de la princesse il était inconsolable dans sa douleur, et que Froissart a pu dire de lui cette parole touchante et vraie : « Et ne la pouvoit le roi oublier, car moult l'aimoit et avoit aimée, pour tant qu'ils avoient été jeunes mariés ensemble ; » ce jeune roi, tendre, honnête et dévoué, n'a pu trouver dans le témoignage même d'une union si pure, une défense contre les violences des haines politiques. Il fallait perdre le comte d'Oxford ! L'amitié du roi le condamnait. Cette amitié, trop aveugle sans doute et trop peu justifiée, fut odieusement dénaturée par la malignité publique. Pour marquer au front le favori, on ne craignit point de flétrir du même coup la personne même du roi (a).

Richard était trop sûr de lui et trop peu instruit de la malice des autres pour se douter des périls de sa conduite. Il allait en avant, ne mesurant ses largesses qu'à ses affections, sans se douter que, par ces prodigalités intempestives, il amassait des charbons ardents sur la tête de ses plus chers amis. Ce fut pour lui un jour malheureux que celui où, irrité de l'opposition de R. le Scrop à ses largesses, il lui retira les sceaux dont l'honnête chancelier se montrait si digne par cette résistance. Mais si le jeune roi avait besoin de ces hommes probes et fermes autour de lui, s'il était bon qu'il y eût un frein à ses dépenses, il eût été sage, maintenant qu'il arrivait à l'âge des affaires, d'apporter moins d'entraves à l'exercice de son autorité. Si le parlement continuait à le retenir en tutelle, il pouvait arriver qu'il s'en voulût émanciper de lui-même, et plus alors que ne le comportait l'intérêt public. Or, pour cela, Richard ne pouvait manquer de trouver des soutiens : il en avait autour de lui, et parmi les hommes mêmes du parlement. Tel était Simon Burley, fils du gouverneur du Prince Noir, élevé avec ce prince, et qui, après avoir partagé les travaux de sa vie militaire, chargé par lui de veiller sur l'enfance de son fils, était resté l'ami le plus fidèle, le confident le plus sûr du jeune roi. Tels encore, Trésilian, président du banc du roi dès le temps de la grande insurrection, et ainsi par l'autorité du parlement lui-même; Nicolas Brambré, un des principaux de Londres, élu maire en 1384 ; et, au premier rang, ce Michel de la Pole dont nous avons dit les origines et les services (a).

Michel de la Pole, placé auprès du roi pour la mission la plus délicate par le parlement lui-même, et promu avec son agrément aux fonctions de chancelier, n'avait certes pas eu la pensée d'entraîner Richard dans une lutte contre les lords et les communes; mais il voulait rendre à l'autorité royale la part qui lui était faite dans la constitution même du pays. Il avait annoncé, dès son premier discours d'ouverture, la résolution de la faire respecter, et il n'avait point cessé de marcher dans cette voie. Il adoptait (il les eût provoquées de lui-même) toutes les mesures sollicitées pour réparer les dommages ou combattre les suites de la dernière insurrection : étendant l'amnistie, mais poursuivant le vagabondage, le brigandage, les violences, quels qu'en fussent les auteurs. Au parlement de 1383, on interdit le port d'armes. Il accueillait toutes les plaintes légitimes sur les excès des agents du fisc ou de l'hôtel du roi, sur les prieurés étrangers, sur les incommodités de la juridiction ecclésiastique ou les abus de la justice civile : dons aux juges, altération des jugements. Il rendit à Londres toutes ses franchises et la libre élection de ses aldermen, suspendue à la suite des troubles qui avaient récemment éclaté dans la cité. Mais il éludait ou rejetait ce qui lui paraissait porter atteinte aux prérogatives de la couronne. Le parlement, pendant l'enfance du roi, avait demandé, et l'on peut dire enjoint au conseil, que les grands officiers, « tant que le roi seroit en tendre âge, » fussent nommés en parlement, sans qu'on eût le droit de les changer dans l'intervalle des sessions; et en 1383 il se faisait promettre encore que le roi choisît les meilleurs officiers, et ne les changeât point sans cause (c'est alors que Richard prit pour chancelier Michel de la Pole). Ces demandes ne se renouvelèrent plus depuis lors; mais il est un point sur lequel les communes ne se lassaient pas de revenir, bien qu'il fût l'objet d'un statut : c'est la règle qui limitait la durée des fonctions des *shériffs* ou vicomtes, et des *eschetours* ou officiers du domaine, à une année, et ne permettait de les réélire qu'après trois ans révolus. C'était vis-à-vis du pouvoir royal, dont le vicomte était le principal représentant dans les comtés, un acte de défiance injustifiable. On voit en effet ce que l'administration avait à perdre à cette mobilité extrême; on ne voit pas ce que les libertés populaires y pouvaient gagner. La demande ayant été renouvelée au parlement d'octobre 1383, le roi l'accorda, sauf la prérogative royale; et le chancelier usa largement sur ce point de la prérogative. Au parlement de 1384, les communes ayant consigné dans leur pétition une plainte contre les infractions du statut à cet égard, il fut dit que le chancelier s'en expliquerait de bouche; et il déclara qu'il serait trop préjudiciable au roi, qu'un vicomte, dont l'administration eût été bonne pour le roi et le peuple pendant un an, ne pût être maintenu en charge l'année suivante, de l'avis du conseil. C'est pourquoi le roi voulait faire sur ce point ce qui lui semblerait le plus profitable à lui-même et au pays (*a*).

Telles étaient donc les règles suivies par Michel de la Pole dans ses fonctions de chancelier. Il voulait gouverner avec le parlement, d'où il était sorti : (nommé dans la session de février 1383, il le réunit une seconde fois la même année, et deux fois en 1384;) prendre son avis, même sur les points où le roi n'y était point tenu, comme la paix ou la guerre (et l'on a vu avec quelles réserves, quelles défiances, le parlement avait abordé ce terrain); le faire juge des actes de guerre où l'honneur du pays semblait avoir eu à souffrir, même quand l'accusé était un évêque. Mais d'autre part, il revendiquait pour le roi ce qui, du moment que le prince n'était plus « en tendre âge, » lui devait revenir de l'aveu même du parlement, comme ayant toujours été au roi, c'est-à-dire le choix et le maintien de ses officiers, sans autre limite que celle du bien public (a).

Ce rétablissement de l'autorité royale, sans secousse et comme par la marche naturelle des choses, n'avait pas laissé que de créer des mécontents au sein du parlement. Les seigneurs qui se plaignaient jadis des chanceliers évêques, des chanceliers primats, ne s'accommodaient pas mieux d'un chancelier d'origine bourgeoise, quand ce ministre usait de sa charge pour leur reprendre, au profit de son maître, les pouvoirs dont ils jouissaient depuis si longtemps; et les oncles du roi ne devaient pas s'applaudir davantage d'un changement qui, sans leur rendre leur influence auprès de Richard, diminuait leur autorité comme hauts barons.

Le duc de Lancastre était, par son rang comme par

ses griefs personnels, à la tête des opposants. Ce prince si ambitieux, et dont toute l'ambition n'avait encore abouti qu'à le faire à l'intérieur un gouvernant impopulaire, même après qu'il ne gouvernait plus, et au dehors un prétendant en disponibilité, était las de ce double rôle, également insupportable à son orgueil. A l'intérieur, quand l'âge et le mariage du roi lui avaient retiré toute influence sur son hôtel, il y était rentré, par l'autorité du parlement, à la tête de la commission de réforme : mais c'était la première chose dont le roi, aidé de son chancelier, avait dû s'affranchir. Au dehors, il n'avait abdiqué aucune de ses prétentions sur l'Espagne; et plusieurs fois il s'était vu au moment d'y entraîner l'Angleterre : mais chaque fois avaient surgi tout à coup des obstacles. En 1381, quand déjà le comte de Cambridge est parti et que lui-même est à la veille de le rejoindre, la grande insurrection des paysans d'Angleterre; en 1383, quand le parlement lui a accordé un subside et le pape une croisade, la défaite des insurgés flamands, la bataille de Rosebecque, la Flandre envahie par les Français, la croisade de l'évêque de Norwich absorbant tout ce qu'il espérait pour lui-même, et, après les revers de cette expédition, la nécessité d'en prévenir les suites : c'est le rôle où il avait dû se réduire.

Tant de mécomptes devaient aigrir cette humeur altière ; et son ambition, détournée du lit qu'elle s'était fait pouvait refluer violemment vers le trône même de Richard. Certaines paroles, des démarches suspectes le faisaient craindre. On rapporte qu'à plusieurs reprises il avait demandé aux lords qu'on le désignât pour l'héritier de Richard : demande étrange, car Richard, à dix-huit ans, n'était pas hors d'âge d'avoir des enfants! Demande inadmissible d'ailleurs, car, à défaut d'enfants, son héritier était Roger Mortimer, comte de la Marche, petit-fils de Lionel, frère aîné de Lancastre. Lancastre, ainsi éconduit, avait fabriqué, ajoutait-on, une chronique où l'on disait que des deux fils de Henri III, Édouard Ier et Edmond comte de Lancastre et duc de Leicester, Edmond était l'aîné, et n'avait été écarté du trône que parce qu'il était bossu : double mensonge, car Edmond était de six ans le plus jeune, et de sa personne parfait chevalier; mais par là les droits à la couronne passaient de la branche d'Édouard, où Lancastre ne venait qu'en rang inférieur, à la seconde branche, où sa femme figurait en première ligne, et par sa femme à son fils. Cette chronique, il l'avait déposée dans un certain nombre de monastères, pour qu'elle y prît, avec le temps, un air respectable, et qu'il pût s'en faire un titre plus tard. Voilà ce que l'on disait, ce que les Percy affirmèrent par la suite au chroniqueur Hardyng comme l'ayant su personnellement : Lancastre avait tenté de les y intéresser eux-mêmes, parce qu'ils descendaient aussi d'Edmond par les femmes (a).

Un oncle qui spéculait sur l'héritage de son neveu,

pouvait bien un jour se lasser de l'attendre. Aussi, à plusieurs reprises, Lancastre avait-il été accusé de conspirer. La première fois, on sait ce qu'il advint de l'accusateur; mais sa mort violente n'était pas de nature à disculper l'accusé. La seconde fois, l'accusation avait mieux choisi ses moyens ; et il n'avait pas fallu moins que la mère du roi pour empêcher un éclat funeste. En dernier lieu, ces bruits sinistres avaient éclaté parmi les familiers de Richard; et c'était le roi lui-même qui s'en était fait l'organe vis-à-vis de Lancastre. On ne pouvait aller plus loin : et si le duc n'était coupable que de mauvaise humeur ou d'imprudence, une telle conduite devait finir par le jeter dans la voie où on le disait engagé. On ne pouvait plus même en rester là ; et il fallait rendre aux prétentions de Lancastre, au dehors, leur libre cours, si l'on ne voulait compromettre gravement la paix publique. C'est une question que l'on ne pouvait point poser, mais qu'il était nécessaire de résoudre au prochain parlement.

II

PARLEMENT DE 1385.

Le parlement se réunissait dans des circonstances difficiles qui devaient s'aggraver encore, et, par suite, rendre fort épineuse l'œuvre de restauration et de conciliation tout ensemble entreprise par le chancelier. L'expédition d'Écosse, la soumission de la Flandre étaient deux choses dommageables à l'Angleterre, et cette fois ce n'était plus au parlement, mais au roi et à son conseil d'en répondre. Toutefois, la campagne d'Écosse, bien que tant d'efforts n'eussent amené aucun résultat, n'avait point les apparences d'un échec : on avait envahi le pays, occupé la capitale; si l'on s'était retiré, c'est que l'ennemi avait fui devant l'invasion, et qu'on ne pouvait le poursuivre plus loin sans imprudence. Quant à la soumission de la Flandre, ce n'était pas encore chose consommée lorsque s'ouvrit le parlement (20 octobre 1385).

Le chancelier n'éprouvait donc nul embarras de ce côté en se présentant devant les lords et les communes. Son discours, étranger aux lieux communs d'usage, exposa avec la netteté d'un homme formé de longue main à la pratique des affaires, l'état du pays et les mesures qu'il lui semblait appeler. Il s'agissait, disait-il, de pourvoir au bon gouvernement du royaume, et de le défendre contre les ennemis dont il était enveloppé. Et il réduisait méthodiquement ces questions à quatre articles : deux qui regardaient l'intérieur, et les deux autres le dehors. A l'intérieur, l'étaple et la monnaie; à l'extérieur, le mode de la guerre et les moyens d'y subvenir.

Sur le premier point, il proposait de fixer l'étaple en Angleterre : c'était répondre au vœu des communes. Il montrait que les intérêts du commerce anglais n'étaient point ici en contradiction avec ceux du trésor; que l'étaple avait toujours enrichi les pays où on l'avait établie, témoin Bruges, Calais; et il ne craignait point de sacrifier la fortune de Calais à celle des villes anglaises : le jour où les Anglais eussent pu comprendre que Calais leur était plus nuisible qu'utile, la paix devenait possible. Il faisait voir en outre que le subside des laines avait rapporté 1000 marcs de plus par année, quand les marchands avaient été dispensés de porter ou d'aller prendre les laines à Calais. Pour la monnaie, l'altération presque générale qu'elle avait subie sur le continent, faisait qu'on recherchait l'argent d'Angleterre : de telle sorte que le royaume perdait de jour en jour son numéraire sans compensation possible; le fait avait déjà été signalé dans un précédent parlement. Le chancelier proposa un moyen qu'il croyait décisif : c'était, non d'altérer la monnaie anglaise à la manière des autres États, mais d'en élever la valeur. Quant à la défense du pays, son avis était de porter la guerre au dehors, au lieu de l'attendre; et sur ce point, il ne s'explique pas alors plus au long : avant de rien décider, il fallait de l'argent. C'était son quatrième article. Il demandait au parlement un subside, disant que le roi était prêt à marcher de sa personne partout où on le jugerait le meilleur[1].

1. *Rot. Parl.*, t. III, p. 203, § 1-5.

Le parlement ne fit aucune opposition à ces demandes. Il vota l'établissement définitif de l'étaple des laines en Angleterre, sauf à sanctionner plus tard les mesures d'exécution qu'aurait à prendre le conseil. Il prorogea le subside des laines, avec cette clause néanmoins, qu'il cesserait à la Saint-Jean (24 juin), pour reprendre à la fête de Saint-Pierre aux Liens (1er août), et de là durer une année pleine : interruption qu'il voulait faire passer en habitude, comme le subside lui-même, de peur que la taxe librement octroyée ne devînt un droit de coutume, et ne s'inféodât au domaine comme par une sorte de prescription. Il accorda en outre un quinzième et un demi-quinzième, à lever, le quinzième à la Purification (2 février 1386); le demi-quinzième, à la Saint-Jean qui suivrait. Il était stipulé que les receveurs n'en payeraient rien que pour la guerre à venir; et on les désigna en parlement, ainsi que les deux lords chargés de la surveillance. A ce vote les communes avaient mis une autre condition, c'est que le clergé accordât pour sa part un dixième et un demi-dixième : condition qui déjà avait été introduite en pareil cas aux parlements d'octobre 1383 et d'avril 1384. Mais cette fois, soit que le chiffre exprimé parût un empiétement sur le libre vote du clergé, soit que la condition elle-même ainsi renouvelée semblât de nature à enchaîner ses résolutions à celles des communes, l'archevêque de Canterbury protesta : il dit que l'Église était libre; qu'elle ne pouvait être imposée par les laïques, et qu'il donnerait plutôt sa tête que de laisser asservir ainsi l'Église d'Angleterre. Cette protestation souleva des tempêtes : les idées de Wicleff n'étaient point tellement proscrites, qu'elles n'eussent, en ce qui touchait les biens de l'Église, de nombreux soutiens dans le parlement. Les communes, des lords même, demandaient qu'on enlevât au clergé son temporel; il était, disaient-ils, devenu trop orgueilleux, et ce serait acte de charité que de le ramener à des sentiments plus humbles par la reprise de ces biens. Ce ne fut pas seulement un cri de menace. Ils en firent une pétition en forme, et ils ne désespéraient pas de la faire accueillir. Walsingham entendit lui-même un chevalier qui se promettait déjà, de l'abbaye de Saint-Alban, un revenu de 1000 marcs. Mais le roi s'opposa à ces violences, disant bien haut qu'il maintiendrait l'Église d'Angleterre dans l'état où il l'avait trouvée. C'en était assez pour le clergé, qui, en revendiquant le droit de libre vote, n'avait point prétendu se soustraire à ses charges ordinaires. Les laïques ayant accordé un quinzième et demi, il vota, selon la proportion d'usage, un dixième et demi; et le roi se déclara plus satisfait de ce don, qu'il ne l'eût été d'une somme quadruple obtenue par la force (a).

Restait à déterminer à quelles guerres seraient employées ces ressources. On les destina en premier lieu à la défense de la frontière d'Écosse et à la garde de la mer; puis au secours de Gand, qui n'avait point encore succombé, et à l'expédition du duc de Lancastre en Espagne[1].

Secourir Gand eût été sans doute de bonne politique; mais au fond on n'en pouvait plus rien espérer. La Flandre était lasse de la guerre ruineuse où l'avait entraînée cette révolte; elle en voulait sortir, bien loin de s'y replonger plus avant, et d'appeler de nouvelles armées dans ses campagnes; ce qui fût infailliblement arrivé, si, à l'exemple de Gand, elle s'était donnée au roi d'Angleterre. D'ailleurs, il était trop tard : le parti de la paix avait triomphé à Gand même; il ne demandait que des conditions honorables, et le duc de Bourgogne était prêt à accorder toute amnistie, à reconnaître toute liberté. L'accord, on l'a vu, se fit en ce temps même. Quant à l'expédition d'Espagne, la résolution du roi et du parlement sur ce point avait assurément de quoi surprendre. Pour avoir, selon la maxime du chancelier, la guerre au dehors plutôt que chez soi, les Anglais, au milieu de tant de périls, n'avaient-ils rien de mieux à faire que d'aller envahir un pays qui, abandonné à lui-même, eût été heureux de renoncer de son côté à toute attaque contre l'Angleterre? Mais ceci tenait aux embarras de la situation et aux raisons impérieuses que l'on avait de donner satisfaction au duc de Lancastre. Aussi, bien que le chancelier n'en eût rien dit dans son discours d'ouverture, on peut croire que le

---

1. *Rot. Parl.*, t. III, p. 204, § 10.

parlement n'adopta point cette idée de lui-même, et qu'il ne fît rien à cet égard, que sur la proposition du roi[1].

Lancastre, ainsi pourvu, devait voir avec plus d'indifférence, et faire accueillir de son parti avec moins de murmures, les faveurs accordées par le roi aux débuts de l'expédition d'Écosse. Les chartes qui faisaient les comtes de Cambridge et de Buckingham ducs d'York et de Glocester, et Michel de la Pole, comte de Suffolk, furent enregistrées au parlement; et les nouveaux dignitaires y reçurent solennellement l'investiture. Ces actes se justifiaient sans doute par le rang des oncles du roi et par les services du chancelier; et la seule chose qu'on en aurait pu discuter, c'était l'opportunité de ces largesses, dont le revenu public, même le subside des laines, faisait les frais en des temps si difficiles. Mais le roi ne s'en tint pas là : il en prit occasion pour se permettre une de ces folles libéralités contre lesquelles Richard le Scrop avait lutté jadis jusqu'à y perdre son office, et que Michel de la Pole était plus gêné à combattre au moment où il venait d'être nommé lui-même comte de Suffolk. Richard créa son favori, le comte d'Oxford, marquis de Dublin, avec des honneurs et des pouvoirs inouïs : « Considérant, disait le roi, la noblesse de sa race, son vaillant courage, sa sagesse éminente

---

[1]. Nous avons mentionné l'acte qui charge W. de Drayton d'aller au secours de Gand (8 décembre 1385). Rymer, t. VII, p. 488. Le traité de Gand et du duc de Bourgogne est, on l'a vu, du 18 décembre.

(il avait 24 ou 25 ans); voulant que son nom ne soit pas au-dessous de ses gestes magnifiques, et son état au-dessous de son nom, etc. » Ce qu'il lui donnait, ce n'était pas moins que tous les droits du souverain, moins la souveraineté même : droit de battre monnaie; droit de nommer les chancelier, trésorier, juges du banc du roi et du commun banc, barons de l'Échiquier et tous les autres officiers, vicomtes, coroners, etc.; en outre, les villes, les ports, les châteaux et les bourgs; les forêts et les chasses; les hommages et les services, les profits de la justice et du patronage des établissements religieux. Il faut dire qu'avant d'instituer tout ce gouvernement et cette administration sur le modèle de l'Angleterre, le nouveau marquis de Dublin devait commencer par se mettre en quête de sujets; car ce qu'on lui donnait, c'était un pays à conquérir : à tel point que les revenus de l'Angleterre en Irlande n'y suffisant pas, le roi s'engageait à en supporter les frais pendant deux ans; après quoi le nouveau marquis y devrait pourvoir, jouissant du surplus, sauf certaines réserves en faveur de la couronne ou des ayants droit, et à la charge de payer au trésor une rente de 5000 marcs : rente qui dans ces conditions, eût bien pu absorber le plus net des revenus de la seigneurie. Cela, du reste, ne légitimait pas l'excès d'une pareille donation. Les comtes avaient pu voir avec déplaisir élever à leur rang Michel de la Pole, un homme nouveau, que Walsingham injurie comme tel, le disant « plus propre au commerce qu'à la chevalerie, vieilli parmi les gens de banque, bien plus que parmi les hommes d'armes; » sans se rappeler que ce « marchand, fils de marchand, » a combattu sous le Prince Noir, et commandé comme amiral les flottes anglaises. Ils virent avec envie élever au-dessus d'eux, par ce titre entièrement nouveau, le plus jeune d'entre eux peut-être; mais ils étouffèrent leurs murmures. L'acte passa comme les autres. Les oncles du roi, le primat d'Angleterre, les plus grands seigneurs de l'Église et de l'État figurent comme témoins dans la charte, et ils assistèrent à la cérémonie d'investiture au sein du parlement (a).

Tout le monde avait donc sa part : oncles du roi, ministres, favori ; et le clergé avait exigé aussi la sienne, bien que le chancelier s'y fût prêté de moins bonne grâce. Dès l'ouverture du parlement, Thomas Arundel, évêque d'Ély, ayant demandé que l'on rendît à l'évêque de Norwich son temporel, dont il était privé depuis sa malheureuse expédition : « Est-ce si peu de chose, s'écria le chancelier, quand le roi en tire 1000 livres par an ? Le roi n'a que faire de conseillers qui lui suggèrent des restitutions si dommageables. — Je ne demande pas ce qui est au roi, répliqua fièrement l'évêque d'Ély, mais ce que le roi, conseillé par vous ou vos pareils, a enlevé à autrui sans raison légitime. Mais vous, si l'avantage du roi est bien ce que vous cherchez, pourquoi donc avez-vous accepté les 1000 livres qu'il vous a données en vous créant comte de Suffolk? » L'argument ferma la bouche au chancelier, et le jour même l'évêque de Norwich recouvra son temporel (b).

Restitutions ou donations, c'était toujours une brèche au trésor, et dans cette distribution générale il y avait un ordre qui ne recevait rien et qui devait suppléer à tout, je veux dire les communes. Comment acceptaient-elles ce rôle? On se souvient de quelle vigilance, dans les premières années, elles entouraient le domaine du roi, quelles entraves elles mettaient à ses libéralités, et par quel sentiment de défiance elles avaient pénétré jusque dans son hôtel, fait le triage de ses officiers, établi, même après son mariage, des surveillants autour de sa personne. Le parlement du 23 février 1383, où fut décidée l'expédition de l'évêque de Norwich, pressait encore le roi de placer auprès de lui, pour son profit et son honneur, pour le repos et le soulagement des communes, certains seigneurs dont il prît conseil, parmi les plus sages et les plus honnêtes, et de régler tellement son hôtel qu'il pût vivre de ses revenus, et laisser le subside des laines et les autres droits de la couronne pour les besoins de la guerre. Les revenus du domaine n'avaient pas eu plus d'excédant, ni les guerres moins de nécessités. En 1383, on avait voté un quinzième; en 1384, deux quinzièmes; et le parlement actuellement assemblé (octobre 1385) avait dû octroyer encore un quinzième et demi : or c'est en ce moment que le domaine s'appauvrissait par ces donations, ces aliénations de revenus ou ces restitutions plus ou moins justifiées (a).

De pareilles concessions ne pouvaient pas être gratuites ; et les communes comptaient bien se faire payer dans leurs pétitions le prix de leur condescendance. C'est ici que le chancelier avait besoin d'autant de fermeté que de mesure, pour prévenir tout conflit et ne point laisser attaquer dans ses bases l'édifice qu'il travaillait à relever.

Comme toujours, il se montra disposé à répondre aux vœux des communes en tout ce qui touchait la bonne administration de la justice ou la garde du royaume, le redressement des torts ou la répression des abus : qu'il s'agît des tribunaux, du fisc ou de l'Église. Il fit agréer du roi tout ce qui les pouvait intéresser en quelque manière : contribution générale pour couvrir les frais des chevaliers des comtés au parlement ; amnistie pour ceux qui n'avaient point satisfait à leurs obligations dans la campagne d'Écosse ; recherche et extradition des serfs qui se réfugiaient dans les villes et dans les franchises. Il fit prendre de même en considération leurs plaintes contre les prieurés étrangers, contre l'extension des biens d'abbaye, sans cependant souscrire à toutes leurs réclamations relativement à l'Église, quelque avantage qu'en dût retirer le trésor. Les communes, émues encore de leur récente querelle avec le clergé à propos du subside, demandaient que le roi fît servir à son profit et au soulagement du peuple l'argent qui était entre les mains du prieur de Saint-Jean de Jérusalem en Angleterre ; et que les clercs nommés par Richard depuis son couronnement voulussent « par grande courtoisie » accorder au roi les premiers fruits de leurs bénéfices, comme ils feraient au pape s'ils étaient nommés par le pape. Le roi répondit sur ce dernier article, que si les clercs lui voulaient faire l'abandon des premiers fruits, il ne les refuserait pas ; et, pour l'autre, qu'il inviterait le prieur de Saint-Jean à envoyer son argent au couvent de Rhodes pour soutenir la guerre contre les infidèles, ce qui était sa destination : promettant, s'il ne le voulait faire, de prendre avis des seigneurs et du conseil (a).

Sur tous ces points le chancelier avait donc su maintenir le gouvernement dans les limites de la modération et de l'équité, concédant ce qui était juste sans rien sacrifier au delà. Il fit de même pour des choses où la couronne était plus directement intéressée : mais partout où sembla se produire la pensée d'entreprendre sur la prérogative royale, la réponse fut de nature à décourager de pareils empiétements. Les communes avaient demandé que tous les revenus du roi, en l'Échiquier comme ailleurs, fussent gardés un an entier sans que rien en fût donné à personne, et que le roi enjoignît aux seigneurs du conseil comme à ses officiers, en plein parlement, de ne rien faire au contraire. Il y fut répondu : « Le roi le veut ; » et assurément ce n'était pas payer trop cher leur adhésion aux actes récemment accomplis. Mais quand elles demandèrent que l'état de l'hôtel du roi fût examiné chaque année, une fois et plus s'il était besoin, par le chancelier, le trésorier et le clerc du sceau privé, et qu'on exécutât les ordonnances touchant l'hôtel, le roi distingua : il accorda le second point, mais non pas l'autre, ou du moins, ce qui revient au même, il dit qu'il le voulait faire quand il lui plairait. Enfin le roi agréa la nomination en parlement des trésoriers du subside, nomination désormais établie en usage, et il ne refusa pas davantage de communiquer aux communes les noms de ceux qui formeraient son conseil pour l'année suivante : W. de Wickham, évêque de Winchester, l'évêque d'Exeter et deux bannerets. Mais, quand elles demandèrent qu'on leur fît connaître aussi qui seraient les capitaines des places, les amiraux, « les principaux officiers du roi et gouverneurs des communes pour l'an prochain, » le roi répondit qu'il nommerait de bons capitaines et de bons amiraux de l'avis de son conseil; et pour les officiers, qu'il en avait de suffisants dans le présent et qu'il les changerait lorsqu'il lui plairait (a).

Par ces réponses, le roi montrait qu'il était résolu à faire lui-même ce qu'il croyait être de son droit; mais ces demandes étaient un signe que les communes, malgré la réserve où elles s'étaient tenues depuis l'avénement de Michel de la Pole au pouvoir, n'avaient rien abdiqué de leurs anciennes prétentions. Il y avait là le germe d'un conflit; et plusieurs signes avaient déjà pu marquer quelle en serait la

I — 18

violence. Si l'on en croit le moine d'Évesham, dès avant ce parlement, au carême de 1385, l'archevêque de Canterbury, à l'instigation de quelques seigneurs, était venu trouver Richard pour lui faire des remontrances sur son mauvais gouvernement, et lui dire qu'il était en voie de se perdre, lui et tout le royaume. Le roi, ajoute le chroniqueur, s'emporta tellement contre le primat, qu'il voulait saisir son temporel; et il lui eût fait un mauvais parti, sans l'intervention du comte de Buckingham, son oncle, ou, selon Walsingham, du chancelier Michel de la Pole. L'archevêque dut se cacher pendant quelque temps, et le chancelier lui-même eut grand'peine à se soustraire à la colère du roi. L'anecdote est-elle vraie? On ne sait jamais jusqu'où l'on peut suivre ces deux historiens, quand ils trouvent une occasion ou un prétexte de noircir le jeune roi. Mais, si leur récit a quelque fondement, on voit quelles étaient déjà les dispositions des esprits avant la campagne d'Écosse, avant la fin de l'insurrection de Flandre, avant l'acte de prodigalité blâmable qui marqua le parlement de 1385. Qu'attendre après tout cela et après ce qui allait suivre? Du reste, il le faut dire, les faits nouveaux ne pouvaient qu'offrir des prétextes plus avouables à des ressentiments qui tenaient à la situation même : car ce qui fomentait la division entre le roi, les lords et les communes, c'était moins l'abus que l'usage que Richard commençait à faire de son autorité (a).

Telle était donc la situation de l'Angleterre. Il y

avait, d'une part, un jeune roi qui voulait décidément sortir de tutelle ; d'autre part, ses oncles, moins gagnés par ses faveurs qu'irrités de leur crédit perdu ou des grâces accordées aux autres; et un parlement qui, ayant gouverné pendant l'enfance de Richard avec et même sans les oncles, se croyait dépouillé de tous les pouvoirs repris par le roi, devenu grand ; mal disposé par là contre le prince, mais bien plus contre les conseillers en qui il voyait les auteurs de son émancipation, et rapportant aux fautes de ce gouvernement nouveau, tout ce que le pays souffrait dans ses intérêts ou dans son amour-propre par le fait de la guerre. On ne tenait nul compte du changement accompli dans les dispositions de la France, et par suite dans les conditions de la lutte. On ne voyait que le passé glorieux d'Édouard III; on y opposait le présent; et on en rapportait la différence à l'incapacité de ceux qui gouvernaient. Les accusations recueillies et acceptées par les historiens du temps, font voir à quel degré d'aveuglement en était venue la passion. Voici, par exemple, une de ces calomnies insignes qui permettent de juger de tout le fond de ces histoires. On lit dans la chronique de W. Thorne, que si le roi avait marché contre Jean de Vienne, en Écosse, c'était d'après le conseil de Simon Burley, connétable de Douvres et gardien des cinq ports ; et que Burley ne l'avait dirigé vers l'Écosse que dans la pensée d'ouvrir l'Angleterre à la France[1].

1. « Unde præfatus Simon regnum regens, falso favens Fran-

Ce qui pouvait bien plus sûrement ouvrir l'Angleterre à la France, c'étaient ces accusations injustes, et ces déchirements qu'elles révélaient au sein de l'État. C'était aussi l'étrange remède qu'il avait fallu chercher aux divisions intérieures, dans l'expédition réclamée par l'ambition du duc de Lancastre : la guerre d'Espagne.

Si la guerre d'Espagne n'eût pas été une fâcheuse diversion pour l'Angleterre, c'était, il le faut dire, le cas ou jamais de l'entreprendre. Une nouvelle occasion rendait aux Anglais, dans la Péninsule même, l'auxiliaire sans lequel il leur était bien difficile d'agir.

Les princes anglais, dans leurs tentatives antérieures, avaient déjà fait servir à leur cause les jalousies du Portugal contre la Castille. Un mariage, on l'a vu, avait même uni la fille et l'héritière du roi de Portugal au fils du comte de Cambridge; ce qui, dès lors, promettait le trône de Portugal à la maison royale d'Angleterre. Mais le roi de Portugal, pressé par le roi de Castille et mal soutenu par les Anglais, avait fait la paix avec son adversaire : le mariage anglais avait été rompu, les Anglais remerciés; et l'héritière fiancée au jeune cousin du roi d'Angleterre, était allée porter ses droits au roi de Castille, Jean, fils de Henri de Transtamare. Cette succession étant

---

corum regi, regem nostrum ad Scotos debellandos partes occidentales appetere coegit, donans per hoc regi adversario liberum introitum ad has partes, et facere ibi quæ placita erant illi. » Mais heureusement, ajoute le chroniqueur, Dieu veillait sur les hommes de Kent. (Chr. de W. Thorne, p. 2181.)

ouverte (22 octobre 1383), le roi de Castille la vint réclamer. Mais les Portugais préférèrent à l'héritier légitime qui les incorporait à la Castille, un frère bâtard du dernier roi (Jean, grand-maître de l'ordre d'Avis); et Lancastre, qui attaquait en Castille les droits des bâtards, n'avait point hésité à les soutenir en Portugal : inconséquent en apparence, mais fidèle au fond à la loi qui a toujours réglé la politique anglaise. C'était, en effet, servir sa cause en Espagne, que d'opposer, fût-ce bâtard à bâtard, l'élu de Portugal au roi castillan. L'élu de Portugal, d'ailleurs, en implorant l'appui des Anglais, n'avait rien négligé pour les lier plus étroitement à sa cause. En même temps qu'il proclamait les droits de Lancastre sur la Castille, il lui demandait sa fille en mariage : rien ne pouvait mieux consoler Lancastre de l'incident qui avait fait manquer le trône de Portugal au fils de Cambridge. Aussi les Anglais avaient-ils pris à cœur cette affaire. En attendant que Lancastre pût partir, des secours furent envoyés : des chevaliers venus d'Angleterre, d'autres même des places du continent, de Calais, de Cherbourg, de Brest, étaient avec les Portugais à la journée décisive qui assura le trône de Portugal à la maison d'Avis (Albujarotta, août 1385) (*a*).

Ce qui appelait les Anglais dans la Péninsule, ce n'était donc plus un allié en péril, mais un allié vainqueur, prêt à les seconder contre l'ennemi commun. Mais si tout en Espagne invitait Lancastre à s'y rendre, l'état de l'Angleterre, l'état du continent ne se prêtaient pas aussi bien à le laisser partir. L'ardeur de la croisade, après avoir jadis remué tant d'hommes et tant d'argent qu'il semblait possible de faire du même coup les deux expéditions de Flandre et d'Espagne, était singulièrement tombée depuis l'échec de la campagne de Flandre. Les indulgences n'y faisaient plus rien : personne ne s'enrôlait à ce prix. Lancastre n'avait donc que les soldats qu'il pouvait recruter, et l'argent que lui donnerait le trésor; et il prenait ces hommes et cet argent quand l'Écosse n'avait point désarmé, quand la Flandre était au duc de Bourgogne, quand le roi de France n'avait plus rien qui l'empêchât d'entrer dans la voie où l'appelaient, en quelque sorte, les craintes de l'Angleterre. Lancastre n'en résolut pas moins de partir, et les actes du commencement de l'année 1386 ont surtout rapport à son entreprise : ordonnances pour la compagnie (*comitiva*) du duc de Lancastre dans son expédition d'Espagne (12 janvier, 6 mars, 12 avril); ordre d'arrêter des vaisseaux pour son service et de les amener à Plymouth avant le dimanche des Rameaux (15 mars); publication des bulles du pape en faveur de l'expédition de Castille (11 avril), car c'est toujours une croisade. Le jour de Pâques (22 avril) le duc vint prendre solennellement congé du roi, qui lui mit sur la tête une couronne d'or, et voulut qu'on l'appelât désormais roi d'Espagne; il fit avec Richard un traité, comme de roi de Castille à roi d'Angleterre (28 avril 1386).

Puis il vint à Plymouth, et, après avoir longtemps attendu un vent favorable, il mit à la voile; emmenant comme connétable de son armée Jean de Holland; comme amiral, Thomas Percy, nombre de seigneurs et vingt mille hommes d'élite, dont deux mille hommes d'armes et dix mille archers (7 juillet 1386) (a).

C'était à ce prix que Richard avait cru acquérir la paix intérieure : étrange illusion! Il avait payé bien cher l'éloignement de celui qui n'était pas le plus redoutable. Lancastre parti, laissait la place (York ne comptant pas) au duc de Glocester!

Mais son départ mettait le pays dans un péril plus immédiat.

Pendant les préparatifs de cette expédition et pour mieux en assurer le succès, on avait repris les négociations avec la France. Le chancelier lui-même remit passagèrement les sceaux pour venir sur le continent (du 9 février au 23 mars 1386). On n'eût pas été fâché de s'assurer de la France par une trêve; mais la guerre d'Espagne était tellement l'idée dominante, que les commissaires anglais avaient ordre de n'y pas comprendre les alliés : une trêve générale, couvrant la Castille, eût fait manquer le but. Il était pourtant bien difficile de se faire illusion sur ce point, et le chancelier put en rapporter de France la certitude. Le départ de Lancastre pour l'Espagne était comme un signal à l'exécution des projets de Charles VI sur l'Angleterre. Au moment où le duc mettait à la voile, le roi de France avait déjà tout disposé pour l'entreprise qu'il avait conçue (a).

III

CHARLES VI A L'ÉCLUSE.

Si Charles VI avait été bien conseillé, sa ligne de conduite eût été simple et droite, et de nature à le mener au but. Tout ce qu'on venait de faire pour le duc de Lancastre laissait à l'Angleterre peu de moyens de pourvoir efficacement, tout à la fois, à la défense de la frontière d'Écosse et à la garde de ses possessions en France; et la France pouvait espérer de les reprendre en y tournant tous ses efforts. C'est bien ce qu'aurait fait Charles V; mais ce n'était pas assez pour Charles VI. Singulier contraste des deux règnes! Charles V défendait qu'on se risquât à barrer le chemin aux Anglais envahissant et traversant de part en part la France; et son jeune fils ne parlait que d'une chose : envahir l'Angleterre.

Il ne s'agissait plus d'une expédition partielle, et à quelques égards en sous-ordre, comme celle que Jean de Vienne avait tentée par l'Écosse; et, à vrai dire, on n'avait guère lieu d'être content des Écossais. Après la campagne que l'on a vue, comme les Français, rebutés d'une hospitalité rendue fort incommode et vendue très-cher, voulaient rentrer en France, ils avaient dû auparavant régler leurs comptes : tant pour la solde (car les Écossais, on se le rappelle, n'avaient voulu faire la campagne qu'à titre d'auxiliaires et à prix d'argent); tant pour les blés que les Français avaient foulés aux pieds, disait-on, au lieu de marcher par les routes; tant pour les bois qu'ils avaient coupés pour s'en faire des logements. On voulait bien consentir au départ du commun des hommes d'armes, mais on entendait retenir les seigneurs jusqu'à l'entier payement des sommes réclamées : il avait fallu que l'amiral en fît sa dette, et s'engageât personnellement à ne point quitter l'Écosse, que les plaignants ne fussent payés et satisfaits. Le roi de France paya pour l'amiral, mais se promit bien de ne point aller en Écosse. C'est en Angleterre et par la voie directe qu'il voulait aborder (a).

On fit pour cette expédition des préparatifs qui donnent la plus haute idée des ressources de la France, et déjà même de la puissance de son administration. Les seigneurs étaient appelés de tous les pays qui relevaient de la couronne, même de la Savoie et de l'Allemagne; les vaisseaux loués sur toute l'étendue des rivages, de l'Espagne à la Prusse, c'est-à-dire de la Méditerranée à la Baltique; des approvisionnements énormes transportés de toutes parts vers la Flandre : « Vins et chairs salées, foins, avoines, tonneaux de sel, d'oignons, de verjus, de biscuit, de farine, de graisses, moyeux d'œufs battus en tonneaux, et toutes choses dont on se pouvoit aviser. »

— « Au temps à venir, s'écrie Froissart, qui ne le vit adoncques, il ne le voudra ou pourra croire[1]. » C'était au port de l'Écluse qu'était le centre du rassemblement. A partir de la Saint-Jean, les vaisseaux commencèrent à s'y réunir de toutes parts.

Une telle levée ne se faisait point pour le seul honneur de servir le roi de France : « Si vous voulez que nous soyons à vous et avoir notre service, disaient les Hollandais, si nous payez tout sec, autrement nous n'irons nul part. » — « Oncques, depuis que Dieu créa le monde, continue notre historien, on ne vit tant de nefs ni de gros vaisseaux ensemble, comme il y en eût cet an en la mer au hâvre de l'Écluse et sur la mer entre l'Écluse et Blanqueberge : car au mois de septembre en l'an dessus dit ils furent nombrés à treize cent quatre-vingt-sept vaisseaux. » Tous ces mâts faisaient de l'Écluse, vus de la mer, une forêt. Et tout n'était pas là. Olivier Clisson, « homme sans égal dans les royaumes de France et d'Angleterre, » dit Walsingham, préparait une autre flotte qui devait partir de Tréguier en Bretagne. Il y faisait fabriquer toute une ville de bois, ajustée de telle sorte qu'on pût la transporter par pièces, et l'établir où l'on voudrait après le débarquement « pour les seigneurs loger et retraire de nuit, pour eschiver (éviter) les périls des réveillements et pour dormir plus aise et plus assur[2]. »

---

1. Froissart, III, 35.
2. *La ville de bois :* « Quand on se délogeroit de une place et on

Partout, et principalement à l'Écluse, on déployait une activité prodigieuse. « Qui eût été en ce temps-là à Bruges, au Dam et à l'Écluse, dit Froissart tout émerveillé, et eût vu comment on était soigneux d'emplir nefs et vaisseaux, de mettre foin par torches en tonneaux, de mettre biscuits en sacs, de mettre oignons, aulx, pois, fèves et oliètes, orges, avoines, seigles, blés, chandelles[1], » et toutes choses dont on peut songer à se pourvoir : « sachez que l'oubliance du voir et la plaisance du considérer y étoit si grande, que qui eût eu les fièvres ou le mal de dents, il eût perdu la maladie pour aller de l'un à l'autre. Et comptoient ces compagnons de France, qui les oyoit parler l'un à l'autre, Angleterre pour perdue et exillée (détruite) sans recouvrer, tous les hommes morts, et femmes et enfants dessous âge amenés en France et tenus en servitude[2]. »

L'émotion fut vive en Angleterre à la nouvelle de ces préparatifs. Les Français, pour cette fois, de-

---

en iroit en autre, celle ville étoit tellement ouvrée et ordonnée et charpentée, que on la pouvoit défaire par charnières, ainsi que une couronne, et rasseoir membre à membre » (Froissart, III, 35); — *Clisson :* « Cui par non erat in Angliæ sive in Franciæ regnis. » (Wals., p. 315.)

1. Froissart, III, 36. Il continue : « Chandelles de cire, housseaulx, souliers, chausses-à-housser, bottines, éperons, couteaux, haches, coignées, pics, haveaulx, claies de bois, boîtes à mettre oignement, étouppes, bandeaux, contrepointes pour dormir sus, fers et clous pour ferrer les chevaux, bouteilles à verjus et à vinaigre, hannaps, godets, écuelles de bois et d'étain, chandelliers, bacins, pots, grils, ostils de cuisine, ostils de bouteillerie, ostils pour autres offices. »

2. *Ibid.*

vaient venir sans faute : ils l'avaient juré, disait-on, et les choses en disaient plus que les serments. L'historien Walsingham, parlant de ces terreurs avec la sécurité que lui donnait l'asile sacré de son monastère, nous montre cette fois encore les habitants de Londres « timides comme des lièvres, cherchant comme des rats des trous où se cacher, comme si la ville allait être prise ; n'ayant plus ni confiance dans leur force ni espoir de résistance : eux qui dans la paix, tout gonflés de jactance, se vantaient de souffler sur les Français et de les chasser, jusqu'au dernier, de l'Angleterre, ils estimaient l'Angleterre perdue ; c'est pourquoi, courant comme des gens ivres aux murailles, ils saccagent et détruisent les maisons contiguës à la ville, faisant avec la précipitation de la peur, tout ce qu'on fait dans les dernières nécessités. Pas un Français n'avait encore mis le pied dans un vaisseau, que les habitants de Londres tremblaient comme si tout le pays était déjà conquis alentour, et qu'ils vissent l'ennemi lui-même aux portes[1]. »

1. « Londonienses.... timidi velut lepores meticulosi, ut mures requirunt hinc inde divortia, perscrutantur latebras, et velut jam capienda foret civitas cœpere propriis diffidere viribus et de resistentia desperare, et qui in pace tumidi jactitabant se cunctos Gallicos sufflaturos ex Anglia.... » Ils croient l'Angleterre perdue : « Idcirco velut a vino madidi ad muros urbis currunt, contiguas domos dilacerant deponunt, destruunt, et cuncta formidolose faciunt quæ in extremis necessitatibus positi facere consueverunt. Nondum ullus Gallicus in navem pedem posuerat..., et Londonienses ac si tota terra in circuitu conquisita fuisset, adeo metuunt..., velut ipsos hostes aspicerent ante fores. » (Wals., p. 322 ; cf. M. Evesh., 73.)

Froissart, sans charger autant le tableau, montre combien la terreur était générale : « Et encore couroit renommée en Angleterre plus grande assez que l'apparent ne fut, dont le peuple en trop de lieux fut fort ébahi. » La ville de bois, par exemple, on en faisait un Londres ou un Paris ambulant, avec des tours, des fortifications, mesurant, dit Knighton, sept lieues d'Angleterre, et pouvant se remonter en trois heures[1]! Dans toutes les villes il fut ordonné qu'on fît trois fois la semaine des processions avec des prières à Dieu, pour qu'il voulût ôter et délivrer le pays de ce péril. Cependant tous les courages n'étaient pas à ce point abattus : et c'est à l'historien français que l'Angleterre en doit le témoignage. D'autres, au contraire, et plus de cent mille, dit Froissart, ne désiraient autre chose que l'arrivée des Français : « Et disoient les légers compagnons qui se confortoient d'eux-mêmes et qui vouloient conforter les ébahis : « Laissez venir ces François; pardieu, il « n'en retournera (pas un[2]) en France ! » Ils dépensaient largement, disant à leurs créanciers : « Taisez-vous, « on forge en France les florins de quoi vous serez « payés. » Et quand on hésitait à leur prêter sur cette

---

1. « Rex Franciæ fecerat quemdam palum miræ structuræ cum turribus et munitionibus, quem palum secum veherent et intrata terra Angliæ quasi in tribus horis super terram, mirabile dictu, erigerent. Et dicebatur continere in circuitu quasi spatium septem leucarum de mensura terræ Angliæ. » (Knighton, p. 2679.)
2. Il y a un mot plus énergique dans le texte. Froissart, III, 36.

lettre de change : « Que nous demandez-vous ? en-
« core vaut-il mieux que nous dépensions les biens de
« ce pays, que les François les trouvent et en aient
« aise. » Et par ainsi dépensoient à outrage les biens
en Angleterre. » Trait curieux, signe d'un temps où
nul n'est sûr du lendemain[1].

Au fond, pour les plus braves comme pour les plus
timides, il y avait grande incertitude, et les plus
rassurés étaient ceux qui avaient le moins à perdre.
Les grands seigneurs s'en doutaient (effrayaient), dit
Froissart, les prélats, les abbés et les bonnes villes ;
mais les communautés et les pauvres compagnons
qui se vouloient aventurer n'en faisoient compte :
aussi ne faisoient pauvres chevaliers et écuyers qui
désiroient les armes et à gagner ou tout perdre ; et
disoient l'un à l'autre : « Dieu ! comme il nous appert une bonne saison, puisque le roi de France veut
venir par deçà ! C'est un vaillant roi et de grand'em-
prise. Il n'y eut, passé a trois cents ans, roi en France
de si grand courage ni qui le vaulsist. Il fera ses gens
bons hommes d'armes, et ses gens feront vaillant
roi : benoit soit-il quand il nous veut venir voir ! A
ce coup serons-nous tous morts ou tous riches ; nous
n'en pouvons attendre autre chose[2]. »

Sans se laisser aller à de pareilles extrémités de
terreur ou d'espérance, le roi et son conseil avaient
pris toutes les mesures pour mettre les meilleures

1. Froissart, III, 36.
2. Froissart, III, 44.

chances de leur côté. Dès les premiers moments, on s'était hâté d'envoyer des renforts d'hommes et de vivres à Calais. On faisait encore à Charles VI l'honneur de croire qu'avant de passer en Angleterre, il voudrait reprendre aux Anglais cette porte de la France. On y envoya le fils aîné du comte de Northumberland, le jeune Henri Percy, illustre déjà par ses combats contre les Écossais, et surnommé *Hotspur* (éperon de feu), pour son bouillant courage. On faisait trêve avec l'Écosse : on la désarmait ainsi au moment où ses incursions, toujours incommodes, auraient pu devenir un vrai péril. En même temps on appelait aux armes la nation, et l'on renforçait les garnisons des ports et des hâvres les plus exposés. Salisbury était envoyé dans l'île de Wight; Devonshire, à Hampton (Sussex); Northumberland, à Raje, deux autres des Percy, à Yarmouth. Les oncles du roi avaient les postes les plus considérables : Glocester était à Sandwich, et York à Douvres dont le château était à la garde de Simon Burley. La flotte, comme on le pense bien, avait son rôle dans cette défense du rivage. Dès le mois de mars, on avait mis en réquisition à cet effet tous les vaisseaux du port de soixante tonneaux et au-dessus, excepté ceux qui étaient pris pour l'expédition du duc de Lancastre; car le duc, même dans ce péril, gardait son privilége. Un grand nombre avaient été placés sous les ordres du comte d'Arundel pour croiser à travers le détroit, et les bateaux pêcheurs faisaient aussi leur office. Les pêcheurs anglais venaient rapporter ce qu'ils tenaient de leurs camarades de France ; car la continuité même de la guerre entre les deux pays avait contraint leurs pêcheurs à se mettre sur le pied de la paix : sans quoi, dit Froissart, on eût manqué de poisson, ou, pour aller à la pêche, il eût fallu armer en guerre (*a*).

A ces moyens d'information, le roi en avait joint un autre : aux endroits les plus hauts d'où l'on pût voir le rivage, on avait formé comme des montagnes de tonneaux de Gascogne, surmontées d'une estrade où des sentinelles se tenaient nuit et jour, observant la mer, et prêts à signaler par des feux l'approche de la flotte française. A ce signal tout le pays voisin devait se lever. Mais ce n'était point pour aller droit à l'ennemi. L'ordre était de le laisser débarquer et s'avancer dans ce pays l'espace de trois ou quatre jours ; et tout d'abord de se porter vers la flotte restée vide, pour la brûler : après quoi on devait revenir sur les envahisseurs, privés de leurs approvisionnements, et, sans risquer de bataille, tenter de les détruire par la famine. Les Anglais reprenaient contre la France la politique de Charles V abandonnée par Charles VI [1] !

L'événement attendu semblait proche. Le roi avait quitté Paris vers la fin d'août ; l'armée n'était point encore réunie, mais il voulait, en se mettant lui-même

---

1. Froissart, III, 37.

en route, donner à tous le signal du départ. Il s'arrêta à Compiègne, à Noyon, à Péronne, à Amiens, se dirigeant vers Lille : il avait avec lui le duc de Bourbon ; il rejoignit, vers la mi-septembre, à Arras, le duc de Bourgogne ; mais le duc de Berri était encore dans son apanage. Peu à peu les seigneurs, les hommes d'armes s'amassaient en Flandre. On avait voulu décharger l'expédition de tous les gens inutiles : le connétable avait défendu à l'amiral d'embarquer les hommes de service ; on ne tolérait pour deux ou trois chevaliers qu'un cheval de rechange et un varlet : ce qui n'empêchait pas que la foule ne fût grande, et que tout n'enchérît d'une manière ruineuse pour ceux qui avaient encore à faire leurs provisions. Plusieurs durent s'en retourner dans leur pays, n'y pouvant plus suffire ; mais la masse était encore telle, qu'à l'arrivée du roi à l'Écluse on ne pouvait plus s'y loger. Les seigneurs s'étaient vus forcés d'aller s'établir à Dam, à Ardembourg, à Bruges même, d'où ils venaient de temps à autre demander au roi quand on partirait : « Dans deux ou trois jours, » disait-on ; ou : « Quand nous aurons vent ; » ou bien : « Quand monseigneur de Berri sera venu. » Mais le vent avait beau souffler, le duc de Berri ne venait pas, ou « venoit tout bellement : car d'aller en Angleterre il n'avoit pas grand affection, » dit Froissart. Et cependant « toujours alloit le temps avant : les jours accourcissoient et devenoient laids et froids, et les nuits allongeoient ; » et les seigneurs s'irritaient de ces retards qui consumaient sans fruit leurs provisions de guerre (*a*).

Pendant ces délais, le roi d'Arménie, chassé de son pays, et venu en Occident dans l'intérêt de l'Orient en général et aussi de lui-même, imagina de passer en Angleterre pour offrir, comme il l'avait fait déjà, ses bons offices, au nom du bien commun de la chrétienté. On lui demanda s'il avait quelque mission, et comme il n'en avait pas, on le reçut, au témoignage, sinon de Froissart, au moins des historiens anglais, assez mal, en lui disant que l'Angleterre ne comprenait pas qu'on vînt lui demander la paix chez elle à main armée; que quand chacun serait rentré chez soi, il serait temps de la débattre. Le roi d'Arménie revint d'Angleterre à l'Écluse, et ne fut guère mieux accueilli cette fois de Charles VI (*b*).

On ne voulait plus, en effet, entendre parler que de guerre. Le duc de Berri arrivait. Il arrivait du moins à Paris, allait entendre la messe à Notre-Dame, et reprenait sa route, disant qu'il ne reviendrait pas sans avoir été en Angleterre. « Mais, dit Froissart, il pensoit tout le contraire, ni il n'y avoit nul talent d'aller. » A chaque étape il trouvait des lettres du roi ou du duc de Bourgogne qui le pressaient : on n'attendait que lui; et « le duc de Berri chevauchoit toujours avant, mais c'étoit à petites journées. » De son côté, Clisson avait quitté le port de Tréguier pour rejoindre le roi à l'Écluse, avec soixante-douze voiles et la ville de bois qu'on devait remonter en Angleterre. Mais arrivé en vue de Margate, un fort coup de vent dispersa ses vaisseaux et en chassa vingt dans la Tamise, livrant à l'Angleterre une partie de la ville de bois avec plusieurs des charpentiers qui la devaient rebâtir. On les mit à l'œuvre, on rebâtit près de Sandwich ce qu'on avait de la ville, à la vive satisfaction des Anglais qui en avaient eu si grand'peur (a).

Quand Clisson arriva, non sans peine, au port de l'Écluse, Charles VI, malgré cet échec, l'accueillit encore avec bonheur : rien ne manquait plus, on pouvait partir; le duc de Berri arrivait, il était à Lille! et le jeune roi avait une joie d'enfant à tenter son entreprise maritime. Une expérience qu'il venait de faire ne le laissait plus douter du succès : « Connétable, disait-il à Clisson, par ma foi j'ai été en mon vaissel, et me plaisent bien grandement les affaires de la mer : et crois que je serai bon marinier; car la mer ne m'a point fait de mal! — En nom Dieu! elle m'en a fait à moi, dit le rude Breton, car nous avons été bien près de périr en venant de Bretagne. »

Les deux jours se passèrent, et le duc de Berri n'arrivait pas. Ce n'était pas seulement dans l'armée, c'était en Flandre qu'on murmurait de ces retards. Les marchands du pays en avaient fait leur profit, mais le menu peuple en souffrait; tout le monde ne gagnait pas, en effet, au renchérissement des denrées : « Ne sommes-nous pas pauvres assez, disaient-ils, si encore François ne nous appauvrissent? » Et se vengeant, par l'ironie, de leur récente défaite : « Vous ne les verrez passer en Angleterre de cette année. Il leur est avis qu'ils conquerront tantôt Angleterre; mais non feront, elle n'est pas si légère à conquerre; Anglois sont d'autre nature que François ne sont. » Les choses en vinrent au point que cette bataille qu'on tardait tant à aller chercher en Angleterre, on faillit l'avoir en Flandre. Une querelle qui éclata à Bruges fut comme un signal pour les gens de métier, et s'ils avaient pu s'assembler « il ne fût échappé, dit Froissart, baron, ni chevalier, ni écuyer de France, que tous n'eussent été morts sans merci ; car encore avoient les plusieurs de ces méchans gens la haine au cœur pour la bataille de Rosebecque, où leurs pères, leurs frères et leurs amis avoient été occis. » On les calma; mais les Français logés à Bruges veillaient chacun dans sa maison comme dans une citadelle menacée (a).

Enfin le duc de Berri arriva (fin d'octobre). « Ah! bel oncle, dit le roi de France, que je vous ai tant désiré, et que vous avez mis temps à venir ! Pourquoi avez-vous tant attendu? Nous dussions ores (à cette heure) être en Angleterre et avoir combattu nos ennemis. » — « Le duc, continue Froissart, commença à rire et s'en excusa; » et sans trop dire encore ce qu'il avait sur le cœur, il voulut aller voir la flotte. C'était un magnifique spectacle. « Nous partirons demain à la marée, » dit-il. Mais le vent, si longtemps favorable, était devenu contraire ; et chaque jour on ne pouvait que répéter : ce sera pour demain. On fut plus d'une semaine dans cette attente : à chaque moment on croyait voir arborer le signal ; plusieurs seigneurs étaient déjà sur leurs vaisseaux, à l'avant-garde, se disputant, comme dans une charge de cavalerie, l'honneur d'arriver les premiers sur l'ennemi [1].

Cependant on était en novembre ; il fallait prendre un parti. Le roi tint conseil, et le duc de Bourgogne fut d'avis qu'on n'attendît pas davantage. Mais le duc de Berri, qui avait été cinq ans en ôtage en Angleterre, et connaissait assez le pays pour ne point souhaiter d'y faire un nouveau séjour, ne dissimula plus sa pensée. « Beau-frère, dit-il, je ne puis me défendre d'avoir été dans la plus grande partie des conseils où cette entreprise a été résolue, mais j'ai depuis bien réfléchi sur cette besogne ; et considéré les périls et incidents qui peuvent en venir pour le royaume de France, je n'oserai conseiller que si tard, au mois de décembre (novembre), quand la mer est froide et orgueilleuse, nous mettions le roi en mer ; car, si le mal en venoit, on diroit partout que nous, qui avons le gouvernement du royaume, l'aurions conseillé et là mené pour le trahir. » Il s'appuya de l'opinion des marins : qu'il n'était pas possible de tenir en cette saison deux cents voiles réunies ; ajoutez la difficulté de l'abord ; et, en supposant qu'on eût

---

1. Froissart, III, 47. Le Religieux de Saint-Denys fixe au 14 octobre l'arrivée du duc de Berri.

pu débarquer, le hasard où on laisserait les approvisionnements avec la flotte, car on ne pouvait tenir tout à la fois et la terre et la mer : or la flotte détruite avec les provisions, on ne trouverait plus dans le pays, en cette saison, de quoi nourrir les chevaux et les hommes. Que faire donc? Renoncer à l'entreprise? Non, mais la remettre à l'été prochain.

C'était vraiment y renoncer; et le duc de Bourgogne, reprenant la parole, montra quelles en seraient les conséquences. On avait travaillé d'impôts tout le royaume pour cette expédition; les bonnes gens qui avaient payé diraient à bon droit qu'on ne l'avait imaginé que pour tirer l'argent de leurs bourses. « Beau-frère, répondit le duc de Berri, si nous avons la finance et nos gens aussi, la majeure partie en retournera en France : toujours va et vient finance. — Et l'honneur ? » dit le duc de Bourgogne. Le débat se prolongea. Le jeune roi était courroucé outre mesure, et aussi nombre de seigneurs. Mais le duc de Berri tint bon et eut pour lui la plus grande partie du conseil. Le voyage fut remis au mois d'avril. On garda des approvisionnements ce qui pouvait se conserver; le reste fut mis à peu près au pillage. L'entreprise avortée avait coûté au pays plus de trois millions (valeur du temps) (a).

C'était un échec; et le duc de Berri, alors et depuis, en a porté tout le poids. Mais, disons-le, si ce prince, incapable d'ailleurs et de sa nature indolent, a vraiment, par ses retards, fait manquer l'expédition, c'est le plus grand service qu'il ait jamais pu rendre à la France. Sans aucun doute, l'armée réunie à l'Écluse était brave, et elle avait appris à joindre à la bravoure des qualités qui promettaient de lui en assurer tout le prix; mais c'était folie de croire que l'on pût, en poursuivant la lutte, retourner les termes de la question, et refaire en Angleterre au profit de la France ce qu'Édouard III avait accompli en France au nom de l'Angleterre. Édouard III n'avait entrepris et mené sa guerre en France, qu'en intéressant aux anciens droits de sa race sur les provinces continentales, et à ses prétentions personnelles sur la couronne, le sentiment national des Anglais : du jour où ce sentiment s'amortit, ni sa valeur, ni celle du prince de Galles, ni le prestige de ses victoires, ni la force des positions qu'elles lui avaient assurées ne suffirent à le soutenir. Charles VI tentait une entreprise sans fondement ni raison : car la raison voulait que l'on commençât au moins par délivrer la France de l'ennemi; et le sentiment national qui s'était réveillé pour combattre l'Anglais en France, ne suivait point le roi dans cette invasion de l'Angleterre. On n'y voyait qu'une aventure de chevaliers; on murmurait des charges qu'elle imposait au pays, comme de folles dépenses prodiguées à leur amusement; et, loin de les accompagner au moins de ses vœux, le peuple les poursuivait de ses malédictions. Les chevaliers, il le faut dire, ne les avaient que trop méritées. En traversant la France, ils préludaient à leur campagne en y faisant pis que n'eussent fait les Anglais. « Tout le pays en étoit mangé et perdu, dit Froissart. Les pauvres laboureurs qui avoient recueilli leurs biens et leurs grains n'en avoient que la paille, et s'ils en parloient ils étoient battus et tués. » Les chevaliers pêchaient les viviers, abattaient les maisons pour faire du feu, prenaient tout à discrétion ; et, joignant la raillerie à l'outrage : « Nous n'avons point d'argent maintenant, disaient-ils, mais nous en aurons assez au retour: si vous paierons tout sec. » — Les pauvres gens n'en osoient sonner mot, mais les maudissoient et leur chantoient une note entre leurs dents tout bas : « Allez en Angleterre, orde crapaudaille, que jamais « pied n'en puisse retourner[1] ! »

Ainsi les insolences qui rappelaient, même avant la guerre, les exactions dont fut suivie la bataille de Poitiers, remuaient de nouveau dans les campagnes le vieux levain de la Jacquerie ; et, loin de redouter, on y souhaitait la répétition de ce sanglant désastre, à une seule condition : c'est qu'il fût plus terrible, et que personne n'en pût revenir !

Ce n'est donc point dans cet état de choses qu'on pouvait conquérir l'Angleterre. Ajoutons que l'Angleterre n'entendait pas être ainsi conquise. Si la folle confiance de Charles VI avait une sorte de justification dans la terreur d'une partie des Anglais, les craintes du duc de Berri ne s'accordaient que trop

---

1. Froissart, III, 44.

avec les espérances de beaucoup d'autres; et, ce qui était plus grave, elles avaient leur fondement dans les mesures prises par le gouvernement de Richard. Avec les dispositions que l'on a vues en France, et le mouvement qui se produisait en Angleterre, la tentative, répétons-le, ne pouvait qu'échouer; si elle eût été poussée plus loin, elle n'aurait servi qu'à prévenir une révolution où le gouvernement de Richard, au moment que la France lui laissait la victoire, devait trouver sa perte.

LIVRE SIXIÈME.

L'ADMIRABLE PARLEMENT.

I

LA COMMISSION DE L'AN X.

Les ennemis du gouvernement de Richard n'avaient point attendu l'avortement de l'invasion française pour s'élever contre lui, et cet échec, loin de les désarmer, ne fit que donner plus de hardiesse à leurs attaques.

La menace qui, durant plusieurs mois, était restée comme suspendue sur le pays, avait fait sentir à tous, quels qu'en dussent être les résultats, combien étaient changés, depuis le commencement du règne, les rapports de l'Angleterre avec la France.

A l'avénement de Richard, les Anglais étaient déjà singulièrement déchus de la position que les batailles de Crécy et de Poitiers leur avaient conquise, et que le traité de Brétigny avait consacrée. Charles V leur avait repris une partie de ses provinces ; mais le pays était toujours ouvert à leurs soldats. Ils pouvaient, quand ils le voulaient, se promener à travers la France, descendre à Calais pour aller à Bordeaux ; et ils avaient retrouvé, pour rentrer en lutte, deux importants auxiliaires, les deux appuis qu'avait eus Édouard III au début de ses conquêtes : d'une part, les Bretons qui, menacés d'être incorporés à la France, avaient rappelé leur duc, ami de l'Angleterre ; d'autre part, les Flamands qui avaient chassé leur comte, ami de la France. Le comte de Buckingham, en 1380, avait pu faire encore cette marche insultante de Calais jusqu'à Rennes par la Champagne et la Bourgogne, au moment où mourait Charles V et où la France tombait dans les embarras d'une minorité. Et cependant, c'est de cette époque même que les événements avaient pris ce tour inattendu. La Bretagne, apaisée sur sa nationalité, avait contraint son duc à congédier les Anglais, s'il ne voulait partir avec eux. La Flandre, envahie par Charles VI, avait succombé à Rosebecque. Et quand les Anglais, excités par le double appât des indulgences et du butin, avaient repris les armes sous l'évêque de Norwich, légat du pape et lieutenant du roi, on les avait vus, surpris tout à coup par le prodigieux développement des forces de la France, éviter la bataille, s'enfermer dans les places et reculer successivement jusqu'à Gravelines, jusqu'à Calais. Ils auraient dû reculer davantage, si une trêve n'avait tiré l'Angleterre de ce mauvais pas, trêve habile qui, du même coup, sauvait ses places, assurait ses frontières, donnant à ses alliés de Flandre le temps de respirer, et à Lancastre celui d'attaquer l'Espagne. Mais, ce qu'il importait avant tout, c'était de garder ce qui n'était pas perdu encore, et de finir honorablement une guerre dont on venait de mesurer tous les périls.

C'est ce qu'avait vu Michel de la Pole. Le Parlement avait tout fait jusque-là; c'était lui qui, depuis l'avénement de Richard, arbitre suprême du gouvernement, avait eu à répondre de la sécurité du royaume et de la paix publique. Il aurait pu mieux faire la guerre; il avait fait au moins la trêve de Leulinghem. Michel de la Pole lui posa la question de la paix. La trêve n'était qu'un armistice qui laissait à peine le temps de négocier; il fallait en sortir par la paix ou par la guerre. Le chancelier, on se le rappelle, n'accepta ni les vagues déclarations ni les excuses; il apportait des articles et demandait si on en voulait, oui ou non. Il les fit accepter; mais ses pouvoirs ne lui permettaient point d'aller jusqu'où il eût fallu pour rendre la paix possible : car la France voulait reprendre toutes ses provinces, et les Anglais n'en étaient pas encore venus au point d'y renoncer. La guerre avait donc recommencé, et nous en avons dit les suites : l'Écosse vainement envahie par Richard, la Flandre rendue à l'obéissance du duc de Bourgogne; puis, à la campagne suivante, tandis que Lancastre part pour conquérir l'Espagne, l'Angleterre menacée de l'invasion.

L'invasion avait échoué. Ce n'est pas le gouvernement de Richard qui l'avait provoquée, ce n'est pas lui qui la repoussa; mais on peut dire à son honneur que si les vents et aussi la prudence du duc de Berri ne l'avaient arrêtée, il s'était mis en mesure de la combattre. Il avait fait appel à la nation; il n'avait rien négligé pour soutenir son élan, et faire que ce grand mouvement national fût le moins onéreux possible au pays et à ses défenseurs. Les hommes d'armes étaient venus de tous les comtés : on les tenait, de peur d'encombrement, cantonnés à une certaine distance autour de Londres, prêts à être réunis au premier signal. Des approvisionnements avaient été faits, des mesures prises pour empêcher le renchérissement des chevaux ou des armes, des ressources assurées par un emprunt fait au clergé, sans préjudice de l'impôt ordinaire, et le peuple payait. Il y avait bien parmi les gens des campagnes quelque sourd retentissement des murmures naguère comprimés : « C'est trop sans raison, disaient-ils, qu'on nous taille maintenant pour mettre notre bien au service des chevaliers et des écuyers. N'est-ce point à eux à défendre leurs héritages? A tout considérer, si Angleterre se perdoit, ils perdroient trop plus que nous. » — « Mais, dit Froissart, nonobstant leurs paroles, tous payoient ceux qui étoient taillés.... Pour ce que ce commun (peuple) voyoit qu'il besognoit (que cela était nécessaire), il s'en portoit plus bellement (a). »

Pour ajouter à la défense nationale, accroître ses ressources et stimuler le zèle de tous, une chose restait à faire, c'était d'assembler autour du roi le grand conseil du peuple anglais. Le parlement fut convoqué pour le temps de la Saint-Michel.

Il se réunit à Westminster le 1er octobre 1386. C'était le moment où Charles VI allait arriver à l'Écluse, où l'invasion était imminente, où il importait le plus de s'unir pour la repousser. Mais le parlement ne songeait qu'à profiter de cette crise pour prendre sur le gouvernement, et sur le roi lui-même, la revanche de tous les griefs, bien ou mal fondés, qu'il croyait avoir. Richard, pour raffermir les esprits contre le péril, annonçait qu'il allait prendre l'offensive. C'est ce que le chancelier déclara dans son discours au parlement. « On reproche au roi, disait-il, de n'avoir rien fait encore. Le roi, maintenant qu'il se gouverne plus pleinement, a résolu de passer la mer, et de répondre au défi de son adversaire en allant revendiquer sa couronne. » Il ajoutait qu'en agissant ainsi, le roi voulait épargner à la nation une plus lourde charge : « Car, disait-il encore, mieux vaut porter la guerre chez l'ennemi que de la soutenir chez soi. » Mais cette raison était une arme dont le parlement comptait bien se servir pour attaquer le gouvernement lui-même. A tous les griefs qu'il avait contre lui, s'ajoutait en effet celui d'avoir laissé les choses en venir là. On ne se demandait pas où il les avait prises, et si d'autres n'avaient point, avant lui et plus que lui peut-être, à en répondre. On les prenait au point où elles étaient, pour les rapporter à ceux qui étaient au pouvoir. On n'était point fâché d'avoir à qui demander compte de l'abaissement où était tombée l'Angleterre depuis le temps d'Édouard III :

« Que sont devenues les grandes entreprises et les vaillans hommes d'Angleterre? Le roi Édouard vivant, et son fils le prince, nous soulions (avions coutume) aller en France et rebouter nos ennemis de telle façon que nul ne s'osoit mettre en bataille contre nous; et s'il s'y mettoit, il étoit déconfit davantage.... En ces jours étoient Anglois redoutés et cremus (craints), et parloit-on de nous par tout le monde et de la bonne chevalerie qui y étoit; et maintenant on s'en doit bien taire, car ils ne savent guerroyer fors que les bourses aux bonnes gens : à ce faire sont-ils tous appareillés. Il n'y a en France qu'un enfant à roi, et il nous donne tant à faire qu'oncques ses prédécesseurs n'en firent tant.... On a vu le temps que, si telles appparences de nefs et de vaisseaux fussent avenues à l'Écluse, le bon roi Édouard ou son fils les fussent allés combattre; et maintenant les nobles de ce pays sont tous réjouis, quand ils n'ont que faire et qu'on les laisse en paix; mais pour ce ne nous laissent-ils pas en paix ni en repos d'avoir de l'argent.... Où sont les finances si grandes et si grosses qu'on lève par tailles en ce pays avec les rentes et coutumes du roi? Il faut qu'elles se perdent ou soient emblées (volées). On devroit savoir comment le royaume est gouverné et le roi mené. Et ce ne se peut longuement souffrir qu'il ne soit sçu…. Encore outre, il appert bien que nous sommes en ce pays affoiblis de sens et de grâce. Nous soulions savoir toutes les armes et les consaulx (armements et conseils) qui en France se faisoient trois ou quatre mois devant. Donc nous nous pourvoyions et avisions là dessus. A présent nous n'en savons rien, mais savent les François tous nos secrets et notre conseil; et si (ainsi) n'en savons qui inculper. Si sera-t-il sçu un jour, car il y a des traîtres couverts en la compagnie. Et mieux vaudroit qu'on le sçût tôt que tard; car on le pourroit bien sçavoir si tard, qu'on n'y pourroit remédier ni aider[1]. »

Ces murmures du peuple eurent leur écho dans le parlement. Le discours d'ouverture achevé, les lords et les communes ne se retirèrent que pour aller demander au roi la destitution du chancelier et du trésorier.

C'est ici que le conflit commence entre le gouvernement de Richard et les hommes qui, par ces luttes contre les ministres du roi, préparent la chute du

---

1. Froissart, III, 62.

roi lui-même. Or, les historiens qui nous restent appartiennent tous à la maison qui l'a supplanté : on devine donc dans quel esprit ils nous raconteront ces événements et avec quelle réserve on les doit suivre, si on ne veut, après tant de siècles, faire revivre, aux dépens de la vérité, les haines des partis, et rendre l'histoire elle-même complice de la fortune, en perpétuant d'âge en âge l'anathème aux vaincus : *væ victis!* Mais, en pareille matière, quand commence l'impartialité pour les historiens? Que parlons-nous des siècles écoulés? Le règne qui nous occupe, assez maltraité dans les chroniques du temps, donnera lieu, deux cent cinquante ans plus tard, à des pamphlets! La passion des écrivains voués à la maison de Lancastre, amortie par le triomphe, se ravivera quand seront passés et les Lancastres, et les Yorks, et les Tudors; elle se ravivera au souffle des tempêtes qui s'amassent contre le gouvernement de Charles Ier. Aux premiers jours du long parlement (1641), un clerc, nommé Fannant, écrit une « Narration historique de ce mémorable parlement appelé l'*Admirable (wonders)*, ouvert à Westminster en 1386, dans la dixième année du roi Richard second; » récit qui, l'auteur en convient, lui est inspiré par les circonstances, et où les ministres de Richard sont poursuivis, condamnés et traînés au dernier terme de l'infamie, avec toute la haine qui présida en cette année même au jugement et à l'exécution de Strafford (20 mai 1641) (*a*).

Richard qui, dès les premiers jours, avait reconnu les mauvaises dispositions du parlement, s'était retiré dans sa résidence d'Eltham. Ce fut là que les lords et les communes lui firent parvenir leur requête : elle portait que le parlement avait à traiter, touchant le comte de Suffolk, certaines affaires qui ne pourraient être sûrement conduites s'il restait chancelier (on le voulait mettre en accusation). Le roi répondit avec hauteur à cette demande : il défendit qu'on lui en parlât davantage et ordonna qu'on s'occupât de l'expédition des affaires; ajoutant que, pour lui (la fausseté des allégations de Knighton sur d'autres points rend bien suspect ici son témoignage), il n'entendait renvoyer à cause d'eux le moindre valet de sa cuisine. Le parlement insista, et dit qu'il ne s'occuperait d'aucune chose et n'expédierait pas la moindre affaire, que le roi ne vînt en personne à Westminster et ne destituât Michel de Pole[1].

Une semblable sommation n'était pas propre à ramener Richard. Cependant il fallait s'entendre. Le roi, les princes, tous les seigneurs de France étaient réunis en Flandre, prêts à mettre à la voile au premier vent favorable, et le parlement refusait tout concours. Richard l'invita à lui envoyer quarante des chevaliers les plus considérables pour lui exposer les vœux des autres. Mais aussitôt le bruit se répandit qu'il les mandait pour les faire massacrer sur

---

1. Knighton, p. 2680; cf. Wals., p. 324.

le chemin ou à sa table. On disait même qu'il les voulait faire égorger dans leurs hôtels à Londres, et que le refus opposé par le maire à ce dessein le fit seul échouer. Le parlement trouva plus sûr, à tous égards, d'envoyer au prince les deux hommes qui étaient d'ailleurs les chefs de tout ce mouvement, savoir : le duc de Glocester, oncle du roi, et Thomas Fitz-Alan, évêque d'Ély, frère du comte d'Arundel (a).

Le récit de leur conférence dans Knighton est marqué de traits où l'on ne peut méconnaître à quelle source il a puisé ou de quelles passions il s'inspire. Après avoir déposé au pied du trône, au nom des communes et des lords, les plus humbles protestations de respect, les députés exposèrent leur mission : ils avaient ordre de rappeler au roi « que le parlement, d'après les antiques statuts, devrait être réuni chaque année pour former cette cour suprême où reluisît toute justice, où pauvres et riches vinssent chercher un refuge, où l'on pût réformer les abus du gouvernement, prendre les plus sages mesures contre les ennemis du dedans et du dehors, et pourvoir à la plus équitable répartition des charges; car le peuple supportant les charges, c'était justice qu'il vît comment on disposait de ses biens. Ils ajoutaient que, selon un ancien statut, si le roi, sans raison de santé ou excuse légitime, par insouciance pour les griefs du peuple, s'éloignait plus de quarante jours du parlement, chacun avait le droit de s'en retourner chez soi : or il y avait plus longtemps que le roi était absent, et l'on ne savait pourquoi il refusait de venir (a).

La fausseté de ce rapport si détaillé se trahit ici en un point secondaire. Le parlement commença le 1ᵉʳ octobre; le roi, dès le 23, était de retour à Westminster pour y faire un acte qui suppose ce message accompli, et qui en est la conséquence. Mais la suite donne le moyen de le juger bien mieux encore. Richard répond : « Je sais bien que le peuple et les communes veulent se soulever contre moi. Dans une pareille extrémité, j'aimerais mieux m'adresser à mon parent le roi de France, lui demander conseil et secours contre ces machinations, et me soumettre à lui plutôt qu'à mes sujets. — Voilà un conseil peu sensé, reprennent les deux messagers, et qui ne peut que vous mener à votre perte. Le roi de France est votre ennemi capital et le plus redoutable adversaire de votre royaume; s'il mettait le pied dans vos États, ce serait pour vous en dépouiller et pour vous renverser du trône, bien plus que pour venir vous tendre une main secourable. » Et ils lui rappellent, ou plutôt l'historien, oubliant toutes les vraisemblances de la scène et tournant le discours en acte d'accusation, remet en mémoire les combats livrés par Édouard III et par le prince de Galles pour soutenir leur droit héréditaire en France; ce que cette guerre a coûté de sang au peuple et de trésors; les charges supportées par le pays sous le présent règne, l'épuisement général qui en est résulté : « Tout cela, continuent les envoyés, est arrivé par la faute des mauvais ministres qui ont gouverné le roi et le royaume jusqu'à présent; et si nous n'y mettons ordre, le royaume d'Angleterre sera ruiné quand on y pensera le moins. Mais il nous reste à vous enjoindre un dernier avis au nom du peuple. Il existe une ancienne coutume, et, chose triste à dire, il n'y a pas bien longtemps qu'on l'a mise en pratique : c'est que si le roi, par malin conseil, fol entêtement, mauvaise volonté ou de toute autre façon, vient à s'aliéner le peuple, et que, refusant de se laisser gouverner par les lois, les statuts et les bonnes coutumes, avec les conseils salutaires des seigneurs et des grands, il préfère captieusement suivre les funestes inspirations de sa volonté propre, il est permis aux grands de le déposer du trône, avec le consentement des communes, et de choisir quelque autre prince du sang royal pour l'y élever à sa place. Afin d'éviter que pareil schisme n'éclate dans le peuple, et que la nation ne soit entraînée dans la ruine par les conseils insensés de vos ministres; pour empêcher que l'Angleterre, si glorieuse, si renommée par ses armes sous les anciens rois jusqu'à votre père, ne soit désolée, vous régnant, par les divisions d'un gouvernement détestable, et que l'ignominie d'un pareil dommage ne reste attachée à votre scandaleuse personne, à votre règne, à votre peuple, revenez de vos folles résolutions, et cessez, non-seulement d'écouter, mais de garder en votre présence ceux qui vous donnent de semblables conseils[1]. »

Ni le duc de Glocester ou son compagnon, ni le roi ne tinrent sans doute un pareil langage : comment croire que Richard ait annoncé l'intention de se soumettre au roi de France, et que Glocester, quand il ne s'agissait que de renverser un ministre, ait insulté le souverain comme s'il l'eût déjà dépouillé de sa dignité? Le récit est faux, mais il peut servir à nous révéler des pensées qui dès lors couvaient dans les cœurs. En attaquant le ministre de Richard, on songeait déjà à sa personne, et l'on préparait par des paroles mises dans sa bouche, cette accusation de servilité envers la France qui devait aider à le renverser. Quant aux envoyés, si ce ne fut pas leur langage devant Richard, c'était celui de leur parti devant le public; et à défaut d'injures, leur discours contenait sans doute assez de menaces pour que le roi le pût entendre.

Richard céda. Il vint, comme nous l'avons dit, à Westminster dès le 23 octobre, et reprit les sceaux au comte de Suffolk pour les donner, de l'avis du parlement, à Thomas Arundel, évêque d'Ély, compagnon de Glocester dans son message (a).

C'était un premier succès dont il fallait tirer les conséquences. Tout l'effort du parlement y est en

---

1. Knighton, p. 2683, 2684. On a la preuve de la présence du roi à Westminster, les 23, 24, 27 octobre, etc, dans les actes de Rymer, t. VII, p. 547-550.

quelque sorte absorbé. Le roi avait fait Robert de Vère, son favori, de marquis de Dublin duc d'Irlande : on ne réclama point. Toutes les corporations de la cité venaient, l'une après l'autre, apporter leurs pétitions contre Nicolas Brambre, ancien maire, un autre des amis du roi : on les reçut, on ne les releva pas. On s'attaqua uniquement à Michel de la Pole, c'est-à-dire à la tête et au bras du gouvernement de Richard : comme si, lui abattu, on dût avoir bon marché de tout le reste. En conséquence, à peine destitué, on le mit en jugement. Les communes dressèrent l'acte d'accusation et le vinrent soutenir devant les lords (a).

Il contenait sept articles : 1° Michel de la Pole s'est fait donner frauduleusement des terres par le roi en le trompant sur leur valeur réelle ; 2° il a promis de suivre l'avis des neuf lords nommés par le dernier parlement pour examiner l'état du royaume, et n'en fit rien ; 3° il n'a point donné au subside la destination voulue par le parlement, et a négligé de garder la mer ; 4° et 5° il a commis diverses concussions ; 6° accordé des lettres de rémission pour meurtres au détriment de la couronne ; 7° le parlement avait voté 10 000 marcs pour secourir Gand : la ville a succombé, faute de secours, et l'argent a été dilapidé[1].

Knighton, qui donne textuellement l'accusation,

---

1. *Rot. Parl.*, t. III, p. 216, § 6 ; Knighton, p. 2684 ; cf. p. 2678 ; M. Evesh., p. 74.

suppprime la défense, disant que Suffolk avoua plusieurs articles et présenta des excuses sur les autres. Selon Walsingham, les articles furent si bien prouvés qu'il ne put rien nier, et que le roi, plein de confusion pour lui, secouait la tête, disant : « Hélas ! hélas ! Michel, vois ce que tu as fait ! » — Les procès-verbaux du parlement constatent que le roi n'était pas là ; car Suffolk demandait qu'il y fût, disant que, mis en jugement comme chancelier, et ayant, à ce titre, agi au nom du roi, il était juste qu'on l'entendît en sa présence. Et quant au fond des choses, il fut si loin de rien avouer, qu'il y eut sur tous les articles de l'accusation réplique et contre-réplique. Il avait voulu tout d'abord confier sa défense à l'ancien chancelier Richard le Scrop, son beau-frère. Invité à parler lui-même, il protesta qu'il n'avait rien eu que par voie d'échange, jusqu'au jour où le roi, voulant marquer sa campagne d'Écosse par une création de ducs, de bannerets, de chevaliers, le fit comte de Suffolk avec un revenu équivalent à celui du comte de Suffolk dernier mort. L'avait-il mérité ? Il ne lui convenait pas de se louer lui-même. Il alléguait seulement ce qu'il avait souffert, ce qu'il avait perdu au service du roi : et Richard le Scrop, suppléant ici à son parent, rappelait qu'il avait servi trente ans à bannière, sans déshonneur et sans reproche, qu'il avait été capitaine de Calais, amiral, envoyé du roi pour divers traités ou messages ; chancelier et membre du conseil, car il lui tenait à honneur ce qui était devenu la cause de sa mise en jugement ; et il ajoutait que ce n'était point d'un médiocre état qu'il avait été élevé au rang de comte, mais du degré le plus proche de ce titre, et après des services qui légitimaient son élévation.

Les communes avaient cru lui fermer la bouche par des faits publics. Il avait juré comme chancelier de ne rien souffrir qui appauvrît le roi ; or il était chancelier quand il avait reçu ce titre de comte et ces revenus pris sur le domaine : il avait donc violé son serment. Suffolk répondait qu'à ce compte nul chancelier ne pourrait sceller un acte de donation sans parjure, et que ce qui lui était permis à l'égard des autres ne saurait lui être interdit pour lui-même. Le roi l'avait voulu, et le parlement l'avait enregistré. Mais que faisaient les raisons, et à quoi bon tant de répliques ? Si on l'avait mis en jugement, c'est qu'on le voulait condamner. Il fut déclaré coupable sur tous les points, excepté les trois articles politiques : l'inspection des neuf lords, la garde de la mer et la défense de Gand ; on les réservait, disait-on, pour que les membres du conseil y répondissent avec lui. Ce qui prouve que, tout en le condamnant, on ne le jugea pas si criminel, c'est qu'en lui reprenant diverses terres on déclara qu'on n'entendait pas lui ôter son titre de comte, ni les 20 livres à prendre sur les revenus du comté de Suffolk, qui s'y trouvaient attachées. Il suffisait qu'en le frappant on eût rendu sa destitution irrévocable, et assuré contre son retour la révolution que l'on voulait accomplir dans l'État (a).

C'était peu, en effet, que d'ôter au roi son ministre : on avait résolu de lui retirer le pouvoir même. Les communes avaient demandé que le chancelier, le trésorier, le garde du sceau privé et le sénéchal de l'hôtel fussent nommés dans le présent parlement; que l'on nommât de la même sorte les lords du conseil, pour aider le roi à gouverner pendant toute une année, à partir du 20 novembre, et jusqu'à la réunion du parlement, si avant l'année révolue il n'était pas assemblé. Pour l'aider à gouverner, on commençait donc par lui reprendre le gouvernement tout entier : car nommer les grands officiers et le conseil, c'était disposer souverainement de la décision et de l'action dans l'État; c'était ne laisser au roi qu'un nom sous lequel on se réservait de tout résoudre et de tout faire. Richard se révolta contre cette prétention : mais on lui fit dire par un lord, expressément chargé du message, que, s'il s'y refusait, sa vie était en péril; et pour donner force à cette déclaration, on envoya chercher aux archives le statut de la déposition d'Édouard II. Richard céda encore. Il accepta le conseil ainsi nommé, déclarant qu'il ne le prenait que pour le temps marqué par les communes, c'est-à-dire pour un an, sans prorogation. Il accepta la nomination des grands officiers, ne faisant de réserve que pour le sénéchal de l'hôtel, et promettant d'ailleurs de le nommer de l'avis du conseil. Dès le lendemain de la destitution du comte de Suffolk, il avait remis les sceaux à l'évêque d'Ély, Thomas

Arundel, l'homme du parlement (24 octobre), et les clefs du trésor à l'évêque de Hereford (J. Gilbert), substitué à l'évêque de Durham. Il nomma Jean de Waltham garde du sceau privé, reçut comme membres du conseil les onze lords qu'on lui désigna [1]; et comme la seule autorité du parlement n'était pas suffisante en pareille matière, ce fut Richard lui-même qui les dut instituer par un statut : statut, qui était non-seulement le plus complet abandon de tous les pouvoirs royaux, mais encore la plus violente condamnation de son ancien gouvernement, prononcée par lui-même (a) :

« Comme nous avons appris, disait-il, par les plaintes des seigneurs et des communes de notre royaume en ce parlement, que les profits et revenus de notre royaume, par insuffisants conseils et mauvais gouvernement de nos anciens grands officiers et d'autres placés autour de notre personne, ont été dilapidés, aliénés, détruits et mal dépensés : en telle sorte que notre trésor est vide, notre domaine amoindri; que notre état ne peut plus être honorablement soutenu, ni les guerres qui abondent autour de notre royaume, maintenues et gouvernées sans très-grandes et outrageuses oppressions et insupportables charges

---

1. C'étaient d'ailleurs les plus considérables du royaume : les deux archevêques de Canterbury et d'York; les ducs d'York et de Glocester (Lancastre était en Espagne); l'évêque de Winchester, W. de Wickham; l'évêque d'Exeter et l'abbé de Waltham, Richard comte d'Arundel, Jean de Cobham, Richard le Scrop, ancien chancelier, et J. Devereux.

de notre peuple; comme les bonnes lois, statuts et coutumes de notre royaume ne sont point exécutés, que droit ni justice n'est fait à notre peuple, et que grand dommage lui en est advenu : nous, à l'honneur de Dieu, et pour le bien de nous et de notre royaume, pour le soulagement de notre peuple qui a été grandement chargé en plusieurs manières jusqu'à cette heure, voulant, avec la grâce de Dieu, apporter à de tels maux grand et dû remède, nous avons, de notre franche volonté, et à la requête des seigneurs et des communes, institué nos grands officiers, chancelier, trésorier et gardien de notre privé sceau; en outre, de notre autorité royale, certaine science, bon gré et franche volonté, par l'avis et l'assentiment des prélats, seigneurs et communes susdits en plein parlement, en aide de bonne gouvernance de notre royaume.... » Il nommait les onze seigneurs ci-dessus désignés pour être de son « grand et continuel conseil » pendant un an, et il leur donnait le droit de faire enquête avec les grands officiers sur l'état et le gouvernement du royaume, sur tous les officiers et ministres du pouvoir, sur les revenus et profits de la couronne, sur les dons et aliénations des terres du domaine, gardes, mariages, biens échus au trésor, vacances de bénéfices ecclésiastiques, etc.; sur les possessions de la couronne, tant en deçà qu'au delà de la mer, les profits des monnaies, la prise des prisonniers, etc.; sur les biens des cardinaux rebelles, sur les revenus du subside des laines, des vins et autres marchandises; sur les dixièmes et les quinzièmes, et toutes les recettes depuis le temps de son couronnement. Ils devaient encore s'enquérir des terres du domaine aliénées; par qui, à qui, comment, et en quelle manière ces aliénations avaient été faites, aussi bien au temps d'Édouard, son aïeul, que de son temps; rechercher les joyaux et les biens délaissés par Édouard mourant, et ce qu'ils étaient devenus; les chartes et les pardons généraux, les dépenses de l'hôtel, la garde des châteaux et des forteresses, les abus tant de l'hôtel que des autres cours, places et lieux du royaume; les pertes, violations de la loi ou dommages survenus. Il leur donnait plein pouvoir, tant en son hôtel qu'en tout autre lieu du royaume; le droit de se faire présenter tous les rôles et documents publics, de rechercher et de poursuivre toutes les malversations, de réformer tous les abus, de réparer tous les dommages, de recevoir toutes les plaintes et de porter remède à tout ce qui ne pourrait être convenablement amendé et terminé par la justice commune; si quelque division s'élevait dans le conseil, la majorité devait décider. Il était ordonné à tous les prélats, ducs, comtes, barons, etc., d'y obéir : et, pour donner à cette institution une sanction et une garantie contre lui-même, le roi ordonnait que, si personne lui donnait le conseil de la révoquer en quelque manière, la peine fût, pour la première fois, la confiscation de tous les biens; pour la seconde fois, la mort (a).

Cette révolution accomplie, le parlement accorda au roi (c'était se l'accorder à soi-même) les subsides ordinaires : un demi-dixième et un demi-quinzième sur les laïques, à lever à la Chandeleur, et, pour la garde de la mer, 3 sous par tonne de vin, 12 deniers par livre sur les marchandises (la taxe ordinaire était 2 sous d'une part, et 6 deniers de l'autre); en outre, la prorogation du subside des laines jusqu'au terme fixé pour la durée du conseil du roi, ou jusqu'à la Noël qui suivrait, si le parlement n'était point réuni dans l'intervalle. Un autre demi-dixième et un autre demi-quinzième devaient être levés à la Saint-Michel, si les subsides votés et les revenus de la couronne n'avaient pas suffi aux besoins de la défense; c'était le conseil (et les noms des membres sont rapportés dans la cédule) qui en devaient juger. Mais à tout cela il y avait une condition : si le conseil était de quelque manière empêché de remplir sa charge, le vote était nul, et les percepteurs devaient suspendre toute levée d'impôts, avec toute décharge vis-à-vis de l'Échiquier. Chacun était prévenu à l'avance, et les lettres patentes qui promulguèrent cet octroi, en publiaient aussi les conditions (a).

Le parlement avait donc ressaisi tout le pouvoir, et les actes qui avaient pu échapper au contrôle des communes, au temps que le roi s'était tenu pour émancipé, retombaient sous l'examen du conseil qui venait d'être établi. Ce conseil, nommé sous la désignation du parlement, vint prêter serment au parlement, même l'archevêque de Canterbury qui avait le privilége de n'en prêter à personne, et qui se borna à protester au nom du droit de sa dignité, tout en y dérogeant pour cette fois. Le parlement enregistra sa protestation avec son serment. Il eut à recevoir encore un autre serment et une autre protestation. Le roi, en effet, dut jurer comme les autres. Mais, au moment où l'assemblée allait se dissoudre, il se présenta devant elle; et là il protesta hautement que, par rien de ce qui s'était fait dans le parlement, il ne voulait encourir préjudice pour lui ou pour sa couronne, et qu'il entendait que sa prérogative et les libertés de sa couronne fussent sauvées et gardées. Que pouvait dire le parlement ? C'est au nom du roi et pour le bien du roi qu'il avait prétendu tout faire : il laissa donc Richard protester, et se contenta de garder le pouvoir. La protestation fut enregistrée dans les actes de la session (a).

Le parlement fut clos le 28 novembre (b).

Le nouveau gouvernement avait eu dès ses débuts toutes sortes de bonnes fortunes. Les Français, à qui la lutte du parlement et du roi eût pu ouvrir les portes de l'Angleterre, avaient renoncé à leur entreprise. Glocester et ses collègues en revendiquèrent tout l'honneur; et le gouvernement déchu, qui avait mis si bien l'Angleterre en défense contre l'invasion, pouvait être impunément accusé de n'avoir su que la provoquer. La dispersion de la flotte de l'Écluse offrait plus d'un succès partiel à recueillir. Glocester fit partir Richard, comte d'Arundel, et Thomas Mowbray, comte de Nottingham, lord maréchal, les principaux de sa faction, qui surprirent et capturèrent une flottille marchande de Flamands et de Français. Après quoi, le comte d'Arundel se dirigea vers le port de Brest, ce « chien de garde de la Bretagne[1], » à la gorge profonde, au *rictus* toujours menaçant, que les Anglais tentaient de museler par le château où ils avaient garnison. Il ravitailla le château, qui était serré de près par les gens du pays. D'autres avantages furent encore obtenus par Henri Percy dans le détroit (*a*).

La France, il est vrai, ne semblait abandonner la mer aux Anglais que parce qu'elle se disposait à y reparaître en force pour envahir l'Angleterre. Deux flottes se formaient, l'une à Harfleur, de vaisseaux empruntés aux divers ports de la Normandie et de la Picardie, sous la direction du sire de Coucy et de l'amiral Jean de Vienne; l'autre à Tréguier, avec toutes les ressources que les Bretons pouvaient offrir à Clisson. On n'y voulait que des troupes d'élite : six mille hommes d'armes, deux mille arbalétriers et six mille gros varlets, tous bien pourvus; nul n'y était admis qu'il n'eût des vivres pour trois mois. Mais le duc de Bretagne était toujours l'ami secret des Anglais. On se rappelle le service qu'il leur avait rendu à Bourbourg. Il n'avait point paru dans l'expédition préparée à l'Écluse; il ne se montra que trop dans celle-ci. Il vint trouver Clisson au parlement de

1. « Quod videtur esse canis minoris Britanniæ. » (Wals, p. 326.)

Vannes, où le connétable s'était rendu avant d'aller rejoindre la flotte; l'invita gracieusement à visiter un beau château (le château de l'Hermine) qu'il bâtissait au voisinage, voulut lui en faire les honneurs, le mena partout, et, quand il fut à la grosse tour, le fit passer devant et ferma la porte. Ce guet-apens, qui livrait au duc son ennemi capital, sauvait du même coup l'Angleterre du péril de l'invasion. L'entreprise fut abandonnée : il n'était question que d'aller châtier le duc de Bretagne, ce qui n'eût pas manqué de le jeter entièrement dans les bras des Anglais; et quand les choses, après bien des lenteurs, s'arrangèrent de ce côté, l'expédition projetée ne fut pas reprise (*a*).

Le gouvernement anglais n'avait donc rien à craindre de la France; mais cela ne suffisait point à sa sécurité. Les protestations du roi devant le parlement marquaient bien qu'il n'avait cédé qu'à la force, et ne se résignait point à rentrer en tutelle. Quoique privé du pouvoir, il avait gardé autour de lui ceux qui naguère l'aidaient à l'exercer. Le parlement avait ménagé son favori, Robert de Vère, comte d'Oxford et marquis de Dublin, devenu, par une grâce nouvelle, duc d'Irlande. Il avait même consenti à ce qu'on lui donnât une somme d'argent assez forte pour l'aider à conquérir ce que les Anglais étaient loin d'avoir dans ce nouveau duché, ne croyant pas payer trop cher son éloignement; et l'on avait d'ailleurs, par les pouvoirs donnés à la commission, le moyen de revenir, quand on voudrait, sur toutes ces choses. Mais le duc d'Irlande n'était point parti, et Michel de la Pole, sorti de prison, était rentré dans l'intimité du roi. Ces deux hommes et l'archevêque d'York, Alexandre Nevil, l'un des onze conseillers, étaient soupçonnés d'exciter le ressentiment de Richard contre son nouveau conseil, en lui remontrant qu'il n'était plus roi que de nom; que rien ne lui resterait de ses droits si le conseil gardait ceux dont il avait été investi; et l'on peut juger, par la protestation du roi à la clôture du parlement, s'il avait besoin de ces suggestions pour sentir son état et haïr ceux qui l'y retenaient. La présence de ces hommes auprès de lui faisait donc ombrage au conseil, et, quoique sans titre officiel, ils le tenaient en échec; la situation ne pouvait plus durer, et le roi d'ailleurs était résolu d'en sortir (a).

Avant de rien entreprendre, il voulut mettre ostensiblement le droit de son côté.

Selon le récit de Walsingham et du moine d'Evesham, son copiste, le duc d'Irlande, qui avait donné un nouveau grief au duc de Glocester en répudiant sa jeune femme, une petite-fille d'Édouard III, pour épouser une dame de la suite de la reine, était enfin parti pour l'Irlande. Le roi lui-même, voyant l'indignation des grands, l'y avait décidé; mais il s'en était allé avec lui comme pour le mener à sa flotte. Ce n'était qu'un prétexte pour échapper à la surveillance des principaux du conseil et comploter contre eux. Après quelque temps passé dans le pays de Galles, laissant l'expédition d'Irlande en oubli, le roi vint, avec le duc et les autres à Nottingham, où il convoqua plusieurs notables de Londres et les shériffs des diverses parties du royaume. Il voulait savoir par eux s'il pourrait compter sur des levées qui lui permissent de chasser son conseil, ou sur un choix de députés qui lui donnassent un autre moyen de s'en délivrer (a).

Knighton ne parle point en ces termes de cette première consultation, et l'on peut la tenir pour suspecte. L'historien des Lancastres, en la supposant, veut imputer au roi le dessein prémédité de faire appel à la corruption et à la force. Mais comment le roi eût-il, sans plus de préparation ni de réserve, confié indistinctement son secret à tous les agents d'une administration qui était tout entière dans les mains de ses ennemis? Selon Knighton, dans le mois de juillet, le roi était parti pour York, afin de régler un différend entre l'archevêque et les habitants de la ville. Il avait avec lui la reine et les principaux de son intimité, l'archevêque d'York, le duc d'Irlande, Suffolk, Trésilian, grand justicier (président du banc du roi) et Brambré, ancien maire de Londres; et il allait, s'arrêtant sur la route, distribuant des grâces, et ne négligeant pas de sonder l'opinion du pays. Il réunit à Shrewsbury quelques-uns des principaux magistrats : Robert Belknape, président du commun banc; J. Holt, W. Bury, juges à la même cour; J. Cary, premier baron de l'Échiquier. On leur posa diverses questions sur les actes du dernier parlement : « Si ces actes étaient légitimes; si le roi, qui ne les avait admis que par contrainte, y pouvait résister? » et leurs réponses étant favorables, on les mit par écrit, et ils les scellèrent de leur sceau. Puis, pour y donner plus d'autorité, on résolut de prendre leur avis une seconde fois, en appelant à la délibération d'autres juges encore; et on les invita à venir au conseil que le roi, après avoir achevé de parcourir les comtés du nord, devait tenir à Nottingham. Le roi les y trouva au retour de son voyage, moins J. Cary, mais avec eux R. Fulthorp, autre juge du banc commun, et J. Lokton, sergent de loi (avocat du roi); et, dans un conseil tenu le 25 août avec ses conseillers ordinaires (l'archevêque d'York, le duc d'Irlande, le comte de Suffolk, Trésilian et Brambré), il leur soumit les questions déjà résolues à Shrewsbury, et dont le texte nous est gardé, cette fois :

« Si les statuts du dernier parlement dérogeaient à la prérogative royale? — Quelle peine méritaient ceux qui les avaient rédigés, qui avaient engagé ou contraint le roi à y souscrire, qui l'avaient empêché d'exercer sa prérogative? — Si, le parlement étant réuni et l'objet de la convocation exposé, il est loisible aux lords et aux communes d'ajourner les affaires qui leur sont renvoyées par le roi, jusqu'à ce que le roi ait résolu d'autres questions qui lui sont posées par eux-mêmes? — Si le roi a le pouvoir de dissoudre le parlement? — Si les lords et les communes peuvent, contre la volonté du roi, juger en parlement les officiers coupables qu'il plairait au roi de révoquer et de juger par lui-même ?— Comment doit être puni celui qui proposerait d'envoyer chercher au parlement le statut par lequel fut jugé Édouard, fils d'Édouard, bisaïeul du roi, afin d'en prendre exemple pour changer la forme du gouvernement? » A ces questions en était jointe une autre sur le comte de Suffolk : on demandait si le jugement rendu contre lui était entaché d'erreur et révocable.

Les juges nommés et Trésilian avec eux, firent, à l'unanimité, sur cette dernière question comme sur les autres, les réponses que le roi attendait en les posant. Ils signèrent leur consultation, qui fut contre-signée, à titre de témoins, par les archevêques d'York et de Dublin, les évêques de Durham, de Chester, de Bangor, le duc d'Irlande, le comte de Suffolk, J. Rypon, clerc, et J. Blake, chevalier (a).

La consultation de Nottingham devait avoir une importance capitale. Les juges avaient, et ils ont encore en Angleterre une autorité dont rien n'approche. Ils ne sont pas seulement les interprètes d'un droit écrit : ils sont comme les organes de la justice; et la justice domine ceux même qui font la loi : le parlement consulte les juges. Le roi les consultait ici sur un point de la constitution qu'il prétendait violé en sa personne : et les juges avaient donné droit au roi contre le parlement. Sans doute un juge, si haut qu'on l'élève, se peut tromper; il peut subir la violence : et plusieurs de ceux qui donnèrent leur avis à Nottingham alléguèrent plus tard qu'ils avaient été contraints. Si l'on en croit Knighton, R. Belknape, après de longs refus, menacé de mort par le duc d'Irlande et par Suffolk, aurait dit en signant : « qu'il ne lui manquait plus qu'un cheval et un bateau (pour se sauver) ou une corde (pour se pendre). » Et les autres, dans leur procès de 1388, donnèrent de semblables raisons[1].

Mais cette excuse, au moyen de laquelle ces hommes, mis en jugement devant ceux qu'ils avaient condamnés, cherchaient à sauver leur vie en y sacrifiant leur honneur, doit être prise pour ce qu'elle vaut; et si elle n'a point été accueillie des juges, elle doit l'être bien moins encore de l'histoire. En effet, Robert Belknape, J. Holt, W. Burgh, furent deux fois consultés; une première fois à Shrewsbury, une seconde fois à Nottingham. S'ils ont répondu librement à Shrewsbury, qu'était-il besoin, à Nottingham, d'user de contrainte ? Et s'ils ont été contraints à Shrewsbury, comment sont-ils librement revenus à Nottingham? D'ailleurs, si l'on veut savoir qui l'on doit croire de Belknape répondant aux questions du roi à Nottingham, ou du même s'excusant de ses réponses devant un tribunal où il y va de sa tête, il faut se demander ce que la conscience d'un homme assez ferme pour s'élever au-dessus des passions du temps et des prétentions des partis aurait résolu sur les questions posées. Hallam n'hésite point à dire que les réponses

---

1. Knighton, p. 2694; *Rot. Parl.*, t III, p. 239.

des juges à Nottingham sont pour la plupart serviles et inconstitutionnelles. J'ose croire qu'en somme elles sont conformes aux principes de la constitution qui régissait l'Angleterre : car le gouvernement constitutionnel de l'Angleterre, ce n'était pas un parlement régnant au nom du roi par un conseil placé sans son aveu auprès de sa personne, et par des ministres nommés de son autorité, sans qu'il y eût part : mais un roi gouvernant avec le concours des lords et des communes, choisissant librement conseil et ministres, et répondant devant le parlement, non des hommes qu'il aurait appelés à le servir, mais des actes qu'ils auraient accomplis. L'état créé par le parlement de 1386 n'était donc pas un état légal qui dût avoir l'approbation des juges, mais un état révolutionnaire qui ne pouvait chercher son excuse que dans une évidente nécessité. Or nous avons vu si cette raison l'imposait ici : et la conduite du parlement à l'égard des hommes et des choses met d'ailleurs sa pensée en pleine lumière. Il n'en voulait pas aux abus de la faveur du roi : il en voulait à son autorité même. Il ne s'était point attaqué dans cette circonstance au favori, au comte d'Oxford marquis de Dublin, qu'il laissa faire encore duc d'Irlande : il s'en était pris à Suffolk, au ministre qui aidait le roi à se mettre sans secousse ni précipitation hors de tutelle. Le procès intenté à Suffolk, les griefs même qu'on allégua contre lui et les termes de sa condamnation, prouvent que dans toute l'affaire il n'y avait que cela de sérieux. Le parlement, maître du pouvoir pendant l'enfance du roi, ne supportait pas que le roi devenu grand fût parvenu à s'en saisir; et les oncles de Richard, maintenus dans tous leurs honneurs mais à leur rang, après comme avant cette émancipation du jeune prince, trouvaient dans les dispositions présentes des lords et des communes un point d'appui à leur ambition deux fois trompée. C'est tout le secret du mouvement de 1386, servi à propos par les choses du dehors. Mais le roi, injustement dépouillé de son pouvoir, ou, qui pis est, condamné à le mettre au service des ennemis de sa prérogative, n'avait pas perdu le droit de rentrer dans la vérité de son rôle : c'est ce que reconnaissait la consultation de Nottingham. Il s'apprêtait à en user (a).

Il revint vers Londres à petites journées, continuant de se montrer à son peuple et ne précipitant rien. La commission du conseil n'était que d'un an. Le terme arrivait le 19 novembre. Richard voulait l'attendre, se résignant à subir jusqu'au bout la situation qu'il avait acceptée, mais résolu à ne le point laisser proroger au delà; et il songeait aux moyens d'empêcher ses ennemis d'user du pouvoir qu'ils avaient en main pour s'y perpétuer. Il avait pour lui l'avis des juges ; il voulait saisir la justice, en renvoyant devant elle ceux qu'il accusait d'avoir usurpé son autorité. Afin de procéder légalement, il lui fallait sur les lieux mêmes un magistrat qui signât les ordres d'arrestation. Il nomma dans cette pensée Thomas Uske sous-shériff de Middlesex, le comté où est Londres. N. Brambré et J. Blake, munis de lettres de créance, étaient chargés de voir le maire, de lui remettre le bill d'accusation et d'obtenir son concours. Mais rien ne se devait faire avant le temps marqué (a).

Après être resté quelque temps au voisinage de Londres, comme le terme approchait, Richard voulut y faire, un jour de dimanche, une entrée solennelle, préparant par une grande démonstration publique l'acte qu'il projetait (10 novembre). Il marchait suivi de ses conseillers, précédé de l'archevêque d'York qui portait la croix, et il trouva à l'entrée, pour l'accueillir, le maire de Londres escorté d'une multitude de chevaliers vêtus à ses couleurs. Ce fut avec ce cortége qu'il fut conduit processionnellement à l'église Saint-Paul d'abord, puis au palais de Westminster. Mais bien que la consultation (la pièce même le prouve) n'eût pas été soumise, comme le dit Knighton, à une assemblée générale de tous les gens de loi, elle avait eu encore assez d'auteurs ou de témoins pour qu'il en transpirât quelque chose : Fulthorp déclara plus tard qu'il en avait parlé au comte de Kent dès le lendemain. D'ailleurs avant dix jours les pouvoirs du conseil expiraient; et le roi avait assez hautement déclaré qu'il ne souffrirait pas qu'on les renouvelât. Les intéressés étaient donc en éveil; et tandis que Richard attendait l'heure prochaine de son affranchissement, préparant son coup d'État légal, Glocester armait. Le lendemain du jour où il était reçu dans

Londres en si grande pompe, Glocester, Arundel et Warwick venaient en tout autre appareil s'établir aux portes de la ville, dans la forêt de Haringhay, et le peuple, qui la veille était en fête, demeurait dans l'attente des événements, comme frappé de stupeur. Les plus effrayés, on le peut croire, étaient les amis du roi : c'était à eux seuls que les trois chefs du mouvement affectaient de s'en prendre. Ils députèrent au roi l'archevêque de Canterbury et plusieurs autres, protestant qu'ils n'entendaient rien faire qui ne fût à son honneur et à son avantage; mais ils voulaient que les traîtres fussent éloignés de lui et châtiés pour l'effroi de leurs successeurs (a).

Le roi avait songé à la résistance. A la première nouvelle de l'approche d'Arundel, on avait publié dans Londres défense de vendre des armes ou des approvisionnements à ses troupes, comme ayant été levées contre l'autorité royale; on avait même eu la pensée d'armer pour le roi cette ville qui venait de lui faire une si éclatante réception. Mais les conjurés avaient répondu à la proclamation de Richard par une autre : ils y protestaient qu'ils n'avaient pris les armes que pour maintenir l'autorité du parlement, et arracher le roi aux traîtres qui semaient la division dans son royaume et compromettaient son héritage. Tout en ménageant le roi dans la proclamation, on répandait les bruits les plus propres à retourner le peuple contre lui. On disait que ses conseillers le poussaient à traiter avec le roi de France. Calais,

Guines, la Picardie, toutes les possessions continentales de l'Angleterre, excepté l'Aquitaine, devaient être livrées par Richard à Charles VI pour qu'il lui vînt en aide, et que, passant en Angleterre, il lui soumît tous ses ennemis. On disait encore qu'un serviteur de Richard avait été envoyé au même roi. Que portait son message? On ne le disait point; mais sans doute il n'était pas trop désagréable à la France : car le messager en était revenu avec un présent de 1000 marcs. On ajoutait qu'en même temps qu'un chevalier était député à Charles VI, une lettre avait été expédiée à William Beauchamp, gouverneur de Calais, avec un ordre du roi de remettre la ville à l'envoyé : Beauchamp prenant cette lettre l'avait fait passer au duc de Glocester, et il avait répondu au message adressé à lui-même, qu'ayant reçu le gouvernement de la ville publiquement, de l'autorité du roi et des lords, il ne le remettrait point clandestinement. Bien plus, on disait qu'en ce temps même le roi voulait aller à Canterbury, sous prétexte de pèlerinage, mais en réalité pour passer en France et livrer lui-même Guines et Calais à Charles VI : bruits absurdes recueillis par les historiens du temps comme ils l'étaient par les partis hostiles; mais comment tous les modernes n'y ont-ils pas vu une raison suffisante pour se défier de leurs jugements (a)?

Quand le roi, confiant dans l'accueil qu'il venait de recevoir à Londres, voulut y chercher un appui, il vit bientôt ce qu'il en devait attendre. Il fit venir le maire et lui demanda combien la ville pouvait armer de monde. « Cinquante mille hommes en une petite heure, dit le maire.

— Amenez-les ! »

Avant qu'il fût une heure, le maire revint lui dire qu'ils voulaient bien s'armer, mais contre ses ennemis, et nullement contre ses vrais amis, entendant par là le parti de Glocester. Ce sentiment se manifestait devant le prince par toutes les voies. Il y avait à la cour un chevalier nommé Hugues de Lyn, brave en son temps, mais qui avait perdu la raison et qui vivait de l'aumône des seigneurs. Comme il se présentait : « Eh bien ! lui dit le roi en riant, que devons-nous faire ? faut-il les aller attaquer ?

— Va, répondit-il, et extermine-les tous ; mais alors, par les yeux de Dieu, tu auras exterminé tout ce que tu as de fidèles amis dans le royaume. »

Même parmi les seigneurs les plus attachés au roi, le favori avait des jaloux. Raoul Basset, tout en protestant qu'il était prêt à exposer sa vie et ses biens pour la personne du prince, déclara qu'il ne voulait pas se faire casser la tête pour le duc d'Irlande. Ainsi autour du roi plusieurs semblaient croire qu'il s'agissait vraiment, comme le disait Glocester, de sa faveur et non de son autorité ; et cette thèse trouva auprès de Richard un avocat chaleureux dans le comte de Northumberland. « Les seigneurs qui sont aux champs, lui disait-ils, vous ont été, vous sont et vous seront toujours fidèles ; ils ne veulent en rien diminuer votre état ni vos honneurs, mais ils se sentent déplorablement accablés par l'insolence de quelques hommes, et tout le pays est ému avec eux. Vous êtes au lieu où vous avez reçu la couronne : agissez en roi ; faites-les venir au pied de votre trône pour exposer la cause de leur venue. Quand vous les aurez ouïs, j'affirme que vous les tiendrez pour excusés (*a*). »

Le roi fut-il convaincu ? Cela est douteux ; mais la résistance devenait impossible. Il prêta l'oreille au conseil de Northumberland. L'archevêque de Canterbury et le chancelier Thomas Arundel, évêque d'Ely, qui avaient fait prévaloir cet avis auprès du roi, devinrent les messagers du roi auprès de Glocester et de ses associés. Ils étaient du parti ; on les en pouvait bien croire. Glocester accepta. Et qu'avait-il à craindre ? Dans une séance du conseil, tenue à Waltham-Cross (comté de Hertford) le 14 novembre, séance où l'on trouve le chancelier lui-même et le garde du sceau privé, les trois chefs du mouvement, Glocester, Warwick et Arundel, déposèrent un *appel* ou acte d'accusation contre les cinq principaux conseillers de Richard : Alexandre Nevil, archevêque d'York, Robert de Vère, duc d'Irlande, Michel de la Pole, comte de Suffolk, Robert Trésilian, « faux justicier, » et Nicolas Brambré, « faux chevalier, » comme ils les appelaient ; et ils s'apprêtèrent à l'aller soutenir devant le roi[1].

Le dimanche 17 novembre, Richard, revêtu de son

---

1. *Députation à Glocester.* Knighton, p. 2700 ; — *Conseil de Waltham-Cross.* Rot. Parl., t. III, p. 229.

costume royal, se rendit à Westminster et prit place sur son trône. Mais au lieu des seigneurs attendus, ce fut un messager qui vint de leur part trouver le roi, disant que des embûches leur avaient été dressées sur la route. Il fallut que Richard se justifiât publiquement d'une pareille accusation, qu'il jurât de ne leur avoir tendu aucun piége, les autorisant à tuer tous ceux qu'ils trouveraient en embuscade : autorisation qu'ils auraient sans doute bien prise d'eux-mêmes si la chose eût été vraie; mais c'était un moyen de rendre les favoris plus odieux et le roi lui-même plus suspect. Ils vinrent enfin, et en entrant dans la salle se prosternèrent jusqu'à trois fois devant le roi. Le chancelier (leur complice) jouant gravement son rôle, leur dit que le roi, à la nouvelle qu'ils étaient venus contre tout usage avec des troupes dans le parc de Haringhay, n'avait pas voulu les assaillir, ce qui lui eût été bien aisé s'il n'avait eu tant de sollicitude pour eux et pour leurs gens : « car, ajoutait-il, s'il eût voulu réunir ses soldats, il en aurait eu bien plus que vous, et bien du sang aurait coulé! Mais le roi répugne à l'effusion du sang. Il a donc préféré, continuat-il, vous faire venir pacifiquement devant lui, et savoir de vous pourquoi vous avez réuni tant d'hommes d'armes?

— C'est, répondirent-ils, pour le bien du roi, et pour chasser d'auprès de lui les traîtres qu'il retient dans sa compagnie. »

Ils désignaient les cinq : Robert de Vère, duc d'Irlande, Alexandre Nevil, archevêque d'York, Michel de la Pole, comte de Suffolk, Robert Trésilian, et N. Brambré; et, pour soutenir leur *appel* en justice, ils jetèrent leur gant, les provoquant en combat singulier. Mais le roi : « La chose ne se passera point ainsi, dit-il : elle sera débattue au prochain parlement. Vous y viendrez, vous et eux, et il vous sera fait selon le droit et la raison. » Après cette déclaration, Richard, si l'on en croit Walsingham, reprenant le thème du chancelier, comme pour intimider les autres par le vain étalage de forces que tout le monde savait qu'il n'avait pas, se serait emporté dans son langage jusqu'à la provocation et à l'injure. Le roi, selon toute apparence, ne montra ni cette audace, ni cet oubli de sa dignité. Il releva Glocester, qui était toujours à genoux, fit relever les autres, et les ajourna au 3 février, jour qu'il fixa pour la réunion du parlement (*a*).

II

LES CINQ LORDS APPELANTS.

Le roi était retombé dans leurs mains. Aux actes qui suivent on reconnaît, sous son nom, qui gouverne. Dès le mardi suivant (19 novembre, le jour qui devait être celui de sa délivrance), il publia une proclamation dans laquelle il justifiait Glocester, Warwick et Arundel de tout crime de trahison, nommait leurs diffamateurs (l'archevêque d'York, etc.); et en attendant qu'ils pussent se défendre eux-mêmes devant le prochain parlement, il les déclarait tous, accusés ou accusateurs, placés sous sa sauvegarde. Cette sauvegarde était inutile pour les uns, illusoire pour les autres, et l'arrêt qui devait suivre ne laissait de doute à personne. C'est pourquoi ceux qu'il menaçait résolurent de ne pas l'attendre : ils s'enfuirent tous sous des déguisements, l'archevêque d'York dans le nord, vêtu en simple prêtre; le duc d'Irlande à Chester, en l'équipage d'un servant d'armes, avec quatre ou cinq valets de cette espèce. Le comte de Suffolk, la barbe et la tête rasées, vint à Calais se donnant pour un Flamand, marchand de volailles; il comptait sur son frère Edmond de la Pole, capitaine du château; mais Edmond de la Pole refusa de le recevoir sans en parler à W. Beauchamp, capitaine de la ville, son supérieur! C'était le lui livrer. W. Beauchamp l'arrêta et le renvoya au roi, qui goûta fort mal ce service et fit évader le prisonnier (a).

Richard, demeuré seul, était à la merci de ses ennemis. Si l'on en croit les actes d'un procès postérieur, les trois lords appelants, Glocester, Arundel et Warwick, et avec eux Thomas Mortimer, avaient conçu le projet de lui ôter la couronne (12 décembre); et Glocester ne l'a pas trop nié dans la déclaration qu'il fit peu de temps avant sa mort : il y confessa qu'on avait le dessein de déposer le roi pour deux ou trois jours; après quoi, ajoutait-il, on le devait rétablir dans son ancien état et lui prêter hommage. Richard déposé, il est douteux qu'on lui eût rendu sa couronne. Heureusement pour le roi, deux autres seigneurs qui venaient de se joindre à l'*appel*, Derby et Nottingham, se refusèrent à suivre jusque-là leurs complices : Derby, fils aîné de Lancastre, avait tout intérêt à ne pas laisser déposséder Richard par Glocester. Le projet tomba donc : et Richard n'avait pas encore abdiqué toute espérance ; car ses amis en fuyant ne l'avaient pas tous abandonné. Le Nord et l'Ouest étaient la partie de l'Angleterre la plus dévouée à sa personne. Le duc d'Irlande, autorisé par ses lettres et aidé du crédit de Th. Molyneus, connétable de Chester, homme tout-puissant parmi les siens, leva des troupes dans ce comté et dans la principauté de Galles ; et le roi s'efforçait d'en accroître la force et le nombre en s'adressant aux lords dont la loyauté lui était connue. Il armait donc ; mais Glocester n'avait pas désarmé, et indépendamment de ses troupes, il comptait bien rallier à sa cause la ville de Londres et la plus grande partie du peuple : il n'est pas difficile d'entraîner la foule dans un mouvement contre des favoris (*a*).

La lutte fut courte. Quand le duc d'Irlande, qui avait réuni cinq mille hommes, se présenta au pont de Redecot, il le trouva gardé par le comte de Derby. Il voulut prendre un détour le long de la Tamise : mais il rencontra Glocester. Serré de tous côtés par les ennemis, il désespéra un des premiers de la journée, et, se débarrassant de ses armes, il lança son cheval dans le fleuve. Son casque, ses gantelets, trouvés sur la rive, firent croire d'abord qu'il était noyé. On ne s'en inquiéta plus : il échappa. Les troupes abandonnées ne combattirent pas davantage, et furent reçues facilement à merci. Mais les chefs n'avaient rien de pareil à attendre, et une anecdote garde au combat le caractère d'atrocité propre aux luttes civiles. Thomas Molyneus, voyant le duc d'Irlande en fuite et les troupes débandées, s'était jeté, lui aussi, dans le fleuve. Thomas Mortimer le somma de regagner le bord, le menaçant de le percer de flèches. « Si je le fais, me sauveras-tu la vie ? dit Molyneus.

— Je ne te le promets pas, mais viens, ou tu es mort.

— S'il en est ainsi, reprit le chevalier, laisse-moi remonter afin que je combatte avec toi ou avec un des tiens, et que je meure en homme. »

Mais comme il s'accrochait à la rive pour sortir de l'eau, Mortimer le prit par la tête, et, détachant son casque, lui fendit le crâne d'un coup de dague (20 décembre) (a).

Cette défaite laissait le roi sans ressource; sa participation à la levée de boucliers était constante; des lettres trouvées dans les bagages du duc d'Irlande en faisaient foi, et il n'y a pas lieu de les révoquer en doute : elles ont ici trop de vraisemblance. Il n'y avait donc rien à espérer des vainqueurs; et de la Tour il pouvait entendre le peuple de Londres saluer de ses acclamations la nouvelle de la victoire. On n'y regrettait qu'une chose : c'est que le duc d'Irlande eût échappé; et déjà la haine publique cherchait une plus noble victime. Elle accueillait sans examen tout ce qu'on imaginait à l'appui de l'accusation impossible dont on voulait charger le roi. Le bruit courait qu'on avait arrêté un messager du roi de France; on avait saisi sa lettre : elle autorisait Richard à venir avec le duc d'Irlande et quelques autres à Boulogne pour lui livrer Calais et le reste, et se faire son homme lige à raison de la Gascogne ! Après cela, comment douter de la trahison [1] ?

Les vainqueurs, et à leur tête les cinq lords *appelants*, Glocester, Warwick, Arundel, Derby et Nottingham, ne tardèrent point à paraître devant Londres à la tête de quarante mille hommes (26 décembre). Les principaux de la ville hésitaient, dit Walsingham, entre la crainte d'irriter le roi s'ils leur ouvraient leurs portes, et celle de soulever le peuple s'ils les tenaient fermées. Mais des deux périls un seul était vraiment à craindre. Le maire de Londres, favorable aux appelants, vint mettre la cité entre leurs mains. On reçut les troupes, on leur distribua du vin, des vivres. Le peuple de Londres était tout à eux (*a*).

Le roi dans la Tour était déjà comme prisonnier. On le bloquait de toutes parts et on gardait la rivière de peur qu'il n'échappât. Il accepta une entrevue. Ce ne fut plus cette fois à Westminster, dans la salle du

---

1. Wals , p. 332, 333 ; M. Evesh., p. 97; Otterbourne, p. 172.

trône, avec tout l'appareil de son pouvoir, mais à la Tour dont il remit préalablement les clefs aux cinq lords, et où ceux-ci n'entrèrent qu'après avoir envoyé deux cents hommes visiter l'intérieur, et mis des gardes aux portes. Ils se présentèrent devant le prince, se tenant tous les cinq par le bras en signe d'union; et après l'avoir salué ils lui exposèrent brièvement leur affaire. Si l'on en croit Walsingham, ils coupèrent court à toute excuse en montrant au roi les preuves de sa trahison : ses lettres au duc d'Irlande, le sauf-conduit du roi de France; et le roi atterré ne put que fondre en larmes. Knighton ne parle point de cette démonstration sommaire, et on en conçoit la raison en ce qui regarde la France. Mais les appelants avaient d'autres moyens d'agir sur l'esprit du roi. Derby, le menant aux remparts, lui fit jeter les yeux sur la multitude rassemblée alentour; et comme le roi en voyait le nombre avec surprise : « Tout ce peuple, dit Glocester, n'est pas la dixième partie de ceux qui veulent se joindre à nous pour détruire et exterminer les traîtres au roi et au royaume. » C'est par de tels discours, dit Knighton, qu'ils adoucissaient (*mulcebant*) l'esprit du roi. » Ils l'invitèrent à se rendre le lendemain à Westminster, où ils promettaient de lui révéler bien d'autres choses. Westminster maintenant était à eux, et ils y voulaient réunir les lords présents pour avoir leur sanction aux mesures qu'ils avaient à prendre. Le roi y consentit, et voulut par honneur les retenir à souper et à coucher; mais Glocester refusa, craignant un piége, et alléguant pour excuse qu'en l'absence des chefs, les soldats pourraient faire quelque mal à ceux de la ville. Cependant pour complaire au prince, et peut-être pour veiller à sa personne et à ses résolutions, Derby et Nottingham demeurèrent avec lui à la Tour[1].

Richard, en effet, savait quel rôle lui était réservé à Westminster, et un instant il eut la pensée de s'y soustraire par la fuite. Mais on lui dit que, s'il n'y venait, on prendrait un autre roi. Il vint donc, et dut consentir au renouvellement complet de sa maison, sous prétexte que ses anciens serviteurs l'avaient trahi, que ceux qu'on lui donnait lui seraient fidèles. L'évêque de Durham, trésorier au temps de Suffolk, l'évêque de Chichester, confesseur du roi, furent les premiers proscrits : et le dernier n'attendit pas qu'on le chassât pour prendre la fuite. On chassa jusqu'aux dames de la cour. Mais on ne se borna point à l'expulsion des suspects; on arrêta ceux qu'on put prendre : Simon Burley, W. Elmham, J. de Holt, sénéchal du roi, J. de Salisbury, Th. Trivet, etc.; on les mit en prison en attendant le jour du jugement (a).

Quand le parlement, convoqué dès le mois de novembre, se réunit le 3 février, jour fixé par le roi, la situation était singulièrement aggravée par ce qui s'était passé dans l'intervalle; et le parlement lui-même en portait bien la trace. Les *writs* de convocation de

---

1. Wals., p. 333; M. Evesh., p. 99; Otterbourne, p. 172; Knighton, p. 2704.

novembre disaient d'envoyer des personnes « indifférentes au dernier débat. » On les révoqua; on en fit d'autres où cette clause était expressément retirée comme contraire aux coutumes et à la liberté : la suppression avait un sens qui ne pouvait échapper aux shériffs. L'action s'engagea le jour même. Tous les pairs ecclésiastiques et laïques étant rassemblés dans la salle de Westminster, le roi vint occuper le trône; et alors les cinq lords appelants, revêtus d'habits somptueux, entrèrent, se tenant par la main et suivis d'une nombreuse escorte. Des appelés, pas un seul : le duc d'Irlande, Suffolk et l'archevêque d'York avaient gagné le continent; Trésilian se cachait; Brambré seul, qui avait combattu pour son roi jusqu'après la défaite, aux portes mêmes de Londres, avait été pris; mais on ne se donnait pas la peine de le produire dans cette cérémonie (a).

Le discours d'ouverture du lord chancelier était comme la préface de l'accusation. Le parlement, disait-il « moult sagement et éloquemment, » était convoqué pour faire que les débats et les discussions qui, par faute de bon gouvernement dans le passé, agitaient maintenant le royaume, fussent calmés et assoupis, le roi mieux conseillé et le royaume mieux gouverné, la paix et la tranquillité maintenues et affermies, la loi plus observée, la justice faite aux pauvres comme aux riches, les extorsions, oppressions, abus de maintenance anéantis, les malfaiteurs châtiés, les bons récompensés. La défense du royaume et les moyens d'y subvenir faisaient, en termes sommaires, la conclusion obligée du discours[1].

Dès qu'il eut achevé, Glocester se présenta devant Richard, et, fléchissant le genou, il dit qu'il savait qu'on l'avait accusé près du roi d'avoir voulu le détrôner et se faire roi à sa place; il offrait de s'en défendre devant les pairs du parlement. Si le roi l'eût ouï dire, il n'aurait pas été, on l'a vu, mal informé: mais Glocester ne provoquait le procès que parce qu'il le savait impossible; et le roi, qui pensait comme lui sur ce point, déclara hautement devant l'assemblée qu'il le tenait pour innocent et excusé de tout reproche. L'humble solliciteur lui avait fait moins de grâce à lui-même. En laissant au roi sa couronne, il avait voulu que Richard ne cessât pas de voir le glaive suspendu sur sa tête. Dans le procès fait plus tard à Glocester, il est dit qu'il renouvela devant le parlement de l'an XI ce qu'on avait fait au début du parlement de l'an X. Il tira des archives l'acte de déposition d'Édouard II, le montra au roi devant l'assemblée, dit qu'il y avait raison suffisante pour le déposer de la même sorte; mais que, par honneur pour son noble aïeul Édouard III, et dans l'espoir qu'il gouvernerait mieux, on souffrirait qu'il restât sur le trône. C'est sous l'empire de cette menace que le roi dut absoudre Glocester et présider au jugement de ses propres amis (a).

1. *Rot. Parl.*, t. III, p. 228, § 1.

Après la déclaration de Richard, les cinq appelants se rapprochèrent de lui et déposèrent entre ses mains leur requête contre les cinq accusés, savoir : Alexandre Nevil, archevêque d'York, Robert de Vère, duc d'Irlande, Michel de la Pole, comte de Suffolk, Robert Trésilian, Nicolas Brambré ; et ils y impliquaient bien d'autres encore (a).

Pour en résumer les traits généraux, on y reprochait aux accusés l'ascendant qu'ils avaient exercé sur l'esprit du jeune roi, jusqu'à l'obliger par serment à ne rien faire que par eux ; ne laissant nul seigneur traiter avec lui qu'ils ne fussent là, et abusant de leur crédit pour se faire donner, à eux ou aux leurs, des seigneuries, de l'argent ou des châteaux, qui, remis à des hommes incapables, sont retombés aux mains de l'ennemi (art. 1-8). Ils ont entravé la marche des tribunaux, vendu les chartes de rémission, exercé le droit de maintenance au détriment de la justice (art. 9-14). Au dernier parlement, comme les lords et les communes, effrayés de l'invasion imminente des Français, faisaient au roi des remontrances sur sa façon de gouverner, ils ont obtenu du roi un ordre adressé au maire de Londres, pour faire tuer les seigneurs et ceux des communes qui n'étaient pas de leur parti. Ils ont poussé le roi à s'éloigner de l'assemblée, à déclarer qu'il n'y reviendrait que si l'on s'engageait à ne plus rien dire contre ses ministres, lorsqu'on savait l'accusation préparée contre Suffolk (art. 15 et 16). Après l'établissement de la commission des onze, approuvée de tous les gens de justice et acceptée du roi, ils ont persuadé au roi que c'était une atteinte à son autorité; ils ont, pour la renverser, consulté à plusieurs reprises des juges réunis sans l'assentiment et hors de la présence des seigneurs du conseil (art. 17 et 18). Ils ont cherché à recruter des gens qui soutinssent l'autorité du roi, comme ils disaient, et au fond leur propre pouvoir; entraîné le roi dans les comtés les plus lointains, pour le séparer du conseil et entraver la marche des affaires, et livré au duc d'Irlande tous les pouvoirs du roi dans le Chester, sous le titre de grand juge (art. 20-22). Ils ont mis en liberté, sans le consentement du parlement, Jean de Blois, héritier de Bretagne (ce qui était un péril pour le duc, ami des Anglais). Ils ont fait des armements, et réuni des juges (à Nottingham) pour en obtenir une consultation contraire aux actes du dernier parlement (art. 21-25). Appuyés de cette consultation, ils ont fait le complot d'arrêter les principaux des seigneurs et des communes : Thomas Uske, John Rypon, J. Blake avec Brambré ont eu leur rôle dans cette entreprise. Ils ont fait croire au roi que les auteurs des derniers statuts avaient porté atteinte à ses prérogatives et ne songeaient qu'à le déposer; qu'en conséquence il les fallait détruire par tout moyen, même avec l'aide du roi de France; et à cette fin le roi a écrit à ce prince : Calais et les places de Picardie, les villes de Cherbourg et de Brest lui ont été promises pour prix de son concours; il a été convenu qu'une trêve de cinq ans serait négociée par les deux rois; que Richard amènerait avec lui dans la conférence Glocester, Arundel et Warwick, et qu'on les arrêterait pour les faire mourir (art. 26-31). A ces griefs, on ajoutait les faits postérieurs aux premiers actes de l'accusation : la proclamation contre Arundel, campé à Haringhay, et contre ceux qui parleraient mal du gouvernement; la nomination de shériffs chargés d'envoyer au parlement des hommes dont le gouvernement fût assuré; l'armement du duc d'Irlande excité, soutenu par le roi; et cette guerre civile qui venait d'échouer misérablement au combat de Redecot-bridge (a).

La lecture de cette pièce dura deux heures. On frémissait dans l'auditoire quand on entendait confirmer par l'autorité des appelants les attentats accrédités déjà par le bruit public : le projet de massacre du parlement tout entier, à l'époque du procès de Suffolk; les liaisons de ces traîtres, comme on les appelait, et du roi lui-même avec la France; le guet-apens d'une négociation où les trois premiers appelants devaient être engagés pour y périr; et plusieurs, émus du danger auquel on venait d'échapper, ne pouvaient retenir leurs larmes. Les articles lus, les appelants jurèrent qu'ils étaient prêts à en prouver la vérité pour l'honneur de Dieu, et le profit du roi et du royaume. On appela solennellement les accusés dans la grande salle de Westminster, puis à la porte du palais; et comme ils ne comparaissaient pas, les accusateurs, alléguant qu'ils avaient une connaissante suffisante de l'appel, demandèrent qu'ils fussent déclarés atteints et convaincus des crimes énumérés dans leur acte[1].

Le roi remit la chose au lendemain; il voulait, avant de rien prononcer, avoir l'avis des juges et des hommes de loi. On leur soumit l'acte d'accusation; et (chose qui justifie bien l'autorité reconnue à cette magistrature), en présence de ces tout-puissants accusateurs et d'un parlement qui était à leur service, au lendemain du jour où ils avaient vu les premiers de leur corps, les signataires de la consultation de Nottingham, enlevés de leurs siéges dans leur costume de juges, et menés en prison, ils déclarèrent qu'après avoir bien examiné cet appel, ils ne le trouvaient conforme ni à l'une ni à l'autre loi (la loi civile et la loi ecclésiastique). Mais le parlement n'était point disposé à subir ici leur sentence. Les lords dirent qu'en si haute matière, quand il s'agissait d'un attentat contre la personne du roi et l'état du royaume, et que des pairs du royaume étaient accusés, la cause ne pouvait être jugée qu'en parlement et d'après la loi du parlement; qu'il appartenait à leurs anciennes franchises et libertés de se constituer juges en pareil cas. « Le royaume d'Angleterre, ajoutaient-ils, n'a jamais été gouverné par la loi civile; et c'est la volonté du roi et des lords de ne pas souffrir qu'on l'y soumette. » Ils eussent cru abdi-

---

1. *Rot. Parl.*, III, 236.

quer en se laissant dessaisir au profit des cours inférieures. L'accusation fut donc déclarée valable dans sa forme, et la cause retenue pour être jugée selon la loi du parlement (a).

La compétence du tribunal ainsi établie, les appelants requirent défaut contre les non-comparants, et jugement contre Nicolas Brambré, qu'on avait sous la main. On fit une nouvelle sommation aux quatre absents; on ajourna encore au lendemain, 5 février : et alors un dernier appel n'ayant pas plus de résultat, on allait procéder, quand le clergé suspendit encore pour un moment la délibération. Dans un jugement où la condamnation emportait peine de mort, nul homme d'Église ne pouvait siéger parmi les juges. L'archevêque de Canterbury, en son nom et au nom de ses suffragants, déclara donc que lui et les autres prélats s'abstenaient pour obéir aux canons, mais qu'ils entendaient, malgré cette abstention, retenir tous leurs droits de pairie. Les évêques de Durham et de Carlisle, leur métropolitain étant absent (et l'on en sait la cause) firent les mêmes réserves en leur nom personnel. On enregistra leur protestation, et quand ils furent partis, on prit défaut contre les absents, puis on s'ajourna pour l'examen des articles[1].

Le jeudi 13, les lords reprirent séance. Sur les trente-neuf articles, quatorze étaient estimés crimes de trahison, et les quatre accusés déclarés coupables

---

1. *Rot. Parl.*, t. III, p. 236.

en tant qu'ils y étaient impliqués. En conséquence, à la requête des cinq lords appelants, ils furent jugés dûment atteints et convaincus du crime de haute trahison, et condamnés, le duc d'Irlande, Suffolk et Trésilian à être traînés sur la claie et pendus, avec confiscation de tous leurs biens. Quant à l'archevêque d'York, la peine de mort ne le pouvait atteindre, en raison de son caractère : on le frappa de la confiscation de tous ses biens, et il fut décidé que son temporel serait saisi et sa personne mise à la disposition du roi, afin qu'il agît à son égard pour l'honneur de Dieu et de l'Église et le maintien des lois du royaume. Le roi écrivit donc à Rome, et à sa prière le pape transféra l'archevêque du siége d'York au siége de Saint-André, en Écosse : siége qui n'était pas plus de l'obédience du pape que de la domination du roi; car l'Écosse, ainsi que la France, reconnaissait Clément VII et non Urbain VI. C'était, au su de tout le monde, une manière de le destituer. L'archevêque, après bien des traverses, gagna la Flandre où, en échange du siége qu'on lui ôtait et de celui qu'on ne lui donnait pas, il fut heureux de trouver une petite cure à desservir (a).

Une première satisfaction était donnée aux lords appelants. Avant d'aller plus loin, et par un sentiment peut-être des représailles que les révolutions peuvent amener dans les jugements politiques, ils voulurent protester hautement de la loyauté de leurs actes et en obtenir pleine approbation du roi, en présence et sous la garantie du parlement. Le duc de Glocester, en son nom et au nom de tous les autres, affirma donc que la prise d'armes du 13 novembre dernier (à Haringhay-Park) avait été pour l'honneur de Dieu, l'honneur et le profit du roi et de tout le royaume, pour confondre la malice des traîtres *appelés* (accusés), sauver le roi et se sauver eux-mêmes : et le roi, sur leur requête, déclara, de l'assentiment de tous, qu'il acceptait leurs explications et les approuvait[1].

Ils demandèrent alors qu'on amenât devant le parlement celui des cinq appelés que l'on avait à la Tour, Nicolas Brambré, ancien maire de Londres.

Ce n'était point le principal des accusés, mais il n'était pas de ceux que l'on redoutait le moins. On se rappelle de combien de pétitions les corps de métiers de Londres le poursuivaient déjà au parlement de 1386; et il avait, dans les dernières affaires, montré une énergie et une vigueur qui devaient surexciter tous les ressentiments. Aussi l'accusation s'était-elle tout spécialement attaquée à sa personne. Outre les charges qui pesaient sur lui comme sur les autres, on l'accusait en particulier d'avoir tiré de la prison de Newgate et emmené dans le comté de Kent vingt-deux prisonniers qu'il avait fait décapiter (art. 12); d'avoir été de ceux qui devaient saisir non-seulement Glocester et les appelants, mais aussi Lancastre dès son retour (art. 26); d'avoir contraint

---

1. *Rot. Parl.*, t. III, p. 237 et p. 244, § 8.

par serment ceux qui venaient à Londres à soutenir la cause du roi contre les appelants (art. 33). A ces griefs la rumeur publique en ajoutait bien d'autres : on disait qu'étant maire de Londres il avait voulu faire donner à la ville le nom de « Troie nouvelle, » pour se faire créer duc de Troie; qu'il avait dressé le rôle de tous les opposants afin de les mettre à mort, fait fabriquer à ce dessein un billot et une hache; et que huit mille des principaux de Londres devaient livrer leur tête à cette hache, sur ce billot (a).

Il fut amené au parlement le lundi 17. On lui lut les articles, et on le requit d'y répondre. Il demanda un conseil et quelque temps pour préparer sa défense; mais il demandait, dit l'historien de 1641, une chose qui n'était conforme ni à l'usage ni à la loi, une chose que la rigueur du droit devait repousser dans un cas de cette nature. Sommé de répondre, à l'heure même, sur chaque article : « Je suis innocent, dit-il, et quiconque m'a flétri de cette accusation infamante, je suis prêt, pour maintenir mon innocence, à le combattre en champ clos, partout où le roi le déterminera. » « Et, dit le même auteur, il parlait avec une telle furie que ses yeux étincelaient de rage, et il soufflait comme s'il eût renfermé l'Etna dans son sein : aimant mieux mourir glorieusement les armes à la main, qu'ignominieusement sur un gibet. Les appelants acceptèrent le défi et jetèrent leur gage de bataille devant le roi, et de même tous les lords. Les gants tombaient comme la neige en hiver. « Nous aussi, criaient-ils, nous acceptons le combat et nous voulons prouver cette damnable trahison. » Ils oubliaient qu'ils étaient juges ! Cette scène, dont le pamphlétaire Fannant n'a pas nommé l'auteur, n'a point de place au procès-verbal. Ils y répondent au contraire qu'il ne s'agit point de bataille, qu'ils examineront les articles et prendront les moyens d'information les plus sûrs pour rendre un jugement à l'honneur de Dieu et à l'avantage du roi et du royaume[1].

On ajourna; et le surlendemain, pour fortifier l'accusation et affaiblir l'impression qu'avait laissée cette énergique défense, on produisit divers témoins de la cité : ils se plaignaient de ce qu'ils avaient souffert de Brambré pendant qu'il était maire, et des extorsions dont il les accablait. Mais un incident suspendit le jugement : Trésilian venait d'être trouvé. Il s'était caché dans la maison d'un apothicaire tout proche de Westminster, d'où il pouvait voir les lords et savoir plus tôt ce qui se passait au parlement. Pour qu'on ne le reconnût pas, il avait pris des vêtements en lambeaux, une barbe longue et touffue à la mode de Paris. Mais sa curiosité le perdit et ses précautions furent inutiles. Comme il se glissait dans une gouttière pour regarder, on l'aperçut, on le devina; on envahit la maison, et l'on finit par le trouver caché sous une table. On l'en tira par les pieds, et, sans lui

---

1. *Rot. Parl.*, III, 237; et le récit de Fannant, p. 25.

donner le loisir de changer son accoutrement, plus digne d'un mendiant que d'un juge, dit avec un ricanement amer son haineux historien, on l'entraîna au parlement. Au bruit qu'il était découvert, les cinq appelants, laissant Brambré, étaient sortis brusquement de la salle : ce fut grand trouble, car beaucoup les suivirent. Trésilian arrivait, amené par les gardes qui criaient : « Nous l'avons ! nous l'avons ! » De peur qu'il n'échappât, on ne lui donna aucun sursis, et l'on remit au lendemain le jugement de Brambré, pour l'expédier séance tenante. Trésilian, interrogé, ne se reconnut coupable sur aucun article. Sa sentence était déjà portée : on la renouvela, et on l'envoya à la Tour pour la subir (a).

A peine arrivé, on l'arracha des bras de sa femme et de ses enfants pour commencer la cérémonie de son supplice. On le mit sur la claie, et on le traîna vers le lieu de l'exécution par les rues de Londres, au milieu d'un concours immense. On s'arrêtait de distance en distance pour voir s'il ferait des aveux ; mais il se tut, et ne parla qu'à son confesseur. Le supplice même, cette sanglante expiation devant laquelle, s'agît-il des plus grands criminels, l'indignation publique doit faire silence, n'a pas désarmé ses contemporains. L'histoire (mais faut-il honorer d'un tel nom ces récits passionnés?) s'est attachée à déshonorer ses derniers moments. On raconta que, pour le faire monter à l'échelle, il fallut recourir au bâton ; et qu'arrivé au haut il dit qu'il ne pouvait mourir tant qu'il porterait sur lui quelque chose. On le fouilla, continue le narrateur, et on trouva sous ses vêtements une image portant des signes du ciel, avec une tête de démon et les noms de plusieurs démons écrits sur le parchemin. On la lui ôta. Privé de ce patronage, il fut pendu : et pour que les spectateurs fussent bien sûrs qu'il n'en reviendrait pas, on lui ouvrit la gorge (a).

Le lendemain, 20 février, on reprit Brambré pour prononcer contre lui la même sentence. Le brave chevalier dont personne n'était tenté d'accuser le courage, ne craignit pas de donner en mourant ces signes de repentir qui ne sont pas un désaveu d'innocence et un acquiescement à la justice des hommes, au moment où l'on va paraître au tribunal de Dieu. Il demandait pardon à ceux qu'il avait offensés, réclamant des prières. Comme il était arrivé au lieu de l'exécution et qu'il avait la corde au cou, un jeune homme lui demanda s'il avait fait bonne justice à son père qui, poursuivi pour trahison et condamné pendant l'administration de Brambré à Londres, avait eu grand'peine à sauver sa vie : Brambré rappela ses souvenirs, avoua son tort, et en demanda pardon. On l'étrangla et on lui coupa la gorge. Knighton contredit une partie de ces détails. Il dit que le roi lui fit obtenir grâce de la claie et de la potence, et qu'on le décapita à la Tour même, sur le billot et avec la hache qu'il avait fait faire, dit-il, pour ses ennemis (b).

Les appelants avaient gain de cause. Les appelés

étaient condamnés : trois par coutumace, il est vrai, et on n'avait pu que saisir leurs biens; deux contradictoirement, et ils avaient payé de leurs biens et de leur tête. Mais le jugement, en confirmant les articles de l'accusation, n'atteignait pas le roi moins qu'eux-mêmes. Pour prévenir des conséquences où il n'était ni au pouvoir de Glocester ni dans les intentions du parlement d'arriver, on résolut qu'en raison du jeune âge et de l'innocence du prince, rien de ce qui était contenu dans les articles ne lui serait imputable, et que tous les crimes resteraient à la charge des appelés. Puis, en signe d'apaisement général, il fut convenu que le roi assisterait à un grand banquet qui réunît les gens des communes dans la grande salle : et tout le royaume, dit Fannant, eut grande joie de cette réconciliation : joie bien amère pour Richard. La sentence qui avait frappé les siens restait suspendue sur sa tête. On ne l'en préservait qu'en lui refusant la conscience de ses actes, et on ne lui laissait sa dignité qu'en se donnant des raisons pour ne lui point rendre son pouvoir.[1]

Tout, du reste, n'était point fini par la condamnation des cinq appelés. Ces gens expédiés (*dispatched*), comme dit Fannant, on s'occupa de ceux qui avaient joué un rôle secondaire dans la grande conjuration dont les appelants venaient de sauver le pays. On fit comparaître d'abord (2 mars) les juges qui avaient

---

1. *Déclaration en faveur du roi. Rot. Parl.*, t. III, p. 238.; — *Banquet.* Fannant, p. 29.

signé la consultation de Nottingham : Belknap, président des plaids communs; Roger Fulthorp, J. Holt et W. Burgh, juges à la même cour; J. Cary, ancien baron de l'Échiquier, et J. Lokton, « sergent du roi à la loi » (avocat du roi). Ils ne pouvaient récuser la pièce incriminée : mais en avouant les questions (ce qui ne chargeait que les appelés), ils en désavouèrent les réponses comme inexactement reproduites. Belknap en particulier, protesta que, devant Richard, il avait défendu le statut du dernier parlement, qu'il avait, par deux fois, quitté le roi irrité, et n'avait cédé que pour sauver sa vie, sous les menaces de l'archevêque d'York, du duc d'Irlande et de leurs complices; et les autres opposèrent les mêmes excuses. Leur faiblesse ne leur servit guère. S'ils trouvaient le statut si excellent, ils étaient d'autant plus coupables d'en avoir condamné les auteurs. Les communes répondirent à la défense, qu'ils avaient été appelés comme connaissant bien la loi; que le roi, en les consultant, voulait uniquement savoir ce qui était la loi du pays; qu'ils l'avaient donc trompé, en le poussant au nom de la loi à faire périr des sujets fidèles. C'est pourquoi elles demandaient qu'ils fussent déclarés traîtres : mais les lords ajournèrent la sentence [1].

Le lendemain (3 mars) ce fut le tour de J. Blake et de Th. Uske : le premier, ami de Trésilian, était accusé d'avoir dressé la liste des questions auxquelles

---

1. *Rot. Parl.*, t. III, p. 239.

les juges avaient donné réponse, questions en vertu desquelles les lords appelants devaient être accusés de trahison; le second, d'avoir accepté le rôle de sous-shériff de Middlesex (Londres) afin de les arrêter. Ils répondirent qu'ils n'avaient rien fait que par le commandement du roi, à qui ils devaient obéissance. Mais on leur répondit qu'ils étaient d'autant plus coupables : car ils devaient savoir que le roi n'avait pas le libre usage de son pouvoir, et que son commandement était celui des personnes récemment appelées et condamnées. Les lords remirent la sentence au lendemain. Les accusés n'y gagnèrent que le sursis : ils furent condamnés comme traîtres et ennemis du roi et du royaume; et le jour même traînés à Tyburn, pendus et décapités. Par une décision spéciale des juges, la tête de Uske fut exposée sur la porte de Newgate, à l'opprobre de sa famille qui demeurait aux environs[1].

Une autre sentence avait été ajournée auparavant, et n'avait pas été rendue encore : celle des juges consultés à Nottingham. Le 6 mars on les fit venir dans la salle Blanche, où siégeaient les lords, et ils furent condamnés aussi à être traînés sur la claie, pendus et dépossédés de tous leurs biens, conformément à la requête des communes. Mais le clergé, qui s'abste-

---

1. *J. Blake et Th. Uske. Rot. Parl.*, t. III, p. 240.. Fannant, après avoir raconté leur condamnation, ajoute : « Mais Uske obtint cette faveur, que sa tête fût coupée et dressée en l'air à Newgate, pour servir de pâture aux oiseaux du ciel. » (P. 30.)

naît pour obéir aux canons et ne point condamner, intervint cette fois pour demander grâce. L'archevêque de Canterbury, les prélats hauts dignitaires (chancelier, trésorier), et tous les évêques des deux provinces (Canterbury et York) entrèrent donc dans la salle d'où ils s'étaient volontairement exclus, et prièrent les lords temporels de surseoir à l'exécution des condamnés, jusqu'à ce qu'on leur eût obtenu du roi grâce de la vie. Déjà la reine avait profité du sursis apporté au jugement, pour faire qu'après avoir frappé, les lords fussent moins éloignés de mitiger leur sentence. Les lords appelants, radoucis d'ailleurs par des déclarations qui, en ôtant à la consultation de Nottingham toute valeur, chargeaient d'autant les cinq appelés, s'unirent à ces prières, se donnant à bon marché les dehors de la miséricorde. Le roi, comme on le pense bien, ne devait pas être difficile à persuader. L'arrêt de mort fut révoqué ; mais on maintint la peine pour le reste, et on y ajouta la prison [1].

Les poursuites atteignirent le même jour un personnage en qui le clergé devait se sentir frappé lui-même : l'évêque de Chichester, confesseur du roi. On l'accusait d'avoir été présent à la consultation de Nottingham, d'avoir usé de menaces envers les juges,

---

1. *Condamnation de Belknap*, etc.; *Intervention du clergé*. Rot. Parl., t. III, p. 241 ; — *Intervention de la reine*. Knighton, p. 2726; — *Les lords appelants*. Fannant, p. 31. L'auteur de l'*Histoire parlementaire* avance à tort que les juges avaient été condamnés le 1er février.

et, ce qui était plus certain, d'avoir connu le complot et de ne l'avoir pas révélé. Il nia les menaces derrière lesquelles s'étaient abritées les personnes consultées, et ne craignit point d'affirmer qu'on ne leur avait rien demandé autre chose que de répondre selon la loi. Quant au secret, il le devait tenir. Il déclina seulement la part qu'on lui voulait donner dans les résolutions du roi. Il dit que ce n'était pas lui qui avait autorité dans ses conseils, et que s'il avait agi, c'était pour empêcher qu'il en arrivât aucun mal. Les communes répondirent que s'il n'en était point arrivé mal, ce n'était pas sa faute; et qu'en reconnaissant qu'il avait su le complot il s'avouait coupable. Elles demandèrent qu'il fût condamné. Les lords ajournèrent leur décision[1].

On avait frappé tous les coupables de Nottingham: les conseillers, les juges, les exécuteurs en sous-ordre. On descendit d'un degré pour arriver à ceux qui, la consultation publiée, devaient, en raison de leur attachement à la personne du prince, être des premiers à la faire exécuter. Le 12 mars, Simon Burley, capitaine de Douvres, J. Beauchamp, sénéchal de l'hôtel, J. Salisbury et J. Berners, tous quatre chevaliers, furent traduits devant le parlement. Les griefs que l'on avait contre eux, déjà signalés dans le grand acte des cinq lords appelants, étaient repris, exposés et amplifiés dans un acte particulier en seize

---

1. *Le confesseur. Rot. Parl.*, t. III, p. 241. L'auteur de l'*Histoire parlementaire* a mal traduit sa réponse.

articles. « Ils avaient, disait l'accusation, tellement abusé de l'innocence du roi, qu'attirant à eux toutes ses affections ils lui avaient fait prendre en haine ses guides naturels, l'assujettissant à eux non-seulement par leur ascendant, mais par un serment d'obéissance, et le réduisant en servage au détriment de ses droits et de son honneur (art. 1ᵉʳ). Ils n'avaient usé de ce pouvoir usurpé que pour violer les lois, suspendre le cours de la justice (art. 15), entretenir la division entre le roi et les bons seigneurs et la bonne communauté du royaume (art. 13). C'étaient eux qui, par leur crédit, avaient maintenu si longtemps le comte de Suffolk en son office : de telle sorte que le royaume a failli être perdu (art. 9). Ils ont pris part à tous les complots (art. 2) : d'abord au dernier parlement, quand le maire et les bonnes gens de Londres se furent refusés à mettre à mort les seigneurs et les communes (on a vu ailleurs cette absurde calomnie), ils ont fait que le roi s'est éloigné de l'assemblée, jurant de n'y revenir pour nulle chose au monde, tant qu'elle n'aurait pas pris l'engagement de ne rien tenter contre les accusés (art. 3). Après la chute de Suffolk et l'établissement de la commission de gouvernement, ils ont formé le projet de détruire tous ceux qui y avaient travaillé. Voulant entraver l'exécution du statut, ils ont emmené le roi dans le nord, levé des archers et des gens d'armes, pour faire périr les membres du conseil et leurs adhérents. Enfin, ils ont connu toutes les machinations de l'archevêque d'York et des autres, et ne les ont pas révélées (art. 10)[1].

L'accusation, tout en comprenant Burley avec les trois autres sur ces différents points, le prenait plus spécialement à partie dans plusieurs articles. Attaché à la personne du roi dès l'enfance du prince, c'était lui qu'on rendait surtout responsable de ses prodigalités : c'était lui, disait-on, qui avait introduit dans sa compagnie le comte d'Oxford (le comte, on l'a vu, était chambellan par droit héréditaire) (art. 12); c'était lui qui, à la suite du mariage du roi, avait rempli son hôtel de tous ces étrangers, tant de Bohême que d'ailleurs, à qui il avait fait prodiguer tous les revenus du royaume (art. 7). Quand Suffolk fut destitué de sa charge, il lui fit reprendre encore les sceaux, pour se faire sceller une charte dommageable à l'État (art. 4). Quand Suffolk fut condamné à la prison, il fit en sorte qu'on le menât à Windsor, dont il avait la garde, et où Richard venait souvent, afin que le prisonnier pût continuer d'être le conseiller du roi, et s'échapper quand il le voudrait, comme il fit (art. 5). Il fut complice des armements du duc d'Irlande : un prélat ayant cru bien faire de l'en avertir, pour qu'il donnât au roi le conseil d'y faire obstacle, Burley lui répondit « en grande manière » que, s'il en parlait davantage, il lui ferait encourir toute l'indignation du roi (art. 6). Lui-même, comme gouverneur de Douvres, il avait mis des troupes à la dis-

1. *Rot. Parl.*, t. III, p. 241-243.

position du roi pour la même fin. Le roi étant à son manoir de Shene, il lui présenta le maire de Douvres, et lui dit que ce maire lui amènerait, s'il en avait besoin, une troupe de mille hommes des gens des Cinq Ports (art. 11). Gouverneur de Douvres et gardien des Cinq Ports, il ne pouvait pas manquer d'avoir son rôle dans cette fameuse conspiration de Richard offrant au roi de France Calais et toute la marche de Picardie, pour qu'il l'aidât à détruire ses adversaires du conseil et du parlement. L'acte officiel accusait Burley d'avoir voulu livrer Calais aux Français ; et le bruit public allait bien plus loin. On disait qu'il lui avait vendu Douvres : l'acte de vente avait été signé par le roi ! Les mesures mêmes qu'il avait prises pour sauver de l'invasion française les premières choses qui en eussent été la proie, si elle s'était accomplie, étaient rattachées à cette grande trahison. Il avait conseillé aux moines de Canterbury de transporter à Douvres la châsse de saint Thomas : on cria qu'il la voulait prendre pour lui-même. Il avait enjoint à l'abbé de ce riche monastère de rentrer dans Sandwich avec tout ce qu'il avait dans l'île de Thanet, selon l'ordre du roi prescrivant de renfermer dans cette place tout ce qui ne pourrait être défendu dans les campagnes environnantes : on dit que c'était lui qui avait suggéré au roi cet ordre, afin de livrer Thanet au roi de France. L'abbé n'avait point obéi ; et il triompha tout à son aise, les Français n'étant pas venus (a).

C'est contre ces accusations appuyées des rumeurs populaires, que Burley et ses compagnons avaient à se défendre. Ils nièrent tout, offrant de prouver leur innocence à la manière des chevaliers : cette manière de défense aurait bien pu tromper l'espoir des communes. Mais, d'autre part, la preuve manquait à l'accusation sur les points capitaux. Nul ne songeait à rechercher le contrat par lequel Burley eût vendu Douvres ; et l'on n'avait à lui opposer ni à lui ni à ses compagnons, comme on avait fait aux autres, l'acte de Nottingham. Ils n'avaient été ni consultants ni consultés dans cette affaire : leur rôle ne devait commencer qu'à un moment qui n'était pas venu, et dans des circonstances qui ne s'étaient point réalisées. — Les lords étaient fort partagés ; les appelants eux-mêmes se divisaient en ce qui concernait le plus important des quatre accusés, Simon Burley. Glocester, Arundel et Warwick, les trois premiers appelants, demandaient sa condamnation avec les communes. Les comtes de Nottingham et de Derby, et avec eux la reine (c'était Burley qui avait été le négociateur de son mariage), et l'on peut dire la majeure partie des membres voulaient plus ou moins ouvertement le sauver. L'affaire traîna. Pâques était proche. On remit le jugement jusqu'à la reprise des séances, dont la fête allait forcément interrompre le cours [1].

---

1. Wals., p. 334; M. Evesh., p. 102; *Rot. Parl*, t. III, p. 243.

Les derniers jours de la session avaient été pris par des affaires qui n'intéressaient pas moins que le procès, les communes et les lords appelants eux-mêmes. Le gouvernement (Glocester maintenant y avait part plus que personne) avait besoin d'argent pour équiper une flotte et mettre le royaume en défense; et la coutume était que le subside ne fût voté qu'à la fin du parlement. Or, le parlement était loin de finir : occupé du procès, il avait à peine eu le temps de traiter d'autre chose. Il accorda néanmoins un demi-dixième et un demi-quinzième à lever à la quinzaine de Pâques (le terme si proche montre comme la nécessité était urgente), en y mettant cette condition, qu'on l'employât à l'expédition maritime dont on parlait. Il stipulait que ce vote, rendu avant la fin du parlement, ne tirerait pas à conséquence pour l'avenir; que le parlement ne laisserait pas de durer tant que le demanderaient les affaires (10 mars); et le vendredi qui précédait la semaine sainte (20 mars), avant de s'ajourner, il acheva son œuvre en prorogeant, sous les mêmes réserves, jusqu'à la Pentecôte, la taxe du vin et des marchandises, et le subside des laines, dans les mêmes conditions qu'au dernier parlement[1].

Les communes s'étaient fait donner une garantie en votant ces subsides. Les lords appelants en exigèrent une autre. Ce vendredi, avant que le parle-

---

1. *Rot. Parl.* t. III, p. 244, § 11 et 12.

ment se séparât, de peur que rien ne fût tenté en son absence, les prélats, les seigneurs et les membres des communes prêtèrent, sur la croix de Canterbury, le serment dont voici la teneur :

« Vous jurez que vous garderez et ferez garder la paix et la tranquillité dans le royaume; et si quelqu'un veut rien faire à l'encontre, vous y résisterez de tout votre pouvoir. Si quelqu'un veut attenter à la personne des cinq seigneurs, savoir : Thomas, duc de Glocester; Henri, comte de Derby; Richard, comte d'Arundel et de Surrey; Thomas, comte de Warwick, et Thomas, comte maréchal, vous vous rangerez autour des cinq seigneurs jusqu'à la fin de ce parlement, les maintiendrez et soutiendrez de tout votre pouvoir, à la vie et à la mort, sans excepter personne; sauf toutefois votre devoir d'allégeance envers le roi et la prérogative de sa couronne, les lois et les bonnes coutumes du royaume. »

Ce serment prêté, le même jour, sans plus attendre, la formule en fut adressée, au nom du roi, à tous les shériffs, pour qu'ils la jurassent et la fissent jurer à tous les habitants de leurs comtés (a).

Rien ne fut tenté contre les cinq personnages mis ainsi, au nom de la religion elle-même, sous la sauvegarde du parlement; et c'était ce qui pouvait être le plus favorable aux accusés placés encore sous la main de cette aveugle justice. Le procès fut repris dès la rentrée du parlement, le lundi après la quinzaine de Pâques (13 avril), et la délibération se prolongeait sans aboutir : le roi, si opprimé qu'il fût, disputait avec résolution à ces odieuses vengeances, son serviteur le plus fidèle et le plus sûr, l'homme qui l'avait reçu, en quelque sorte, des mains de son père, et n'avait pas cessé de veiller sur lui, d'agir pour lui dans les circonstances les plus importantes de sa vie. Mais des mouvements qui éclatèrent en plusieurs lieux, et dans les pays de Kent même, en faveur de Burley, tout en prouvant qu'il avait encore un parti, réveillèrent les haines avec les peurs, et décidèrent sa perte. Le 5 mai, il fut amené dans la salle Blanche, déclaré coupable sur le huitième article, c'est-à-dire coupable d'avoir machiné la mort des auteurs du statut, et il fut condamné, dans les termes ordinaires, à être traîné sur la claie depuis la Tour jusqu'à Tyburn, et là, pendu jusqu'à ce que mort s'ensuive, puis décapité. Vainement la reine, pour lui sauver la vie, s'humilia, dit une chronique française, jusqu'à se jeter aux pieds du comte d'Arundel ; elle n'en obtint que cette réponse : « M'amye, priez pour vous et pour votre mari, il le vaut mieux. » Néanmoins, comme il était chevalier de la Jarretière, qu'il avait servi jadis le prince de Galles, et après lui le roi dans son enfance, le roi, dit le procès-verbal, fut prié d'user de sa grâce pour adoucir la sentence. En conséquence, on se borna à le décoller à la Tour même. S'il faut en croire l'acte d'accusation porté plus tard contre Glocester, le roi résista jusqu'à la fin. Ce fut contre son assentiment et en l'absence d'un grand nombre de lords, que Glocester et les autres, usurpant l'autorité royale, rendirent la sentence et la firent exécuter[1].

Beauchamp, Berners et Salisbury, compris avec Burley dans la même accusation, furent tenus une semaine encore en suspens; enfin, le mardi 12 mai, on les amena en la salle Blanche. L'accusation contenait, on l'a vu, seize articles. Beauchamp et Berners furent déclarés coupables sur la première partie du premier : il s'agissait d'un sauf-conduit qu'ils étaient censés avoir reçu pour une négociation imaginaire. En conséquence, ils furent tous les trois déclarés traîtres et condamnés à être traînés sur la claie, pendus et décollés; mais comme Beauchamp avait été sénéchal de l'hôtel du roi, comme Berners avait été dans sa garde-noble et longtemps attaché à sa personne, les juges, toujours attentifs à ce qui pouvait être agréable à Richard, voulurent bien qu'on se réduisît à leur couper la tête. Le jour même, Beauchamp et Berners furent décapités à la Tour; Salisbury traîné par les rues de Londres jusqu'aux fourches de Tyburn et pendu. Walsingham se trompe donc, au moins pour le genre de supplice, quand il lui associe Berners, avec ces mots pour dernier adieu : « Tous deux chevaliers, tous deux jeunes, mais tous deux traîtres. »

On reprit ce jour-là aussi l'affaire de l'évêque de

---

1. *Rot. Parl.*, t. III, p. 243; Wals., p. 334.

Chichester, confesseur du roi. Il fut condamné; mais, tout en perdant et son temporel et tous ses biens, il eut la vie sauve en raison de sa dignité ecclésiastique (a).

Les délais, sinon la conclusion du procès de Burley, prouvaient que l'on commençait à se lasser d'une telle effusion de sang. Quelques autres personnes, comprises encore dans les poursuites, eurent ordre de donner caution et d'aller habiter certaines places où on les immatricula. Les juges eux-mêmes furent tirés de prison, et relégués avec l'évêque de Chichester en diverses villes d'Irlande, à la condition de ne s'en pas éloigner de plus de deux ou trois milles, sous peine de mort, et de ne plus s'occuper de lois : « Exemple, dit Fannant, pour les hommes qui ne craignent pas Dieu, et qui, ayant des lois, les violent. » Leurs biens étant confisqués, on souffrit que le roi leur allouât bénévolement une modique pension pour vivre (b).

Le parlement durait depuis quatre mois, chose inouïe jusqu'alors et qui aurait pu, en ce temps-là déjà, lui faire donner le nom de Long Parlement. On l'appela l'*Admirable*, car ce sont les amis de Glocester qui le nommèrent et qui en firent l'histoire. Le 2 juin, près de se séparer, il vota pour l'année le droit sur les marchandises et sur le vin, et le subside des laines qu'il n'avait, par son vote précédent, accordé que pour un terme fort court et déjà expiré. C'était le subside consacré à la défense du royaume;

mais il était bien juste qu'il couvrît les frais de la campagne faite à l'intérieur! Aussi les lords et les communes y mettaient-ils, pour condition, qu'on y prélèverait 20 000 livres, pour indemniser les cinq lords appelants de ce qu'ils avaient dépensé à l'honneur et au profit du roi et du royaume (a).

Ce vote rendu et ce compte réglé, le parlement pouvait se dissoudre; mais auparavant les communes avaient pris soin, par le long rôle de leurs pétitions, acceptées du roi en tous les points essentiels, de donner des garanties à leur ouvrage et de régler tout le gouvernement pour l'avenir.

D'abord elles demandaient qu'un nouveau parlement fût réuni à la quinzaine de la Saint-Michel, « pour amendement du royaume en confort de sa commune; » et le roi promit d'aviser. Pour aviser, le roi avait près de lui le conseil permanent et les grands officiers nommés par le parlement. Les communes se préoccupèrent surtout d'éloigner de lui toute autre influence. Elles demandèrent que nul, s'il n'était du conseil, n'eût le droit de conseiller le roi, ou de s'occuper des affaires du royaume; et que le conseil eût pouvoir de révoquer et de remplacer dans l'hôtel toute personne jugée insuffisante : ce que le roi dut accepter encore, faisant seulement cette réserve, que l'insuffisance fût prouvée. Quant au conseil lui-même, afin de le lier plus étroitement à leur œuvre, les communes demandèrent qu'il s'obligeât, par un serment spécial, à maintenir tous les jugements, statuts et ordonnances rendus dans le présent parlement[1].

La réforme de l'hôtel devait avoir surtout pour objet de ménager les ressources de la couronne, au grand soulagement des communes. Les condamnations prononcées, par les confiscations qu'elles entraînaient, avaient singulièrement enrichi le domaine. Les communes demandaient qu'on ne l'appauvrît plus; que tous ces biens et ceux qui pourraient lui échoir encore, y fussent retenus tant que la guerre durerait et qu'il y aurait des dettes à satisfaire. Elles demandaient plus encore : dans la crainte non avouée qu'ils n'en sortissent comme ils y étaient venus, elles voulaient qu'on les dénaturât; qu'on les échangeât contre d'autres terres, ou bien qu'on les vendît par parcelles et que ces ventes fussent inattaquables. Elles demandaient en outre qu'on annulât toutes les pensions accordées à titre révocable sous ce règne ou le précédent, quand les personnes avaient reçu d'autres faveurs du roi; qu'on fît sortir du royaume ces Bohémiens introduits par la reine à la cour, nouveaux venus, dont le crédit avait offusqué lords, prélats et communes : ils devaient, avant la Saint-Jean (dans le délai d'un mois), avoir quitté l'Angleterre, sous peine d'être placés hors de la protection du roi. La reine elle-même n'était maintenue dans l'hôtel du roi qu'à la charge d'y payer sa dé-

---

1. *Rot. Parl.*, III, 246, § 22 et 23.

pense : on la taxait à 10 livres par jour. Cette grande économie n'empêchait pas qu'on n'eût voté les 20000 livres aux lords appelants, et qu'en leur allouant les prémices du subside le plus sûr (l'impôt des laines), on ne leur assurât privilége sur toute autre assignation de même sorte, même antérieure. Elle n'empêchait pas non plus les communes d'intervenir en faveur de ce pauvre évêque d'Ély, le chancelier des lords appelants, promu par eux au siége d'York, dont le titulaire venait d'être condamné et dépossédé sur leur poursuite. Il trouvait, disaient-elles, les terres et les édifices de l'archevêché en tel état, qu'il avait grand besoin d'être aidé par le roi ; ce que le roi promit de faire, et ce qu'il fit. Le prélat dignitaire qui avait tant crié contre son prédécesseur, Michel de la Pole, pour avoir, étant chancelier, et, disait-on, contre le serment de son office, scellé des chartes de donation en sa faveur, n'eut pas le moindre scrupule à marquer du grand sceau les chartes, en tout point pareilles, accordées à lui-même. Enfin, sans craindre davantage de se contredire dans leur réquisitoire contre toute aliénation du domaine, les communes sollicitèrent une autre donation bien plus considérable encore. Il y avait un seigneur intimement lié au roi, lié par le sang et par la plus vive affection, l'un de ses deux frères utérins, Jean de Holland, ardent, impétueux, violent même, qui ne craignait pas de verser le sang pour défendre un patron ou pour venger un serviteur : on se rappelle l'exécution sans jugement du moine accusateur de Lancastre, dont il avait la garde, et le meurtre du fils unique de Stafford. Ayant suivi Lancastre, son beau-père, en Espagne, il était absent du royaume pendant les derniers troubles, et revenait pour assister à ces exécutions. On n'avait pu le comprendre lui-même parmi les proscrits, puisqu'il n'était pas là ; et maintenant qu'il revenait, on avait toute raison de le craindre. On imagina de le gagner par un don magnifique. A la demande des communes, le roi lui donna le titre de comte de Huntingdon, avec des terres de 2 000 marcs de revenu pour soutenir son état (il n'avait donné que 1000 livres [1500 marcs] aux ducs d'York et de Glocester). Pour compenser ces largesses politiques, les communes demandaient que l'on pressât le payement des dîmes de la province d'York, en menaçant de délier de tout devoir les hommes du clergé ; et que les revenus divers, tirés par le pape de l'église anglicane, fussent employés contre les schismatiques d'Écosse ; destination pieuse qui eût dispensé les Anglais de prendre sur leurs propres subsides de quoi garder leur frontière. Du reste, les communes aimaient mieux encore que le pape s'abstînt de tout nouveau tribut de cette espèce, et elles requéraient la peine des traîtres contre ceux qui tenteraient d'en introduire (a).

Le parlement avait institué le conseil, nommé les grands officiers ; et il leur avait donné pouvoir de réformer et recomposer à leur plaisir l'hôtel du roi.

Il voulut prendre possession de la même sorte de toutes les grandes cours de justice. Il avait déjà entamé la matière en frappant tous les juges de la cour des plaids communs, moins un seul : mais il en restait d'autres non moins suspects, surtout depuis leur réponse sur la légalité de l'accusation, principe de toute cette procédure. Les communes demandèrent donc que le chancelier, le trésorier et le garde du sceau privé, ministres du nouveau gouvernement, fissent la revue des principales cours du roi ; savoir : « Chancellerie, deux bancs (banc du roi et commun banc), Échiquier et Recette, » et qu'ils pussent écarter et remplacer toute personne jugée non suffisante : demande qui eut la réponse ordinaire : « Le roi le veut. » Après cela, les shériffs étant nommés chaque année à la volonté du gouvernement, on pouvait dire que tout le pouvoir et toute l'administration étaient entre les mains du parlement ou de ses mandataires (*a*).

Restait à faire que cet ordre fût maintenu, et que tant de choses accomplies par violence pussent résister à ce ressort intérieur qui réagit contre les œuvres de la force.

C'est à quoi pourvoyait toute une série de mesures habilement combinées dans les pétitions des communes. Quelque puissance que le parlement eût dans les mains, il sentait que l'avenir ne lui appartenait pas : aussi la première pensée des auteurs du mouvement fut-elle de se garder contre les représailles, et de couvrir tous leurs actes d'une approbation qui était une amnistie déguisée. Dans un article qui était comme le bulletin de la révolution rédigé par elle-même, les communes reprenaient la suite des événements depuis la destitution du comte de Suffolk : commission de gouvernement établie en 1386, armement de Glocester et de ses associés, chevauchées, appel, poursuites ; et elles priaient le roi de les approuver comme choses faites pour l'honneur de Dieu, son propre salut, le maintien de sa couronne et le bien du royaume. Elles demandaient (la demande était plus humble, mais non sans motifs) qu'il ordonnât que ni Glocester, ni aucun des lords appelants, ni personne de leur compagnie ne pût jamais être recherché, poursuivi, molesté pour cause de ces assemblées, chevauchées, prises d'armes, meurtres, dégâts, et mille autres choses indiquées en bloc, et énumérées par le détail comme dans un acte de procureur ; qu'ils en fussent quittes et déchargés à toujours : c'était donc véritablement un pardon que les vainqueurs, trahissant le trouble de leurs pensées, sollicitaient pour leur propre victoire. Les communes (voulaient-elles se garantir encore davantage ?) sollicitaient d'ailleurs l'amnistie en général pour toutes les trahisons, conspirations, ligues, prises d'armes et autres crimes emportant peine de mort, commis jusqu'à ce jour en Angleterre, en exceptant toutefois une vingtaine de personnes, chevaliers, clers ou religieux qui étaient signalés comme partisans des cinq principaux condamnés, et ceux qui avaient suivi les survivants de ces derniers au delà de la mer, ou qui les y voudraient rejoindre. Elles la demandaient spécialement pour toutes les trahisons ou félonies commises à Londres depuis le 1ᵉʳ octobre de l'an vi de Richard (1382) jusqu'au 1ᵉʳ mai de l'an xi (1388); elles la demandaient enfin pour les adhérents mêmes de ceux qu'elles avaient poursuivis, sauf les exceptions marquées plus haut, qui réduisaient singulièrement la grâce. Mais d'autre part elles voulaient que le roi confirmât les poursuites, jugements et exécutions faits ou ordonnés au présent parlement, nonobstant l'absence des lords spirituels et de leurs procureurs; que jamais, par interprétation ou autrement, on ne cherchât à les annuler ou à les enfreindre; et si quelqu'un tentait de le faire, qu'il fût jugé et exécuté comme traître. Cet excès de rigueur, cette façon de se roidir à l'avance contre tout retour sur les faits accomplis ne les empêchait pas de sentir ce qu'ils avaient de violent, d'illégal. Elles voyaient bien où pouvaient mener ces prises d'armes, ces procès, ces jugements qui à l'heure présente faisaient leur triomphe. Aussi, en exigeant qu'on les respectât sous peine de mort, défendaient-elles qu'on en prît exemple : la fameuse commission de 1386 elle-même, ce point de départ de la révolution, elles publiaient qu'on ne devrait point en tirer conséquence pour l'avenir. Elles faisaient plus : elles reconnaissaient que « plusieurs points avaient été déclarés trahison en ce parlement, qui ne l'étaient pas par les lois antérieures, » et demandaient que les juges n'eussent le pouvoir de juger comme trahison que ce qui était réputé tel avant le présent parlement (*a*).

Ainsi le parlement ne se séparait pas sans flétrir lui-même sa propre conduite : ce qu'il avait appelé trahison, de son propre aveu ne l'était point. Sa jurisprudence n'avait été qu'une arme de parti, et, de peur de la subir un jour, il la reniait ; il défendait aux juges d'en faire jamais usage : il se condamnait lui-même pour échapper aux condamnations de l'avenir ! Par une autre pétition dont la violence ne trahissait pas moins la peur qui l'inspirait, les communes demandaient qu'aucun des traîtres atteints par ces accusations, mais vivants, pût jamais être réhabilité par grâce ou de toute autre manière, et que quiconque essayerait de le faire, fût jugé et exécuté comme traître (*b*).

La réponse à toutes ces pétitions fut ce qu'on pouvait attendre : le roi, du consentement des lords, y adhérait en tout point, et voulait que la sanction qu'il leur donnait demeurât ferme et stable, pour toujours[1] !

Ce ne fut point assez. Pour rendre le passé plus irrévocable, on voulut qu'il y eût entre le roi et la nation comme un pacte nouveau; que le règne recommençât, en quelque sorte; que le roi, les lords, les communes renouvelassent leur serment, et que la religion consacrât, par les cérémonies d'usage, et

---

1. *Rot. Parl.*, III, 250, § 39. Voyez aussi le statut de la neuvième année de Richard II. *Stat. of Realm.*, t. II, p. 47-50.

fortifiât de ses sanctions les plus terribles, les engagements réciproques qui allaient faire la base du contrat. C'était l'objet de la dernière pétition des communes.

En conséquence, le 3 juin, le dernier jour du parlement, le roi, la reine, les lords des deux ordres et les communes se rendirent à l'abbaye de Westminster, où l'évêque de Londres dit la messe et l'archevêque de Canterbury prêcha. Puis, selon le cérémonial qui avait été réglé, le roi renouvela le serment de son sacre, les prélats lui jurèrent fidélité et les lords temporels lui firent hommage; après quoi les lords et les communes, pour donner une plus entière garantie à leur œuvre, prêtèrent le serment suivant :

« Nous jurons qu'en tant qu'il est en nous, nous ne consentirons ni ne souffrirons qu'aucun jugement, statut ou ordonnance, fait ou rendu en ce présent parlement soit jamais annulé, renversé ou rappelé dans le temps à venir; en outre, que nous maintiendrons les bonnes lois et coutumes du royaume, et que, de tout notre pouvoir, nous maintiendrons et ferons observer la bonne paix, repos et tranquillité du royaume sans y porter aucun trouble. Ainsi Dieu nous aide et tous les saints ! »

Alors l'archevêque à la tête du clergé prit un cierge, l'alluma, et après l'avoir placé sous un tabouret l'éteignit, excommuniant quiconque semblerait désapprouver ou contredire les actes passés au dernier parlement. Le chancelier requit tous les assistants, au nom du roi, de garder inviolablement les statuts dans leur intégrité, comme bons et fidèles sujets. Mais on ne se borna point à l'assistance : tous les nobles et tous les dignitaires de l'Église dans chaque comté, tous les maires, baillis et aldermen des cités et des bourgs, furent par lettres adressées au nom du roi à chacun des shériffs, invités à prêter le serment. Et l'on nomma un commissaire pour veiller à l'exécution de la formalité prescrite[1].

Le lendemain, 4 juin, les lords et les communes vinrent complimenter le roi ; Richard les remercia des subsides octroyés, et le parlement fut dissous. « Et maintenant, que l'Angleterre se réjouisse dans le Christ ; car le filet si adroitement tendu pour notre destruction a été rompu et nous sommes délivrés. Louange à Dieu pour tout[2] ! »

Tel est le cri, non pas d'un historien du temps, mais de ce clerc de 1641 qui s'est fait, en quelque sorte, du temps, pour en rapporter l'esprit et les passions dans une lutte où il voudrait proposer ce dénouement comme exemple. C'est assez dire que ce jugement, bien que porté à plus de deux siècles et

---

1. *Renouvellement des serments. Rot. Parl.*, t. III, p. 241, § 46 ; — *Accomplissement des cérémonies. Rot. Parl., ibid.* § 47-49 ; — *Serment imposé aux provinces.* Wals., p. 334 ; *Histoire parlementaire*, t. I, p. 215.

2. *Le parlement dissous. Rot. Parl.*, t. III, p. 252, § 50 ; — Fannant, p. 36. « And now let England rejoyce in Christ : for that net which was laid so cunningly for our destruction is broken asunder, and we are delivered. To God be the praise for all. » C'est la fin du livre.

demi de distance, ne peut être pris pour le jugement de la postérité, et la passion même que ce débat a pu inspirer de si loin, prouve assez quel en fut le vrai caractère. Ce n'est point parce que Michel de la Pole fut nommé, étant chancelier, comte de Suffolk, ou parce que le roi fit du comte d'Oxford un marquis de Dublin, que Fannant s'est ému en 1641, ni que le parlement s'est insurgé en 1386. La vraie question, à l'une comme à l'autre époque, était un conflit d'autorité; le véritable objet de la lutte, le pouvoir même : pouvoir qui de droit était à Richard, depuis son couronnement, et de fait au parlement à la faveur de sa minorité; que le roi devait donc reprendre, dès qu'il serait en âge de l'exercer, ce qu'il avait voulu faire, sans rompre avec le parlement d'ailleurs, grâce au concours du chancelier Michel de la Pole. Mais cela même avait semblé être une rupture; et dès lors tout fut bon pour perdre le chancelier : nulle calomnie ne coûta. Chose étrange! la sentence du parlement qui le frappa prévaut encore, alors même que personne n'en voudrait prendre au sérieux les motifs! Le chancelier voulait rendre au roi sa part d'action dans l'État : on l'accusa d'avoir machiné le meurtre de tout le parlement; il voulait tirer son pays d'une guerre qui menaçait d'être fatale, et l'acheminer à une paix honorable : on l'accusa de vouloir livrer l'Angleterre à la France, et d'avoir appelé l'invasion qu'il s'apprêtait à repousser. Mais la preuve que rien de tout cela n'était vrai, c'est qu'une fois le chancelier destitué, rien n'en parut dans son procès même; la preuve qu'on en voulait avant tout à son pouvoir, c'est qu'on ne lui ôta guère autre chose, et que ce pouvoir dont on prétendait qu'il abusait aux dépens du roi, ce n'est pas au roi qu'on le rendit. On le donna à ce conseil qui, tout en tolérant de nouvelles faveurs pour le comte d'Oxford, ne laissait plus au roi la moindre part de son autorité. Le roi la voulut ressaisir au nom du droit, et se vit prévenu par des adversaires qui avaient la force, et qui de plus, tenant leur place au conseil en vertu d'un acte du parlement, pouvaient traiter cette tentative dirigée par le roi comme un attentat contre le roi lui-même; car c'est sous le couvert du roi qu'ils agissaient. De là ces poursuites acharnées contre les anciens conseillers de Richard, ces accusations d'intelligence avec la France, qui associaient à la cause des lords appelants les aveugles ressentiments de la foule; et, ces prétendus actes de trahison étant sans preuve, les faits les moins criminels convertis en actes de trahison. Procédure odieuse qui, sous ses formes légales, dissimulait mal les vengeances des partis; justice inique dont le juge lui-même avait conscience en l'appliquant : car il recula devant son œuvre, ou plutôt en même temps qu'il la confirmait, il eût voulu en abroger les conséquences, révoquant les définitions de droit sur lesquelles avait porté son arrêt, et, par crainte des représailles, ordonnant qu'à l'avenir on s'en tînt au droit commun. Vaine précaution! On invoque inutilement la loi quand on a usé de l'arbitraire, et l'on ne forge pas seulement pour l'oppression d'autrui les instruments du despotisme. Ce parlement, appelé l'*admirable*, et, par une appréciation mieux méritée, l'*impitoyable*, demanderait une qualification plus sévère; car il ne manqua point seulement de pitié, il manqua de justice et de prudence : il préparait par les violences de ses actes les tyrannies et les révolutions de l'avenir (a).

NOTES

NOTES.

LIVRE PREMIER.

Page 2, note *a*.

SOURCES DE L'HISTOIRE DE RICHARD II.

Nous croyons être utile au lecteur, en donnant l'indication des sources principales où nous avons puisé, et de quelques-uns des ouvrages où il pourra lui-même recourir, s'il veut étudier plus à fond cette histoire.

I

ACTES PUBLICS, ETC.

Rotuli parliamentorum, ut et petitiones et placita in parliamento (Rolls of Parliament), de l'an VI d'Édouard Ier à l'an XIX de Henri VII (1278-1503), publiés par la Chambre des lords, 1797 et suiv., 6 vol. in-fol. et 1 vol. d'*index*, 1832.

Ce recueil capital pour l'histoire d'Angleterre, dans la période à laquelle il se rapporte, ne se trouvait dans aucune des bibliothèques publiques de Paris. Je dois de l'avoir pu lire et consulter sans cesse à la complaisance de M. Vallet de Viriville, le savant auteur de l'*Histoire de Charles VII*, qui a bien voulu mettre son exemplaire à ma disposition.

An exact abridgement of the Records in the Tower London, from the reign of Edward the second unto King Richard the third, etc., collected by S. Robert COTTON, revised by W. PRYNNE. Lond., 1657, in-4.

L'auteur donne une sorte de catalogue fort sommaire et fort sec des matières comprises dans les *Rot. Parl.*, en y joignant la liste des convocations faites pour le Parlement.

The Statuts of the Realm, printed by command of his Majesty King George the third, 1810 et suiv., in-fol.

Le titre de cet ouvrage en dit l'importance. C'est la loi du royaume et le principal résultat des actes du Parlement.

Fœdera, conventiones, literæ et cujuscunque generis acta publica inter reges Angliæ et alios quosvis imperatores, etc., ab anno 1101, acc. Th. RYMER. Édit. 3ª; Hagæ comitis, 1745, in-fol.

Nous suivons d'ailleurs la tomaison et la pagination de l'édition antérieure, données en marge de celle-ci.

Proceedings and ordinances of the privy council of England, (10 *Richard II*-33 *Henri VIII*). Ed. by sir Harris Nicolas. Printed by command of his Majesty King William IV. 7 vol. roy. in-8, 1834-1837.

L'éditeur, dans sa préface, fait justement valoir l'importance historique de ces actes du conseil privé ou « continuel conseil » (conseil permanent) d'Angleterre.

Calendarium inquisitionum post mortem (ab Henrico III ad Henr. IV). 3 vol. in-fol., 1806-1821.

C'est le tableau des biens laissés par les mourants. Des *writs* étaient adressés aux *Eschetours* pour convoquer un jury qui devait faire enquête sur les biens dont le défunt était saisi, les rentes ou les services dont il était tenu; dire qui était son prochain héritier, et de quel âge, afin que le roi fût informé de son droit d'*échûte* ou de garde, et qu'il pût l'exercer. Les actes devaient montrer si le tenant était atteint de trahison ou étranger, auxquels cas les biens étaient saisis au profit du roi; la quantité, la qualité et la valeur des terres.

Ces documents ont leur importance pour un règne marqué par tant de procès politiques.

Rotuli litterarum patentium. — *Rotuli litterarum clausarum.*

La collection de ces pièces, dans les publications de la commission des *Records*, ne va, pour les lettres-patentes, que de 1201 à 1216 (1 vol., 1re partie, 1835), et, pour les lettres closes, de 1214 à 1227 (2 vol. in-fol., 1833 et 1844). Nous n'avons pu, pour le règne de Richard II, les citer que d'après les auteurs qui en ont eu entre les mains les manuscrits.

Rotuli Scotiæ in turri Londinensi et in domo capitulari Westmonasteriensi asservati, t. I et II, in-fol., 1814 et 1819.

The acts of Parliament of Scotland (1124-1423), *printed by command of her Majesty Queen Victoria,* t. I (in-fol.), 1844.

Liber munerum publicorum Hiberniæ, ab. ann. 1152 *usque ad ann.* 1827. 2 vol. in-fol., 1852.

Concilia magnæ Britanniæ et Hiberniæ (446-1717). Lond., 1727 et suiv.

Nous n'avons pas besoin de citer les collections analogues pour la France, dont l'histoire est si intimement liée à celle de l'Angleterre : la collection des *Ordonnances,* le *Corps diplomatique* de Dumont, etc.; mais il importe de mentionner comme supplément aux recueils énumérés plus haut, les collections de pièces inédites que l'on trouve à la Bibliothèque impériale, telles que celles de Brienne, de Dupuy, du fonds Harlay, et surtout la collection de Bréquigny, toute formée d'actes copiés en Angleterre. Nous citerons en particulier pour le temps de Richard II les t. XXXVIII (Guyenne et Gascogne), LVII (Picardie), LX (Sept provinces), LXI (Artois et Pays-Bas), et en première ligne LXXVIII et LXXIX (Pièces historiques).

II

CHRONIQUES.

1° Sources anglaises.

Thomæ Walsingham *historia brevis ab Edwardo primo ad Henricum quintum; et Hypodigma Neustriæ*, ap. G. Camden, *Anglica, Normannica, Hibernica, Cambrica a veteribus scripta.* Francof., 1603 (in fol.).

Walsingham est le principal historien du règne qui nous occupe. Il était déjà, au temps de Richard, moine de Saint-Alban. Son *Hypodigma Neustriæ* (p. 409-592), qui commence à l'invasion des Normands et finit à la prise de Pontoise, 31 juillet 1418, fut dédié par lui à Henri V en cette année même, l'an VI du règne. Son histoire principale, appelée *Brevis historia*, sans doute parce qu'elle comprend une période plus courte (p. 36-408), s'étend de l'avénement d'Édouard Ier à la mort de Henri V (1273-1422). Cette grande histoire est gâtée par l'esprit de parti qui anime l'auteur contre Richard II en faveur de la maison de Lancastre, sous laquelle il écrit. Nous en donnerons mainte preuve.

Deux autres chroniques du même temps ne font que résumer, et le plus souvent reproduire textuellement l'histoire de Walsingham; ce sont :

1° *Historia vitæ et regni Ricardi II, Angliæ regis, a monacho quodam de* Evesham *consignata.* Ed. Th. Hearnius. Oxon., 1729 (in-8).

On y trouve pourtant quelques détails empruntés à d'autres sources, mais toujours aux rumeurs les plus hostiles;

2° Otterbourne, ed. Th. Hearnius. Oxon., 1732 (in-8). L'auteur, au témoignage de Leland, etc., était un franciscain, s'occupant de philosophie et de théologie, et aussi d'histoire. Sa chronique finit en 1420; elle ne va pas même jusqu'à la paix de Troyes, et on dit qu'il mourut en 1421. Il est pourtant certain qu'il a connu l'histoire de Walsingham : ce sont souvent les mêmes termes, et c'est toujours le même esprit.

Henr. Knighton *canonici Leicestrensis chronica de eventibus*

Angliæ, a tempore regis Edgare usque mortem regis Ricardi II, ap. *Historiæ anglicanæ scriptores X*. Lond., 1652, 1 vol. in-fol. en deux parties.

C'est au cinquième livre que commence le règne de Richard, et le récit finit en 1395. Le savant éditeur des *Fasciculi zizaniorum magistri Joh. Wycliff* pense que ce livre n'est pas de Knighton, en se fondant sur certaines différences de jugement et de style. Quoi qu'il en soit, il est toujours d'un contemporain, également chanoine de Sainte-Marie de Leicester, et à ce titre voué, corps et âme, à la maison de Lancastre, bienfaitrice de ce monastère. (Voyez *Fasciculi zizan.*, p. 524, n° 1.)

On trouve dans la même collection :

Chronica Willelmi Thorni, *monachi Sancti Augustini Cantuariæ*.

W. Thorn continue la chronique de Th. Sprot, de l'an 1272 jusqu'en 1397. C'est, si on l'en peut croire lui-même sur ce point, à peu près le terme de sa vie : *usque ad tempus meæ resolutionis*.

The chronicle of John Hardyng.

Cette chronique anglaise en vers, qui va du commencement de l'histoire d'Angleterre jusqu'au règne d'Édouard IV, a été publiée avec une continuation en prose, par Grafton. Lond., 1543, in-8 goth. Une nouvelle édition en a été donnée par H. Ellis, en 1812 (in-4). — Hardyng, né en 1378, a vécu au moins quatre-vingt-sept ans. Son témoignage a de l'importance pour les dernières années de Richard, à cause des relations qu'il eut avec les Percy.

On trouve encore plusieurs fragments de chroniques relatifs au règne de Richard II dans Leland, *Collect.*, t. I, p. 382-391, et p. 678-715, ou t. I, 2ᵉ part., p. 308-314, et p. 471-499 de la réimpression de Hearne (Lond., 1774); et dans la collection de Gale, *Rerum anglicarum script. veter*, t. I, p. 451 et suiv. : *Histor. Croylandensis continuatio*. 1149-1470.

2° *Sources françaises*.

Il faut placer au premier rang Froissart (éd. Buchon, de la collection du Panthéon littéraire.

Ce n'est pas le lieu de parler ici des qualités éminentes de notre grand historien du quatorzième siècle. (Voyez le savant et intéressant ouvrage de M. Kervyn de Lettenhove, *Froissart*. Paris, 1857, 2 vol. in-12.) Froissart se rendit à plusieurs reprises en Angleterre; il y séjourna cinq ans, de 1361 à 1365, auprès de la reine Philippa de Hainaut, qui était comme lui de Valenciennes. Après avoir vu à Bordeaux la naissance de Richard, et suivi le Prince Noir jusqu'aux portes de l'Espagne, il fut envoyé par lui-même en Angleterre, en 1367. Il y retourna encore pour offrir quelques-unes de ses œuvres au roi Richard, quand ce prince revenait de sa première expédition d'Irlande, en 1395; et dans l'intervalle, on le vit plus d'une fois, soit à Bordeaux, soit aux marches de Calais, selon qu'il s'y passait quelque chose d'intéressant pour l'histoire (la trêve de Leulinghem, par exemple). Il a donc vécu familièrement avec les personnages de ce temps-là, et s'il a pu ne pas présenter toujours dans leur ordre la suite des événements, s'il a été parfois mal instruit des faits, nul n'a mieux connu les hommes, et ne s'est trouvé, par ses relations comme par son impartialité, mieux en mesure de porter un jugement vrai sur leurs actes et sur leur caractère.

Avec Froissart, et pour le suppléer sur les temps postérieurs à son dernier voyage en Angleterre, dont il a moins exactement su l'histoire, on a deux autres chroniques françaises :

« *Histoire du roy d'Angleterre Richard, traictant particulièrement la rebellion de ses subjects et prinse de sa personne : composée par un gentilhomme françois de marque, qui fut à la suite dudict Roy, avec permission du Roy de France.* »

Ce récit en vers, mêlé de prose, sur la déposition de Richard II, a été publié par le R. J. Webb dans l'*Archæologia*, ou *Recueil des mémoires de la Société des antiquaires de Londres*, t. XX, p. 1 et suiv. (1824), avec traduction anglaise, notes et illustrations, d'après un Ms. du British Museum, qui a appartenu à Charles d'Anjou, comte du Maine et de Mortain, vers 1440. Il a été reproduit par M. Buchon, dans le supplément de son *Froissart*, t. XIV, d'après un manuscrit de la Bibliothèque impériale (Suppl. Fr. 254[30], aujourd'hui F. Fr. 14 645), manuscrit moins somptueux, mais également beau et estimé meilleur. Nous citerons la chronique d'après cette édition, en la comparant d'ailleurs à celle de l'*Archæologia*. L'auteur se nommait CRETON. Son nom est donné dans le Ms. 275, fonds Saint-Victor (B. imp.). (Voyez *Archæol.*, t. XX, p. 189. Ce Ms. ne s'est pas retrouvé quand j'ai voulu y recourir. Nous reviendrons tout à l'heure sur ce témoignage.) Le caractère du récit confirme ce qui est dit de l'auteur dans le titre : il était « un gentilhomme de marque. » Il vint en Angleterre en compagnie d'un chevalier français, avec des lettres de Charles VI, et accompagna Richard II dans son expédition d'Irlande. Il fut constamment auprès de lui jusqu'à sa captivité. C'est donc un témoignage sans égal sur cette époque décisive du règne de Richard.

La seconde chronique française qui supplée utilement à Froissart, pour le même temps, est une chronique anonyme en prose, dont on a une belle copie dans un Ms. de Baluse, relié avec le titre *Ambassades* (B. imp., 8448², aujourd'hui F. Fr. 3884), et dont il existe un assez grand nombre de Mss. M. Buchon, dans le supplément de son *Froissart*, t. XV, reproduit le Ms. 9745³ (Colb., 1051, F. Fr. 5144 ; il ne s'est pas retrouvé quand je l'ai demandé à la Bibliothèque impériale). Il a même cru trouver le nom de l'auteur dans une préface imitée de Froissart : « Afin que le grant fait d'armes et les grans trahisons qui par les guerres de France et d'Angleterre sont advenues soient notablement mis en mémoire perpétuelle par quoi les bons puissent prendre exemple, je messire Jean Lebeau, jadis chanoine de Saint-Lambert du Liége, ay mis en prose ce petit livre, » etc. : En sorte que l'auteur de ce supplément à Froissart porterait exactement le même nom et le même titre que celui dont Froissart a reproduit ou remanié l'ouvrage au commencement de ses chroniques ; et M. Buchon croit que le second était fils du premier. Il voit même sa signature autographe, sous la forme de Le Baud, et la date de 1449, dans le Ms. de la B. imp. 10212³ (F. Fr. 5625). Mais M. Kervyn de Lettenhove, dans une notice sur les chroniques inédites de Gilles le Bel (*Bulletin de l'Académie royale de Belgique*, 2ᵉ série, t. II, n° 6), a fort bien montré la fausseté de cette attribution. La chronique de Richard II fait suite à la première partie de la chronique de Froissart dans le Ms. de Valenciennes. Le copiste a fort maladroitement imité le préambule de l'un des deux morceaux en tête de l'autre. On ne connaît point de Jean le Bel, petit-fils du chanoine de Liége, et il n'aurait jamais signé Jean Lebaud.

M. Kervyn, après avoir rejeté ce faux nom, a cru trouver le véritable ; c'est celui de Creton, qu'il veut reprendre à la chronique en vers pour l'appliquer à la chronique en prose. Le même nom ne se peut guère donner à toutes les deux en même temps: car si le texte du Ms. des *Ambassades* a de l'analogie avec la chronique en vers, le texte publié par M. Buchon offre des différences qui ne permettent pas de le rapporter au même auteur. Or, dans une addition à Froissart, qu'on trouve au Ms. 8329 F. Fr., et qui a été en partie reproduite par M. Buchon (Édit. du Panthéon littéraire, t. III, p. 367), Creton est cité comme l'auteur d'un récit de la mort de Richard II conforme à celui de la chronique en prose dont nous parlons.

L'argument serait décisif, si le nom de Creton ne se trouvait rattaché à la chronique en vers par les témoignages les plus précis, témoignages que M. Kervyn ne paraît pas avoir connus.

Dans le Ms. 275, fonds Saint-Victor, dont il a été parlé plus haut, on lit à la suite de cette chronique : « Explicit l'ystoire du roy Richart d'Engleterre, composee par Creton. » Puis au f° suivant (132 v°) : « Epistre fet par ledit Creton. Ainsi come vraye amour requiert a tres noble prince et vraye catholique Richart d'Engleterre, je Creton, ton liege serviteur te envoye cest espitre, » etc. L'auteur exprime sa joie de ce que Richard, selon le bruit qui court, s'est échappé des prisons de l'usurpateur Henri de Lancastre, et son étonnement qu'il ait pu survivre à de tels traitements. Vient après cela, f° 133 : « Balade par ledit Creton :

> O vous seignors du sang royal de France,
> Mettez la main aux armes vitement, etc.
>   (Voyez Archæol., t. XX, p. 189.)

On a une lettre du même personnage à Richard, qu'il croit vivant et réfugié en Écosse. Il fut même envoyé en Écosse par Charles VI, pour s'assurer si Richard était vraiment en vie, au moment où sa jeune veuve, fille du roi de France, devait épouser le fils du duc d'Orléans. (Voyez *Archæol.*, t. XXVIII, p. 89 et 94. Nous reviendrons sur ces choses en leur temps.)

La chronique en vers doit donc demeurer à Creton. Pour la chronique en prose, le nom, malgré la citation du Ms. 8329 F. Fr., reste à trouver ; mais on peut dire de l'auteur qu'il était contemporain. M. Kervyn signale une nouvelle preuve assez plausible de sa présence sur le théâtre des événements, dans ce passage relatif aux chevaliers faits par Henri IV avant son sacre : « Le XIe fu monsieur Franche de la Court, et les aultres chevaliers *je ne cognissoye point.* » Il conjecture qu'il était venu en Angleterre en 1396, à la suite de la fille de Charles VI, mariée à Richard.

Nous avons généralement suivi le Ms. de Baluse (F.Fr. 3884), récit plus étendu, et dont M. Buchon a reproduit plusieurs fragments en forme de supplément.

La Chronique de Charles VI, par un RELIGIEUX DE SAINT-DENYS, publiée par MM. Bellaguet et Magin, dans la collection des *Documents inédits de l'histoire de France.*

Moins importante pour l'Angleterre que pour la France, elle ne laisse pas d'être capitale pour tous les points communs des deux histoires.

On trouve des renseignements de nature diverse, sur le temps de Richard II, dans les poëtes et dans les écrits du temps même :

Geoffrey CHAUCER, *poems*, principalement *the Canterbury tales*, dans le recueil : *The works of the English poets;* in twenty-one volumes, in-8. T. I, Lond., 1810.

J. GOWER, *poems*, dans le même recueil, t. II.

Gower, né, à ce que l'on pense, avant Chaucer, mourut en 1402, dans un âge avancé. Il composa son traité appelé *Confessio amantis*, sur l'invitation de Richard II, l'an XVI de ce prince (1392); mais il le remania : le prologue que nous avons, fait allusion à l'élévation de Henri de Lancastre. On y trouve quelques traits sur l'état de l'Angleterre et le déclin de l'Église. Mais au fond ce long poëme n'est qu'un ramassis indigeste des fables et des traditions héroïques de l'antiquité, à propos des vices du temps présent.

Quelques pièces latines du même auteur se trouvent dans l'ouvrage suivant :

Political poems and songs relatives to English history, composed during the period from the accession of Ed. III to that of Rich. III, ed. by Th. Wright. Lond., 1859-1861. 2 vol. grand in-8. Dans la collection des *Rerum Britannicarum medii œvi scriptores.*

Ce recueil renferme plusieurs pièces importantes que nous citerons en leur lieu.

Fasciculi zizaniorum magistri Johannis Wycliff cum tritico, adscribed to Thomas NETTER OF WALDEN, provincial of the carmelite order in England and confessor to King Henri V, ed. by W. Waddington Shirley. Lond. 1858. (De la collection des *Rerum Britannicarum medii ævi scriptores.*)

Ouvrage très-important pour l'histoire de Wicleff et de ses disciples. Nous aurons, en parlant de Wicleff, occasion de citer d'autres ouvrages.

III

CHRONIQUES OU HISTOIRES PLUS MODERNES.

1° *Histoires spéciales.*

HAYWARD (mort en 1627), *the history of the life and reign of Henry IV*. Lond. 1599, in-4. Réimprimé en 1642 (in-12), avec une vie de Henri III de Robert Cotton.

Cette histoire, qui ne contient que la première année de Henri IV, reprend en résumé l'histoire de Richard II, et s'étend sur la déposition de ce roi et la révolte qui la suivit. Elle est toute dans l'esprit des historiens lancastriens qu'il a pris pour guides. Nous donnerons des preuves de son aveugle partialité.

An historical narration of that memorable parliament which wrought Wonder, begun at Westminster 1386 in the tenth yeare of the reign of King Richard the second. — Related and published by Thomas FANNANT, *clerk. Printed in the yeare* 1641.

Nous reviendrons en son lieu sur ce pamphlet. Il fut acquis par les Bénédictins de Douai en 1648, et se trouve maintenant dans la bibliothèque de cette ville.

The Life and reign of king Richard the second, by a person of quality. Lond., 1681, in-12.

L'auteur ne fait guère que suivre, comme il le déclare lui-même, Walsingham et Knighton, donnant *in extenso* les pièces qu'ils reproduisent, et renchérissant sur leurs appréciations. Il appelle les amis de Richard cette *cabal :* ce mot seul dit sous quelle influence, en quel temps et dans quelle pensée l'ouvrage fut écrit.

Nous n'avons pu trouver les deux ouvrages suivants de la même époque :

The history of the reigns of Edward and Richard II, with reflexions and caracters of their chief ministers and favourites (by S. Robert Howard). Lond. 1690, in-8.

Le rapprochement des règnes d'Édouard II et de Richard II dit assez quelle est l'idée dominante de cette histoire.

S. G. Saville (marquis de Halifax). *Observations upon the reigns of Edw. I, Edw. II, Edw. III and Richard II, with remarks upon their faithfull counsellors and false favourites.* Lond. 1689, in-8.

L'esprit du livre déborde dans le titre.

2° Histoires générales.

Chronicle of Fabian, Lond. 2 vol. in-folio, 1559.

L'histoire de Richard II y est fort abrégée et pleine de confusion.

Hall's *chronicle* (de Henri IV à Henri VIII). Lond. 1809.
Grand in-4 collationné sur les éditions de 1548 et de 1550.

Cette chronique ne touche à Richard II que pour raconter sa déposition. On y peut signaler aussi des confusions graves, notamment sur Flint et sur Chester.

Stow, *Annals or general chron. of England.* Lond. 1631. 3 vol. in-f°.

L'auteur a vécu vers 1525. Son histoire est la plus étendue qu'on ait écrite. Il paraît avoir fait usage de quelques documents que nous n'avons plus.

Holinshed (mort vers 1580). *Chronicles of England, Ireland and Scotland.* Lond. 1577, et 2ᵉ édit. 1587, 2 vol. in-f° (gothique).

C'est l'historien dont paraît avoir surtout usé Shakspeare.

Parmi les ouvrages qui, traitant de matières spéciales, peuvent servir à mieux connaître soit les hommes, soit les choses de ce temps-là, il faut citer :

A. *Ouvrages anciens.*

1° Sur la composition du Parlement :
Modus tenendi Parliamentum.

Traité qui ne paraît pas postérieur au premier quart du quatorzième siècle. Il a été publié dans le *Spicilegium* de Dachéry, et réimprimé par Th. Duffus Hardy. Lond. 1846, in-8. Il y en a à la Bibl. imp. un beau manuscrit, n° 6049.

2° Sur l'Échiquier et ce qui s'y rapporte :
Dialogus de Scaccario, traité du temps de Henri II.
On le trouve à la suite de l'*Histoire de l'Échiquier* de Madox.

Liber niger Scaccarii, éd. Hearne, 2 vol. in-8. Lond., 1774.

B. *Ouvrages plus modernes.*

W. Dugdale, *Baronage of England*. 2 vol. in-fol. Lond., 1675.

Ouvrage capital pour la généalogie des familles et l'histoire des dignités que leurs membres ont reçues, ou des emplois qu'ils ont exercés. Il cite parfois des documents qui ne sont pas encore imprimés.

Catal. and success. of Kings, Princes, etc., coll. by R. Brooke, 1 vol. in-fol. 1622 (2ᵉ édit.).

Indications très-sommaires et sans justification. Il y faut joindre, sur plusieurs points, les rectifications publiées par Vincent, *a discoverie of errours in the first edit. of catal. of nobility published by R. Brooke*. Lond. 1622, in-fol.

Anglia sacra, *sive collectio historiarum partim antiquitus partim recenter scriptarum de archiepiscopis et episcopis Angliæ*. Lond. 1691, 2 vol. in-fol.

W. Dugdale, *Monasticon anglicanum*, n. édit., 6 vol. in-fol. Lond. 1817-1830.

Fr. Godwin, *De præsulibus Angliæ*, ed. Richardson, Cantabrig., 1743, in-fol.

Madox, *History of the Exchequer*, 1 vol. in-fol. Lond. 1711.

A brief discourse touching the office of lord chancellor by Selden; *together with a true catalogue of lords chancellors and Keepers of the Great Seal, from the Norm. conquest until the present year* 1671. By W. Dugdale, 1671, in-fol.

On trouve des indications de même nature dans les deux ouvrages suivants :

J. Philpot, *Catalogue of the chancellors of England, the lords keepers of the Great Seal, and the lords treasurers of England*. 1636, in-4.

Robert Beatson, *A political index to the histories of Great Britain, etc., or a register of the hereditary honours, public offices, etc., from the earliest periods to the present time.* Lond., 1805, 3 vol. in-8.

Cobbet, *The parliamentary history of England*, t. I (1806), dans la collection de Hansart.

C'est un très-bon résumé des Rôles du Parlement, mais qui est loin de dispenser de recourir au texte.

Nous avons consulté aussi les histoires générales d'Angleterre, publiées au siècle dernier, ou dans le siècle présent, notamment :

A complete history of England, in three vol. in-fol. Lond. 1719, 2ᵉ édit.

C'est un recueil d'histoires de divers auteurs, publié par Kennet. La première partie, comprenant l'histoire de la Bretagne jusqu'à Guillaume le Conquérant, est de Milton; la suite, jusqu'à Richard II, de Samuel Daniel; les règnes de Richard II à Henri VI, inclusivement, ont été refaits, comme dit le titre, selon la méthode de ce dernier historien. L'histoire de Richard II y est généralement écrite dans le sens de ses ennemis. En quelques endroits pourtant on y trouve plus d'impartialité.

Rapin-Thoiras (2ᵉ édit. 1727, t. III).

Il suit généralement Walsingham.

Th. Carte, 4 vol. in-fol. Lond. 1747.

Il est favorable à Richard et à ses amis.

Hume, édit. en 8 vol. Lond. 1822.

Lingard, trad. du chev. de Roujoux, 17 vol. 1825 et suiv.

On retrouve dans son histoire de ce règne (t. V), toute la droiture de son jugement.

Sharon Turner, *Hist. of England in the middle age* (3e édit. 1830, t. II), (t. V de l'histoire complète comprenant les Anglo-Saxons).

Il y a dans ce livre des parties fort bien étudiées à côté de lacunes inexplicables.

Les histoires de Goldsmith, de Mackinstosh, et celles qui ont été publiées en France, quel qu'en soit le mérite, ne donnent de ce règne qu'un résumé insuffisant. A cet égard rien n'approche de cette page qu'il est curieux de lire :

« Après la mort d'Édouard III, Richard II, fils de ce prince de Galles, qui fut le plus grand et le plus honnête homme de son siècle, monta sur le trône. Il n'y porta ni les vertus d'un chrétien, ni les qualités d'un honnête homme, ni les talents d'un grand roi. Son règne fut celui des femmes, des favoris, des ministres. Il manqua également d'esprit, de cœur et de mœurs. Il ne sut ni parler, ni agir, ni mourir en prince. »

Voilà tout ce que dit du règne et de la personne de Richard II l'abbé Raynal dans son *Histoire du Parlement d'Angleterre*, Lond. 1748, p. 171. Y a-t-il assez de mépris pour ceux qui abusent ainsi du nom de l'histoire ?

Aux historiens à consulter sur Richard II, il faut joindre un auteur qui n'a pas la prétention de faire de l'histoire, et qui pourtant sait faire quelquefois plus que l'histoire, en rendant la vie à ses héros : c'est Shakspeare. Mais il ne faut pas se faire illusion sur la valeur historique de son drame appelé *La Vie et la mort de Richard II*. Rien n'est plus faux historiquement que son Richard. Richard n'est pas pour lui un simple roi : c'est le type de la tyrannie; c'est l'homme tel que le fait le despotisme, enivré dans la fortune, et comme énervé par le revers. Pour peindre le tyran, le poëte renchérit sans scrupule sur toutes les calomnies de l'esprit de parti qui souffle dans les chroniques rédigées au temps des Lancastres. L'humanité que montre Richard dans les premières scènes, en voulant prévenir ou en interdisant le duel à mort de son cousin Hereford (Henri de Lancastre) et de Norfolk, semble n'être qu'hypocrisie, à voir comme il jette le masque dès qu'il se retrouve avec ses courtisans (scène III). Le fils banni, il aspire à la dépouille du père. Il hâte de ses vœux le terme prochain de la vie du vieillard; il vient l'insulter sur son lit de mort. Le poëte est plus vraiment tragique lorsqu'il dépeint Richard revenant d'Irlande : sa joie en touchant le sol de l'Angleterre, sa confiance que tous ses ennemis vont se dissiper devant sa face, que Dieu enverra plutôt ses anges pour défendre en lui le droit divin!... et bientôt son abattement quand il voit s'évanouir toutes ses espérances, quand il apprend que tous ses soldats, que son oncle lui-même, l'ont abandonné; enfin cette sorte de folie calme, cette humilité résignée qui succède à l'enivrement de son orgueil, sans étouffer pourtant tous les battements de son cœur, ni empêcher qu'à travers les formes paisibles de ce langage, nouveau pour lui, ne brillent parfois quelques éclairs de son indignation contre les traîtres. Telle est la pensée du drame et ce qui en fait les péripéties émouvantes. On est ramené à la pitié par l'excès du malheur ainsi souffert; et l'on est tenté de croire qu'avant comme après, ce qui dominait dans ce pauvre tyran, c'est la démence. — On verra, au récit de cette histoire, si c'est là le caractère de Richard II.

Page 3, note *a*.

Le bon Parlement, 28 avril 1376 (50 Ed. III). *Rot. Parl.*, t. II, p. 321 et suiv. — *Conseil de dix ou douze membres imposé à Édouard :* accepté par lui, « pourvu que les chancelier, trésorier.... et tous autres officiers pussent exploiter leurs besognes sans la présence desdits conseillers. » (*Ibid*, p. 322, § 10.) Le nouveau conseil comprit : l'archevêque de Canterbury, l'évêque de Londres et l'évêque de Winchester, William de Wickham, ancien chancelier que Lancastre avait fait destituer en 1371; le comte de la Marche, qui se rattachait à la famille royale par Philippa, sa femme, fille de Lionel, duc de Clarence; les comtes d'Arundel et de Stafford; les sires de Percy, de Brian et de Beauchamp; avec le chancelier, le trésorier et le garde du sceau privé. Ms Harl, n° 247, cité par W. Godwin, *Life of G. Chaucer*, c. XXXIX, t. II, p. 235. Lond. 1803, in-4°. — *Mise en jugement et condamnation des principaux conseillers :* W. sire de Latimer, J. sire de Nevil, et les fermiers de l'impôt R. Lyons, W. Ellis, J. Peeche, Adam Bury. *Ibid*, p. 324-328. — *Alice Perers*, *ibid*. p. 329, § 45 (pour 35). Elle fut frappée de la peine dont elle était menacée alors, au premier Parlement du règne suivant. (*Rot. Parl.* t. III, p. 12-14, § 41-43.)

Page 4, note *a*.

Enfants d'Édouard III, Hall's *Chron.*, p. 2, éd. 1809; Brooke, *Catalogue and success. of Kings, Princes*, etc. Lionel laissait en mourant une fille qui épousa Edmond Mortimer, comte de la Marche, dont elle eut des enfants, héritiers de ses droits au trône.

Mort du prince de Galles. Walsingham, p. 190.

La mère de Richard II, Jeanne, était du sang royal. Son père Edmond, comte de Kent, était fils d'Édouard Ier, et elle avait sept ans environ quand il fut décapité en la première année d'Édouard III (1327). Froissart, dans la dernière révision de son histoire, parle d'elle en ces termes : « De ce conte de Kent mort et décolé demora une jone fille. Pour lors elle pooit avoir sept ans. Si la prist la jone roine Philippa dalès lui qui en ot pitié et euist volentiers aidié à son père que il ne fust point mors.... Cette jone damoiselle de Kent estoit cousine germaine dou roi Edouard d'Engleterre et fu en son temps la plus belle dame de tout le roiaulme d'Engleterre et la plus amoureuse, mais toute sa génération vint à povre conclusion par les fortunes de ce monde qui sont moult diverses, ensi que vous orez recorder avant en l'istore. » (Froissart, I, c. XLIII, p. 138; publié d'après un Ms. de Rome par M. Ed. Kervyn de Lettenhove.)

Elle avait épousé d'abord le comte de Salisbury; puis, ce mariage ayant été rompu, Thomas de Holland, qui devint comte de Kent après qu'elle eut hérité ce comté de son frère. Elle en eut trois fils : Thomas de Holland, comte de Kent après son père; Edmond et Jean de Holland, et une fille, Maud ou Mathilde, mariée d'abord à Hugues de Courtenai, puis au comte de Saint-Pol. Le comte de Salisbury vivait encore, lorsque le Prince Noir, à la mort de Thomas de Holland (vers 1361), épousa Jeanne, qui avait environ quarante ans. (Voy. Wals., p. 178, et Dugdale, *Baronage*, t. II, p. 74.)

Richard, prince de Galles. « Item les dites communes prierent humblement a nostre Sr. le roy en dit Parlement que pleust a lour dit Sr. le roy, en grande confort de tout le roialme, faire venir avant en Parlement luy nobles enfantz Richard de Burdeux, fils et heir mon Sr. Edward, nadgaire eisnex filz du dit nostre Sr. le Roi et prince de Galles, que Dieu assoille, issint que les seignours et communes du roialme y purreient veer et honurer ledit Richard comme verroi heir apparant du roialme. » Richard fut amené et reçu comme la « droit ymage et verroie figure » du prince de Galles.... » « Et sur ce les communes y prierent tous à un voice que pleust a lour noble Sr. lige granter al dit Richard le noun et honour de prince de Galles, par mesme la manere come le dit mon Sr. Edward son père le eust tant com il vesquit[1]. » On répondit que cela ne se pouvait faire par les seignours et les prélats en parlement ou ailleurs, mais qu'on le recommanderait au roi. (*Rot. Parl.*, t. II, p. 330, § 50.) — Les droits du jeune prince étaient dès lors si bien reconnus de la nation, que quand, à son retour, Lancastre voulut faire abolir les actes du « bon parlement, » ce fut par Richard lui-même, comme prince de Galles, qu'il fit tenir, en l'absence d'Édouard III, retenu par la maladie, le parlement nouveau, instrument docile de ses volontés. (27 janvier 1377. *Rot. Parl.*, t. II, p. 361, § 2 ; Cotton, *Abridgm.*, p. 144 ; Wals., p. 191.)

La réaction avait commencé dès que Lancastre était revenu de Bordeaux. Pierre de la Mare fut jeté en prison. Le comte de la Marche, mari de Philippa, fille et héritière de Lionel duc de Clarence, dut résigner l'office de lord maréchal qu'il tenait par délégation (voy. ci-après, p. 404), et qui fut confié au même titre à Henri Percy. Quant à William de Wickham, évêque de Winchester, ancien chancelier, l'homme le plus important du parti, Lancastre le fit condamner en conseil, pour des faits de son administration, plus ou moins avérés : on le priva de son temporel et on l'exila à vingt milles de la cour. Il inspirait au duc tant de haine ou tant de crainte, que dans l'amnistie prononcée au parlement de janvier 1377, il fut seul et nommément excepté. (Stat. 50 (lire 51) Ed. III, c. III. *Stat. of Realm*. t. I, p. 397.) Il ne fut rétabli, sur les instances expresses des autres prélats que trois jours avant la mort d'Édouard III (18 juin), quand la succession prête à s'ouvrir allait changer la situation (c'est le dernier acte de ce règne dans Rymer, t. VII, p. 148).

Lancastre, tout en ressaisissant si violemment le pouvoir, n'avait fait qu'ajouter à l'irritation populaire. Il en eut la preuve dans une sédition provoquée par sa conduite envers l'évêque de Londres, au procès de Wicleff, sur lequel nous aurons à revenir.

1. Nous reproduisons, pour les *Rolls*, le texte imprimé, sans en garantir l'orthographe.

Le peuple voulait le tuer ou tout au moins brûler son hôtel : il s'en vengea en faisant destituer le maire et les aldermen. Les choses en étaient là, quand mourut Édouard III. La ville de Londres ne fut point rassurée. C'est auprès de la princesse de Galles et du jeune Richard que Lancastre avait trouvé un asile dans la dernière émeute ; et l'on pouvait craindre que l'avénement du prince ne laissât toute influence dans le gouvernement à l'aîné de ses oncles. Aussi ne fut-ce pas sans appréhension que les habitants de Londres, ayant envoyé complimenter le nouveau roi, virent, parmi les messagers chargés de leur répondre, le sire de Latimer, un des affidés de Lancastre, mis en accusation par le « bon parlement. » On leur faisait savoir que le duc, invité par le roi à se réconcilier avec eux, s'en était remis à lui ; on les invitait de la part du roi à en faire autant. Les habitants de Londres croyaient que le duc les voulait avoir à merci. Mais Lancastre avait compris qu'il avait besoin de s'effacer avant de reprendre de l'empire. Les meilleures assurances furent données à la cité sur le maintien de ses priviléges, sur le respect des personnes et des biens, et la ville se rendant sur la parole des envoyés, le jeune roi la réconcilia avec son oncle. A l'entrée de Richard dans Londres, Lancastre et Percy marchaient devant lui dans leurs fonctions de sénéchal et de maréchal ; et ils usèrent de tant de ménagements et d'urbanité à l'égard de la foule, que les esprits, déjà désarmés, leur furent presque regagnés. Voy. Walsingham, p. 192-194. Cf. W. Godwin, *Life of Chaucer*, c. XL, t. II, p. 242 et suiv. : l'auteur, voyant dans le duc de Lancastre un protecteur de Chaucer, est pour lui d'un aveuglement qui passe toute imagination.

Page 7, note a.

Le conseil et les cours de justice. Voy. Hallam, l'*Europe au moyen âge*, t. III, p. 85 et suiv., 306 et suiv. ; et les auteurs spéciaux auxquels il renvoie : Madox, *Hist. of Exchequer*, et le *Dialogus de Scaccario*, imprimé à la suite de cet ouvrage.

Sur le conseil permanent ou « continuel conseil », appelé depuis *conseil privé*, voy. la préface du précieux recueil des actes de ce conseil : *Proceedings and ordinances of the privy council of England*, ed. by Harris Nicolas, 1834. L'auteur recommande avec raison de ne pas confondre ce conseil, qui siégeait tous les jours pour l'expédition des affaires, avec le grand conseil, réuni de temps à autre extraordinairement en vertu de *writs de convocation*, comme les lords du parlement. Un grand conseil, tenu la deuxième année de Richard (1379), est dit avoir réuni presque tous les prélats, aussi bien que les abbés, ducs, comtes, barons et bannerets et autres sages du royaume. (*Rot. Parl.*, t. III, p. 55. Nous en parlons p. 31.) Les membres du conseil permanent, sous Richard II, n'étaient élus que pour un an; mais ils étaient généralement maintenus l'année suivante. On retrouve presque toujours les mêmes noms dans les listes, et c'étaient, pour la plupart, les plus grands du royaume.

Page 8, note *a*.

Les grands offices. Les grands offices, étant d'origine féodale, avaient dû suivre les tendances de la féodalité, se rattachant à la terre et se perpétuant dans les mêmes mains, dans les mêmes familles.

L'office de *sénéchal*, rattaché au comté de Leicester, avait passé, par un mariage, de la maison de Robert de Beaumont, qui en était investi sous Henri II, à Simon de Montfort. Il fut donné, après la mort et la confiscation des biens de Simon de Montfort, à Edmond Crouchback, comte de Lancastre, deuxième fils de Henri III, et passa à Jean de Gand (duc de Lancastre), au droit de sa femme Blanche, petite-fille d'Edmond. Quand Henri, fils de Jean de Gand, revint en Angleterre, réclamant son héritage dont Richard le voulait dépouiller, il revendiquait non-seulement ses seigneuries et ses domaines, mais encore ce titre de sénéchal ou grand juge, comme inféodé depuis cent ans à ses ancêtres :

> Que grant juge soit-il restitué
> D'Engleterre, comme lavoit esté
> Le duc son père et tout son parenté
> Plus de cent ans;
>
> (Creton, *Chron.; Archæol.*, t. XX, p. 354.)

et avant même que la question fût tranchée, comme on le verra, il prenait dans un acte du 10 août l'an XXIII de Richard II (1399), les titres de duc de Lancastre, comte de Derby, de Leicester, de Hereford, de Northampton, *séneschal d'Angleterre*. (Madox, *formul. anglican.*, p. 327; *Archæol.*, t. XX, p. 133, note *q*.)

L'office de *chambellan* appartenait, avec le comté d'Oxford, aux descendants d'Albéric de Vère ou de Veer, comme on lit dans les actes. (Voy. Dugdale, *Baronage*, t. I, p. 189 et suiv.) Ce droit leur est spécialement réservé dès le premier parlement de Richard : « Salvez toutdys l'estat et l'éritage du conte d'Oxenford del dit office de Chamberlin. » (*Rot. Parl.*, t. III, p. 16, § 50.)

L'office de *connétable* était dans la famille des Bohuns comtes de Hereford. Si Richard II, à son avénement, en disposa au profit de Thomas de Woodstock, comte de Buckingham, son oncle, la charte même qui le lui donnait, en disant à quel titre et sous quelles réserves, confirmait le droit héréditaire des Bohuns : « Quum officium constabularii Angliæ, *per mortem* Humfredi de Bohun, nuper comitis Herefordiæ, constabularii Angliæ, et *ratione minoris ætatis hæredum ejusdem*, ad manus Domini E. nuper regis Angliæ, avi nostri, devenerit, et in manu nostra jam existat. » Il est donné à Thomas de Woodstock, comte de Buckingham, pour être gardé et exercé : « Quamdiu nobis placuerit et *idem officium in manu nostra, ex causa prædicta, contigerit remanere.* » (22 juillet 1377. Rymer, t. VII, p. 152.)

L'office de *maréchal* était inféodé dès le temps de Henri Ier ; il était héréditaire dans la maison de *W. Marshall* (la dignité même lui tenait lieu de nom), comte de Pembroke au temps de Jean et de Henri III (Camden, *De origine et dignitate comitis marescalli Angliæ*, p. 89) ; et c'est au titre de la fille du comte de Pembroke, sa femme, que Roger Bigod, comte de Norfolk, obtint de Henri III cette charge. (Dugdale, *Baron*, t. I, p. 134.) L'héritage de Roger Bigod (le comté de Norfolk et l'office de maréchal), fut transféré par Édouard II à son frère Thomas de Brotherton, dernier fils d'Édouard Ier. (Dugdale, t. II, p. 63.) Sur l'office de maréchal inféodé au comte de Norfolk (mareschalsia autem est quædam sergantia regis comiti Norf. in feodo commissa), voyez une ordonnance de Richard II, donnée à Westminster, le 12 janvier an IX de son règne (1386). (Bibl. imp., Ms. 6049, f° 24 et suiv.)

Thomas de Brotherton ne laissant que des filles, l'office de maréchal fut successivement rempli par les comtes de Salisbury, de Warwick, de la Marche, et par le comte de Northumberland, Henri Percy, qui l'occupait à l'avénement de Richard II. Mais le droit de la famille n'était que suspendu ; et au couronnement de Richard, Marguerite, fille de Thomas, demandait qu'on lui permît de le remplir par commissaire (*Processus factus ad coron. regis Ric. II*, Bibl. imp., Ms. 6049, f° 1 verso.) On n'eut pas le temps de juger sa réclamation. Henri Percy figura comme maréchal d'Angleterre dans la cérémonie, et peu après il remit la verge, insigne de cette dignité, qui fut confiée à Jean Fitz-Alan, frère de Richard, comte d'Arundel (Wals., p. 106, et Dugdale *Baron*. t. 1, 318 et 321); puis à Thomas, comte de Kent (3 R. II) (Dugdale, t. II, p. 75); mais en l'an IX de Richard (1385-1386), elle revint à Thomas de Mowbray, comte de Nottingham, petit-fils de Marguerite, et par elle héritier légitime de Thomas de Brotherton; il venait d'atteindre sa majorité. (Dugdale, t. I, p. 128.) Le titre de maréchal était tellement inhérent à sa famille, que l'acte de la 21ᵉ année de Richard qui éleva Marguerite à la dignité de duchesse de Norfolk, l'appelle Marguerite *Maréchal*. (*Rot. Parl.*, t. III, p. 355, § 37.) Cet office fut reconnu à Th. de Mowbray avec de nouveaux accroissements et la mention expresse qu'il était héréditaire dans sa race un an avant qu'il le perdit, par le jugement qui le frappait d'exil. Voy. ci-après, t. II, l. x, et sur l'office de maréchal la dissertation de Camden, *De origine et dignitate comitis marescalli Angliæ*. Lond. 1691.

Quant aux autres grands officiers, ils étaient de droit à la nomination du roi. En l'an XV d'Édouard III (1341), les communes avaient demandé que les juges et les ministres prêtassent serment de se conformer à la grande Charte et aux autres lois, et que leur nomination se fît en parlement. (*Rot. Parl.*, t. II, p. 128, § 15.) Le roi, pressé d'obtenir un subside, laissa passer la pétition en statut pour ce qui est du serment: mais il y fit cet amendement en ce qui touche la nomination des officiers, « qu'ils seraient nommés par le roi avec l'avis de son conseil; » ajoutant seulement pour donner aux communes le moyen de leur demander compte de leurs actes: « Qu'ils se démettraient de leur charge au parlement suivant, où ils auraient à répondre à toutes les plaintes. » (1 stat. 15 Éd. III (1341), c. III et IV. *Stat. of Realm*, t. I, p. 296). Le chancelier, le trésorier et les juges durent prêter le serment sur la croix de Canterbury. Toutefois ils protestèrent « qu'ils n'avaient point donné leur assentiment audit statut, et qu'ils ne pouvaient l'observer dans le cas où il serait contraire aux lois et usages qu'ils avaient juré de faire maintenir. » Et ils firent enregistrer leur protestation dans les Rôles. (*Rot. Parl.*, t. II, p. 128, § 15; p. 131, § 42; p. 132, § 53.) De plus, dès le 1ᵉʳ octobre, un second statut abolissait le premier, comme obtenu contre les lois du royaume et publié sans le libre consentement du roi. (*Stat. of Realm*, t. I, p. 297, et Rymer, t. V, p. 282), révocation qui fut confirmée au parlement suivant (1343). (*Rot. Parl.*, t. II, p. 139, § 23). Voy. aussi Hallam, t. III, p. 182 et 183.

Page 11, note *a*.

Le parlement. Ce n'est pas le lieu de traiter à fond cette question. Le livre capital est un petit traité du quatorzième siècle : *Modus tenendi parliamentum*, que nous avons cité parmi nos sources. On y verra le mode et les délais de convocation ; — les lords spirituels, et les procureurs du clergé ; — les comtes et barons personnellement appelés ; — les députés élus des communes : comtés, cinq ports, villes ou bourgs ; — les clercs adjoints pour le service, et leur salaire ; — les comités formés pour les cas plus difficiles ; l'expédition des affaires dans l'ordre des rôles et les jours de séance ; — les rangs des assistants, depuis le roi, qui est « la tête, le principe et la fin du parlement » jusqu'aux députés des bourgs ; — les assistants par droit de leur office ; les amendes en cas d'absence ; la tenue des séances, depuis le sermon prêché par l'archevêque ou quelque grand clerc et l'exposé du chancelier (quand le chancelier est évêque, les deux choses se confondent ou s'unissent) ; — le devoir du roi, tenu d'assister au parlement, s'il n'est malade, ce qui est constaté par une commission de douze membres : et alors il doit déléguer ses pouvoirs ; — les offices de portier et de crieur ; les conditions mises à la demande des aides ; — l'importance capitale des communes : deux chevaliers des comtés sont plus que le comte le plus puissant ; le roi pourrait tenir le parlement sans les lords spirituels et temporels, s'ils ont été légalement convoqués : il ne le pourrait sans les communes ; — le respect du droit de pétition : le parlement ne se doit point séparer que toutes les demandes n'aient reçu réponse.

Pour les explications légales ou historiques, nous renvoyons à Hallam. — *Les lords spirituels et temporels*, Hallam, t. III, p. 113 et suiv., p. 283 et suiv., p. 29 et suiv. ; — *barons, bannerets*, et même *juges et sergents*; voy. le parlement de Glocester (20 octobre 1378) : « touz les evesques et comtes d'Engleterre, et plousours abbes, priours, barons et banerets, *justices et sergeantz* qu'avoient ladite somonce s'assemblerent en la grant sale.... Et appelez la eins chivalers des contees, barons de cynq ports, citezeins des citez et burgeys des burghs. »

(*Rot. Parl.*, t. III, p. 32, § 2.) — *Les villes et les bourgs*. Voyez sur les priviléges que leur conféra de bonne heure l'intérêt bien entendu des rois, Hallam, t. III, p. 141, et suiv. Plusieurs rattachent la première convocation régulière des députés des communes au parlement à la vingt-troisième année d'Édouard Ier (1295). Hallam montre qu'il faut la reporter plus haut, et que dans les parlements un peu postérieurs à celui du comte de Leicester (Simon de Montfort) on les voit plusieurs fois paraître, notamment en 1269, et au premier parlement d'Édouard Ier (1273) (t. III, p. 148-157). Sur les *convocations* spéciales du clergé, voy. aussi Hallam, t III, p. 305; sur le droit d'élire, le mode des élections, le petit nombre de ceux qui y prenaient part effectivement, les répugnances des bourgs et la partialité des shérifs, *ibid*, p. 163, 270-281. Sur le vote de l'impôt et les progrès du parlement sous Édouard III, *ibid*. p. 111-169 et suiv.

Page 13, note *a*.

Couronnement de Richard II. Voir le procès-verbal de la cérémonie dans Rymer, *Fœdera*, etc., t. VII, p. 158-160. Le texte s'en retrouve dans le beau Ms. 6049 (B. imp., f° 1 et suiv.), précédé d'un préambule, que Rymer n'a pas donné, sur les grands offices, et ceux qui les remplirent en cette solennité, comme aussi sur diverses réclamations qui furent présentées à cette occasion.) Voy. aussi Walsingham, p. 195-198, le moine d'Evesham, *Vie de Richard II*, p 1.

Après la messe du sacre, selon un vieil usage, un chevalier (J. Dymock) vint aux portes de l'Église, armé de pied en cap et monté sur un cheval du roi, et il défia quiconque soutiendrait que Richard n'avait point droit à la couronne. Dans une réclamation adressée par sa veuve au conseil, l'an IV de ce règne, on voit que la récompense de la charge était d'avoir le meilleur cheval du roi, excepté un, et la meilleure armure, excepté une. (*Proceedings*, t. I, p. 87.)

Richard, à l'occasion de son avénement, créa son oncle Thomas de Woodstock, comte de Buckingham; Henri Percy, comte de Northumberland; Jean de Mowbray, comte de Nottingham; et son maître, Sithard d'Angoulême, comte de Huntingdon. Le duc de Lancastre était sénéchal d'Angleterre; Henri Percy, comte de Northumberland, remplissait alors l'office de maréchal, Thomas de Woodstock, comte de Buckingham, fut nommé connétable (22 juillet 1377). (Rymer, t. VII, p. 152.) Quant au *conseil de gouvernement*, on a l'acte qui l'institua (20 juillet 1377, *Rot. Parl.*, t. III, p. 386, appendice n° 1.) Ces conseillers furent : les évêques de Londres et de Salisbury, les comtes de la Marche et d'Arundel, W. Latimer et John Cobham, barons; Roger de Beauchamp et Richard de Stafford, bannerets; John Knivet, Rauf de Ferrers, John Devereux et Hugh de Segrave, bacheliers. Ils devaient, avec le chancelier et le trésorier, exercer tous les pouvoirs du roi (Cf. Rymer, t. VII, p. 162.) Le duc de Lancastre, tout en s'effaçant, avait eu grande influence dans la nomination de ce conseil. On murmura beaucoup dans le peuple du choix de l'évêque de Salisbury et de W. Latimer. (Wals., p. 198. Cf. M. Evesh., p. 3.)

L'évêque de Saint-David, chancelier dans les dernières années d'Édouard III, étant absent, le grand sceau fut remis au jeune roi et repris de ses mains par le duc de Lancastre, pour être confié à Nicolas Bonde. Il fut rendu à l'évêque de Saint-David dès son retour, le 26 juin. (Voy. Rymer, t. VII, p. 151.)

Sur la retraite du duc de Lancastre, voy. Walsingham, p. 198. Ses secrètes espérances et les efforts de ses partisans pour le faire valoir percent dans cette anecdote, recueillie ou inventée au commencement du règne de Richard II. Un Français, pris dans une de ces incursions que nos marins faisaient souvent alors en Angleterre, déclara, dit-on, que si les Anglais l'eussent choisi pour roi, leur pays ne serait pas infesté ainsi par les Français. (M. Evesh, p. 3.)

Page 16, note a.

Pétitions. Les particuliers en pouvaient adresser, aussi bien que les corporations ou les communes.

Lords adjoints aux communes. En tête de la liste présentée par les communes figurait le duc de Lancastre. Il en prit occasion pour se jeter aux pieds du roi, et protester contre l'accusation de trahison dont il avait été l'objet dans le peuple, portant défi à quiconque l'oserait soutenir. Les prélats et les barons se levèrent, s'associant tout d'une voix à sa protestation; et les communes dirent que le choix qu'elles faisaient de lui pour être leur aide et conseiller, repoussait assez hautement une semblable calomnie. (*Rot. Parl.*, p. 5, §§ 13 et 14.)

Pierre de la Mare, « qui avoit les paroles de par la commune » (*Ibid.*, § 15), d'où le nom d'*orateur* donné à celui qui présidait aux délibérations des communes et en était l'interprète devant le roi et la chambre haute. Pierre de là Mare est le premier que l'on trouve ainsi désigné dans les registres du parlement. (Voy. Cotton, *Abridgm.*, p. 155; et *Hist. parlem.*, t. I, p. 160.) Ce rôle du président est devenu secondaire, sans que le nom ait changé. Le président de la chambre des communes, à qui tous les discours s'adressent, et qui semble surtout avoir pour mission d'écouter, s'appelle encore aujourd'hui « l'orateur, *Speaker*. » Sur Pierre de la Mare, voy. Wals., p. 190, et la chronique extraite par Leland, *Collect.*, t. I, p. 692.)

Remontrances et demandes des communes, Rot. Parl., t. III, p. 5, § 16-20.

Page 17, note *a*.

Conseil nommé en parlement. La requête adressée au roi et aux seigneurs du parlement portait « que lour pleust ordener et lour nomer ore en ce present parlement oept (huit) suffisantes personnes de divers estats, d'estre continuelment résidentz du conseil sur les besognes du Roy et du Roialme avec les officers du Roy » (*Rot. Parl.*, t. III, p. 5, § 18); et dans la reproduction de la demande, au moment où elle va être accueillie, il est dit : « Em priantz humblement que lour pleust ore en ce parlement mesme les oept conseillers eslire.... et sur ce notifier lours noms a mesme la commune en ce parlement. » (*Ibid.*, p. 6, § 21.) La nomination devait donc être faite dans la chambre haute et notifiée aux communes. On y apportait la même réserve que l'on a vue, lorsqu'Édouard III dut accepter du bon parlement un conseil de dix ou douze membres : « que les chancelier, trésorier, gardien du sceau privé, juge de l'un et de l'autre banc, et tous autres officiers pourront faire et exploiter les besognes qui touchent leurs offices sans la présence de ces conseillers. » (*Ibid.*, § 22; cf. t. II, p. 322, § 10, et ci-dessus, p. 399.) Ils prêtèrent serment en parlement devant le roi. (*Ibid.*, t. III, p. 7, § 25.)

P. 18, note *a*.

Nomination des grands officiers en parlement. Rot. Parl., t. III,

p. 16, § 50. — *Conditions du vote des subsides (Ibid., p. 7, § 27.)*

L'impôt du *dixième* et du *quinzième*, impôt exceptionnel et transitoire de sa nature, pesait sur les biens meubles et les revenus des terres, et devait porter, lorsqu'il s'appliquait simultanément aux laïques : le dixième, sur les cités et les bourgs, et le quinzième, sur le reste du pays. Cette définition nous est donnée par le texte même du vote de cet impôt en ce premier parlement de Richard. Nous reproduisons le passage des Rôles, parce que cet impôt reviendra fort souvent, et qu'ailleurs on ne le trouvera pas aussi nettement défini : « *Item* les seignours et communes du Roialme d'Engleterre, appeircevantz clerement le grant peril du Roialme... à l'aide nostre seignour ils grantent (accordent) ore de lour liberale volentee à mesme nostre seignour le Roi *deux quinszimes par dehors citees et burghs et deux dismes deins mesmes les citees et burghs à lever de lours biens*, si bien c'est assavoir des seignours des villes come des religious sur leurs biens provenants de lours terres et tenements purchasez ou appropriez puis lan vintisme le roi E. filz le roi Henry et d'autres seculers gentz quelconques, nully esperniant en celle partie, par entre cy la Chandeleure proschain venant, par autielles sommes de deniers, et nemye greignours ne meindres, come ont este acustumez estre levez des villes parmy le Roialme, quant tielles dismes et quinszismes ont este grantez, a une fois ou a diverses fois *pur deux ans*. Em priantz humblement a lour Sr. lige et les autres seignours du parlement que si bien de ceux deniers come des deniers de les dismes ore a granters par la clergie d'Engleterre et auxint de les deniers provenantes de la subside des laines, fussent certains persones suffisants assignez de par le Roy d'estre tresoriers ou gardeins au tiel effect que celles deniers feussent tout entierment appliez a les despenses de la guerre et nemye autre part par aucune voie. » (*Rot. Parl.*, t. III, p. 7, § 27). Le clergé vota aussi deux décimes pour l'année. (Voy. Wals., p. 280.) — Cette distinction du dixième pour les cités et les bourgs, et du quinzième pour le reste du pays, était observée sous Édouard III; et Walsingham en fournit plusieurs preuves. Ainsi, en 1337, « in parliamento apud Notingham exegit quintum decimum denarium de communi plebe, decimumque de burgis. » (Wals., p. 146.) Dans la même année, le clergé accordait un décime. (*Ibid.*) De même, en 1333 : « Populus sibi concessit xv denarium de temporalibus, et de civitatibus et burgis decimum denarium; et clerus concessit unam decimam. » (Wals., p. 134.)

Quant à la nature des produits soumis à la contribution, on en trouve une définition dans le vote du parlement de la sixième année de Richard II (1382): « Les seignours et communes.... grantent à nostre seignour le Roi.... de tous ducs, conts, barons, baneretz, chivalers et esquiers, et de touz autres seculers seignours des manoirs, villes et autres lieux parmy le roiaume, deinz franchise et dehors, sur la quantitee et afferant de touts leurs bleds et bestaill', ou l'afferant et quantitee de profitz de touts lours demesnes, terres en chacune ville et autre lieu parmi le roiaume dessuis dit, » etc. (Rot. Parl., t. III, p. 134, § 15.) Dans le principe, chacun devait déclarer la valeur de ses biens devant les juges: ce qui n'empêchait pas les collecteurs d'entrer dans les maisons, de rechercher et de taxer les objets, meubles, vaisselle, et tout ce que contenait la basse-cour ou la grange. En 1334, le parlement ayant voté un dixième pour les cités et les bourgs, et un quinzième pour le reste du pays, Édouard III, pour donner satisfaction aux plaintes très-vives soulevées par cette inquisition, nomma dans chaque comté des commissaires, en leur donnant pouvoir de transiger avec les municipalités pour une certaine somme. Par la suite, en pareil cas, on prit pour base les compositions de cette année, et les municipalités fournirent le contingent par une répartition proportionnelle entre leurs habitants. Cela était consacré dans la cédule des subsides par quelque formule de ce genre: « A lever en la manere comme la darreine quinzisme fuist levee et nemye en autre manere. » (Voy. Rot. Parl., t. II, p. 138, et Lingard, *Histoire d'Angleterre*, t. IV, p. 203-207 de la traduction française.)

P. 22, note *a*.

Pétitions des communes.

Confirmation des libertés. Rot. Parl., t. III, p. 15, §§ 44, 45 et 52.

Pétition de la cité de Londres. La ville de Londres demandait la confirmation de la charte qu'elle avait obtenue d'Édouard III, nonobstant tout statut contraire; et parmi ses franchises, la défense à tout étranger de vendre à un étranger dans les limites de son territoire; le privilége de n'obéir qu'aux mandements du roi ; le droit d'enquête sur ses coutumes et ses impositions ; le droit de garde pour les orphelins de la cité ; le droit de faire prévaloir son interprétation dans les cas douteux concernant les coutumes ; toutes les franchises des villes les plus favorisées ; que le roi n'entrave par aucun acte de protection les procès engagés dans l'intérêt de la ville ; que les débiteurs détenus dans la prison de Newgate n'en soient pas tirés pour être mis dans la prison du roi. (*Ibid.* p. 27, § 126 et suiv.)

Le statut des *purveyours*, § 46 ; *ibid.* p. 15. — Les *shériffs*, § 86. Le clergé, dans le rôle spécial de ses pétitions, se plaint surtout des pourvoyeurs royaux et des shériffs qui, abusant du droit d'être hébergés en tournée, venaient s'établir avec leurs femmes, leurs enfants et une suite excessive dans les abbayes. (*Rot. Parl.*, t. III, p. 25-27.) — l'*Échiquier*, §§ 61, 103 ; — *agents forestiers*, §§ 60-62 ; — *livrées et maintenance*, §§ 49, 64, 92 ; — *abus de convocation*, § 59 ; — *hommes de loi*, §§ 78, 85 ; — *juges ecclésiastiques*, § 93 ; — *prison pour dettes*, § 107 ; — *cour de Rome*, §§ 66-68, 77, 84 ; — *éloignement des mauvais conseillers*, § 49 ; — *dons abusifs*, §§ 47 et 48 ; — *observation de la loi commune*, § 97 ; — *pétitions converties en statuts*, § 56 (l'ordonnance était de sa nature temporaire et irrévocable ; le statut, perpétuel ; voy. Hallam, t. III, p. 179) ; — *juridictions légitimes*, § 87 ; — *décisions judiciaires*, § 80 ; — *tribunaux exceptionnels*, § 65 ; — *appel de l'Échiquier*, § 105 ; — *convocation annuelle du parlement*, § 95 ; — *durée annuelle des fonctions de shériff et d'eschetour*, § 104 ; — *comptes des trésoriers*, § 57 ; — *garde des places*, etc., §§ 51, 53 ; — *fortifications, flotte*, §§ 76, 110 ; — *Étaple*, § 78. (*Rot. Parl.* t. III, p. 15-24.) Par un acte du 15 novembre 1377, le roi confirma les lettres d'Édouard III du 15 octobre 1376 en faveur de l'Étaple, et de la libre élection du maire et des aldermen de Calais. (*Franciæ Rot.* 1 Rich. II, P. I, m. 8. Coll. Bréquigny, t. LVII, f° 138.)

La loi des *laboureurs*, voy. *Stat. of Realm* (23ᵉ année d'Édouard III), t. I, p. 307 et 308 ; *Rot. Parl.* t. III, p. 17, § 54, et p. 21, § 80. Les rigueurs contre les laboureurs avaient été réclamées par le *bon parlement*, comme par ceux qui précédèrent ou qui suivirent. (*Rot. Parl.* t. II, p. 340, § 116.) — Le *salaire des ouvriers*, § 55 ; — *les étrangers*, §§ 58, 91 (*ibid.*, p. 17-22).

Le *coroner*, § 72 ; *ibid.*, p. 19 ; —*les exonérations et les ras-*

semblements, etc. *Statuts of the Realm,* t. II, p. 3-5. (1 Rich. II, c. vi, xi, etc.)

Deux points demandent quelques explications supplémentaires : les rapports avec Rome, et l'Étaple.

1° *Rapports avec Rome.*

La cour de Rome ne pouvait trouver dans son domaine de quoi suffire aux charges de sa position. Placée à la tête de la chrétienté, elle avait dû lui demander de contribuer aux frais du gouvernement de l'Église : chose délicate en tout gouvernement, et particulièrement difficile quand les gouvernés appartiennent à des royaumes indépendants.

L'Angleterre payait au saint-siége deux redevances d'une nature spéciale : le denier de saint Pierre (*Rome-penny*), don volontaire établi sous les Saxons et passé en usage, et le cens du roi Jean. Mais le denier de saint Pierre (1 sou par famille dont les biens meubles valaient 30 sous) s'était de bonne heure changé en une somme ronde qui demeura, malgré l'accroissement de la fortune publique et de la population, à peu près ce qu'elle était à l'origine ; et le cens de Jean, plus humiliant à l'amour-propre national qu'onéreux au trésor (il était de 1000 marcs), n'avait jamais été bien régulièrement payé. En 1366, Urbain V ayant réclamé trente-trois ans d'arrérages, ce fut une occasion de l'abolir : Édouard III consulta le clergé, qui dit que le roi ne pouvait, sans le consentement de la nation, engager le royaume ; et les lords ainsi que les communes ayant été du même avis, le tribut fut supprimé. La cour de Rome, en Angleterre comme ailleurs, était donc réduite à la part qui lui avait été faite dans les revenus de l'Église ; et si certains usages avaient tourné en abus, les rois n'y avaient pas toujours été étrangers.

Tels étaient le don des *premiers fruits*, qui se rattachait aux collations de bénéfices, et la coutume des *proviseurs*, qui ne devait pas tarder à amener des conflits entre les deux pouvoirs.

Le don des premiers fruits à celui qui conférait le bénéfice, était passé en coutume au moyen âge. A Rome on les réclamait à chaque promotion ; et les promotions en cour de Rome, en ce qui touche les évêchés d'Angleterre, étaient devenues presque générales. Après la grande charte, dit Lingard, les chapitres demandaient congé d'élire, et élisaient, sauf appel au métropolitain ou au pape, selon les cas. Mais les rois avaient multiplié les appels au pape, dans la pensée de substituer leurs candidats aux élus des chapitres ; et, de l'agrément des princes, dont les recommandations étaient souvent mieux accueillies de Rome que des chapitres, l'institution se trouva peu à peu dévolue au pape, qui *pourvoyait* directement aux évêchés ou abbayes. Copie de la *provision* était envoyée de Rome au roi, avec requête de mettre le prélat nommé, ou *proviseur*, en possession de son temporel. Cela paraissait concilier les prétentions respectives des deux pouvoirs; et quand, par la suite, la requête fut omise dans la provision, on garda saufs les droits du roi, en exigeant que l'élu renonçât aux clauses de la bulle préjudiciables aux droits de la couronne, avant de faire hommage et de recevoir son temporel.

Les rois avaient donc généralement trouvé leur avantage dans cette forme de nomination. C'étaient communément des nationaux, et le plus souvent leurs recommandés qui obtenaient l'institution pontificale; mais après la translation du saint-siége à Avignon, les papes, qui ne retiraient presque plus rien de l'Italie, se virent contraints de chercher un supplément de ressources en étendant les provisions même aux bénéfices inférieurs, dont ils acquéraient ainsi les premiers fruits, et en conférant à leurs cardinaux des bénéfices, abbayes ou prieurés, situés à l'étranger. Les réclamations devinrent alors de plus en plus vives en Angleterre. Édouard Ier dans la dernière année de son règne (1307), avait publié un statut contre ces entreprises du saint-siége (Statut de Carlisle, 35 Éd. I; *Stat. of Realm*, t. I, p. 70, 71) ; en 1343 on y ajouta un article qui défendait, sous peine de confiscation, d'introduire ou d'exécuter des *provisions*, réserves ou lettres contraires aux droits du roi et du royaume. En 1351, on proclama la liberté des élections ecclésiastiques : liberté mal vue du clergé; car ce n'était autre chose que la substitution du choix du roi au choix du pape. De nouvelles mesures furent arrêtées dans le même sens en 1351, en 1353, en 1364. (Cotton, *Abridgm.*, p. 41, 44; 4e stat., 25 Éd. III (1351) ; 1er stat., 27 Éd. III (1353), c. 1; 2e stat., 38 Éd. III (1364). *Stat. of Realm*. t. I, p. 316, 329 et 385.) En 1374, des conférences furent ouvertes à Bruges pour accorder les deux pouvoirs, et l'on arriva à une transaction. Le pape renonça aux réserves, et le roi aux collations de bénéfices, qui n'étaient assurément pas moins contraires aux libertés et aux coutumes de l'Église. (Bulle du pape Grégoire XI, *Conc. Brit.*, t. III, p. 83-88, et Rymer, t. VII, p. 83-87.) Mais tout principe de difficultés n'était pas supprimé : car le pape revendiquait le droit de nommer aux bénéfices devenus vacants en cour de Rome par la mort ou par la promotion du titulaire; et le statut des proviseurs demeurait loi de l'État. Le débat se rouvrit donc par les réclamations des communes dès la première année de Richard II, et devait se continuer, comme nous le verrons, aux parlements suivants. (Voy. Lingard, *Hist. d'Angleterre*, t. IV, p. 231-249 et p. 358-360. Voy. aussi Godwin, *Life of Chaucer*, c. XXXIII, t. II, p. 121 et suiv.)

2° *L'Étaple* ou *Étape*.

La question de l'étaple tiendra une grande place dans tous les parlements qui vont suivre. Il y a donc intérêt à rappeler les antécédents de cette institution.

L'Angleterre était loin d'être alors le grand pays industriel que nous voyons. Son sol lui donnait le plomb et l'étain, son bétail le cuir et la laine. Mais le profit qu'elle tirait de ces matières venait moins du travail qui les mettait en œuvre que du commerce qu'elle en faisait; et, sur le premier point, les pays d'alentour suppléaient bien volontiers à son insuffisance. Dès le milieu du treizième siècle, il s'était formé en Flandre une compagnie de marchands, qui avait surtout pour objet d'aller chercher en Angleterre ce que l'industrie anglaise ne leur disputait pas[1]. Quoique formée alors toute d'étrangers, les rois d'Angleterre l'avaient accueillie avec faveur et lui accordèrent privilége. Dans la pensée d'ajouter aux produits de leurs domaines, bien plus que de donner avantage au travail national, ils avaient soumis cette exportation à un droit; et le privilége assuré à une corporation leur avait paru à cet égard la meilleure garantie. Ils avaient, à la même fin, ramené tout ce commerce en un même lieu, ou *étaple*, et ils n'avaient pas refusé que ce lieu fût au dehors, selon le vœu des marchands; car si les marchands y trouvaient l'avantage de le fixer au centre de leurs affaires, eux-mêmes n'en éprouvaient aucun dommage : la corporation restait soumise au régime de l'étaple et leur répondait en tout lieu de la perception des droits établis. Les princes étrangers, loin d'en prendre ombrage, sollicitaient de l'Angleterre qu'elle fixât chez eux le centre d'un commerce qui leur rapportait indirectement tant d'autres profits. Anvers, Saint-Omer et Bruges

---

[1]. Anderson, *An historical and chronological deduction of the origin of commerce*, t. I, p. 216 et 231.

avaient été, l'un après l'autre, siége de l'étaple sous Édouard II [1]. Édouard III, après avoir d'abord supprimé le privilége et ramené ainsi les marchands en Angleterre [2], était bientôt rentré dans l'ancienne voie. Il avait donné, repris et rendu aux Flamands, selon les alternatives de ses rapports politiques avec eux, le privilége de l'étaple [3]; et, lorsqu'il eut pris Calais, ce fut là qu'il la fixa [4].

Le choix de Calais avait pour lui plusieurs avantages. C'était

---

1 Anderson, *ibid*. En 1314, Louis X se plaint à Édouard II que les marchands de l'étaple établis à Saint-Omer ne fréquentent plus les foires de Lille, comme ils faisaient quand l'étaple était à Anvers. (Rymer, t. III, p. 482.) La même année, le comte de Flandre, annonçant au roi d'Angleterre sa réconciliation avec la France, demande que l'étaple soit à Bruges. (*Ibid*, p. 490.) En 1316, Louis X demande qu'elle soit fixée en un lieu intermédiaire entre Calais et les bouches de la Seine. Elle se retrouve, un peu après, à Anvers, comme on le voit par une plainte d'Édouard II à Philippe V, à propos de vaisseaux portant à Anvers les laines de l'étaple, qui ont été arrêtés par des marins de Calais. (Anderson, t. I, p. 284.)

2. Stat. 2 Éd. III, c. IX. (*Stat. of Realm*, t. I, p. 259.)

3. L'étaple fut établie en Brabant, à la condition que les Flamands n'en pussent tirer aucun avantage (3 décembre 1336; Rymer, t. IV, p. 720.) C'était au moment de la rupture avec la France : Édouard voulait par là resserrer son alliance avec le Brabant et contraindre la Flandre à rompre avec la France. (Voy. Walsingham, p. 135 et 146.) En même temps qu'on défendait l'exportation de la laine en Flandre, on attirait en Angleterre les tisseurs flamands, et l'on défendait de se servir d'autre drap que de ceux du pays. (*Ibid*.) La Flandre s'étant déclarée pour l'Angleterre, l'étaple lui fut rendue. (15 avril 1337; Rymer, t. IV, p. 744.) Elle fut fixée à Bruges. (Août 1341; *ibid*., t. V, p. 273-275.) L'acte qui l'ordonna, règle les rapports de la corporation avec la couronne. Il lui accorde de suivre la loi de l'étaple et non la loi commune; il lui reconnaît une juridiction propre et le droit de rendre des jugements exécutoires, comme si c'était en Angleterre.

4. Rex omnibus ad quos, etc.

Regiam decet prudentiam loca guerrina conquesta, ne aggressibus adversantium imminentibus faciliter cedant, tam virili quam reali copia communire.

Et proinde volentes villam nostram de Caleys, per nos de guerra conquestam et per inimicos nostros undique vallatam, pro viribus defensari et commodis ejusdem per frequentes concursus tam mercatorum quam aliorum, ut ad eamdem villam promptiores habeant affectus declinare et confluere, in futurum providere :

De assensu concilii nostri concessimus quod stapula tam stanni, plumbi et plumæ, quam pannorum laneorum infra regnum nostrum Angliæ factorum, et aliorum pannorum de *worstede*, quæ extra idem regnum nostrum de cetero traducentur, de cetero apud villam nostram prædictam, et non alibi, usque ad finem septem annorum teneatur; volentes quod omnes et singuli, tam mercatores quam alii, ante eductionem a portu sacramentum coram collectoribus custumarum.... in eodem portu præstent corporale, quod dicta mercimonia ad alia loca extera quam ad dictam villam non ducent, et ea ibidem discarcabunt venditioni exponenda, sub forisfactura mercimoniorum suorum prædictorum. (5 avril 1348; Rym., t. V, p. 618.)

maintenir le marché aux portes de la Flandre et le garder chez soi; c'était, de plus, en assurant à la ville conquise les avantages si convoités de ce grand marché, la rattacher à l'Angleterre plus sûrement encore que par la force; et le fisc n'y perdait rien. Un triple droit frappait ainsi les marchandises : droit à la sortie du port d'Angleterre, droit d'étaple à Calais, et droit à la sortie de la ville; car ce n'était point pour y rester qu'y arrivaient tant de produits divers. Les patrons, avant de quitter le port d'Angleterre, devaient prêter serment de ne point porter ailleurs leur cargaison; et une ordonnance de l'époque où l'étaple avait été fixée à Bruges (en 1341), traçait des règles qui ne devaient pas cesser d'être suivies. A la sortie du port d'Angleterre, le marchand payait un premier droit en faisant la déclaration de sa marchandise. Il se passait entre lui et le trésor une sorte de contrat en deux parties, à la manière des actes bilatéraux : l'une, portant le sceau du marchand, demeurait entre les mains du receveur; l'autre, portant le sceau du roi, servait de garantie à l'expédition et devait être remise, dès l'arrivée, au maire de l'étaple. Les deux parties, détachées d'une même feuille par une coupure dentelée (*endenture* : c'est le principe des livres à souche), étaient de part et d'autre renvoyées à l'Échiquier et servaient au contrôle. Toute marchandise pour laquelle on n'avait au départ ni payé le droit, ni fait déclaration, était confisquée, et le produit de la confiscation partagé entre le roi et l'administration de l'étaple. Toute marchandise qui, après avoir rempli les formalités prescrites, était portée ailleurs qu'à l'étaple, donnait lieu à une amende : c'étaient 60 sous ou 3 livres par sac de laine[6].

Le privilège accordé à Calais pour sept ans, ne lui demeura pourtant pas jusque-là sans partage. Si le roi d'Angleterre croyait avantageux de fixer dans cette ville, devenue anglaise, le siège de ce marché, ne pouvait-il gagner plus encore à ramener l'étaple en Angleterre? Le plomb, l'étain et les laines d'Angleterre étaient assez recherchés pour qu'on les y vînt prendre, et il n'était pas sûr qu'on n'eût pas tout avantage à rapprocher les lieux de vente des producteurs. Quant au trésor, il pouvait s'indemniser, en se faisant payer dans les nouveaux lieux d'é-

---

6. Voir sur le règlement de l'étaple l'acte déjà cité du 5 août 1341. (Rymer, t. V. p. 273-275.) Le sceau du roi apposé aux permis d'exportation s'appelait *coket*, d'où le verbe *coketer*, que l'on retrouve souvent dans les pétitions ou dans les actes relatifs à l'étaple.

.taple les droits qu'il percevait à Calais. Un statut de la vingt-septième année d'Édouard III (1353) inaugura ce système nouveau. « Considérant les dommages arrivés au royaume, parce que l'étaple était au dehors, » il l'établissait en divers points du territoire, tant en Angleterre que dans le pays de Galles et en Irlande. Dix villes d'Angleterre, une du pays de Galles et trois d'Irlande étaient déclarées villes d'étaple. Pour celles qui ne touchaient point à la mer, le statut désignait les ports voisins où les marchandises devaient être apportées[1]. Par une sorte de compensation en faveur des étrangers, le même statut qui les contraignait à venir chercher les matières de l'étaple en Angleterre, défendait aux Anglais, sous peine de vie et de membres, de se livrer au même commerce d'exportation[2]; et des priviléges de diverses sortes gardaient à l'étaple, même dans sa dispersion, son caractère d'indépendance. Le maire de l'étaple, distinct du maire de la ville, était dans chaque lieu annuellement élu par le corps des marchands; et, s'il s'élevait un différend parmi eux, il était jugé par six juges, dont deux Anglais seulement et quatre étrangers, savoir : deux Allemands (ou Flamands) et deux Lombards. Gênes et Venise partageaient en effet, avec la Flandre et la Hanse teutonique, le marché de l'Angleterre[3].

Ce changement si dommageable à Calais eut ses vicissitudes. Trois ans après la paix de Brétigny, en 1363, Édouard III rendit à la ville son privilége; il le lui retira, quand le renouvellement de la guerre par Charles V eut mis en péril, et le marché, et les marchandises dans la traversée du détroit (1369)[4].

1. Ces villes étaient Newcastle, York, Lincoln, Norwich, Westminster, Canterbury, Chichester, Winchester, Exeter et Bristol en Angleterre; Kaermerdin, dans le pays de Galles; Waterford, Cork, Droghda, et sans doute aussi Dublin, en Irlande. D'York, les marchandises devaient être expédiées à Hull; de Norwich à Great-Yarmouth; de Westminster à Londres; de Canterbury à Sandwich, et de Winchester à Southampton. (*Stat. of Realm*, t. I, p. 332.) Westminster, qui n'était qu'un village, devint une ville qui se relia presque à Londres par l'effet de cette mesure. (*Voy.* Anderson, *An history*, etc., t. I, p. 340.)
2. La prohibition faite aux Anglais de se livrer à l'exportation des laines, fut levée par un acte de la trente-huitième année d'Édouard III. (Chap. VI, *Stat. of Realm*, t. I, p. 384.)
3. Anderson, t. I, p. 342.
4. L'étaple avait été rétablie à Calais le 1er mars 1363 (an 37 Éd. III). Le fait est attesté dans le statut de l'an 43 d'Édouard III (1369), (c. I, *Stat. of Realm*, t. I, p. 390.); et ce statut témoigne que, malgré ce qui avait été ordonné l'an 38 (1364) (*Stat. of Realm*, t. I, p. 384.) elle n'en avait pas été retirée. La permission d'exporter des laines devait dès lors être rendue aux Anglais, au même titre qu'aux étrangers. C'est ce que fit le statut de

Mais ce retrait avait un autre péril. Calais, privé de ses avantages, atteint au cœur dans l'existence qu'on lui avait faite, pouvait reporter ses regards vers la France, et rendre moins sûre la domination des Anglais. Edouard III voulut regagner les habitants par un nouveau sacrifice; et en 1376 il leur rendit l'étaple, exclusivement à tout autre lieu, non-seulement pour les métaux et les laines, mais pour les humbles produits de l'industrie anglaise ou de son régime agricole, draps et vêtements de laine, fromage et beurre, plumes et miel [1].

C'est donc à Calais que Richard II avait retrouvé l'étaple à son avénement; mais, comme au temps d'Édouard III, c'était toujours pour le commerce anglais un grand péril. Plus d'un vaisseau allant porter à Calais les matières de l'étaple, rencontrait au passage quelque vaisseau picard ou normand qui le dispensait du reste du voyage, et saisissait les cargaisons les mieux enregistrées. Des plaintes se produisirent un an à peine après cette translation, dès le premier parlement de Richard, et nous avons dit comment il y fut donné satisfaction.

Page 23, note a.

Incursions des Français en Angleterre. Voyez la chronique de W. de Thorn, p. 2153; Walsingham, p. 198-201; Otterbourne, p. 148-150. Des mesures nombreuses furent arrêtées pour la défense des côtes. Dans les derniers mois de la vie d'Édouard III, les habitants de l'île de Wight avaient été dis-

---

l'an 38 (1364), (c. VI, *ibid.*, p. 384.). — *L'étaple ramenée de Calais en Angleterre :* « Comme naguere etoit ordonné pour profit du royaume et aise des marchands d'Angleterre, que l'estaple des laines, peaux lanuz et cuirs seroient tenus à Calais, et illec a este puis le 1er jour de mars l'an de nostre regne 37, et ore pour cause que la paix autrefois pris par entre les royaumes d'Angleterre et de France, est par les François enfreinte, et grand péril de perdre pourroit avenir as biens du royalme illec estants et venants par mer a mesme l'estaple hors d'Angleterre, si mesme l'estaple le feust illec continué : L'estaple de Calais soit de tout osté. » Les villes d'estaple seront, en Angleterre, Newcastle sur la Tyne, Kingston sur Hull, Saint-Botolph (Boston), Yarmouth, Queenborough, Westminster, Chichester, Winchester, Exeter et Bristol ; pour l'Irlande et le pays de Galles, « où ils étaient premièrement ordonnés. » (*Stat. of Realm*, t. 1, p. 190, et Anderson, t. 1, p. 355.) Vers 1360, on n'exportait pas moins de 100 000 sacs de laine, le sac pesant 364 livres. (Anderson, t. 1, p. 342.)

1. 23 juillet 1376. Rymer, t. VII, p. 116 : « Apud villam nostram Calesii et non alibi in partibus transmarinis aliqualiter existat; » et la proclamation du roi (24 juillet). (*Ibid.*, p. 118.)

pensés de venir aux assises, afin de demeurer entièrement à la défense de leur île (30 mai 1377. Rymer, t. VII, p. 147. Voyez encore *ibid.* p. 154-156, juin-juillet 1377). A la reprise des hostilités, les Français débarquèrent à Hastings et pénétrèrent jusqu'à Lewes. Dans leur retraite, ils emportèrent leurs morts, dit le moine d'Evesham (p. 3), ou leur brûlèrent la face, de peur de laisser aux Anglais la consolation d'avoir tué des Français. Au commencement de 1378 on alla, par crainte des invasions, jusqu'à fortifier Oxford : « Si inimici nostri « Franciæ in regnum nostrum Angliæ applicuerunt, quod ab- « sit, sicut raro fecerunt. » (Rymer, t. VII, p. 185.) Un acte de l'année suivante prouve que ces incursions ne furent ni rares ni sans dommage pour l'Angleterre, dans ces deux premières années de Richard II. « Quum Gallici inimici nostri cum mul- « titudine armatorum et vasorum de guerra in partibus borea- « libus et præcipue versus costeram et villam de Scardeburgh « (quæ super mare, aperta insultibus inimicorum nostrorum, « periculose est situata) continue extiterint et existant, ac gentes « ejusdem villæ per captiones inimicorum et graves redemp- « tiones summam mille librarum attingentes quæ intra duos « annos elapsos solutæ fuerunt, sic sunt quasi destructæ, et « quam plures dictarum gentium in Bologne et aliis locis trans- « marinis in prisona detineantur, ita quod de finali destruc- « tione ejusdem villæ et costeræ adjacentis infra breve verisi- « militer est timendum, nisi citius per nos inde remedium « congruum apponatur.... » (16 juin 1379. Rymer, t. VII, p. 220.)

Brest et Cherbourg engagés à l'Angleterre. Brest, 5 et 15 avril 1378. Rymer, t. VII, p. 190 et 191. Cf. D. Morice, *Hist. de Bretagne, Preuves*, t. II, p. 196.. Des châteaux et des terres furent plus tard encore donnés au duc de Bretagne pour l'attacher à cet arrangement et entretenir ses bonnes dispositions (26 juin 1382, Rymer, t. VII, p. 360). — *Cherbourg*, engagé pour trois ans, à la condition que l'Angleterre fournirait au roi de Navarre 500 hommes d'armes et 500 archers pour le servir pendant quatre mois aux frais des Anglais (1ᵉʳ août 1378, Rymer, t. VII, p. 201.) Les conventions furent prorogées le 20 juin 1381. (*Ibid.* p. 315.)

Page 24, note *a*.

Les subsides remis à Lancastre, Walsingham, p. 210. On le fit lieutenant du roi sur la marche d'Écosse, 19 février 1378. (*Rot. Scotiæ*, t. II, p. 14.) — *Revers des amiraux anglais et succès de Jean Philipot*, Wals., p. 208, 210 et 211; M. Evesh., p. 6. — *Succès de R. Knolles et de H. de Calverley*, Wals., p. 200 et 209. — *Siége de Saint-Malo*, Wals., p. 213; M. Evesh., p. 7, et Froissart, II, 32-36. De part et d'autre on fit à ce siége grand usage de l'artillerie (*Ibid.*, 32). Froissart dit que les Anglais n'avaient pas moins de quatre cents canons (*Ibid*, 36), ce qu'il faut entendre de canons à la main, sorte de coulevrines. On sait que l'emploi de l'artillerie avait commencé presque avec la guerre de cent ans. (Voyez le savant mémoire de M. Lacabanne sur *l'artillerie, la poudre à canon et son introduction en France*. Bibl. de l'École des Chartes, 2ᵉ série, t. I, p. 28.) On en trouve des mentions de plus en plus fréquentes sous le règne de Richard II (*Archæol.*, t. XXVIII, p. 383 et suiv.); mais ce n'est pas le temps encore où elle décide du sort des batailles.

A plusieurs reprises, des commissaires furent nommés pour traiter de la paix, 16 janvier 1378; 26 septembre 1379; 1ᵉʳ avril 1380. Rymer, t. VII, p. 183, 229 et 248.

Page 26, note *a*.

Violation de l'asile de Westminster, Wals., p. 213-215. — *Projet de Lancastre.* Il voulut, selon Walsingham, dépouiller l'Église de plusieurs de ses possessions. Wicleff, qui fait allusion à ces desseins, ne parle que des franchises de l'Église, et notamment du droit d'asile, ce que les habitants de Londres eussent été en effet plus disposés à défendre que les biens de l'Église. (Wicleff, *de Ecclesia*; Ms. Denis CCCCV, fol. 166, cité dans l'introduction des *Fasciculi zizaniorum*, etc., p. 36.) — Walsingham (p. 215) et le moine d'Evesham (p. 9) disent que Lancastre n'osa point accomplir ses desseins.

Page 27, note *a*.

Parlement de Glocester. Rot. Parl., t. III, p. 32-35, §§ 2-20.

Par une étrange confusion, l'*Histoire parlementaire* place ce parlement après le suivant. Cotton (*Abridgment*, p. 167 et 173) était déjà tombé dans cette erreur, amenée sans doute par une inadvertance sur le commencement des années de Richard. Tous les deux en effet sont de la deuxième année de Richard : l'un du 20 octobre; l'autre du 15 avril : mais le 20 octobre précède le 15 avril, l'année de Richard commençant le 22 juin. Il était facile de se garder de cette confusion en observant la concordance des jours et des dates : c'est en 1378, et non en 1379, que le 20 octobre, jour de l'ouverture du parlement de Glocester, tombe un mercredi (*Rot. Parl.*, t. III, p. 32); et c'est en 1379, et non en 1378, que le lundi de la quinzaine de Pâques fut le 25 avril, et le mercredi le 27. (*Rot. Parl.*, t. III, p. 55.) Ce qui rend l'erreur moins excusable, c'est que plusieurs des actes du parlement de Westminster (25 avril) se réfèrent à des actes du parlement de Glocester (20 octobre) : et que, par exemple, on rappelle le subside voté alors pour le remplacer par un autre système d'impôt (*Ibid.*, t. III, p. 57, § 13, et p. 58, § 18.

Page 29, note *a*.

Production des comptes. Rot. Parl., t. III, p. 36, § 21. — *Commission mixte.* Ibid, § 23.

Débat sur le subside. Ibid., § 24-26. Le subside des toisons, cuirs et laines, voté au parlement de la cinquantième année d'Édouard III (1376), (et l'on ne faisait qu'y reprendre un vote antérieur,) était de 43 s. 4 den. par sac de laine; 43 s. 4 den. par 240 toisons; 4 l. 6 s. 8 d. par *last* de cuir, pour les nationaux comme pour les étrangers : outre l'ancienne coutume pour les étrangers, qui était de 6 s. 8 d. par sac de laine; 6 s. 8 d. par 240 toisons; 13 s. 8 d. par *last* de cuir. D'après le 2⁰ statut de la quatorzième année d'Édouard III, le sac de laine contenait 26 « peres » ou pierres (stones), et la pierre était de 14 livres (*Stat. of Realm*, t. I, p. 291). Ainsi le sac pesait 364 l. Au temps d'Édouard III, l'équivalence du sac de laine en toisons, à l'égard de l'impôt, est de 300, au lieu de 240.

Ce subside, voté pour trois ans à partir de la Saint-Michel 1376, devait finir le 29 septembre 1379 : on le prorogea jusqu'à Pâques de l'année suivante; et on y ajouta 13 s. 4 d. par sac de laine, 13 s. 4 d. par 240 toisons, 26 s. 8 d. par last de cuir, pour un an à partir de Pâques; et une taxe de 6 d. par livre (monnaie) sur toute marchandise importée ou exportée depuis le 26 novembre de la présente année jusqu'à la quinzaine de la Saint-Michel 1379. (*Rot. Parl.*, t. III, p. 37, § 29.

Page 30, note *a*.

Pétitions pour les libertés, etc., *Rot. Parl.*, t. III. p. 40 et suiv., §§ 40, 49-52 ; — *mesures contre les laboureurs*, §§ 60, 62 ; —*exactions*, etc., §§ 51, 73 ; — *fonctions annuelles*, § 56. Le roi l'accorde pour le vicomte et le sous-vicomte ; il le refuse pour le sous-*eschetour* et même pour l'*eschetour*, pour qui cela avait été accordé, déclarant qu'il y aurait dommage à les laisser moins de trois ans dans leur office ; — *étaple de Calais*, § 54 ; les communes font seulement exception pour les draps appelés *worsted*, fabriqués dans le pays. — *Exception pour Gênes, Venise, la Catalogne, l'Aragon,* et « les pays vers le West (appelés ainsi sans doute parce que, remontant la Manche, leurs vaisseaux venaient par l'Ouest en Angleterre.) » On leur permet de vendre en Angleterre leurs marchandises.... Et illocques recharger leursdits vaisseaux de laines, cuirs, peaux lanutz (toisons), plomb, estain et d'autres marchandises de l'étaple, et franchement les amener en leur paiis vers le West, payant ès ports où ils les chargeront, toutes maneres des coutumes, subsides et autres devoirs de Calais, aussi avant comme en paieront s'ils amenassent mesmes les marchandises à l'estaple de Calais, pourvu qu'ils trouvent seurete (caution) suffisante, qu'ils amenerent (amèneront) devers le West, et nulle part ailleurs devers l'Est sinon qu'à l'estaple de Calais. » (Stat. de la deuxième année de Richard II, c. 3. *Stat. of Realm*, t. II, p. 8.)

Bénéfices aux étrangers. *Rot. Parl.*, t. III, p. 46, § 71. — *Biens des cardinaux schismatiques*, § 78. — Divers prieurés, situés en Angleterre, relevaient d'abbayes situées en France. Par lettres du 1er février 1378, Richard avait accordé la sauvegarde royale à des moines étrangers qui les avaient pris à ferme (Suppl. Rymer, *Rich*. II, t. I, n° 57, Coll. Bréquigny, t. LXXVIII, f° 71.)

Protection des frontières, etc. *Rot. Parl.*, t. III, p. 46, §§ 64, 67, 72, 77. Une demande (§ 74) semble contraire à ce qui est réclamé pour le marché de Calais : c'est celle qui veut que les marchands étrangers ou nationaux puissent commercer librement dans le royaume ; mais il ne s'agit que du commerce intérieur : l'ordonnance du roi, rendue en conséquence, réserve expressément les règlements du marché de Calais, *Stat. of Realm*, t. II, p. 7 et 8, c. II et III; — *contre l'abus du droit de maintenance et les associations armées*, ibid., p. 8, c. VI; — *pour la confirmation du statut des laboureurs*, ibid., p. 9, c. VIII.

Parmi les pétitions particulières enregistrées au parlement, se trouve celle des deux chevaliers détenus à la Tour par le fait de Lancastre, et qui, s'étant sauvés à Westminster, avaient donné lieu à la violation de l'asile. L'un avait péri alors. On ne voit pas qu'il ait été répondu à l'autre (*Rot. Parl.*, t. III, p. 50, n° 2). On peut voir dans le statut qui suivit ce parlement une trace de l'influence de Lancastre : c'est l'article à l'adresse de ceux qui répandent des calomnies contre les prélats et les grands du royaume (c. v. *Stat. of Realm*, t. II, p. 39). Il voulait par là se couvrir contre les malédictions populaires soulevées par la violation de l'asile de Westminster. Ordre était donné d'emprisonner le coupable, jusqu'à ce qu'il eût dénoncé l'auteur du bruit réputé calomnieux.

P. 31, note *a*.

Défection de la Bretagne. Froissart, II, 59; Wals., p. 219. — *Intervalle du deuxième au troisième parlement*. Voyez l'exposé de Richard le Scrop au parlement du 25 avril (*Rot. Parl.*, t. III, p. 55, § 5). Il y revient dans son discours au parlement du 14 janvier 1380, et il ajoute quelques détails, notamment sur l'emprunt de 20 000 marcs et le produit du subside voté à Glocester (*Rot. Parl.*, t. III, p. 72, § 10).

P. 32, note *a*.

Richard le Scrop, chancelier. Rymer, t. VII, p. 206. — *Parlement de Westminster de la deuxième année de Richard II* (15 avril 1379. *Rot. Parl.*, t. III, p. 55). — *Exposé du chancelier*, *Rot. Parl.*, t. III, p. 55, § 5, complété par l'exposé fait au parlement suivant, p. 72, § 10. — *Comptes des trésoriers de la guerre*, § 7. — *Commission d'enquête*, §. 12 : elle comprend l'archevêque de Canterbury, les évêques de Londres et de Rochester, les comtes de la Marche, de Warwick et de Stafford; les sires de Latimer, de Brian, J. Cobham et R. de Beauchamp (*Ibid.*, p. 37).

P. 33, note a.

Suite du parlement du 15 *avril* 1379. *Sur les pétitions des Communes et leurs réponses*, Rot. Parl., t. III, p. 61 et suiv., § 28. — *Rigueurs et faiblesses de l'administration*, §§ 29, 32, 33, 35; — *suppression des commissions judiciaires*, § 46 : « que cette horrible et grevouse ordonnance soit repellée. » Le roi y consent. — *Juges pour la paix; serfs et laboureurs*, § 48; — *Suppression des trésoriers des guerres* : accordée, § 53; — *Emprunt forcé*, § 30; — *Expulsion des religieux étrangers*, § 40; — *Fraude sur les laines*, § 36; — *Taxe et ordonnance sur les objets de luxe*, § 54 : le roi avisera; — *Protection des frontières; taxe sur les vaisseaux; marine*, §§ 37, 38, 50; — La pétition demande pour encourager les marins, qu'on leur donne la même solde qu'aux archers.

Les communes, s'attachant à cette idée que la manière de limiter les abus des agents du pouvoir, c'était de réduire leurs fonctions à un an, demandèrent que, de même que les vicomtes, les contrôleurs fussent changés chaque année. Le roi réserva la question à la décision du conseil, p. 62, § 30.

La ville de Calais, dans sa pétition particulière, invoquant la loi d'Édouard III qui veut que toute marchandise soit amenée à son port, se plaint qu'une grande partie du beurre, du fromage, du plomb, de l'étain et autres marchandises du pays de Galles et d'Irlande, sont expédiés directement en Flandre. Elle demande qu'on fasse chaque année le rapprochement des déclarations d'embarquement et des permis, afin de trouver les coupables, et que les étrangers ne puissent embarquer des marchandises en Angleterre que sur vaisseaux anglais et sous la caution des Anglais. Le roi promet de maintenir le privilége pour toutes les choses qui n'en ont pas été exceptées. (*Rot. Parl.*, t. III, p. 67, § 57. C'est à grand'peine qu'au parlement suivant (1380) les communes obtiennent, et seulement pour une année, permission de vendre le beurre sans le porter au marché de Calais. (*Ibid.*, p. 93, § 40.)

P. 35, note a.

Réconciliation des Bretons et de leur duc. Walsingham, p. 219 et 225; M. Evesh., p. 11; Froissart, II, 59; D. Morice, *Hist.*

de Bretagne, Preuves, t II, p. 214 et 218; — *pleins pouvoirs donnés à Lancastre* (12 juin 1379), Rymer, t. VII, p. 218; — *pouvoirs pour traiter avec le duc de Bretagne* (9 juillet 1379). *Ibid.*, p. 225; *traité entre le roi d'Angleterre et le duc de Bretagne*, 13 juillet 1379; D. Morice, *Hist. de Bretagne, Preuves*, t. II, p. 220. — *Excès de Jean d'Arundel*, Wals., p. 232, 233; M Evesh., p. 16; Otterbourne, p. 150. Hugues de Calverley et Thomas Percy, qui s'étaient gardés d'y prendre part, échappèrent au naufrage. Cf. Froissart, II, 59; M. Evesh., p. 17. — *Détresse du gouvernement anglais*, Rot. Parl., t. III, p. 72, §. 10 (exposé du chancelier).

P. 36, note a.

Parlement de Westminster, troisième année de Richard II (16 janvier 1380), *Rot. Parl.*, t. III, p. 71; — *discours de l'orateur* (J. de Gildesburgh, chevalier), §§ 11-13, p. 73; — *les cinq grands officiers*, § 34.

P. 36, note b.

Commission d'enquête. Elle comprend les évêques de Hereford et de Rochester; les comtes d'Arundel, de Warwick et de Stafford; W. de Latimer, Gui de Brian, J. de Montaigu, bannerets; R. de Hastings, J. de Gildesburgh, Ed. Dalingrugge, chevaliers; W. Walworth et J. Philipot, citoyens de Londres; Th. Graa, citoyen d'York. — C'est Walsingham qui rapporte que Thomas Beauchamp, comte de Warwick, fut choisi, *de communi consensu*, pour demeurer auprès du roi.(Wals.,p. 235.) Il n'y en a point trace dans les actes. L'archevêque de Canterbury, Simon Sudbury, remplaça Richard le Scrop comme chancelier, le 30 janvier 1380. (Rymer, t. VII, p. 233.) On trouva, malgré le grand exemple, oublié sans doute, de Thomas Becket, qu'il rabaissait sa dignité : « Contra gradum dignitatis, ut plurimi conclamarunt. » (Wals., p. 236.)

P. 37, note a.

Subside : « Un quinzisme et demy par dehors citees et burghs, et un disme et demy par dedeins mesmes les citees et burghs ; a avoir, c'est assavoir les dites quinzisme et disme de lour doun, et la dite moitee de quinzisme et disme par voie d'apprest tant qu'al proschain Parlement : a lever ladite disme et demy et quinzisme et demy de lours chateux (biens mobiliers) et biens, et des biens de chescun de eux et auxint des biens provenants des terres et tenements appropriez as religiouses (religieux) depuis l'an xx le R. E. filz le roi Henry, etc. (*Rot. Parl.*, t. III, p. 75, § 16.) Sur l'impôt du dixième et du quinzième, voyez ci-dessus, p. 410. — *Convocation du parlement* : « Que nul Parlement soit tenus deins ledit Railme pur pluis charger sa poevre commune par entre cy et le dit feste de saint Michel proschein venant en un an. » (*Ibid.*, § 17.) — *Plaintes diverses,* §§ 27, 28 et 36. — *Prieurés ou bénéfices donnés par le pape à des étrangers,* § 37. Pour y mettre un terme, le roi défend que personne reçoive procuration pour administrer ces bénéfices ou en faire passer les revenus aux titulaires, sous les peines du statut de la vingt-septième année d'Édouard III (1353). — *Nomination des juges,* § 39. — Les pétitions de toute nature venaient au parlement. Dans le nombre il en est une des habitants des rues de Smithfield et de Holborn, qui se plaignent d'être empestés par les déjections des boucheries voisines de Saint-Nicolas de Newgate. (§ 49.)

P. 38, note *a*.

Affaires d'Espagne. Voy. Froissart, II, 40-44. — *Traité avec le roi de Portugal*, 15 juillet 1380 (ère d'Espagne, 1418). Rymer, t. VII, p. 264 et 265; cf. Froissart, II, 103, et M. Evesh, p. 22. L'alliance du Portugal atténuait les périls dont l'Angleterre était menacée par celle de la France et de la Castille : elle rendait plus difficile la traversée des vaisseaux qui de la Méditerranée venaient inquiéter les Anglais dans l'Océan. (Wals., p. 247.)

P. 40, note *a*.

Expédition du comte de Buckingham. Rymer, t. VII, p. 256, 259; Wals., p. 239, 242; M. Evesh., p. 19; Froissart, II, 71-83. Religieux de Saint-Denys, *Chron. de Charles VI*, I, 8 et 9. — *Les flottes de la France maîtresses de la mer.* « Destinati in auxilium Ducis Britanniæ, *quum recto cursu, propter galeas regis Franciæ, in Britanniam navigare non poterant,* transjecti sunt Calesiam, a quo loco suam inchoantes equitationem, per girum Franciæ, nullo resistente, equitaverunt in Britanniam, etc. (M. Evesh., p. 19; cf. ibid., p. 17; Wals., p. 239, et Otterbourne, p. 152.) — *Mot des Bretons sur Brest.* Froissart, II, 77. — *Traité du duc de Bretagne avec la France* (15 janvier 1381). Relig. de Saint-Denys, I, 8; D. Morice, *Hist. de Bretagne, Preuves*, t. II, p. 274 et 298. — *Retour de Buckingham en Angleterre.* Wals., p. 243; Froissart, II, 59.

P. 40, note *b*.

Parlement de Northampton, 5 novembre 1380, *Rot. Parl.* t. III, p. 88; Wals., p. 245. Le meurtre qu'on voulait punir était celui d'un marchand gênois, qui offrait de faire de Hampton, si on lui permettait de s'y établir avec ses marchandises, le plus grand port de commerce de l'Occident. Les marchands de Londres le tuèrent par envie (1379). (Wals., p. 227.)

P. 41, note *a*.

Troupes destinées au Portugal, sous le comte de Cambridge. Rymer, t. VII, p. 264 et 265; cf. Otterbourne, p. 154.

Lancastre à la frontière d'Ecosse. Rymer, t. VII, p. 269, 274, 27 , 288; *Rot. Scotiæ*, t. II, p. 27, 29 (6 septembre et 2 octobre 1380). Wals., p. 284. Il y fit arrêter, comme coupable d'intelligence avec la France, Raoul de Ferriers, qui comparut au parlement de Northampton et y fut déclaré innocent. (Wals., p. 244, et *Rot. Parl.*, t. III, p. 90-93.)

Exposition du chancelier. Rot. Parl., t. III, p. 88, §§ 2-9. — *Incursion des Ecossais et des Français.* M. Evesh., p. 19-21. Un peu plus tard, le 20 mai 1381, on donne à des commissaires des pouvoirs pour traiter avec la France, et des sauf-conduits aux envoyés français. (Rymer, t. VII, p. 308, 309.) Cela n'eut pas de suite.

P. 42, note *a*.

Débats au Parlement. Rot. Parl., t. III, p. 88 et suiv. L'orateur élu fut J. Gildesburgh.

Le mode du subside, § 11-14. — *Capitation*, § 15. Cette taxe « inouïe », au dire de quelques auteurs, n'était pourtant pas sans précédents. Une capitation proportionnelle avait été votée, on l'a vu, au parlement de Westminster (25 avril

1379); et antérieurement, une autre de quatre deniers par tête au dernier parlement d'Edouard III (cinquante-unième année, 1377). (*Rot. Parl.*, t. II, p. 364, § 19.)

Le clergé s'imposa la même taxe : « Conclusum est ut singuli prælati, etiam regulares cujusque status, ordinis, sexus vel conditionis, ætatis sexdecim annorum et ultra, qui mendicantes notorie non fuerunt, tres *grossos* regi solverent (1er décembre 1380; *Conc. Brit.*, t. III, p. 150.) Walsingham (p. 245) dit que les religieux ou religieuses et les prêtres séculiers payèrent un demi-marc ou 6 s. 8 den. (cf. M. Evesh., p 22). Knighton (p. 2633) présente ainsi la taxe : « De quolibet viro cum uxore 2 sol. De aliis non conjugatis singulis 12 den. De religiosis possessionatis 6 s. 8 den.; de singulis beneficiatis 6 s. 8 den. » Le registre du parlement fait foi contre lui en ce qui touche les laïques, et le Recueil des conciles en ce qui regarde l'Église.

Dans le rôle de leurs pétitions, les communes réclamaient avant tout la confirmation des chartes de liberté et de la loi des laboureurs (*Rot. Parl.*, t. III, p. 93, § 27), loi d'oppression pour les campagnes; et après leurs plaintes ordinaires contre les abus du fisc, de la justice ou de l'Église (§§ 35, 37, 44), elles demandaient que l'enquête votée fût accomplie (§ 28); que les shériffs qui, selon la règle établie, ne pouvaient être renommés qu'après trois ans, ne le fussent plus jamais dans le même lieu (§ 47); que les cinq grands officiers demeurassent en charge dans l'intervalle des deux parlements (§ 22). Dans les assemblées précédentes on avait maintenu le privilége de l'étaple ou marché public de Calais, source de revenus pour le trésor. Cette fois les communes semblent s'être préoccupées davantage des entraves qu'il apportait au commerce du pays. Elles demandent que les produits du bétail, principale ressource de l'Angleterre, comme le beurre et le fromage, puissent être vendus librement partout ailleurs excepté à l'ennemi; et le roi l'accorde pour un an (§ 40). Elles insistent pour que le dernier subside soit exclusivement consacré à l'expédition de Buckingham en Bretagne, et à la défense du rivage (§ 30), et que nul pays n'en soit exempté (§ 31). — Le roi l'accorde pour les *cinq ports* sans réserve; pour le comté de Chester et l'évêché de Durham, pays privilégiés, autant qu'on le pourra sans violer leurs franchises. — Quant au maintien en charge des cinq principaux officiers dans l'intervalle des deux parlements, « si defaut espécial ne soit trouvez en aucun de eux en le moien temps, come

j'en espoire que ne serra mye, si dieux pleist; » on répond :
« Le roi ent ferra par l'advis de son conseil, selonc ce que mieulx
lui semblera qui soit a faire pour le profit de lui et de son
Roialme. » p. 96, § 48. La suppression du conseil de gouvernement n'empêchait pas que le roi n'eût des conseillers particuliers.

LIVRE DEUXIÈME.

Page 47, note *a*.

Donation du roi Jean. Matth. Paris, ann. 1213, t. I, p. 247.
(Lond. 1640). — *Réaction dès le temps de Henri III.* Matth. Paris, ann. 1231, t. II, p. 371.

L'Évêque de Lincoln Grosteste, fut, au sein même de l'Église, le chef de la résistance aux prétentions du saint siége. Matth. Paris, ann. 1253, t. II, p. 875, etc. — *Actes du règne d'Édouard I.* Statut de la mainmorte (7 Ed. I.) *Stat of Realm*, t. I, p. 51. Le clergé refusant les contributions qu'on lui demande, est mis hors de la protection de la loi et livré aux insultes du peuple. — *Statut des proviseurs*, voyez ci-dessus, p. 413.

Page 49, note *a*.

Wicleff, voyez les histoires de Lewis (1720), de W. Gilpin (1766) et de R. Vaugham (1829), et la vie de Chaucer par Godwin (1803). Voyez aussi les documents produits dans les procès intentés à ses doctrines de son vivant ou après lui, à Londres, à Oxford, à Rome, à Constance. Knighton, Walsingham et le moine d'Evesham, en ont recueilli plusieurs.

Quant aux ouvrages mêmes, vrais ou supposés, de Wicleff, dont Lewis après l'évêque Bale et Gilpin (p. 85-88), ont donné une longue liste, on en trouvera un catalogue mieux raisonné dans l'introduction de l'ouvrage suivant : *An apology for Lollards attributed to* Wicliff, with an introduction and notes by James Heathorn Todd. Lond. 1842. — Le même éditeur a publié : *The last age of the Church.* Dublin, 1840. Si l'ouvrage est de Wicleff, comme on l'a dit, ce serait un des premiers qu'il eût écrits (1356). Mais l'authenticité en est fort douteuse. C'est une courte lamentation sur les vices de l'Église, sur l'abus des réserves, des dîmes, des premiers fruits, avec grand renfort de citations de Bède et de saint Bernard, des livres saints, de Merlin et de la Sibylle.

On lira avec plus de fruit les *Fasciculi zizaniorum magistri Johannis Wycliff*, que nous avons mentionnés dans la liste des principaux ouvrages à consulter. Au texte du livre même où l'on trouve une réfutation des doctrines de Wicleff, avec des détails curieux sur le jugement qui les condamna en 1382, l'éditeur, M. Waddington Shirley, a joint plusieurs pièces inédites et une introduction qui présente un aperçu de la vie et de l'œuvre du novateur.

Comme on le peut voir plus au long dans ces livres, Jean Wicleff, né, selon Leland, à Spreswell (Hipswell), dans l'Yorkshire, vers 1324, et originaire du bourg de Wicleff, élevé à l'université d'Oxford, y devint maître du collége de Balliol en 1361, sur la présentation de la couronne. Il avait, en effet, de puissants protecteurs à la cour. Lorsque le duc de Lancastre, investi par Édouard III de la direction des affaires, eut fait écarter des grands offices J. de Wickham, évêque de Winchester, ainsi que les autres prélats, et étendu la levée des décimes ecclésiastiques aux petits bénéfices épargnés jusqu'alors, Wicleff écrivit en faveur des taxes; et le prince ne manqua point de s'attacher un homme qui semblait si propre à seconder ses attaques contre la puissance de l'Église. Quand s'ouvrirent les conférences de Bruges, pour le règlement des difficultés pendantes entre la cour d'Angleterre et celle de Rome, Wicleff fut un de ceux qu'on y envoya (26 juillet 1374. Rymer, t. VII, p. 41). Docteur en théologie depuis 1363 environ, il s'était déjà fait remarquer par diverses propositions hétérodoxes, lorsqu'il fut l'objet des poursuites dont nous parlons ci-après.

Quant à ses doctrines, si on ne les prenait que dans les articles qui les résument et dans les auteurs qui les condamnent (Wals., p. 191; Knighton, p. 2644; *Conc. Brit.*, t. III, p. 123), on les pourrait croire mal entendues ou altérées; mais nous les pouvons tirer d'actes émanés de lui-même. Dans deux réponses (vers octobre 1377) qui paraissent avoir été destinées l'une au parlement (elle est donnée à la suite des *Fasciculi zizaniorum*, p. 245), l'autre peut-être au public (on la trouve dans Walsingham, p. 206), il reproduit ces propositions, non pour les ré-

cuser, mais pour les expliquer. Il les avoue donc authentiques en les reproduisant, et il ne les dément pas par les explications dérisoires qu'il en donne. On en trouvera un échantillon plus loin. Du reste, les apologistes de Wicleff ne nient pas le caractère révolutionnaire de ses principes, et le péril qu'ils pouvaient avoir pour la société établie. (Voy. l'Introd. aux *Fascic. zizan.*, p. 26, et pour ses doctrines réalistes sur Dieu, le monde, etc., *ibid.*, p. 45 et suiv.) La bulle du pape Grégoire XI à l'archevêque de Canterbury (31 mai 1377), tout en signalant les erreurs de Wicleff, en marque les rapports intimes avec les doctrines déjà condamnées de Marsile de Padoue et de Jean de Gand :
« Nostris est auribus intimatum Johannem de Wicklefe, recto-
« rem ecclesiæ de Lutterworth, Lincoln. dioces., sacræ paginæ
« professorem, in illam detestabilem erupisse vecordiam, ut edi-
« derit nonnullas propositiones, quæ statum totius ecclesiæ,
« ac etiam secularem politiam subvertere et enervare nituntur,
« quarumque, licet quibusdam mutatis terminis, sentire vi-
« dentur perversas opiniones et doctrinam indoctam damnatæ
« memoriæ Marsilii de Padua et Johannis de Gandavo. » (*Conc. Brit.*, t. III, p. 116, et Wals., p. 204. Voir les deux traités de Marsile de Padoue, *De translatione imperii* et *Adversus usurpatam romani pontificis jurisdictionem*, ap. Goldast, *Mon. S. Romani imperii*, t. II, p. 147 et 154.)

Page 51, note *a*.

Faveur des grands et du peuple pour les lollards : « Eo nempe
« quia potestatem tribuerunt laicis, suis assertionibus, ad aufe-
« rendum temporalia a viris ecclesiasticis ac religiosis. » (Wals., p. 191. — *Pratiques des lollards :* « Principales pseudo-lollardi,
« prima introductione hujus sectæ nefandæ, vestibus de russeto
« utebantur pro majore parte, morum quasi simplicitatem
« cordis ostendentes exterius, ut sic mentes intuentium se subti-
« liter sibi attraherent. » (Knighton, p. 2663.)

Le savant éditeur des *Fasciculi zizaniorum*, y voit une tentative d'établir un ordre religieux, des réguliers mêlés au siècle, qu'il rapproche des Jésuites, ou, plus justement sans doute, des prêcheurs de J. Wesley. Les novateurs, si on en croit un document curieux, commençaient même à faire une Église en dehors et sur le modèle de l'Église : un mandement de l'évêque d'Ély (Thomas Arundel), en date du 4 mai 1380, en signale qui portent l'anneau d'évêque, administrent la confirmation, donnent des dispenses. (*App. à la Chron. du moine d'Evesham*, p. 390.)

Page 52, note *a*.

Wicleff à Londres, devant l'archevêque de Canterbury; sédition populaire. Wals., p. 191, et Stow, *Chron.* ann. 1377, p. 592. Voyez aussi Godwin, *Life of Chaucer*, c XL, t. II, p. 251-254 et l'Introd. aux *Fasciculi zizaniorum*, p. 27. — *Bulles du pape* (Grégoire XI). Elles sont datées du 31 mai 1377, mais n'arrivèrent qu'après l'avénement de Richard II (Wals., p. 202-203, et *Conc. Brit.*, t. III, p. 116). — *Mandement pour informer contre Wicleff*, 28 décembre 1377, *ib.*, p. 123.

Consultation adressée par la cour à Wicleff. Elle nous est connue par sa réponse: *Responsio magistri Joh. Wiccliff ad dubium infra scriptum quæsitum ab eo per Dominum Regem Angliæ, Ricardum secundum, et magnum suum consilium: anno regni sui primo*: « Dubium est utrum regnum Angliæ possit legi- « time, imminente necessitate suæ defensionis, thesaurum regni « detinere ne deferatur ad exteros, etiam domino papa sub pœna « censurarum et virtute obedientiæ hoc petente. »

Il est superflu d'insister sur le sens et la portée de sa réponse. Il établit que le roi n'est tenu à laisser aller l'argent à Rome, ni par les principes de l'Évangile, ni par la loi de la conscience, « nos pères, dit-il, ayant donné des biens, non à l'Église en général, mais à l'Église d'Angleterre en particulier. » Y a-t-il péril à refuser? Le pape ne voudra point excommunier l'Angleterre: car les Anglais sont ses enfants et il connaît leur piété. S'il le faisait d'ailleurs, Dieu n'en tiendrait pas compte. Les chrétiens sont tenus de donner au pape le nécessaire et non le superflu, la pompe extérieure, etc.: la gloire de l'Église n'est pas là. Après quoi, il croit bon de montrer que cet argent ne nuira point à l'Angleterre; qu'il n'y engendrera point la corruption, le luxe, etc. (*Fasciculi zizaniorum magistri Wiccliff*, p. 258 et suiv.)

L'université d'Oxford hésite à recevoir la bulle du pape. Wals, p. 201. — *Wicleff devant le primat à Lambeth*, ibid., p. 205.

Page 52, note *a*.

Explications de Wicleff. Wals., p. 206-208, et *Fasciculi zi-*

zaniorum, p. 245. Qu'on en juge par le début de ce dernier morceau, qui est, à peu de chose près, la répétition du texte de Walsingham :

Libellus magistri J. Wycclyff, quem porrexit parliamento regis Ricardi contra statum Ecclesiæ.

« Protestor publice quod propono et volo esse christianus ex
« integro.

« Totum genus humanum (hominum), concurrentium, ci-
« tra Christum, non habet potestatem simpliciter ordinandi ut
« Petrus et omne genus suum dominetur in perpetuum politice
« super mundum. — Istud concedo ex fide Scripturæ : quum
« oportet omnem civilitatem cessare ante finale judicium (I *Cor.*
« XV, 24); qui ergo credit carnis resurrectionem, credit illum
« articulum, quum amplius non erit exactio vel conversatio secu-
« laris. Nemo ergo habet potestatem ordinandi quicquam con-
« tra decretum Domini in hac parte.

« Deus non potest dare homini pro se et hæredibus suis in
« perpetuum civile dominium. — Pro isto suppono quod *in per-*
« *petuum* sumitur proprie et famose, ut rotatur in ore [utatur
« more] Ecclesiæ orantis ut Trinitati sit gloria nunc et in per-
« petuum. Suppono secundo quod civile dominium intelligatur
« formaliter pro illo quo quis civiliter dominetur. Et tertio quod
« sit locutio de Dei potentia ordinata, et tunc conclusio ista se-
« quitur a priori. Loquendo autem de Dei potentia absoluta,
« videtur multis probabile quod Deus non potest continuare
« æternaliter viationem sponsæ suæ, eo quod tunc fraudaret
« eam præmio, aut corpori Diaboli injuste differret dare pœ-
« nam quam meruit, etc. (*Fasc. zizaniorum*, p. 245 et suiv.)

Page 52, note *b*.

Suite du procès de Wicleff. La mort de Grégoire XI (26 mars 1378) et le schisme qui suivit paraît avoir interrompu les poursuites. Quand Urbain VI les voulut reprendre, Wicleff lui fit remettre une protestation où il se défendait contre ses accusateurs. Cela résulte d'un passage de son traité *de Veritate sacræ Scripturæ*, cité dans l'Introd. aux *Fasciculi zizaniorum*, p. 33, n° 2.

Page 53, note *a*.

John Ball. Walsingham, p. 275; Knighton, p. 2634 et 2644;

Froissart, II, 106; *Fasciculi zizaniorum*, p. 273. Indépendamment des passages cités, voyez le mandement de l'archevêque de Canterbury en date du 26 avril 1381 : « Jamque
« more vulpino insidias fugiens venatorum, ad nostram diœce-
« sim se divertit, ibique aliquando in ecclesiis et cæmeteriis,
« præter et contra ipsarum ecclesiarum præsidentium volunta-
« tem, aliquando ad macellas in publicis mercatis et aliis locis
« profanis, aures mulcendo laïcorum opprobriis, et scandala tam
« de persona nostra, quam aliorum prælatorum et virorum ec-
« clesiasticorum, et, quod nequius est,.... de ipso summo pon-
« tifice, sinistra et piis auribus detestanda.... prædicare et dog-
« matizare nullatenus pertimescit. » (*Conc. Brit.*, t. III, p. 153.)

Page 57, note *a*.

Wat-Tyler. Knighton dit que le soulevement éclata dans un lieu nommé Fobbingges à la voix de Thomas Baker ou le Boulanger, ainsi nommé de son état (p. 2633). Il nomme plus tard parmi les chefs Watte-Tyler, qui, dit-il, prit le nom de Jakke Strawe (p. 2636). Ceci est une erreur. La pétition des communes au parlement de Salisbury (29 avril 1384) nomme distinctement les deux chefs : « Wauter-Tylere del countes de
« Kent, Jakke Strawe en Essex. » (*Rot. Parl.*, t. III, p. 175, n° 1.) Walsingham fait commencer le mouvement dans l'Essex : (Cf. Leland, *Coll.*, t. I, p. 382.) Wat-Tyler, ou, comme il l'appelle, Walter Hélier ou Tyler, n'apparaît, dans son récit, à la tête des révoltés, que quand ils sont à Londres (p. 252). Froissart lui assigne le même rôle, en traduisant son nom : Vautre Tullier ou Tuilier. « Ce Vautre (Walter) était un couvreur de maisons de tuille. » (Froissart, II, 107.) Le moine d'Evesham le nomme Watte Taylor, en le comprenant parmi les autres chefs (p. 24).

Loi des laboureurs; hommes libres asservis; serfs fugitifs. Voy. ci-dessus (an. 1377 et 1380) *Rot. Parl.*, t. III, p. 17, § 54; p. 21, § 88; p. 45, § 60 et 62; p. 93, § 27. — *Rassemblements* : Knighton, p. 2633, W. Thorn, p. 2156; M. Evesh., p. 24; Froissart, II, 107 : « Et bien sachez que les trois parts de celles gens ne savoient que ils demandoient ni que ils queroient, mais suivoient l'un l'autre ainsi que bêtes et ainsi que les pastoureaux. — *Marcher sous peine de mort* : « Ut omni excusatione
« postposita, omnes, tam senes quam florentes ætate, ad eosdem
« confluerent armis instructi prout quisque poterat, scientes

« eorum bona, qui venire supersederent, negligerent aut con-
« temnerent, dissipanda, domos conflagrandas vel deponendas,
« capita amputanda. » (Wals., p. 247.)

Sur l'époque du soulèvement, on lit dans Knighton : « Anno
« supradicto (1381), mense maii, feria III, quarto post festum
« Trinitatis, cœpit convenire plebs illa nefanda de Cantia, etc. »
(p. 2633.) Il y a plusieurs confusions dans cette phrase incor-
rectement reproduite, comme cela n'est que trop fréquent dans
l'édition de cet auteur. Le soulèvement éclata en mai : l'amnistie comprise dans le premier statut de la sixième année de Richard II (1382), s'étend aux événements accomplis du 1er mai à
la Saint-Jean-Baptiste (*Statuts of Realm*, t. II, p. 29, § 13).
Ce sont les événements de Londres que Knighton veut marquer à la quatrième férie, troisième jour après la Trinité (les
nombres sont intervertis dans le texte de Knighton). Or le dimanche de la Trinité était, en 1381, le 9 juin.

C'est à propos de cette insurrection que Gower composa son
poëme latin *Vox clamantis*. Il commence par décrire l'été (l'insurrection sévit surtout en juin). Il rêvait qu'il était dans une
prairie, cueillant des fleurs, quand il vit arriver une multitude
de monstres sous forme d'ânes, de chiens, de renards, etc. Ils
prennent pour chef un geai appelé *Watte*; parmi eux est un
prophète, J. Halle (J. Ball), qui les pousse aux crimes. L'auteur, ou, si l'on veut, le songeur, fuit dans les bois. Il voit le
vaisseau de l'État ballotté par les vents; une voix lui dit d'écrire
ce qu'il a vu. C'est la conclusion de son premier livre. Voyez
Turner, t. II, p. 261, note.

M. Augustin Thierry a donné une grande place à la révolte
de Wat-Tyler dans la conclusion de son *Histoire de la conquête
de l'Angleterre par les Normands* (t. IV, p. 244-262). Il l'a ra-
contée avec tout l'éclat de son talent; mais il me paraît s'être
trop préoccupé d'y retrouver l'influence des races. Il suppose
une conjuration préalable, « des conciliabules politiques » de
serfs, « une grande association dans le but de forcer les gentilshommes à renoncer à leurs priviléges. » Mais les faits qu'il
rapporte sont du temps où le mouvement avait éclaté et où l'on
cherchait à le répandre. Tout ce que l'on peut dire, c'est que
lorsqu'il éclata, les esprits y étaient préparés. Dans son récit,
l'illustre historien me semble de même avoir singulièrement
adouci les traits des révoltés. Il dit qu'ils ne pillaient et n'en-
levaient rien; que, « excités par un sentiment de vengeance po-

litique sans mélange d'aucune autre passion, ils mirent à mort, avec un appareil bizarre et un simulacre des formes judiciaires, plusieurs des officiers du roi ; » que « ils ne firent aucun mal aux hommes de la classe bourgeoise et marchande, de quelque opinion qu'ils fussent, excepté aux Lombards et aux Flamands. » (P. 252.) On peut voir (ci-dessus, p. 72) les formes suivies par eux dans l'exécution du primat-chancelier, du trésorier, etc., et ce qu'il faut penser de leur discernement dans les massacres.

Page 58, note *a*.

Soulèvement au nom du roi. « Primo ut regi Richardo et « communibus fidelitatem servarent, et nullum regem qui voca- « retur Johannes acceptarent, ob invidiam videlicet Johannis « ducis Lancastriæ. » (Wals., p. 248.) Ce fait est confirmé par le discours du nouveau trésorier d'Angleterre, remplaçant le chancelier, à l'ouverture du parlement qui suivit l'insurrection (4 novembre 1381) : « Combien que mesme les communes colurerent lours ditz malfaits en autre manere, en disantz qu'ilz veulloient avoir nul Roi, sinoun nostre sire le roi Richard. » (*Rot. Parl.*, t. III, p. 99.)

Les révoltés à Canterbury. Knighton, p. 2634; Froissart, II, 108, et le mandement du prieur et du chapitre de Canterbury contre les meurtriers du primat, *Conc. Brit.* t. III, p. 152 : « Palatium archiepiscopale.... violenter intrarunt, ac vinum « dicti archiepiscopi in doliis.... in palatio existentibus con- « sumpserunt et nequiter effuderunt, bonaque nonnulla ejusdem « archiepiscopi.... rapuerunt et abstulerunt,... carceremque « archiepiscopalem in villa de Maidestone Cant. diœces. situa- « tam fregerunt, et incarceratos in eodem ceperunt et abire « compulerunt; necnon chaceam archiep. Cant. vulgariter nun- « cupatam *Le Bruyll*.... et parcos ejudem arch. adjacentes ei- « dem fregerunt, et feras bestias in eisdem existentes ceperunt, « fugarunt et penitus quasi interfecerunt. »

Page 60, note *a*.

Appel à l'insurrection. Nous traduirons quelques-unes de ces lettres, quoique la version en efface le caractère :

« Jacques le meunier (*mylner*) vous demande aide pour tourner bien droit son moulin. Il a moulu menu, menu. Le fils du roi du ciel payera pour tout. Veillez à ce que le moulin aille droit avec ses quatre ailes, et que le pivot tienne en toute solidité. Avec droit et avec pouvoir, avec adresse et avec vouloir; que le pouvoir aide au droit, que l'adresse aille devant le vouloir, et le droit devant le pouvoir, et notre moulin ira bien *(aright)*. Si le pouvoir va devant le droit, et la volonté devant l'adresse, alors notre moulin ne va plus. »

« Jacques Carter vous prie de bien finir ce que vous avez commencé, de faire bien et même de mieux en mieux. Car c'est le soir qu'on juge du jour. Si la fin est bien, tout est bien. Laissez Pierre le laboureur [désignation générale], mon frère, rester à la maison et nous procurer du blé; et j'irai avec vous et vous aiderai afin que vous trouviez à manger et à boire, et que rien ne vous manque. Ayez soin que Hobbe le larron soit bien châtié pour avoir perdu votre grâce : car vous avez grand besoin de prendre Dieu avec vous en toutes vos actions; car c'est le temps d'être en garde. »

« J. Ball vous salue tous, et vous fait savoir qu'il a sonné votre cloche. Maintenant droit et pouvoir, adresse et vouloir. (*Now right and might, will and skill.*) Dieu vous hâte en chaque chose. C'est le temps que notre Dieu vous aide auprès de Jésus son fils, et le fils auprès du Père, pour faire au nom de la Sainte-Trinité une bonne fin à ce qui est commencé. *Amen*, *Amen*, pour charité, *Amen*. »

« J. Ball, prêtre de Sainte-Marie, salue toute manière d'hommes, et leur demande, au nom de la Trinité, Père, Fils et Saint-Esprit, de se tenir virilement ensemble en vérité. Soutenez la vérité, et la vérité vous soutiendra. Maintenant l'orgueil est en puissance et en estime; la convoitise est tenue pour sagesse, l'impudicité est sans honte et la gloutonnerie sans blâme, l'envie règne avec la trahison, et l'insulte est fort de saison :

> Now regneth pride in price
> And covetise is holden wise,
> And lechtery without shame,
> An gluttony without blame;
> Envye regneth vith treason,
> And flouthe is take in grete season.

Dieu donne aide, car il en est temps. *Amen*. » (Knighton, p. 2637, 2638; Cf. Stow, p. 294.)

Inaction de la noblesse. Elle est constatée par tous les chroniqueurs anglais. « His animo volenti serviebat nobilitas et « prona administrabat digna potestas. » (W. Thorn, p. 2156.) « Necdum evigilare voluere domini ad obviandum tantis ne- « quitiis, sed velut stertentes domi quiescentes, immobiles per- « manebant : donec Kentenses et Est-Saxones appropinquantes « sibi unum conflassent exercitum quasi de centum millibus « communium et rusticorum. » (Wals., p. 248.) L'auteur, on le voit, montre aussi les bandes de Kent et de l'Essex se rejoignant avant de marcher sur Londres. Des vers du temps signalent de même cette inertie de la noblesse :

> « Proh! dolor accrevit nuper confusio rerum,
> « Dum virtus procerum silet, et vulgus male sævit,
> « Servit nobilitas et rusticitas dominatur. »
> (*Polit. poems and songs*, t. 1, p. 230.)

Ces auteurs sont des moines. Froissart, qui reproduit les traditions des seigneurs tout en reconnaissant la terreur générale, dit que les nobles cherchèrent à se réunir : « Les gentilshommes du pays se commencèrent à douter quand ils sentirent le peuple élever et rebeller; et si ils en furent en doute, il y ot bien raison : car pour moins s'effraye-t-on bien. Si se commencèrent à mettre ensemble au mieux et au plus bel qu'ils purent. » (II, 107.) Mais il constate qu'ils se soumirent presque partout : « Tout en telle manière avoient fait ceux des autres contrées d'Angleterre.... et mis les chevaliers et les gentilshommes en leur obéissance.... et les faisoient venir avec eux. » (II, 108.)

Page 61, note *a*.

Arrivée à Rochester. Froissart, II, 108. — *Guerre aux gens de loi,* ibid. — « Omnes et singulos juris terræ peritos, tam ap- « prenticios quam senes, justiciarios et cunctos juratores patriæ « quos apprehendere poterant, sine ullo respectu pietatis, capi- « tis truncatione mulctare, asserentes non priusquam illis occisis « terram ingenua libertate posse gaudere.... Statuerunt omnes « curiarum rotulos et munimenta vetera dare flammis, ut, ob- « soleta antiquarum rerum memoria, nullum jus omnino ipso- « rum domini in eos in posterum vendicare valerent. » (Wals., p. 248; cf W. Thorn, p. 2156.) Ils s'en prenaient aussi surtout aux gens du duc de Lancastre. (M. Evesh., p. 24.)

J. Newton, Froissart, II, 108.

Page 63, note *a*.

Détresse du roi; ses oncles. Froissart, II, 109. — *Dispositions de Londres*, Wals., p. 249; Froissart, II, 107 et 109.—*Discours de John Ball*. Wals., p. 275. — *Députations de J. Newton*, Froissart, II, 109. — Un des griefs contre l'archevêque et les principaux ministres du roi, c'était, selon le religieux de Saint-Denis, qui était à Londres à cette époque, l'intention qu'on leur prêtait de vouloir faire une paix perpétuelle avec la France (l. III, c. I, p. 34). Il y avait eu récemment des pouvoirs, des sauf-conduits donnés pour entrer en négociation avec elle (20 mai 1381; Rymer, t. VII, p. 308, 309); mais ces raisons, qui eurent tant de part aux mouvements postérieurs, ne paraissent point avoir eu d'influence alors.

Page 64, note *a*.

J. Newton devant le roi. Froissart, II, 109. — Thomas de Holland, comte de Kent, et Jean de Holland étaient, nous l'avons dit (p. 400), nés du premier mariage de Jeanne de Kent (depuis épouse du prince de Galles et mère de Richard) avec Thomas de Holland. Thomas, le fils aîné, hérita du titre de son père, l'an XXXIV d'Édouard III (1360), épousa, quatre ans après (1364), Alice, fille de Richard comte d'Arundel, et sœur de cet autre Richard, comte d'Arundel après son père, qui va jouer un si grand rôle sous Richard II. Il fut fait chevalier par le prince de Galles en 1366, l'année où naquit Richard, et fit en 1375 la campagne de Bretagne avec le comte de Cambridge. En l'an III de Richard II (1379-1380), il fut chargé des fonctions de maréchal, qu'il exerça jusqu'au jour où elles furent remises (1385) à Thomas de Mowbray, comte de Nottingham, dont nous avons dit le droit héréditaire. En 1381, il fut un des commissaires pour le mariage du roi. Il mourut en l'an XX de Richard II (26 avril 1397); et ce sera son fils que l'on retrouvera sous le nom de comte de Kent, dans les dernières scènes de ce règne.

Jean de Holland avait, de très-bonne heure, pris part aux guerres d'Écosse. Il aura un rôle important dans cette histoire. Pour ces notions biographiques, voy. Dugdale, *Baron.*, t. II, p. 74 et suiv.

Page 65, note *a*.

Entrevue sur la Tamise. Froissart, II, 110; M. Evesh., p. 25; Stow, *Ann.*, p. 285. — C'est au chancelier et au trésorier, présents sur le bateau du roi, que le moine d'Evesham rapporte l'ordre de la retraite (M. Evesh., p. 25.) Walsingham, que ce chroniqueur suit d'ordinaire, passe sous silence cette entrevue. Il ne parle que du conseil donné au roi par le primat et le trésorier, de ne point conférer avec ces « *ribauds va-nu-pieds,* » et rapporte à ce refus la rage des rebelles contre ces deux dignitaires (p. 248). Le comte d'Oxford dont parle Froissard est-il Robert de Vère, personnage si considérable un peu plus tard? Robert avait alors vingt ans à peine. Il ne fit « preuve de son âge, » c'est-à-dire n'atteignit sa majorité et ne fit hommage au roi que l'année suivante. (Voy. Dugdale, *Baronage*, t. I, p. 194). Il avait un oncle, Albéric de Vère, à qui ce rôle conviendrait mieux. Mais Froissart, ne distinguant pas, croit évidemment qu'il s'agit de Robert de Vère.

Page 67, note *a*.

Entrée à Londres. Voyez Knighton, Walsingham, Froissart, aux lieux cités. Knighton fixe au mercredi, veille de la Fête-Dieu, la rupture des portes de la prison de la maréchaussée, et au vendredi l'entrée des paysans à Londres (p. 2634). Walsingham dit qu'ils entrèrent à Londres la veille du Saint-Sacrement, et il place comme Froissart les scènes de destruction qui suivirent au jour de la fête (p. 249). Froissart (II, 110) témoigne de la faveur du peuple pour les paysans, et aussi Walsingham, p. 249 : « Animavit communitatem Londoniarum et « etiam totius regni ad favendum eis, quod asserebant eorum « esse propositum regni tantummodo proditores scrutari, et « postea cessaturos. » Le même Walsingham dit que les paysans n'abusèrent pas de l'hospitalité; qu'ils ne volèrent rien et payèrent comptant tout ce qu'ils prenaient (p. 249). Il ne dit pas où ils avaient pris cet argent.

L'hôtel de Savoie. Froissart, Knighton, Walsingham, M. Evesham, l. l. — *Le justaucorps* ou *jaque* du duc. Wals., p. 249. — *Les rebelles dans les caves :* «...Zelatores veritatis et justitiæ, « non fures aut latrones. Fertur quosdam intrasse cellariam vini

« ibidem, et tantum de dulci vino bibisse, quod egredi quidem
« non sufficiebant.... donec ostium obturatum fuit igne et lapi-
« dibus,... usque ad mortem. » (Knighton, p. 2635.) C'est l'histoire de l'incendie du château de Neuilly en 1848, écrite
en 1381.

Page 68, note a.

Pillage de Templebar, de Clerkenwell. Froissart, II, 110;
Wals , p. 249; M. Evesh., p. 26; Knighton, p. 2636.— *Livres
brûlés.* « Cistas in ecclesia sive in cameris apprenticiorum in-
« ventas fregerunt et libros quoscunque inventos, sive ecclesias-
« ticos, sive cartas et munimenta in cistis apprenticiorum, secu-
« ribus scindebant et in cibum ignis dederunt. » (Knighton,
p. 2636; cf. M. Evesh., p. 26.) — *Maisons de légistes :* « Quas
« senes et quasi decrepiti, quod dictu mirum est, tanta agilitate
« ascenderunt ac si essent ratones vel spiritu aliquo vecti. »
(Knighton, p. 2636.) — *Point de vol.* Le moine d'Evesham dit
pourtant : « Bonaque multa secum auferentes abibant » (p. 26).
— *Les légistes tués ; les maîtres*, etc. Knighton, p. 2636. — *Les
Flamands.* Froissart, II, 110; Wals., p. 251.— *Les Lombards;
Richard Lyons.* Froissart, *ibid.* Cf. Knighton, p. 2636.

Page 69, note a.

Les révoltés devant la Tour. « Si pouvez bien croire et savoir
que c'étoit grand hideur pour le roi et pour ceux qui dedans
avecques lui étoient, car à la fois cil méchant peuple huoit si
haut que il sembloit que tous les diables d'enfer fussent entre
eux. » (Froissart, II, 111.)

Page 69, note b.

Avis du maire. Froissart, II, 111. — *Les caves ouvertes aux
rebelles.* « Nam Londoniarum majores et plebs communis
« cuncta cellaria illis aperta reliquerant. » (Wals., p. 249.)

Page 70, note a.

Rendez-vous de Mile's End. Au moment où Richard entre
en scène, on voit se trahir l'esprit de dénigrement et de
mensonge dont les historiens de la maison de Lancastre sont

inspirés à son égard. Walsingham dit que le roi permit aux rebelles d'entrer dans la Tour et d'y chercher le primat : « Rex igitur in arcto constitutus permisit eos in turrim in- « trare et loca secretissima pro sua voluntate nequissima per- « scrutari : qui nihil negare tute potuit quod petebant. » (Wals., p. 250.) Mais, s'il les avait laissés entrer à la Tour, s'en serait-il allé lui-même, les laissant à leurs perquisitions? et faut-il croire qu'il eût abandonné sa propre mère à leurs outrages? L'imputation choque par son invraisemblance ; et Knighton, quoiqu'il ait été lui-même (plusieurs traits en fourniront la preuve) du parti hostile à Richard, montre ce qu'il en faut croire quand il dit, comme Froissart, que le roi provoqua l'entrevue de Mile's End et alla trouver les révoltés, pour sauver l'archevêque et les siens : « Volens igitur Rex ar- « chiepiscopum et socios suos de ore luporum liberare, misit « ad communes, mandans eis ut ad locum qui *Myltros* vocatur, « extra civitatem, convenirent, cum rege locuturi » (p. 2634). On peut donc suivre le récit de Froissart. Froissart, qui vint peu après en Angleterre et conversa avec les témoins de ces scènes, est assurément mieux informé que des auteurs qui ont écrit du fond de leur couvent.

Page 71, note *a*.

Les rebelles à la Tour. « Erant eo tempore in ipsa turri sex- « centi viri bellici, armis instructi, viri fortes et expertissimi, et « sexcenti sagittarii, qui omnes (quod mirum est) animo ita con- « ciderant, ut eos similes magis mortuis quam vivis reputares.... « Emarcuerat a facie rusticorum pene totius Loegriæ omnis au- « dacia militaris. Nam quis unquam crediderit non solum rusti- « cos, sed rusticorum abjectissimos.... audere thalamum regis « vel matris ejus cum baculis subintrare vilissimis, et unum- « quemque de militibus deterrere minis, et quorumdam nobi- « lissimorum militum barba suis incultissimis et sordidissimis « manibus contrectare, demulcere, et verba modo familiaria se- « rere de socialitate cum eisdem habenda de cetero, modo de « fide servanda ipsis ribaldis?... Et quum sedendo, jacendo, « jocando, super lectum regis insolescerent, et insuper matrem « regis ad oscula invitarent quidam, non tamen (quod mirum « dictu est) audebant plures milites et armigeri unum de tam « inconvenientibus actibus convenire, » etc. (Wals., p. 250.) — « Encore entrèrent ces gloutons en la chambre de la princesse et dépécèrent son lit, dont elle fut si épouvantée qu'elle s'en pâma, » etc. (Froissart, II, 112.)

Page 72, note *a*.

Mort de l'archevêque.... « Clamor horrendissimus.... qui pos-
« set assimilari ululatibus infernalium incolarum.... Replehan-
« tur guttura multisonis mugitibus, vel quod est verius vocibus
« pavonum diabolicis.... Percussus in collo securi sed non le-
« thaliter, apposita manu vulneri, ita dixit : « Ah! ah! (inquit)
« manus Domini est. » Nondum manum amoverat, et secundo
« percussus, summitatibus digitorum amputatis et arteriarum
« parte, cecidit, sed non occubuit donec octavo ictu miserabili-
« ter mutilatus in collo et in capite, dignum (ut credimus) mar-
« tyrium complevisset. » (Wals., p. 250, 251 ; cf. M. Evesh., p. 26; Knighton, p. 2635; Froissart, II, 112).

Voyez aussi le mandement du prieur et du chapitre de Canterbury, sur la mort du primat : « Caput quoque ejusdem super
« unam hastam per vicos et plateas civitatis Londoniæ publice
« deferendo et clamando : « *Hoc est caput proditoris,* » ac capel-
« lum episcopale cum uno clavo, quod horribile est dictu, eidem
« capiti per cerebri medium affixerunt, et demum caput hono-
« rabile, in signum proditionis, supra pontem Londoniæ dam-
« nabiliter posuerunt. » (*Conc. Brit.*, t. III, p. 153.) Cf. M. Evesh. p. 27 : « Et capellum suum supra caput clavis fronti « infixis apposuerunt. » On lit de même dans une pièce de vers, écrite par un contemporain, sur la mort de l'archevêque :

Insuper a lixis caput est in ponte levatum,
Atque capellatum clavis in vertice fixis.

(*Polit. poems and songs*, t. I, p. 227.)

Le Religieux de Saint-Denis, qui était à Londres, dit : « Quum
« indignanter audirem ipsa die per villæ bivia illius archiepi-
« scopi caput sacrum plebem pedibus huc illuc projecisse. »
(III, I, p. 34.)

Page 73, note *a*.

Le roi à Mile's End. Froissart, II, 113. Le moine d'Evesham, à son tour, nous donne à juger de l'esprit qui l'anime. Il dit que ce fut Richard qui fut sommé par la multitude de se ren-

dre à Miles' End, et qu'il s'y rendit tremblant : « Mittunt qui
« ad regem clamarent et dicerent, præcipiendo sibi, quod sine
« mora ad eos inermis.... Qui inito consilio, quia tunc non fuit
« ausus præceptis eorum resistere cum paucis sine armis versus
« eos valde timidus equitavit.... populum circumstantem sup-
« pliciter adoravit. » (M. Evesh., p. 27.) Ce n'est pas ainsi que
parle Knighton. Il met en regard la lâcheté des chevaliers qui
reculent et la fermeté du jeune prince qui va en avant : « Milites
« vero qui ituri erant cordis strenuitatem quasi tabescentes ve-
« corditer amiserunt, et mentis audaciam, quod dolendum est,
« sub calle dederunt, nec egredi quasi timore femineo percussi
« ullatenus audebant, sed se in turri continebant. Rex vero per-
« rexit ad locum assignatum. » (Knighton, p. 2634.) On peut
donc ici encore suivre Froissart, qui ne craint pas d'accuser de
désertion le comte de Kent et Jean de Holland, deux des plus
puissants seigneurs de la cour. (II, 113.)

Page 74, note *a*.

Lettres de manumission. Voyez le texte dans Walsingham,
p. 254. L'acte porte la date du lendemain, samedi, 15 juin 1381.
C'est du même jour que sont datées les lettres qui ajournent
les plaids à l'octave de la Saint-Michel (Rymer, t. VII, p. 311).

Page 77, note *a*.

Les révoltés qui restent à Londres. Froissart, II, 113 ; — *Projets de Wat-Tyler.* Wals., p. 252. — *Continuation des massacres.* Wals., p. 251; Knighton, p. 2636. — *Réunion à Smithfield.* Froiss., II, 115.

Les textes de Walsingham et de Knighton montrent si la
révolte fut aussi tempérée et aussi soigneuse des formes qu'on
l'a dit : « Erat enim eis solemnis ludus, si quem apprehendere
« poterant qui eis fidem non fecerat aut cum eisdem pari
« mente non gradiebatur,... repente tali detrahere caputium
« cum clamore consueto, et mox in plateis certatim ruere ad
« decollandum eum, etc. » (Wals., p. 251). « Nec aliter quos-
« que interficiebant, nisi solum capitis obtruncatione; in quem
« ante dirigebant clamosum sonitum, mox accurrebant cæteri,
« scientes eum decollandum. » (Knighton, p. 2636). — *Nuit
du 14 au 15.* « Tanto labore fatigati et immoderamine vini

« insoliti inebriati.... viros eorum jacentes sparsim in plateis
« et sub muris soporatos veluti porcos interemptos. » — Le
massacre continua d'ailleurs çà et là : ils tuaient les autres ; ils
s'entre-tuaient eux-mêmes : « sicque in illa nocte strages magna
tam ab invicem quam ab aliis facta est. » (Knighton, p. 2636).

Page 77, note *b*.

Le roi à Smithfield. Walsingham (p. 252), rapporte un peu
différemment l'entrevue. Il dit que le roi, le matin, fit appeler
à lui Wat-Tyler, et qu'il lui envoya jusqu'à trois fois, pour l'en
prier, J. Newton, un de ses officiers : comme J. Newton insistait : « Si tu es si pressé, dit Wat-Tyler, retourne au roi ton
maître. J'irai quand il me plaira. » Il vint un peu plus tard, etc.
— Mais si le roi veut faire venir Wat-Tyler pour traiter avec
lui, comment se trouve-t-il lui-même à Smithfield? Le récit de
Froissart a encore ici le plus de vraisemblance, et se trouve au
fond d'accord avec celui de Knighton (p. 2636), et du moine
d'Evesham (p. 28.) Ce dernier place la scène après dîner.

Page 79, note *a*.

Wat-Tyler devant le roi. Froissart, II, 115. Quoique dans
une forme un peu différente, le récit de Froissart a, même dans
les plus petits détails, des analogies avec ceux de Walsingham
et de Knighton. « Rex igitur videns militi periculum immi-
« nere, ut mitigaret animum pro tempore ganeonis, militem
« jussit equo descendere et cultellum quem extraxerat reddere
« nebuloni (Wals., p. 253). » « Cultellum evaginatum, quem
« *dagger* vulgus vocant, in manu gerens, de manu in manum
« jecit quasi pueriliter ludens, et opportunitatem capiens, si rex
« ei petita negaret, qua ipsum subito, ut credebatur, percuteret :
« unde maxime timuerunt qui regi assistebant, quid in facto
« eveniret (Knighton, p. 2636). » Froissart n'exprime pas ce
soupçon ; mais il put naître, comme le dit Knighton, parmi ceux
qui entouraient le roi. Knighton rapporte ici une nouvelle
demande faite au roi par Wat-Tyler (J. Straw comme il l'appelle) au nom de ses compagnons : « que toutes les garennes
fussent ouvertes à tous, afin que partout dans le royaume on
pût, riche ou pauvre, chasser, pêcher à sa guise. » Comme le
roi hésitait, il lui saisit le cheval par la bride : ce fut ce geste

que Walworth prit pour une menace de mort et qu'il punit par le meurtre du chef des révoltés. (*Ibid.*, p. 2637.) — On montre encore à l'hôtel des Poissonniers de Londres, corporation considérable à laquelle appartenait W. Walworth, l'arme dont on prétend qu'il frappa Wat-Tyler.

Sur le meurtre de Wat-Tyler, M. Augustin Thierry dit : « Un écuyer de naissance normande nommé Philipot, descendant de cheval, enfonça son épée dans la poitrine du couvreur en tuiles et le tua d'un seul coup » (p. 256). Je ne retrouve cette indication que dans une note de l'histoire de Richard II d'après Daniel (t. I, p. 246), et on n'y cite aucune autorité. Froissart et Knighton donnent à l'écuyer le nom tout anglais de Standwich ou Standich. J. Philipot, bourgeois de Londres, dont on a vu le rôle considérable dans les communes, au parlement, est seulement nommé par Knighton avec Walworth et Standich, parmi ceux que le roi créa chevaliers en cette occasion (p. 2637).

Walsingham, sans craindre de contredire (il l'en faut louer) ce qu'il a insinué plus haut du roi, rend hommage à sa présence d'esprit et à sa vigueur en cette circonstance : « Quibus « auditis Rex (quanquam puer esset, et tenerioris ætatis) con- « cepta audacia, jussit majori Londoniarum ut eum arrestaret (p. 253). »

Page 80, note *a*.

Intrépidité du roi. Ici encore, Walsingham et le moine d'Evesham s'accordent avec Froissart pour mettre en relief l'héroïque inspiration du jeune roi : « Rex vero ultra ætatem « mirabiliter ingenio præventus et audacia concitus, calcaribus « urgens equum, ad eos accessit, et in circuitu eorum equitans, « dixit eis. Quid est hoc, homines mei ? Quid agitis ? Numquid « sagittare vultis regem vestrum ? Non causemini, nec sitis tris- « tes de morte proditoris et ribaldi. Ego enim ero rex vester, « ego capitaneus et ductor vester. Sequimini me in campum, « habituri omnia quæcumque vos petere delectabit. » (Wals., p. 253.) — « Unde cito post populo clamanti : Ubi est dux noster ? « Rex, prout Deus voluit, inter eos equitando, insiliens res- « pondit clamando : Ego sum dux vester, sequimini me. Et to- « tus populus, quasi vir unus, extra Londonias in campestria « sequebatur. » (M. Evesh., p. 29).

Une courte pièce de vers alternativement anglais et latins sur cette révolte, pièce qui est évidemment du temps, rend aussi hommage à l'intrépidité que le jeune roi montra entre tous :

>Owre Kyng hadde no rest :
>*Alii latuere latentes;*
>To ride he was ful prest,
>*Recolendo gesta paterna.*
>Jak Straw down he kest,
>*Smythfeld virtute superna.*
>Lord, as thou may best,
>*Regem defende, guberna.*
>
>(*Polit. poems and songs*, t. I, p. 224.)

On voit que Jack Straw est aussi confondu dans ce passage avec Wat-Tyler. Les noms des principaux chefs sont ainsi donnés vers la fin de la pièce latine sur la mort de l'archevêque :

>Jac Chep, Tronche, Jon Wrau, Thom. Millere, Tyler, Jak Strawe,
>Erle of the Plo, Rak to, Deer, et Hob Carter, Rakstrawe;
>Isti ductores in plebe fuere priores.
>
>(*Ibid.*, p. 230).

Page 88, note *a*.

Jean Wraw; J. Cavendish. Wals., p. 261 ; M. Evesh., p. 30; Knighton, p. 2638; Otterbourne, p. 155; *Rot. Parl.*, t. III, p. 103, § 32. — Il y a, ou il se peut faire quelque confusion sur deux des chefs rebelles. Walsingham distingue Jean Straw et Jean Wraw, et désigne ce dernier comme prêtre et chef des rebelles à Mildenhale et à S. Edmond's-Bury (p. 265.) C'est donc J. Wraw qu'il appelle Jean Straw dans le récit de cet épisode, p. 261 : « Duce quodam sceleratissimo presbytero « dicto Joanne Straw, qui et ipse Londoniis fuerat pridie et « instructus a ganeone præfato Waltero Tylero; » et c'est de lui qu'il parle encore, lorsque, rapportant son supplice à l'époque du parlement tenu vers la fête de Saint-Jean-Porte-Latine (6 mai 1382), il dit que plusieurs étaient d'avis de se borner à le mettre à l'amende : « In quo petitione militum comitatuum « Joannes Straw, presbyter, qui ductor fuit eorum qui insur- « rexerant apud Bury et Mildenhale, tractioni et suspensioni « adjudicatur, licet multi putassent eum fuisse pecunia redi- « mendum. » (p. 287). Il ne faut donc pas le confondre avec cet autre Jean Straw dont le même auteur rapporte la confession et le supplice dans les premiers jours de la répression, et qui fut le principal chef après Wat-Tyler (p. 265). Ce Jean Straw est probablement le Jacques Straw de Froissart (II, 107) et des actes du parlement (*Rot. Parl.*, t. III, p. 175). Le moine d'Evesham l'appelle aussi Jak Straw en un lieu (p. 24) où il le nomme avec Jean Wraw; un peu plus bas (p. 31), à propos de la confession que l'on a vue, on le trouve appelé Jean Straw comme dans Walsingham. Voyez sur Jacques Straw ce qui va suivre.

Page 92, note *a*.

L'évêque de Norwich. « Vir idoneus satis armis gerendis bel- « licis et ipse armatus ad unguem » (Wals., p. 263). — *Exécutions.* « Tertium ipsemet requirere studuit, ovem suam « quæ periera » (*ibid.*, p. 264). — *Supplice de Littester.* « Quem auditum et absolutum virtute officii ipsemet prose- « quebatur ad furcas, demonstrans in eo, quanquam vicisset « eum, opus mausuetudinis et pietatis, sustentans videlicet ca- « put ejus, ne collideretur a terra, dum ad suspendium trahe- « retur » (*ibid.*). Ils voulaient détruire l'Église et les gens d'Église, dit l'impitoyable Knighton, ils devaient périr par l'Église et par les gens d'Église : « Nam manu ejus (de l'évêque « de Norwich), in ultionem eorum valde lætanter erat extensa, « et absolutionem gladialem episcopalis dignitas eis impendere « in extremis non dedignabatur pro suis delictis : ut adimplere- « tur quod dictum est per Prophetam : *Reges eos in virga ferrea,* « *et tanquam vas figuli confringes eos* » (Knighton, p. 2639).

Page 94, note *a*.

Causes de la révolte. Wals., p. 266. « Sed ne videamur livore « scripsisse præsentia, fateamur nos omnes in culpa, et emende- « mus in melius (*ibid.*). — *Guerre à l'art d'écrire :* « Magistros « scholarum jurare compulerunt se nunquam parvulos instruc- « turos in arte præfata.... Periculosum erat agnosci pro clerico; « sed multo periculosius si ad latus alicujus atramentarium in- « ventum fuisset. » (Wals., p. 265; M. Evesh., p. 30.)

Shakespeare a introduit dans son tableau de la révolte de J. Cade sous Henri VI (1450), des traits qu'on pourrait croire empruntés à l'insurrection qui nous occupe :

RICHARD (un des partisans de Jack Cade). Que la première chose que nous ferons soit de tuer tous les gens de loi.

CADE. C'est bien mon intention. N'est-il pas déplorable que de la peau d'un innocent agneau on fasse un parchemin, et que ce parchemin, sur lequel on aura griffonné quelque chose, suffise pour consommer la ruine d'un homme ? Il y en a qui disent que l'abeille pique, et moi je dis que c'est la cire de l'abeille. Pour mon compte, je n'ai jamais qu'une seule fois en ma vie attaché un sceau à un acte, et depuis cette époque je ne me suis plus appartenu. — Eh bien ! qu'y a-t-il ? Quel est cet homme ?

(*Arrive une troupe de gens du peuple, conduisant* le maître d'école *de Chatam*).

SMITH. C'est le maître d'école de Chatam : il sait lire, écrire et compter.
CADE. Quelle abomination !
SMITH. Nous l'avons surpris écrivant des modèles pour les enfants.
CADE. En voilà un scélérat !
SMITH. Il a dans sa poche un livre sur lequel il y a des lettres rouges.
CADE. C'est à coup sûr un sorcier.
RICHARD. Il sait faire des contrats et écrire par abréviation.
CADE. J'en suis fâché pour lui : il m'a l'air d'un honnête homme, sur ma parole. A moins que je ne le trouve coupable, il ne mourra pas. — Approche, mon ami, je veux t'interroger. Quel est ton nom ?
LE MAÎTRE D'ÉCOLE. Emmanuel.
RICHARD. Il a coutume de l'écrire au bas des lettres. — Tes affaires vont mal.
CADE. Qu'on me laisse lui parler. Est-ce que tu écris ton nom ? ou bien as-tu ta marque particulière, comme doit l'avoir tout homme honnête et loyal ?
LE MAÎTRE D'ÉCOLE. Je remercie Dieu d'avoir été assez bien élevé pour savoir écrire mon nom.
TOUS. Il a avoué : qu'on l'expédie ; c'est un scélérat, un traître.
CADE. Qu'on l'emmène, et qu'il soit pendu avec sa plume et son écritoire au cou.

(Shakespeare, *Henri VI*, partie II, acte IV, sc. 2 ; traduction de M. Benjamin Laroche.)

Une autre insurrection de paysans sous Édouard VI, en 1559, insurrection qui éclata dans le Norfolk et prit pour chef Robert Kett, corroyeur, offrit aussi des analogies avec celle de Wat-Tyler : haine du servage, tendances communistes, arrestation, jugement et exécution des nobles ; la terreur répandue parmi eux, jusqu'à ce que la victoire du comte de Warwick leur donnât toute liberté de s'envenger. (Al. Nevil, *Kettus, sive de furoribus Norfolcensium Ketto duce*. Lond., 1582, in-12.)

Page 99, note *a*.

Traité de Lancastre avec les Écossais. Knighton, p. 2641, et Wals., p. 278. Voir le traité dans Rymer, t. VII, p. 312 (8 juin), et un acte subsidiaire pour l'ajournement du payement de la rançon de l'ancien roi d'Écosse David (19 juin 1381),

ibid., p. 314. Walsingham dit que les Écossais, apprenant, après la conclusion, que les rebelles étaient maîtres de Londres, eurent grand regret de s'être engagés; Froissart, au contraire, et avec moins de vraisemblance, qu'ils étaient instruits de tout aussi bien que Lancastre, et ne s'en montrèrent que plus empressés à traiter, offrant même de mettre cinq ou six cents lances à son service. Lancastre les refusa, se bornant à demander un sauf-conduit pour en user au besoin (Froissart, II, 116). — *Les villes du Northumberland fermées à Lancastre.* Knighton, p. 2641, et Froissart, II, 116. Les pouvoirs extraordinaires donnés à Lancastre sur la frontière du nord, dont le comte de Northumberland avait la garde (*Rot. Scotiæ*, t. II, p. 21, 24, 36, 41, 43), amenèrent peut-être ce changement dans les rapports du comte avec le duc. (Voy. Godwin, *Life of Chaucer*, t. II, p. 321.) — *Bruits répandus sur Lancastre jusque parmi les siens :* « Quia dubiam cernebat fidem multo-
« rum.... utputa comitis Northumbrorum.... insuper et suorum
« militum commensalium.... Audierant nempe regem, timore
« ductum, corpus domini sui ducis donasse communibus id pe-
« tentibus. » (Wals, p. 279.) — *Marche des rebelles contre Lancastre*, Knighton, p. 2641. — *Lancastre en Écosse*, Knighton, Froissart et Walsingham, l. l. — *Message de Lancastre au roi*, Wals., p. 279.

Lettre du roi en faveur de Lancastre : « Rex universis et sin-
« gulis archiepiscopis, etc.... Quia vero præfatum avunculum
« nostrum, qui nobis tam propinquus existit, nobis et regno
« nostro probavimus et semper novimus fuisse et esse fidelem ac
« status et honoris nostri præcipuum zelatorem, nolentes quod
« hujusmodi falsa diffamatio, sibi per præfatos insurgentes ini-
« que et malivole sic imposita, prævaleat aliqualiter veritati :
« Vobis.... mandamus quatenus ipsum avunculum nostrum
« innocentem penitus et immunem reputantes et acceptantes,
« eidem avunculo nostro.... sitis auxiliantes, obedientes et in-
« tendentes. (3 juillet. Rymer, t. VII, p. 318.)

Lettre du roi à Lancastre : « Rex carissimo avunculo suo....
« Considerantes turbationem detestabilem per certos ligeos
« nostros.... horribiliter factam, qui eorum malitia et iniquitate
« propria certos magnates.... et inter alios personam vestram
« de culpa infidelitatis erga nos et regnum nostrum nequiter et
« falso diffamarunt, ac volentes proinde pro securitate et sal-
« vatione personæ vestræ providere.... Volumus et vobis man-

« damus quod quum penes nos et alia loca vos accedere con-
« tingat, tam fortiter et potenter cum hominibus armatis et
« sagittariis in comitiva vestra, per medium regni nostri, et
alibi ubi vobis placuerit, veniatis. » (5 juillet 1381. Rymer,
t. VII, p. 319.)

Lettre du roi au comte de Northumberland : « Quia ordi-
« navimus et oneravimus vos ad veniendum in comitiva caris-
« simi avunculi nostri Johannis,... qui penes nos de mandato
« nostro est venturus, pro securitate personæ ipsius avunculi
« nostri contra malitiam ipsorum qui contra eum insurgere
« voluerint, assignavimus vos ad potestatem hominum ad arma,
« armatorum et sagittariorum.... cum omni celeritate congre-
« gandum.... et eosdem homines in comitiva sua, per comitatus
« Northumbriæ, Eborum et Notynghamiæ, vel ulterius, prout
« placuerit avunculo nostro, ducendum. » (Rymer, t. VII, p. 319.)

Le même ordre était donné à J. de Nevil, un des grands seigneurs du Nord (*ibid.*). On peut croire, d'après l'accusation portée par Lancastre contre Northumberland, que ce dernier avait
mis peu d'empressement à accomplir cet ordre. — Le roi donna
aussi à son oncle des pouvoirs pour poursuivre comme juge
ceux dont il avait eu tant à souffrir. (18 août 1381. Rymer,
t. VII, p. 323.)

Page 100, note *a*.

Lettre du roi contre les insurgés. — « Quia vero malafac-
« tores prædicti falso et mendaciter asseruerunt.... ipsos mala
« homicidia et dampna prædicta ex nostris auctoritate et vo-
« luntate fecisse et perpetrasse.... ad vestram et aliorum fide-
« lium ligeorum nostrorum volumus pervenire notitiam quod
« præmissa mala ex auctoritate seu voluntate nostris minime
« processerunt. Ne qui.... insurgere seu congregationes vel
« conventicula hujusmodi facere vel levare.... præsumant,...
« sub forisfactura vitæ et membrorum et omnium aliorum
« quæ nobis forisfacere poterunt in futurum. » (23 juin 1381;
Rymer, t. VII, p. 316.)

Mouvement de Billerica, Wals., p. 268.

Page 101, note *a*.

Abrogation des chartes de liberté : Rymer, t. VII, p. 317.
Cf., p. 314 (30 juin) : « Quod nativi et alii tenentes faciant con-

« suetudines et servitia consueta; » et Wals., p. 269. Le statut de la cinquième année de Richard menace de la peine des traîtres ceux qui feraient encore de pareils rassemblements. (*Stat. of Realm*, t. II, p. 20.) — *Résistance des serfs :* « Unde « nativi et alii opera et consuetudines debitas dominis suis pro « terris, quas tenebant de eis, illo anno reddere noluerunt, « nec aliqualiter operari, nec [nisi] stipendiis forent conducti. « Sed in pluribus locis insurrexerunt.... Et ideo domini timen-« tes sustinuerunt ad tempus. » (M. Evesh., p. 32.)

Le roi dans l'Essex, Wals., p. 269.

Page 105, note a.

Le roi à Saint-Alban, Wals., p. 274. — *Supplice de John Ball :* « Tractus et quarteriatus. » (M. Evesh., p. 33.) « Et cadaver « ejus quadripartitum quatuor regni civitatibus missum est. » (Wals., p. 276.) L'auteur du *Liber Zizaniorum* ne manque pas de rattacher Wicleff au mouvement qui venait d'éclater, disant même que l'on craignait qu'il ne le renouvelât : « Omis-« sum superius unum quod est notatione dignum, quod tanta « divisio facta est ubique et dissensio in Anglia per J. Wycclyff, « et suos complices, ut etiam eorum prædicationibus timebant « catholici novam esse futuram insurrectionem contra dominos « et Ecclesiam. » Cela résultait, selon lui, des aveux de J. Ball. J. Ball, « dilectus sequax Wycclyff, » au moment de mourir, avait déclaré : « Quod erat certa comitiva de secta et « doctrina Wycclyff, qui conspiraverant quamdam confedera-« tionem et se ordinaverant circuire totam Angliam prædicando « prædicti Wycclyff materias quas docuerat. » Le prisonnier nomme Wicleff comme auteur principal, et pour ses complices N. Hereford, J. Ashton et Laurent Bedena (Bedeman), maître ès-arts. Il ajoute : « Quod nisi foret resistentia facta prædictis, « ipsi infra biennium destruerent totum regnum. « Ista confessio « redacta est in formam sub instrumento publico, sicut in fine « patebit. » Ce texte officiel n'est pas donné. (*Fasciculi ziza-niorum*, p. 273, 274.)

Procès et supplice de Grindecobbe et de ses compagnons : « Compulsi sunt propriis manibus suos concives resuspendere « catenis ferreis, quorum jam corpora tabe fluentia, scatentia « vermibus, putrida et fœtentia odorem ipsis teterrimum refun-debant. » (Walsingham, p. 278.) L'auteur approuve, et trouve

bon que par là les chiens aient obtenu la liberté qu'avaient voulu leurs maîtres, et que les maîtres fussent traités comme les chiens : « Consequuti quoque sunt canes eorum quod do-
« mini non merebantur, dum per dominos (extractis catenis
« quibus ligati fuerant) libertati donati sunt. » (*Ibid.*)

Page 108, note *a*.

Parlement de la cinquième année. Rot. Parl., p. 98 et suiv. Les sceaux, après la mort du primat Simon Sudbury, avaient été remis en garde au comte d'Arundel, et bientôt après à Hugues Segrave, alors sénéchal de l'hôtel. Le 10 août, ils furent donnés à W. Courtney, évêque de Londres, qui ne tarda point à être élu archevêque de Canterbury, et recueillit ainsi toute la succession de Simon Sudbury. (Rymer, t. VII, p. 310.) C'est lui qui ouvrit le parlement, le samedi 9 novembre 1381, par un sermon sur ce texte : *Rex convenire fecit consilium.* Hugues Segrave, de sénéchal de l'hôtel, était devenu trésorier.

L'orateur des communes fut Richard de Waldegrave. Il voulait s'en excuser : mais le roi dit qu'étant élu il devait accepter. (*Ibid.*, p. 100, § 9.) — *Richard le Scrop, chancelier.* L'archevêque de Canterbury avait rendu les sceaux le 30 novembre; Richard le Scrop les reçut le 4 décembre. (Rymer, t. VII, p. 336; cf. *Rot. Parl.*, t. III, p. 100, § 12.) — *Les chartes de manumission déclarées nulles :* « Que tiele manumission ou franchise des neifs ne poast estre fait sans lour assentment qu'ont le greindre interesse : a quoy ils n'assenterent unque de lour bone gree, n'autrement ne jamais ne ferroient pur vivre et murrir touz en un jour. Et ce estoit grantez et assentuz illoecque de touz a une voice. » (*Ibid.*, § 13.)

Page 114, note *a*.

Débat sur le subside. Rot. Parl., t. III, p. 102, § 35 et 36. — *Demande d'ajournement. Ibid.*, § 37. — *Prochain mariage du roi. Ibid.* Il avait été question de marier Richard, d'abord avec la fille de Barnabas Visconti, seigneur de Milan (18 mars 1379), puis avec Catherine, fille de Louis de Bavière (12 juin 1380). Les négociations avec la cour de Bohême commencèrent en décembre 1380. Le traité de mariage est du 1ᵉʳ février 1381, ratifié en Angleterre le 29 mars; et les pouvoirs pour le contracter, du 12 mai 1381. (Voy. Rymer, t. VII, p. 213, 257, 280, 290 et 300.) Walsingham ne pardonne pas à Richard d'avoir choisi la sœur de Wenceslas, au prix, dit-il, de beaucoup d'argent et de peine, quand il pouvait obtenir la fille de Barnabas avec une somme inestimable d'argent. (Wals., p. 281.) Knighton (p. 2644) porte à 10 000 l. ce que Richard donna à Wenceslas; et un fragment de chronique publié par Leland (t. I, p. 383) à 22 000 marcs. L'auteur prétend qu'on lui avait offert la fille du comte de Flandre, mariage qui lui aurait donné la Flandre. Cette dernière assertion nous permet de voir ce que vaut cette chronique Depuis treize ans, l'héritière de Flandre était femme du duc de Bourgogne, quoi qu'eût pu faire Édouard III, qui aurait voulu lui faire épouser le comte de Cambridge. Quand prévalut le mariage français, Richard avait deux ans (19 juin 1369.)

Page 115, note a.

Les gouverneurs du roi. Rot. Parl., t. III, p. 102, § 38; — *Richard, comte d'Arundel.* Voy. Dugdale, *Baronage*, t. I, p. 318 et suiv.; — *Michel de la Pole. Ibid.*, t. II, p. 181-183; — *Question de l'amnistie. Ibid.*, § 39; — *Subside voté. Ibid.*, § 40. Qu'arrivait-il de cette interruption de la taxe pendant huit jours? tout le monde en devait profiter pour exporter. Il est probable que l'exportation n'était permise à personne : la suspension des droits entraînait une suspension du commerce. Le trésor, en somme, n'y perdait rien.

Page 116, note a.

Amnistie: « A l'révérence de Dieu et de sa doulce mère, sainte Marie, et a l'especiale requeste de noble dame Dame Anne fille a noble prince Charles, emperour d'Allemagne, roigne d'Engleterre, si Dieux plest, proscheinement a venir. » (*Rot. Parl.*, t. III, p. 103, § 32; cf. Rymer, t. VII, p. 337.) La publication s'en fit après le mariage (14 février 1382; Rymer, t. VII, p. 345). Pour les exceptions, voyez *Rot. Parl.*, t. III, p. 103, § 32, et les listes, p. 111-113, § 63. Elles comprenaient encore quatre noms pour le comté de Cambridge; onze pour Essex, quatre pour Hertford, huit pour Winchester, huit pour Sussex, treize pour Sommerset et huit pour Canterbury. L'amnistie s'étendait à tous les actes accomplis du

1ᵉʳ mai au 1ᵉʳ novembre. Elle n'éteignait pas les actions en dommage de ceux qui avaient été lésés. (*Ibid.*, p. 103. § 32.) Quant aux félonies étrangères à l'insurrection, l'amnistie les comprenait toutes, hors les vols et les homicides, pour le temps antérieur au jour de la proclamation, 14 décembre (*Ibid.*, § 33).

Loi contre les rassemblements séditieux. « Et le roi defende estroitement a toutes maneres des gents, sur peine de quanque ils purront forfaire devers lui en corps et en biens, que nully desore face ne recommence par voie quelconque celles riot et rumour n'autres semblables. Et si nully le face et ce prouvez duement, soit fait de luy come de traitre au roi et à son dit Roialme. (Iᵉʳ Stat. de la 5ᵉ année, n° 6. *Stat. of Realm*, t. II, p. 20.)

Commission pour réprimer les rebelles. Rot. Parl., t. III, p. 105, § 41. — *Le parlement ajourné*, ibid., p 113, § 64.

Page 117, note *a*.

J. de Holland, etc., à Calais. Rymer, t. VII, p. 336. Leur commission est du 1ᵉʳ décembre. — *Arrivée à Douvres* : « Circa « festum sancti Thomæ apostoli. » (21 décembre.) (M. Evesh., p. 35. Otterbourne, p. 155.) — *Les fêtes du mariage.* Wals., p. 281.

Deuxième session du parlement : le vendredi 24 janvier 1382, ajournée au lundi suivant, 27. Rot. Parl., t. III, p. 114, § 65. Dès le 14 janvier, l'archevêque de Canterbury, de son côté, avait convoqué son clergé pour accorder un subside au roi contre les Français, « qui menacent, dit-il, par terre et par mer. » (Rymer, t. VII, p. 341.)

Page 119, note *a*.

Exception autorisée au règlement de l'étaple. Rot. Parl., t. III, p. 114, §§ 68, 69. Le dernier article (§ 72) fait retour aux choses de la dernière sédition. Ceux qui ont perdu des titres (on sait avec quel zèle les insurgés les avaient recherchés pour les détruire) devaient en réclamer une expédition nouvelle avant la Saint-Jean.

Page 120, note *a*.

Pétitions. Extension de l'amnistie. (On l'accorda, à l'exception

de Bury.) *Rot. Parl.*, t III, p. 118, §§ 95 et 96; p. 119, § 106.
— *Pouvoirs des juges; titres détruits; procès repris*, p. 116, § 85.
Par une équitable mesure envers les agents du gouvernement, décharge est demandée pour les vicomtes et les autres comptables que l'insurrection aurait empêchés de recevoir ce qu'ils devaient verser au trésor (p. 115, §§ 78 et 79). — *Serment des officiers*, p. 115, § 75. — *Dons*, p. 115, § 74. — *Exportation de l'argent*, p. 107. Une exception est faite pour la solde des garnisons. Le roi étend l'exception aux seigneurs et aux prélats qui ont des payements à faire; aux marchands pour les nécessités de leur négoce. (*Ibid.*, p. 119, § 107.)

Sortie du royaume : interdite « horspris les seigneurs et autres grants personnes du roialme, et horspris verrois (vrais) et notables marchantz, et les soldeours le roi. » La licence n'était accordée que pour certains ports désignés. Il y avait pour le marinier qui eût enfreint la défense confiscation de son vaisseau. (*Ibid.*)— *Cherté du vin; emploi de vaisseaux anglais*, *ibid.*, p. 120 et 121. Cf. le statut de l'an v de Richard II, c. II, III et IV. (*Statuts of Realm*, t. II, p. 19.) Les autres pétitions regardent les pourvoyeurs (§ 76), l'Échiquier (§§ 81-83, 97, 99-105), la chancellerie (§ 88), et les agents des forêts (§ 84); les provisions ecclésiastiques, les bénéfices donnés aux étrangers et les biens de main-morte (§§ 90-92); les gages des gens d'armes (§§ 93, 94-98).

Page 123, note *a*.

Nomination des grands officiers en parlement. Elle fut réclamée et plusieurs fois pratiquée sous Henri III (Voy. Matth. Paris, an. 1223, 1236, 1248); mais on sait quel fut sous ce prince l'abaissement du pouvoir royal. Hallam reconnaît que tel n'était point le droit du royaume (t. III, p. 80).

C'est à cette période du règne de Richard que paraît devoir se rapporter une délibération du conseil dont voici l'analyse. On y demande que le roi s'en rapporte à son conseil des choses qui touchent le gouvernement; qu'il y renvoie ceux qui voudraient en traiter; qu'il n'accepte rien des parties, au détriment de la bonne justice; qu'il donne convenable temps et audience au conseil; qu'il ne confie qu'à des gens capables les offices de sénéchal de l'hôtel et de gardien du sceau privé, sauf les droits du comte d'Oxford à l'office de chambellan; qu'il fasse examiner les comptes de l'Échiquier, afin de régler son état sans être à charge au peuple; qu'il écarte de son hôtel ceux qui ne seraient pas trouvés suffisants et « profitables; » qu'il s'abstienne de donner les terres ou profits du domaine, et qu'il les garde pour payer ses dépenses et acquitter ses dettes; qu'il soit sobre de lettres de pardon pour meurtre, rapt ou vol; qu'il attire à lui les gens honorables, et écarte les autres, afin de se gagner les cœurs de son peuple; et que ceux qui, attachés à sa personne, abuseraient du droit de maintenance, soient dégradés et mis hors de l'hôtel. (*Proceedings*, t. I, p. 84-86.)

LIVRE TROISIÈME.

Page 128, note *a*.

Nouvelles propositions et prédications de Wicleff. Wals., p. 283 et 284 : « Quod rex aut regnum nulli sedi vel prælato « obediat, nisi de quanto ex fide Scripturæ sonat in obedien- « tiam Christo.... Nullus est dominus, simul nullus episcopus, « nullus est prælatus, dum est in peccato mortali. Ubi leges « humanæ non fundantur in Scriptura sacra, subditi non te- « nentur obedire. Nunquam erit bona pax in regno isto, quous- « que ista temporalia auferantur a viris ecclesiasticis. » Et ideo « rogabat populum (manibus expansis).... ut unusquisque ad- « juvaret in ista materia. » L'historien continue : « Revera lo- « quebatur eis placentia, et quidquid proferre noverat in dero- « gationem prælatorum, detrectationem magnatum, quæ vulgus « commune solet libenter audire, lingua protulit venenata, cap- « tans per singula verba sermonis sui favorem, laudem quoque « vulgi. » (Wals., p. 283 et 284.)

Prédications des disciples de Wicleff. Wals., p. 284 et 285; Knighton, p. 2658-2662. — *Troubles excités par les prédications de Wicleff ou de ses adhérents* : « Qui semper dissensionem præ- « tendebant, et plebem ad insurrectionem provocabant : ita ut « vix aliquis eorum prædicaret, quin ad pugnam inter se au- « dientes provocarentur, et schismata in villis fierent. » (*Fasciculi zizaniorum*, p. 272.)

Page 129, note *a*.

William l'ermite. Knighton, p. 2665-2671; cf. Wals., p. 284 et 285. — *Ses prédications :* « Se posse et velle in strata regia, « invitis dentibus episcopi, prædicare, dum tamen benevolen- « tiam populi obtineret » (Knighton, p. 2667). — *Le duc de Lancastre :* « Sed casu affuit eodem die dux Lancastriæ, qui Lol- « lardis omnibus semper affuerat cum subsidio. Credidit nam- « que eos sanctos Dei, propter blandiciem sermonis et vultus; « tamen deceptus sicut et multi. » (*Ibid.*, p. 2668.) — *Mandement de l'évêque de Lincoln pour la réconciliation de William,* contenant ses propositions condamnées et son abjuration, *ibid.*, p. 2669, et *Fasciculi zizaniorum*, p. 334. « Sic enim a « prædicatione solita cessante fragor et favor populi cœpit « tepescere et de die in diem magis ac magis frigescere. » (Knighton, p. 2671.) — *Retour à l'hérésie :* « Ubi infra bene « a laïcis in majori honore quam antea fuerat ibidem habeba- tur. » (*Ibid.*, cf. Wals., p. 284.)

Page 131, note *a*.

Décret du chancelier de l'Université d'Oxford, W. Berton, contre les doctrines de Wicleff sur l'Eucharistie. Fasciculi zizaniorum magistri Wycleff, p. 120; Knighton, p. 2654; *Conc. Britan.*, t. III, p. 170. — Lettre de douze docteurs aux pères du concile de Londres contre les livres de Wicleff, *ibid.*, p. 171. — Appel de Wicleff au roi et déclaration du duc de Lancastre, *Fasciculi*, p. 114. — Confession de Wicleff, *ibid.*, p. 119-121. — Élection de W. Rugge, partisan de Wicleff, à la dignité de chancelier d'Oxford *Fasciculi*, préf., p. XLIV. — *Concile de Londres. Conc. Brit.*, t. III, p. 157 et suiv., cf. p. 498, append. n° 5. Le concile, ouvert le 17 mai, condamna les propositions incriminées le 21. (*Fasciculi zizan.*, p. 272 et suiv.) Nous insistons sur ce point que nous avons signalé dans le texte, et qui prouve les ménagements dont on usait à l'égard de Wicleff : Wicleff n'est pas même nommé. On parle de ses propositions abstractivement, et on les condamne sans en rechercher l'auteur, sur ce fondement que certaines personnes les enseignent : « Et quia per sufficientem informationem invenimus « dictas conclusiones in multis locis nostræ provinciæ fuisse,

« ut præmittitur, prædicatas, et certas personas aliquas illarum
« tenuisse et docuisse et de hæresi vehementer et notorie fore
« suspectas, processus fecimus tam in genere quam in specie
« infra scriptos. » (*Conc. Brit.*, t. III, p. 157.) Il y eut ce jour-là
(mercredi 21 mai) un tremblement de terre. Plusieurs voulaient
y voir un signe qui leur commandait d'ajourner ; mais l'archevêque pressa la conclusion. — *Sentence du concile* (publiée par
l'archevêque de Canterbury, le 30 mai 1382). Wals., p. 286
et 289. M. Evesh., p. 37-41 ; Knighton, p. 2652. *Conc. Brit.*,
t. III, p. 158 ; cf. *Fasciculi zizan.*, p. 498, append. n° 5.

P. Stokys, carme, chargé de porter à Oxford les actes du
concile, ne rencontra dans sa mission que difficultés et périls
même. Le chancelier refusait, sous divers prétextes, de reconnaître ses pouvoirs et de publier les décrets. Chargé par le
primat de soutenir l'envoyé, il souleva l'Université contre lui
(*Fascicul. zizan.*, p. 297, 298 et 300), et il allait avec tous
les *proctors* (procurateurs ou syndics) entendre solennellement
un sermon que Philippe Repyngdon, un des principaux champions de l'hérésie, à qui l'archevêque avait voulu interdire la
chaire, devait prêcher le jour même de la Fête-Dieu. P. Stokys,
qui voulait soutenir la controverse contre lui, fut menacé par
des gens armés. (*Ibid.*, p. 302.) — *Le chancelier W. Rugge
mandé près de l'archevêque*, etc. *Conc. Brit.*, t. III, p. 159 ;
Fasciculi, p. 304-311. Comme il s'excusait de n'avoir pas
publié la lettre du primat par crainte de mort : « L'Université,
dit le prélat, est donc fautrice d'hérésies, puisqu'elle ne permet
pas de publier les vérités catholiques. »

Monition adressée au chancelier (12 juin). *Conc. Brit.*, t. III,
p. 160. Lettres remises au chancelier (12 juin) : elles interdirent de laisser prêcher J. Wicleff, N. Hereford, Ph. Repyngdon,
J. Ashton et Laurent Bedman. (*Conc. Brit.*, t. III, p. 159-160.)
Ordre du roi d'arrêter ceux qui prêchent ou maintiennent les
propositions condamnées (12 juillet 1382, *ibid.*, p. 156). Assignation de N. Hereford, de Ph. Repyngdon et de J. Ashton, etc.
(*Ibid.*, p. 289, 318, 319 ; Knighton, p. 2655-2657, et *Conc.
Brit.*, t. III, p. 160-165.) Ils commencèrent par remettre une
profession de foi équivoque, sur laquelle ils refusèrent de s'expliquer davantage. Ashton, au lieu de parler en latin, comme
il lui était commandé, répondait en anglais et en des termes
qui cherchaient à soulever le peuple contre le primat ; il fut
condamné sans plus attendre (20 juin) ; Hereford et Repyngdon

furent remis à huit jours, et alors condamnés par défaut (*Conc. Brit.*, t. III, p. 160 et 165; *Fasciculi*, p. 209 et 290; cf. p. 33; sur ces derniers voir encore p. 296 et 297). — Ashton, après avoir fait afficher dans Londres une confession qui reproduisait ses erreurs, se soumit et abjura (*Fasciculi*, p. 329-331). Quant aux deux autres, dont la sentence fut notifiée le 13 juillet par l'archevêque à l'évêque de Londres (*Conc. Brit.*, t. III, p. 168), l'un, Ph. Repyngdon, abjura et fut réconcilié (*ibid.*, p. 168 et 172, 23 octobre et 24 novembre 1382); l'autre, Nic. Hereford, vint à Rome présenter au pape les propositions condamnées en Angleterre. Le pape les fit examiner par les cardinaux : elles furent condamnées encore, et le docteur aussi. Mais, comme il était Anglais, dit Knighton, le pape adoucit la sentence et se borna à l'envoyer en prison. La prison ayant été forcée dans une des émeutes si fréquentes à Rome en ce temps-là, N. Hereford revint en Angleterre, où il se fit condamner de nouveau par l'archevêque de Canterbury. (Knighton, p. 2657.) N. Bedman abjura, comme J. Ashton et Ph. Repyngdon, 18 octobre 1382 (*Conc. Brit.*, t. III, p. 168). Pour Wicleff, un édit du roi se borna à lui appliquer comme aux autres l'interdiction de prêcher à Oxford. (*Lettres du roi au chancelier d'Oxford*, 13 juillet 1382, *Fasciculi*, p. 312; *Conc. Brit.*, t. III, p. 166; Rymer, t. VII, p. 363.)

Voyez aussi Wood, *Hist. et Antiq. Univ. Oxoniensis*, Oxon. 1674, in-f°, p. 189-193. L'auteur suit généralement le récit de Kyningham, tel qu'on le trouve dans les *Fasciculi*.

Wicleff assigné à Rome. Sa lettre au pape. *Fasciculi*, p. 341. — *Mort de Wicleff* (31 décembre 1384). Wals., p. 312; M. Evesh, p. 58. Otterbourne, p. 162.

La querelle des lollards ne pouvait pas manquer d'inspirer maintes pièces de vers ou chansons dans les deux sens. On en trouvera plusieurs dans les *Political poems and songs*, t. I, p. 231 et suiv. : sur le tremblement de terre de 1382; sur le concile de Londres qui s'ouvrit à cette époque même; contre les lollards; contre les moines. Les pièces latines sont généralement contre les lollards (la langue en trahit l'origine); les pièces anglaises, contre les moines. La pièce sur ou plutôt contre le concile de Londres, est en latin mesuré et rimé à la façon des vers modernes, avec une sorte de refrain populaire qu'on retrouve aussi dans la pièce anglaise contre les frères mineurs. La pièce contre les lollards, qui n'a pas moins de cinquante-six stances de douze vers, reproduit, en les développant, la plupart des griefs qui leur sont imputés :

> 5. Sub sanctitatis specie
> Virus vomunt malitiæ
> Cunctis qui ipsos audiunt.
> Zelatores Ecclesiæ,
> Sectatores justitiæ
> Se ipsos esse garriunt.
> Sic simplices decipiunt
> Et mobiles inficiunt
> Sub simulata facie.
> Vulpes incautos rapiunt,
> Lupi in agnos sæviunt,
> Hostes omnis clementiæ.
>
> 8. Villarum in exitibus
> Se nudant sotularibus
> Cum populum ludificant.
> Nudis incedunt pedibus
> Cum appropinquant foribus
> Locorum quibus prædicant.
> . . . .
> . . . .
>
> 12. Hi sunt auctores odii
> Cleri, vulgi dissidii,
> Et regni perturbatio.
> Hinc clades, homicidii,
> Venit et fax incendii,
> Servilis ac rebellio.
>
> 13. Johannes Balle hoc docuit
> Quando morte succubuit
> Propter suam nequitiam.
> . . . .
> Monstrans Wycleff familiam
> Causam brigæ primariam
> Quæ totum regnum terruit.
>
> 15. Vetant dari stipendia
> Decimas et novalia
> Curatis, dum sunt miseri,
> Nec dominis servitia,
> Redditus vel homagia,
> Quandiu se dant sceleri.
> Non medium plus repperi
> Per quod sic possent conteri
> Cuncta jura civilia.
> Regnarent sic pestiferi
> Fine claudentur celeri
> Cuncta mundi dominia, etc.
>
>   (*Political poems*, t. 1, p. 231-250).

Page 132, note a.

Faveur des lollards dans le peuple : A Oxford, même après l'abjuration du chancelier W. Rugge, un docteur fut retranché de l'Université pour avoir appelé les lollards hérétiques. Il ne fut rétabli que par l'intervention du chancelier d'Angleterre et du primat. (*Fasciculi*, p. 311 et 315 ; *Conc. Brit.*, t. III, p. 167 : 14 juillet). — *Troubles à Londres*. Wals., p. 288. Le maire J. de Northampton est peu en faveur auprès de nos historiens. Walsingham se fait un malin plaisir de l'appeler, défigurant son nom, Combartown ou *Trouble-ville* (p. 308, 312).

Page 136, note a.

Parlement de Westminster, v^e année de Richard II, le lendemain de la Saint-Jean-Porte-Latine (7 mai 1382). *Rot. Parl.*, t. III, p. 122, § 1. L'*Histoire parlementaire* a omis ce parlement, qui est pourtant indiqué par les historiens (Wals., p. 287 ; M. Evesh., p. 36), et dont le procès-verbal est en sa place dans les Rôles. Cotton, ce qui est plus grave, ne remarquant pas que dans les années de Richard, qui commencent en juin, le mois de mars suit le mois de novembre, l'a placé avant le parlement du 2 novembre 1381. (*Abridgm.*, p. 193.)

Discours du chancelier. L'objet de la convocation était double : donner une garantie suffisante à l'emprunt, et pourvoir, en l'absence du roi, au gouvernement du royaume : « Et le roi nostre sire vous emprie moelt cherement que ceste vostre charge veuillez prendre tendrement. » (*Rot. Parl.*, t. III, p. 122, § 4.)

Demande d'emprunt : « Et le roi voelt que auxi bone et suffisante seuretee soit faite as creanceours de la dite somme pur lour repaiement. » (*Ibid.*, § 9.)

Page 137, note a.

Mesures financières. « Puis apres, quant le roi estoit apris que les marchants ne lui voloient chevir la somme demandez.... n'autrement que par chevance, homme ne savoit comment avenir a tielle somme, si furent faites en ce Parlement certaines ordinances de la passage des leynes, esperantz partant d'avenir le plus bien et le plus en haste grant quantitee de monoie. »

(*Rot. Parl.*, t. III, p. 123, § 12.) On invitait tous les marchands de pays amis à venir commercer librement en Angleterre.(*Ibid.*, § 13.) On permettait d'expédier la laine des ports d'Angleterre sans aller à Calais, à la condition de payer les droits du tarif de Calais ; et l'on faisait remise d'un demi-marc par sac de laine ou par 240 toisons, à ceux qui payeraient avant la Saint-Martin pour les laines dont l'expédition se devait faire entre le 1er septembre et la Saint-Michel de l'année suivante. (*Ibid.*, p. 124, § 14.)

Proposition des mariniers de l'Ouest. (*Ibid.*, § 15.) La côte fut divisée en deux régions à partir de Southampton, et des commissaires, pris dans les communes, furent chargés de veiller, pour chacune des deux parties, à la recette et à l'emploi des sommes octroyées.

Ce parlement, réuni si tôt après l'autre, paraît avoir été peu nombreux. Un article des résolutions, reproduit dans le statut qui suivit, menace de punir ceux qui désormais ne se rendraient pas à la convocation, et aussi les shériffs qui auraient négligé d'expédier les brefs ou de convoquer aux élections les cités ou les bourgs accoutumés à envoyer des députés au parlement. (*Ibid.*, § 16. Cf. pour ces diverses mesures, le statut de la IIIe année de Richard II, c. I, II, III, IV, *Statuts of Realm*, t. II, p. 24, 25.)

Au rôle des pétitions, on trouve un long mémoire des officiers de la monnaie de la Tour de Londres, sur la disparition des espèces d'or et d'argent. L'Angleterre frappant une monnaie meilleure que celle des pays d'alentour, on l'exportait dans ces pays, ne lui laissant que les pièces usées ou rognées. Les maîtres de la monnaie et autres, invités à venir au parlement donner leur avis sur les moyens à prendre pour remédier au mal, en signalent plusieurs. Dans le nombre, on peut remarquer les suivants : que tout marchand soit tenu d'emporter d'Angleterre autant de marchandises qu'il y en apporte du dehors; que nul clerc ni proviseur ne puisse envoyer d'argent à Rome; que le collecteur du pape soit Anglais, et que les redevances lui soient payées en marchandises. Pour remédier à la rognure des pièces, ne les prendre qu'au poids ; et pour encourager la refonte des monnaies, réduire le droit du roi et des maîtres de la monnaie sur cette opération. (*Rot. Parl.*, t. III, p. 126, 127.)

NOTES.

Page 138, note *a*.

Conférences projetées avec la France. Le duc de Lancastre et le comte de Buckingham, oncles du roi, et le comte de Kent, son frère utérin, étaient désignés pour s'y rendre. (Rymer, t. VII, p. 347.) — *Suspension d'armes en Aquitaine. Ibid*., p. 351. — *Sauf-conduit pour les envoyés français. Ibid*., p. 358. — *L'insurrection de Paris (Maillotins)*, 1er mars 1382, Religieux de Saint-Denis, III, 1; — *de Rouen, ibid*., 2; — *Soumission de Rouen, ibid*., 3; — *de Paris*, mai 1382. *Ibid*., 4.

Page 139, note *a*.

Insurrection de Flandre. Froissart, II, 52 et suiv.; Religieux de Saint-Denis, II, 5 et suiv.; Wals., p. 286; M. Evesh., p. 36. Voyez, pour plus de détails sur cette insurrection, l'*Histoire de Flandre*, de M. Kervyn de Lettenhove, l. XII. — *Sentiment de Philippe d'Arteveld pour les Anglais*. « Philippe d'Artevelle avoit le courage (le cœur) plus anglois que françois, et eust volontiers vu que ils fussent ahers et alliez avecques le roi d'Angleterre et les Anglois. » (Froissart, II, 165.) — *Ménagement des Flamands pour les Anglais au milieu du pillage*. Wals., p. 287.

Page 142, note *a*.

Archers anglais auprès d'Arteveld : « lesquels s'étoient emblés de leurs garnisons de Calais et là venus pour gagner : desquels archers, ils avoient grand joie; et étoient cils payés toutes les semaines. » (Froissart, II, 165.) — *Appel d'Arteveld à l'Angleterre. Ibid*., 166. — *Sauf-conduit donné par le roi d'Angleterre pour douze hommes de Flandre*, trois de Gand, trois de Bruges, trois d'Ypres et trois du Franc (7 octobre 1382). Froissart (II, 167) dit qu'ils étaient dix-huit. — *Pouvoirs donnés aux députés par les échevins de Gand, de Bruges et d'Ypres*, 14 octobre 1382. Rymer, t. VII, p. 367. — *Réclamation d'une dette d'Édouard III*. Froissart, II, 166. — *Accueil au conseil. Ibid*., 168.

Page 143, note *a*.

Libéralités du roi et résistance du chancelier. « Quibus rex, ut-
« pote puer nihil moratus, postulata concessit.... Cancellarius
« autem.... negavit eis plane petita : asserens regem, ære alieno

1 — 30

« multum prægravatum, opus habere talia contingentia penes
« se detinere, » etc. (Wals., p. 290.)

L'auteur accuse le roi de ne pas mieux respecter les autres statuts du parlement. Il juge inutile de les rappeler, attendu, dit-il, que le roi se faisait un jeu de les changer ou de les abolir (p. 281). On reconnaît ici toute sa partialité. Il faut ajouter que les domaines qu'on accuse le roi d'avoir ainsi prodigués, sont principalement ceux qu'avait possédés Edmond Mortimer, qui venait de mourir en Irlande, au commencement de 1382 (Rymer, t. VII, p. 352, à la date du 19 mars). Or, Edmond Mortimer laissait un fils, Roger, qui, par sa mère Philippa, fille de Lionel, duc de Clarence, était l'héritier direct du trône. Il ne s'agissait dans cette succession (les historiens le reconnaissent) que de l'administration de ses biens pendant sa minorité; et elle fut remise peu de temps après aux comtes d'Arundel, de Warwick et de Northumberland, les hommes les plus opposés aux familiers de Richard (*Bibl. Cott.* Ms. Titus, B, XI, f° 7, cité dans l'*Archæol.*, t. XX, p. 41, note *m*.) Il y a donc encore une grande exagération dans ce reproche.

Destitution de Richard le Scrop. Wals. p. 290; Otterbourne, p. 156, et Rymer, t. VII, p. 362.) Le roi ordonna à Richard le Scrop de remettre les sceaux à Jean de Montaigu, sénéchal de l'hôtel, frère du comte de Salisbury, le 11 juillet 1382. N'ayant pas encore fait choix d'un chancelier (cela marque bien que la reprise des sceaux était une disgrâce), il les confia à Hugh Segrave, trésorier, à W. de Dighton, garde du sceau privé, et à J. de Waltham, archiviste de la chancellerie, jusqu'au samedi 20 septembre. C'est ce jour-là, presque à la veille de l'ouverture du parlement, qu'il les donna, avec le titre de chancelier, à l'évêque de Londres, Robert de Braybrook.

Page 150, note *a*.

Pétition des communes sur les dons du roi. Rot. Parl., t. III, p. 139, § 42; — *sur le pillage des côtes et la ruine de la marine*, ibid., p. 138, §§ 30 et 37. Nonobstant la mesure prise au dernier parlement (pour la défense du rivage), on déclare que rien n'est changé à la juridiction des deux amirautés du Nord et de l'Ouest. (*Ibid.*, § 29.) — *Exportation du blé défendue.* Ibid., p. 141, § 54. — *Vaisseaux anglais.* Ibid., p. 137, § 27. — *Liberté d'échange.* Ibid., p. 138, § 37. — *Bénéfices aux* étrangers. *Ibid.*, § 31. — *Premiers fruits. Ibid.*, § 31. — *Abus de justice. Ibid.*, §§ 38-41. — *Édit contre les hérétiques*, au parlement du 7 mai 1382. *Rot. Parl.* t. III, p. 125, § 17. Cf. le 2ᵉ statut de la vᵉ année de Richard II, c. v, *Statuts of Realm*, t. II, p. 25, et *Conc. Brit.*, t. III, p. 156. — *L'édit révoqué. Rot. Parl.*, t. III, p. 141, § 53.

Page 151, note *a*.

Suites de l'insurrection. Plusieurs demandes en réparation avaient déjà été faites au précédent parlement. Les chapelains, maîtres et écoliers du collége de *Corpus-Christi*, à Cambridge, disent que comme le maire et les baillis de la commune sont venus à main-forte dans ce collége pendant les derniers troubles, ont cherché le maitre et les écoliers pour les tuer, et ont brûlé la maison et tout ce qu'elle contenait, ils demandent que le maire et les baillis de la commune soient tenus à réparation. — L'abbé de Saint-Alban expose comment les gens des comtés de Buckingham et de Hertford, aussi bien que ceux de la ville, ont envahi l'abbaye, et contraint l'abbé à leur donner des chartes de liberté dont ils ont pris des copies. Ils demandent que le roi abolisse ces chartes. (*Rot. Parl.*, t. III, p. 128, 129.)

Dans le parlement de novembre 1382, on régla plusieurs points relatifs à l'amnistie. *Villes mises à rançon :* York paye 1000 marcs; Scarborough, 900; Beverley, 1100, et quelques personnes sont exceptées. (*Rot. Parl.*, t. III, p. 135, §§ 18 et 19.)—*Extension de l'amnistie.* « Et por ce grant nombre des gents qui sont enditez de treson par cause de le rumour sont laborers et tielx qui riens n'ont et ne furent pas de poair de purchacer lours chartes, issint qu'ils sont hors de mesme la pardon; et a cause qu'ils se doutent d'estre mis en exigend' et utlagarie, et en cas qu'ils soient prises d'estre myses a mort, s'enfuent ensemble as boys et autres lieux; et auxint grant nombre des autres qui ne sont pas enditez, se doutent d'estre en mesme le cas, dont purra sourdre grant meschief. (*Ibid.*, p. 139, § 43.)

Pendant qu'on parlait d'amnistie, les ressentiments nés de l'insurrection se faisaient jour au sein même du parlement. Sur la demande du maire et des aldermen de Londres, on avait révoqué le privilége des poissonniers, privilége dommageable à la ville, sans doute (et c'étaient là les raisons qu'on en donnait), mais que l'on révoquait surtout pour la part que plusieurs avaient prise aux derniers troubles de Londres. (*Rot. Parl.* t. III, p. 141, § 55, et Wals., p. 289.) L'un d'eux, Wauter Sybill (il est exclu nommément de l'amnistie (§ 43), et il paraît au Parlement!), se plaignit des vieilles rancunes qui amenaient la ruine de sa corporation, ajoutant qu'elle avait grand besoin d'avoir bonne sûreté pour la paix. « Les bonnes gens de cette cité, répliqua un mercier, J. More, sont assez forts pour maintenir la paix contre vous tous, à moins que vous ne fassiez encore venir dans la ville les communes (le peuple) de Kent et d'Essex, comme naguère vous fîtes en la traîtreuse rumeur. » Wauter pria les lords d'ordonner que J. More répétât ces paroles, afin qu'on sût s'il le mettait personnellement en cause. « Messeigneurs, dit J. More, je ne dis point expressément qu'il en est ainsi, mais je dis que le bruit commun dans notre cité est que J. Horn, poissonnier, et Adam Carlisle, de Londres, furent les principaux qui encouragèrent les communes de Kent et d'Essex à entrer dans la ville, et que ledit Wauter fut le premier des opposants à William Walworth, alors maire, pour l'empêcher de clore les portes, de lever le pont, et de défendre la ville contre les traîtres; » et il obtint qu'on en fît enquête. (*Rot. Parl.*, t. III, p. 143, §§ 62-64.) Ce Wauter Sybill figure en tête des contrôleurs du subside à lever dans le port de Londres, d'après l'avis des marchands, au parlement du 25 avril 1379. (*Rot. Parl.*, t. III, p. 63, § 37.)

Page 172, note *a*.

Nouvelles propositions de l'évêque de Norwich, et débat qu'elles suscitent. Rot. Parl., t. III, p. 147, § 20: « Et promist oultre ledit evesque que si deins ledit an avenoit que le roiaume de France se voroit convertir al fori del verroi pape Urban, mesme l'evesque serroit tenuz deslors de compliquer et ouster tantost la banere de la croiserie, et deslors servir a nostre dit Sr le roi en dite guerre avec sa propre banere, et par le nombre des gentz dessus limitez tan qu'al fin de l'an dessus dit.

L'opposition des barons vaincue. « Tandem post multas ter-
« giversationes per duces regni factas, post plures altercationes
« interpositas per comites barones et magnates terræ plurimos,
« sed omnino Dei virtute et laudabili constantia militum par-
« liamentalium conquassatas, ipsa die sabbati horaque quibus

« sancta Ecclesia *Vexilla crucis prodisse* decantat, omnis re-
« pente turba quæ illi concilio vel parliamento interfuit, et quæ
« maxime steterat contra crucis negocium, consentit tanquam
« percussa tonitru solemnis illius antiphonæ. » (Wals., p. 297.)

Page 174, note a.

Pétition des communes en faveur des négociations avec l'Espagne. Rot. Parl., t. III, p. 148, § 22. Pouvoirs donnés à l'évêque d'Aix et à Florimond de la Sparre, etc. 1er avril 1383, Rymer, t. VII, p. 386-390. — *Lancastre chargé de négocier avec l'Écosse*. Il avait déjà reçu en 1382 (20 mai) de grands pouvoirs avec le titre de lieutenant du roi sur les marches d'Écosse. (*Rot. Scotiæ*, t. II, p. 42 b.) Le 7 mai 1383 il avait été nommé gardien des marches avec d'autres (*ibid.*, p. 51). Il eut, le 1er juillet 1383, une conférence avec le fils aîné du roi d'Écosse ; et, par un traité du 12 juillet, il fut convenu que la trêve serait prorogée jusqu'à la Purification (2 février). Avant le 8 août, le roi d'Écosse devait déclarer s'il entendait que la paix suivît, et dans ce cas des négociateurs devaient être nommés de part et d'autre avant la Saint-Martin d'hiver (11 novembre). (Rymer, t. VII, p. 403.)

Bulles du pape pour la croisade. Wals., p. 293, Froissart, II, 207 ; — *Mandement de l'évêque de Norwich*, comme légat du saint siége pour la publication des bulles (9 février 1383.) Wals., p. 294. — *Instructions de l'évêque de Norwich.* Knighton, p. 2673-2674 : elles sont en français. — *Mandement de l'archevêque de Canterbury*, demandant des prières pour l'évêque de Norwich, 10 avril 1383. Conc. Brit., t. III, p. 176 ; — *Permission à tous de se joindre à la croisade*, 6 décembre 1382. Rymer, t. VII, p. 372. — *Édit contre ceux qui détournent les fonds de la croisade*, 15 mars 1383 ; Rymer, t. VII, p. 383 ; — *pour hâter le départ des croisés* (17 mars), Rymer, t. VII, p. 385 ; — *la réunion des vaisseaux, des vivres*, etc., 26 et 30 mars, *ibid.*, p. 386. — *Presse des vaisseaux*, 8 avril, *ibid.*, p. 391 : tout vaisseau de 16 à 100 tonneaux devait être saisi et amené à Sandwich ; — *Ordre aux collecteurs*, même date, *ibid.*, p. 392. — *Sergents d'armes, missionnaires*, 23 avril, *ibid.*, p. 393 : « Pro præsenti « viagio in quod ipse, in obsequium nostrum ad partes transma- « rinas in proximo, annuente Domino, profecturus extitit (au maire de Londres, 27 avril ; *ibid.*, p. 394). La même chose est dite à J. Devereux, capitaine de Calais, chargé de passer la revue des troupes de l'évêque, 8 mai, *ibid.*, p. 395. Le roi, après le départ de l'expédition, ne laisse pas que de recommander encore la perception des offrandes. (25 juin, *ibid.*, p. 399.)

Page 175, note *a*.

Popularité de la croisade de l'évêque de Norwich. Froissart, II, 207; Wals., p. 297; Knighton, p. 2671 : « Incredibilem
« summam pecuniæ, auri et argenti, atque jocalium, monilium,
« annulorum, discorum, peciarum, cocliarium et aliorum orna-
« mentorum, et præcipue de dominabus et aliis mulieribus;
« nam dicebatur quod unica domina ei contribuit c lib. et sic
« aliæ quædam majus, aliæ minus. Et sic secretus thesaurus
« regni qui in manibus erat mulierum periclitatus est. Diceba-
« tur enim quod quidam de commissariis suis asserebant quod
« ad eorum præceptum angeli de cœlo descenderent, et animas
« in purgatoriis locis positas de pœnis eriperent, et ad cœlos
« absque mora deducerent. »

Page 176, note *a*.

Départ de l'évêque de Norwich, Wals., p. 299; — *Règlement de l'évêque de Norwich.* « Que nule home soit si hardy par le chemyne de robber ove prendre par ascune extorsione ove tortuose manere biens de nuly tanqils entrent la dez enmys, qils puissent gaynere par droit de guerre, sur payne qils n'averont parte del pardon ne de absolution. » (Knighton, p. 2673.)

Froissart (II, 207) fixe le départ au 23 avril; Walsingham, (p. 299) vers la fête de la Trinité (17 mai). Otterbourne, de même vers le milieu de mai (p. 157). Le moine d'Evesham (p. 44), à la Saint-Pierre, 29 juin; Knighton (p. 2672), en juin, sans fixer la date. Les actes prouvent, contre Froissart, que ce fut au moins après le 27 avril, et contre le moine d'Evesham, que ce fut avant le 27 juin. A cette dernière date le roi pourvoit à la garde de Gravelines qui a été conquise (Rymer, t. VII, p. 399). C'est à la date de Walsingham et d'Otterbourne qu'il s'en faut tenir : elle est confirmée par celles qu'on trouve dans la Grande Chronique de Flandre (publiée par Sauvage) pour la suite de l'expédition.

Page 178, note *a*.

Prise de Gravelines. Wals., p. 299; M. Evesh., p. 45. Le moine d'Evesham dit qu'ils tuèrent tous les hommes, n'épargnant que les femmes. Walsingham semble tout transporté encore de ce zèle d'extermination : « Ils les arrachent de leurs cachettes, dit-il des habitants, et leur font rendre leurs armes souillées : *Pollutos spiritus compellunt emittere violenter* (p. 299). »

Page 183, note *a*.

Siége d'Ypres. Grande Chron. de Flandre, c. 112; Wals., p. 302, M. Evesh., p. 46. Froissart, II, 209. On accusa le duc de Lancastre d'avoir tenu les meilleures troupes en réserve, ne laissant partir que les mendiants. L'évêque, au dire de Walsingham, recevait assez mal ces bandes nouvelles d'auxiliaires qui n'étaient bons qu'à consumer ses vivres : « Ut « quid ergo venistis ad consumendum victum qui vix sufficiet « bellaturis? Vos *numerus estis fruges consumere nati :* melius « fuisset vobis domi sine cura super ollas carnium resedisse. » Il aurait dû s'en prendre un peu à lui-même, à ses prédications et à ses instructions. C'est de là que l'auteur fait dater l'irritation du peuple contre lui. (*Ibid.*, p. 302.)

Députation de l'évêque de Liége, Froissart, II, 209.

Page 184, note *a*.

Résistance d'Ypres. Grande Chronique de Flandre c. 112, p. 236 et suiv. L'auteur paraît être du temps et de la ville même; les détails qu'il donne sont d'un témoin des faits. — *Armements des Français.* Froissart, II, 210. — *Service des vivres.* Religieux de Saint-Denys, IV, 1; — *Levée du siège.* Grande Chronique, *ibid.*; Froissart, II, 211; Relig. de Saint-Denys, IV, 2; Wals., p. 303; Otterbourne, p. 157; M. Evesh., p. 47. Voyez aussi au parlement suivant (novembre 1383) le procès fait à l'évêque de Norwich et à plusieurs de ses capitaines pour les divers incidents de cette campagne. (*Rot. Parl.*, t. III, p. 152-158, et ci-après.) L'évêque, sans accuser ses capitaines comme le font les trois historiens anglais, dit que c'est le départ des gens de Gand qui le força, vu l'approche des Français, à lever le siége d'Ypres. (*Rot. Parl.*, t. III, p. 154, § 19); mais il prétend que c'est le refus de ses capitaines qui l'empêcha de marcher contre l'avant-garde de l'armée française (*ibid.*, p. 156, § 22). On voit pourtant, par la suite des événements, que plusieurs de ses capitaines allèrent au-devant des Français plus loin que lui.

Page 191, note a.

Reddition de Bourbourg. Froissart, II, 215. — *Médiation du duc de Bretagne.* « Et vous dis que à ce traité le duc de Bretagne fut grandement pour eux. » (Froissart, II, 215.) « Præ-
« dictus dux Britanniæ tamen miserans, strenuitatem eorum
« tum ponderans, affectionem quam habebat ad Angliam
« (quippe qui sororem Regis Angliæ habuit in uxorem) inter
« regem Franciæ et eos mediavit. » (M. Evesh., p. 48.) Cf.
Relig. de Saint-Denys, IV, 4. Knighton convient que, sans le
duc de Bretagne, ils étaient tous perdus : « Dux Britanniæ
« ibidem cum rege Franciæ fuit, qui fidelissimus amicus genti
« Anglorum pro suo posse in occulto extiterat. Qui, in quantum
« potuit, apud regem procuravit ut eis absque damno talem
« concederet conductum ; et aliter non evasisset nec unus qui-
« dem Anglus » (p. 2672). — *Argent donné aux capitaines
anglais.* Rot. Parl., t. III, p. 156-158, § 24. Nous reviendrons sur leur procès en parlement. — *Reddition de Gravelines.* Rot. Parl., t. III, p. 152, § 15 ; 156, § 22. Ces détails sont empruntés au procès de l'évêque : cf. Froissart, II, 215 et les autres historiens. Knighton (p. 2672) dit que l'évêque repassa en Angleterre après la Saint-Michel (29 septembre).

Page 193, note a.

Partialité de Walsingham. Wals., p. 297. — *L'évêque forcé d'aller à Ypres :* « Ad villam de Ypres pervenerat,... quamvis
« invitus, quamvis protestans non esse suæ voluntatis sedem
« ponere, sed Franciam tam in causa papæ quam regis intrare.
« Compellitur per milites dominum Th. Trivet, W. de Elinam
« (sic) et W. de Faringdon residere, velit nolit, invitus. » (Ibid.,
p. 302.) — *L'assaut d'Ypres :* « Sed nostris militibus hoc placuit
« insilire villam,... propter pericula quæ possunt emergere.
« Fuerunt qui dixerint dominum Thomam Trivet et quosdam ex
« militibus reliquis utres plenos auro de villanis cepisse.... Unde
« non solum plebs communis suspicabatur eos esse proditores,
« sed clamando publice testabatur.... Videns ergo episcopus in
« dies numerum suorum minui, instat apud milites (qui jam
« non ejus subditi, sed magistri fuerunt effecti) ut contra villam
« suas vires experiantur. » (Ibid., p. 303). — *Projet d'entrer en
Picardie.* « Alloquitur suos milites, scilicet dominum Th. Trivet

« et W. de Elinham (Elmham) cæterosque, dicens se velle Picar-
« diam ingredi.... Nihil tamen profecit, sed cum injuria etiam
« contumelias recepit ab eis dicentibus eum temerarium et nes-
« cientem vires tantæ multitudinis, quæ centum habebat contra
« unum ex illis. (*Ibid.*) » — *L'évêque bravant l'armée française:*
« Quibus auditis episcopus valefecit eisdem cum paucis admo-
« dum, Picardiam ingrediendo.... Quum ergo episcopus prope
« partem exercitus Gallicorum appropinquasset, demonstravit se
« suosque in campo, explicatis vexillis; sed nemine audente
« conserere, quia nondum totus exercitus Gallicanus convene-
« rat, Episcopus vexilla reflexit, et sub omni festinatione ad
« villam suam de Graveling cepit iter. » (*Ibid.*)

LIVRE QUATRIÈME.

Page 196, note *a*.

Michel de la Pole : sa famille, Dugdale, *Baron*, t. II, p. 182; *son père compromis*, Rot. Parl., t. III, p. 123, § 11. — *Ses services à la guerre*. Dugdale, l. l. p. 181 [183]; cf. Froissart, l. I, part. II, c. 279, etc. — *Amiral pour le Nord*. Dugdale, ibid., et Cotton, *Abridgm.*, p. 152; — *gouverneur du roi avec le comte d'Arundel*. Rot. Parl., t. III, p. 102, § 38; — *chancelier* (vendredi, 13 mars 1383), Rymer, t. VII, p. 381.

Page 197, note *a*.

Vues sur la Flandre. Pouvoirs pour traiter avec les villes de Flandre (1er juin 1383); *pour recevoir l'hommage des Flamands* (20 juin). Les commissaires sont l'évêque de Norwich. J. Devereux, capitaine de Calais, Hugues de Calverley, Th. Trivet, W. Elmham, J. Philipot, etc. (Rymer, t. VII, p. 395, 396). Ce n'est pas sans raison que J. Philipot est associé à ces grands personnages. On se rappelle quels services il avait rendus, et quelle place il occupait dans le parlement. Il mourut l'année suivante. (M. Evesh., p. 53.) — *Défi*, 8 septembre 1383, Rymer, t. VII, p. 307; — *Lancastre lieutenant du roi en Picardie*

(12 septembre, *ibid.*, p. 408 et 410). — Des actes spéciaux du même jour lui donnent des pouvoirs particuliers pour traiter, et avec l'adversaire de France (c'est ainsi que dans les pièces diplomatiques on désigne habituellement le roi de France en Angleterre), et avec le comte de Flandre (*ibid.*, p. 410 et 411).

Page 198, note *a*.

Surprise d'Audenarde par François Ackerman et les Gantois. Froissart, II, 213; Wals., p. 306. Les Gantois offrirent dès lors de se donner au roi d'Angleterre. Mais la croisade de l'évêque de Norwich venait de manquer; et le roi, qui craignait pour Calais, s'excusa, alléguant les dangers de son propre pays. (Wals., *ibid.*) — *Commissaires de la France pour la paix.* Ils sont nommés dans le sauf-conduit qui leur est donné par Richard, 4 novembre 1383. (Rymer, t. VII, p. 414.) — *Commissaires anglais.* Leurs pouvoirs leur sont donnés à la même date (*ibid.*, p. 414); des pouvoirs spéciaux leur étaient confiés le même jour pour traiter en particulier avec le comte de Flandre. (*Ibid.*, p. 412.)

Page 200, note *a*.

Subside. Rot. Parl., t. III, p. 151, § 13. Sur le quinzième voté, une moitié devait être levée à la Saint-Hilaire (14 janvier); l'autre, à la Pentecôte, avec cette clause que si avant Pâques la paix était faite, cette seconde moitié ne serait point levée. L'aide de 6^d par livre et de 2^s par tonne de vin était destinée à la sauve-garde de la mer. Les deux amiraux du Nord et l'Ouest s'engagèrent à bien défendre la mer, à l'aide des ressources qu'on leur procurerait : mais ils refusèrent de le faire, en quelque sorte, à forfait, en prenant à leurs risques et périls l'aide spéciale votée à cet usage. (*Rot. Parl.*, t. III, p. 151, § 14.)

Page 213, note *a*.

Sentence contre les capitaines de l'évêque de Norwich. (*Rot. Parl.*, t. III, p. 158, § 25.) Plusieurs s'y dérobèrent par la fuite. On trouve dans Rymer, à la date du 6 mars 1384, des lettres du roi à divers vicomtes pour la saisie des biens et l'arrestation de la personne des fugitifs. W. de Elmham est poursuivi pour 3400 fr.; W. de Faringdon, Th. Trivet, H. de

Ferriers, chacun pour 1400 fr.; Robert Fitz-Rauf, pour 400 fr. A la même date, Robert de Fulmère n'a pas encore fait la restitution des 5000 fr. qu'il disait avoir gardés pour le service du roi. Ordre est aussi donné de l'arrêter. (Rymer, t. VII, p. 424.) Un autre acte, du 14 mai, pardonne à W. de Elmham à la condition qu'il paye la même somme que les autres (1400 fr.). (*Ibid.*, p. 426.)

Page 215, note *a*.

Conférences de Leulinghem. Froissart, II, 216; Relig. de Saint-Denys, IV, 5; Wals., p. 308. — *Trêve de Leulinghem*, 26 janvier 1384. Rymer, t. VII, p. 418-421. Elle devait durer du 26 janvier au 1er octobre; elle fut prorogée jusqu'au 1er mai 1385, comme on le verra plus tard. Il n'est pas question de l'Espagne : de telle sorte que Lancastre se réservait la faculté de faire son expédition en toute sécurité. Les actes de Rymer contiennent diverses autres pièces relatives à cette trêve : Ordre à Henri Percy, comte de Northumberland, de la publier (6 février 1384. Rymer, t. VII, p. 421). Thomas Percy et d'autres furent nommés conservateurs de la trêve pour la Guyenne; W. Beauchamp, capitaine de Calais, pour la Picardie; d'autres pour la Bretagne, la Normandie (8 février, *ibid.*, p. 422). — *Formule de la proclamation de la trêve.* Suppl. Rymer. *Richard II*, t. II, n° 107. Collection de Bréquigny, t. LXXVIII, f° 165.

Page 217, note *a*.

Mort du comte de Flandre; succession du duc de Bourgogne. Relig. de Saint-Denys, IV, 6; Froissart, II, 216, etc. — *Traité du roi d'Écosse et du roi France.* Rymer, t. VII, p. 406. — *Incursion des Écossais malgré la trêve.* Wals., p. 305; M. Evesh., p. 49; Otterbourne, p. 158. On trouve parmi les actes un ordre à l'évêque de Durham de tenir les laïques et les clercs prêts à résister aux Écossais (6 septembre 1383); ordre à tous ceux des comtés du Nord de se préparer à la résistance (8 septembre); ordre semblable aux ecclésiastiques, aux habitants de Kingston-sur-Hull (13 novembre). (*Rot. Scotiæ*, t. II, p. 54, 55.) — *Ordre de publication de la trêve de Leulinghem*, 6 février 1384. (Rymer, t. VII, p. 431.) — *Sauf-conduit aux commissaires français*, 13 février. (*Ibid.*, p. 423.)

Page 217, note b.

Invasion de l'Écosse. Elle eut lieu le lundi de Pâques (11 avril), selon Knighton (p. 2674, cf. M. Evesh., p. 50). Froissart (II, 218) dit que les Écossais, quand ils furent envahis, se croyaient garantis par la trêve. Les Anglais avaient trop peu à gagner à cette guerre pour qu'on puisse croire qu'ils l'aient recommencée sans provocation. — Lancastre rentra en Angleterre, accablé des malédictions des gens du Nord qu'il laissait sans défense. (Wals., p. 308, 309.)

Convention de Lancastre avec le comte de Northumberland : Le comte devra rester sur la frontière du 1er mai au 11 juin, et le duc lui assure pour les frais de ses garnisons, etc., 4000^l à payer en deux termes : le 30 août et le 15 mai. Les villes de Durham et de Lancastre, l'archevêque d'York, les évêques de Durham et de Carlisle doivent lui venir en aide avec toutes leurs ressources. Son frère Thomas Percy viendra aussi se joindre à lui. Les 6^d par livre sur les marchandises, et les 2^s par tonne de vin, votés pour la sauvegarde de la mer, seront appliqués à la garde des rivages du Nord, 23 avril 1384 (en français). (Rymer, t. VII, p. 425.)

Désastre de l'expédition. Incursion des Écossais. Wals., p. 309.

Page 218, note a.

Discours du chancelier. Rot. Parl., t. III, p. 166, § 3 et 4. Les communes demandèrent, comme presque toujours, qu'on leur adjoignît un certain nombre de lords, désignés par elles : et le cas était assez grave pour justifier leur demande. Ce furent l'évêque de Winchester (W. de Wickham), l'évêque d'Ely (Thomas Arundel) et l'évêque d'Exeter ; le comte de Kent (frère du roi), les comtes d'Arundel et de Salisbury, Gui de Brian, J. Lowel, et J. Devereux, ancien capitaine de Calais. Les trois oncles du roi, Lancastre, Cambridge et Buckingham, et des seigneurs qui les avaient accompagnés en Écosse y furent adjoints aussi à leur retour. (*Rot. Parl.*, t. III, p. 167, § 9.)

Page 219, note a.

Subside. Rot. Parl., t. III, p. 167, § 10. Un demi-quinzième voté éventuellement au dernier parlement restait à lever.

Il fut décidé qu'il serait perçu à la Saint-Michel, et on y ajouta un autre demi-quinzième pour l'Annonciation de l'année suivante (25 mars 1385), si dans l'intervalle la paix avec la France n'était pas faite, ou si la guerre avec l'Écosse durait encore.

Plainte du clergé payant dixième et quinzième. Ibid., p. 176, n° 4. — *Réponse des communes sur la paix. Ibid.*, p. 170, § 16. — *Question de la paix portée au parlement.* Édouard III l'avait fait plusieurs fois, et toujours il avait trouvé la même répugnance des communes à s'engager par un avis. Elles se déclarent très-humblement incompétentes et s'en réfèrent à la décision du roi et des lords. Voyez pour les vingt-unième et vingt-huitième années d'Édouard III, *Rot. Parl.*, t. II, p. 165, § 5, et p. 262, § 58; cf. Hallam, t. III, p. 184.

Page 229, note *a*.

Accusation d'un carme contre le duc de Lancastre. Wals., p. 309. Le moine d'Evesham nomme ce carme J. Latimer. Il dit que l'accusateur, caché derrière un rideau pendant la conférence du roi et de Lancastre, se précipita dans la chambre pour réfuter la justification de ce dernier ; qu'il invoqua deux personnes en témoignage, mais sans être soutenu ; qu'il fut alors torturé sans rien rétracter de ses paroles, et ensuite traîné sur la claie et décapité. Il ajoute que le roi ignora ces tortures. Quant à J. de Holland, il ne joue aucun rôle dans son récit. (M. Evesh., p. 51.)

Page 229, note *b*.

Négociations. Elles avaient été précédées de mesures comminatoires. On trouve à la date du 17 avril 1384, un ordre d'arrêter les vaisseaux français en représailles de vaisseaux anglais qui avaient été pris pendant la trêve. (Suppl. Rymer, *Richard II*, t. II, n° 113, Collect. Bréquigny, t. LXXVIII, f° 196. — *Pouvoirs à Lancastre et à Buckingham pour traiter avec la Flandre* (27 mai 1384), Rymer, t. VII, p. 428 ; — *avec l'adversaire de France, ibid.*, p. 429. Les oncles du roi étaient d'ailleurs désignés pour ces négociations par leur rang. Des deux côtés, au défaut des rois, on prenait les premiers du royaume. Le même jour que ces pouvoirs étaient donnés à Lancastre et à Buckingham, des sauf-conduits furent expédiés aux ducs de

Berri, de Bourgogne, de Bourbon et de Bretagne (27 mai 1384, *ibid.*, p. 431). Au 15 juillet, on leur donne un nouveau sauf-conduit pour eux et pour sept cents hommes de leur suite (*ibid.*, p. 433). Le duc de Bourbon était l'oncle maternel de Charles VI; le duc d'Anjou, l'aîné des frères de Charles V, avait des prétentions sur le royaume de Naples, comme Lancastre sur la Castille. Il y faisait alors la guerre et y mourut en septembre 1384. (Voy. Relig. de Saint-Denys, V, 6; Froissart, II, 222; M. Evesh., p. 57.)

Page 230, note a.

Double invasion de Northumberland et des Écossais. Wals., p. 310; M. Evesh., p. 52. — *Chevaliers français en Écosse* (Geoffroy de Chargny, etc.). Froissart, II, 218. — *Messagers français retardés en Angleterre, puis envoyés en Écosse. Ibid.* — *Pouvoirs aux évêques de Durham et de Carlisle, à H. Percy, comte de Northumberland, et à J. de Nevil pour traiter avec l'Écosse* (12 juin 1384). Rymer, t. VII, p. 432. Les commissaires, nommés de part et d'autre, furent l'évêque de Durham, J. de Nevil, et J. Waltham, sous-doyen de l'église d'York, du côté des Anglais; le comte de Murray, Archibald et J. de Douglas, etc., du côté des Écossais. Ils se réunirent le 7 juillet et arrêtèrent la trêve, qui fut promulguée en Angleterre le 27 juillet. (Rymer, t. VII, p. 434.) — *L'Écosse comprise dans la trêve de Leulinghen* (20 juillet). *Ibid.*, p. 221.

Page 232, note a.

Publication de la trêve. La ratification à Paris est du 19 octobre, et à Westminster du 20. (Rymer, t. VII, p. 444.) Le lendemain, Richard nomme des conservateurs de la trêve pour ses diverses frontières. (*Ibid.*, p. 446.) — *Le roi à l'archevêque de Canterbury :* « Licet multoties requisiti convenire penitus recusabant, jactantes se, ut dicitur, nedum hæreditatem nostram ultramarinam, sed regnum nostrum Angliæ se velle hostiliter invadere, et nobis locum et gentem auferre, ac totam linguam anglicanam, absque consideratione status, ætatis, sexus aut personæ destruere, ipsumque regnum (quod absit) imbuere nova lingua. (20 octobre 1384; Rymer, t. VII, p. 445; cf. Relig. de Saint-Denys, V, 8.)

Page 234, note *a*.

Subside. Deux quinzièmes : l'un à lever à l'Annonciation (25 mars), l'autre à la Saint-Jean (24 juin). Le second demi-quinzième voté à Salisbury était annulé; le second quinzième devait l'être, si l'on faisait paix ou trêve avant ce temps (la cédule est en français). (*Rot. Parl.*, t. III, p. 185, § 10.) La convocation du clergé pour le vote du subside est du 24 février 1385. (Rymer, t. VII, p. 464.) — *Pétition pour la garde de la frontière d'Écosse.* Rot. Parl., t. III, p. 200, § 20. — *Berwick livré, et le comte de Northumberland condamné.* Wals., p. 311, et M. Evesh., p. 55; Otterbourne, p. 159. Les registres ne portent aucune trace de cette condamnation, que Walsingham fixe au 15 décembre 1384. — *Jean le Boursier à Gand.* Froissart, II, 221. — *Acte qui le nomme :* « Rex dilecto et « fideli nostro Johanni Bourghcher salutem. Cum hodierna die « patria Flandriæ, *quæ de nobis in superioritate tenetur, ut ad* « *nostram coronam et regnum Franciæ resortizans* post obi- « tum et decessum Ludovici Namurensis, comitis Flandriæ.... « sit ad præsens comitali gubernatione destituta, nec evidenter « appareat quod post ipsius obitum suus hæres hactenus se « obtulerit vel offerat, homagium nobis exinde tanquam suo « domino.... facturus, *qui sumus, et semper fuimus, et erimus* « *parati ad recipiendum ipsum hæredem ad hujus modi comi-* « *tatus debitum homagium.* » (18 novembre 1384. Rymer, t. VII, p. 448.) J. le Boursier avait avec lui une bonne escorte d'hommes de guerre : « armatam manum validam atque fortem. » (M. Evesh., p. 58; cf. Wals., p. 312.) A la date du 16 décembre 1384, le roi écrit : « A Jean de Bourghcher, reward de *notre* ville de Gand en Flandre : « Rex dilecto et « fideli suo Johanni de Bourghcher, rewardo villæ nostræ de « Gandavo in Flandria. » Comme le duc de Bourgogne, soi-disant comte de Flandre, répand dans le pays de la monnaie frappée en son nom, et que cela est dommageable au commerce de l'Angleterre, il lui commande de l'interdire. (Rymer, t. VII, p. 452.)

Page 236, note *a*.

Préparatifs des Français. Froissart, II, 224. Pour se préparer à la lutte, l'Angleterre avait doublé le subside. En France, on fit de même, et on y ajouta un emprunt, qui, par la suite (chose extraordinaire, dit le Religieux de Saint-Denys), fut remboursé. (Relig. de Saint-Denys, VI, 2.)

Lancastre et Richard. M. Evesh., p. 57 et 60; Wals., p. 314; Otterbourne, p. 160. Walsingham dit : « Orta est duci Lan- « castriæ inquietudo gravissima, juvene rege et juvenibus ejus complicibus in mortem illius conspirantibus. » Et le moine d'Evesham : « Gravis dissensio inter regem et ducem Lancas- « triæ est exorta, instinctu juvenum qui cum rege nutriti fuere, « conspirantium in mortem suam. » Le changement de rédaction est significatif. — *Reprise de Berwick.* M. Evesh., p. 56. — *Pardon de Northumberland*, 17 février 1385. Rymer, t. VII, p. 463. — *Cherbourg confié à J. de Holland*, 20 novembre 1384; *Brest à Th. Percy*, 7 décembre 1384. Rymer, t. VII, p. 450 et 452.

Page 239, note *a*.

Terreur en Angleterre : « Auditur in Anglia rumor iste sci- « licet sexcentarum navium istuc dirigendarum, cum exercitu « infinito, qui totum regni solum, sicut locustæ, repleret; et « illico (quasi nulla spes salutis esset) non solum plebani, sed « et ipsi milites olim exercitati, sed modo effœminati, olim ani- « mosi, sed modo meticulosi, olim cordati, sed nunc excordes « et enervati, trepidare cœperunt, et non de resistentia, non « de bello modo, sed de fuga vel deditione tractabant. » (Wals., p. 315.) Walsingham ne parle pas mieux de la flotte confiée, dans ce même temps, au prieur de l'Hôpital et à Thomas Percy: « Qui per totum tempus æstivum observaturi maris semitas, vi- « dentes frequenter classem gallicam, nunc eos prætereuntem, « nunc etiam deridentem, nihil omnino contra eos, qui in illo « erant, agere statuerunt, impediti vel privata discordia, vel ve- « cordia repercussi. » (Wals., p. 315.) Il y oppose la conduite des gens de Portsmouth qui, pénétrant dans la Seine, y coulèrent à fond quatre vaisseaux et en prirent quatre autres, et celui de Clisson lui-même. (*Ibid.*)

Nouveaux commissaires nommés pour négocier la paix : Ce sont l'évêque de Hereford, W. Beauchamp, capitaine de Calais, etc., 4 mars 1385. (Rymer, t. VII, p. 466. — *Sauf-conduits en blanc pour les commissaires français*, même date. Le 11 avril, on en expédie d'autres aux commissaires désignés, qui sont l'évêque de Bayeux, Arnaud de Corbie, R. de Raineval, etc. (Rymer, t. VII, p. 467 et 470.) Walsingham dit que l'évêque de Hereford fut joué par les Français, qui lui accordèrent une trêve de deux mois dont ils avaient besoin eux-mêmes pour achever leurs préparatifs : trêve applicable à la terre et non à la mer, où l'on pourrait continuer de faire des prises. (Wals., p. 315.) Les actes ne gardent point trace de cette convention. On y trouve seulement les pouvoirs donnés au comte de Northumberland pour traiter avec l'Écosse (24 février 1385, *Rot. Scot.*, t. II, p. 79), et la transaction de Northumberland et d'Archibald Douglas, qui, pour préparer de nouvelles négociations, conviennent d'un armistice jusqu'au 1er juillet. (15 mars 1385, Rymer, t. VII, p. 468.)

Page 243, note a.

Convocation pour l'expédition d'Écosse à l'archevêque de Canterbury, etc. : « Vobis mandamus in fide et dilectione qui- « bus tenemini firmiter injungentes quod totum servitium, « quod nobis debetis, habeatis ad nos. » (4 juin 1385, Rymer, t. VII, p. 472.) — *A tous les comtes, barons*, etc., même formule : *homagium* remplaçant *dilectio*. (13 juin, *ibid.*, p. 475.) — *Ajournement des cours souveraines :* « A Robert Belknap et aux juges des plaids communs; » — « à R. Trésilian et aux juges du banc du roi; » — « au trésorier et au baron de l'Échiquier » (Westminster, 20 juin 1385, *ibid.*, p. 476); » — « à l'abbé de Bury, pour la garde de la côte de Suffolk » (8 juin 1385, Rymer, t. VII, p. 474); — « à L. Clifford, *pour la garde de sa mère :* il l'excepte pour cela de la convocation générale. (2 juin 1385, *ibid.*, p. 474.) — Le roi d'Écosse de son côté avait convoqué son parlement; et ordre fut donné de s'armer pour la défense du pays. (Avril 1385, *The acts of the parliam. of Scotland*, 1844, in-f°, p. 188.) — Une *endenture* ou « acte fait double » entre le roi d'Écosse et Jean de Vienne, règle les mesures disciplinaires et les rapports des hommes des deux nations pour la campagne. (13 juillet 1385, *ibid.*, p. 190, 191.)

Affaire de J. de Holland. Il y a peu de tableaux plus dramatiques dans Froissart. La querelle de l'écuyer et de l'archer, la rencontre fortuite de R. de Stafford et de J. de Holland; l'enivrement de J. de Holland dans sa vengeance : « A la bonne heure, j'ai plus cher que je l'aie mort que moindre de lui : or ai-je tant mieux vengé mon écuyer ! » la douleur du père, et sa noble fierté quand il réclame justice, et sa mâle constance à remplir

1 — 31

ses devoirs de baron dans la campagne, après que le roi s'est engagé à remplir envers lui ses devoirs de roi ; toutes ces péripéties et ces traits de caractère laissent une impression vive et profonde dans l'âme du lecteur. (II, 235.)

Sur la mort de la mère du roi, Wals., p. 316, et M. Evesh., p. 63. Elle mourut au commencement d'août.

Page 243, note b.

Armée de Richard. Froiss., II, 235. Le moine d'Evesham (p. 61), porte l'armée à plus de 100 000 hommes, Walsingham (p. 316) dit que, pour la former, le roi usa de la crainte de sa puissance ; et il n'y compte pas moins de 300 000 chevaux. C'est exagérer la force et dénaturer les motifs de cette grande levée. Otterbourne (p. 161), si le chiffre n'est pas altéré, tombe dans l'excès contraire en la réduisant à 3000 hommes.

Nous avons, par extraordinaire, le moyen de contrôler ces chiffres et de les ramener à la vérité, dans un état de l'armée de Richard pour sa campagne d'Écosse, donné par plusieurs manuscrits et publié par M. N. Harris Nicolas. (*Archæol.*, t. XXII, p. 13-19.) On y trouve le nombre d'hommes d'armes et d'archers fournis par chacun ; ce qui donne, en récapitulant :

Avant-garde.........	1500 h. d'armes.	2100 archers.
Bataille du roi.......	2000 —	3730 —
Aile droite..........	250 —	260 —
Aile gauche.........	310 —	580 —
Arrière-garde........	670 —	983 —
Total.........	4730 —	7653 —

sans compter les hommes d'armes et les archers amenés par l'archevêque d'York et l'évêque de Durham selon l'ordonnance : ils sont portés, sous cette désignation, dans le tableau, sans y figurer par des chiffres. Le nombre des archers est peu considérable relativement à celui des gens d'armes, qui représente communément cinq ou six fois plus de monde, si l'on joint à chaque lance tous les hommes qui s'y rattachaient.

Le beau manuscrit de Paris (B. imp., n° 6049), que M. Harris Nicolas ne paraît pas avoir connu, et qui donne cet état de l'armée du roi avec quelques variantes (f° 29 verso), contient en outre (f° 28), « les estatuts et ordonnances à tenir en l'ost, » règlement disciplinaire arrêté par le roi, le duc de Lancastre sénéchal, le comte de Buckingham connétable, le comte de Nottingham maréchal, et autres seigneurs appelés au conseil, et publié avant l'entrée en campagne à Durham, le 17 juillet an IX (1385).

Page 245, note a.

Le moine d'Evesham (p. 63), dit que le roi revint aux lieux ordinaires de sa résidence vers la Nativité de la sainte Vierge. On voit, en effet, par un acte du 8 septembre, qu'il était alors à Westminster. (*Rot. Scot.*, t. II, p. 75.) Mais il était rentré déjà depuis trois semaines en Angleterre. Il était resté quinze jours à peine en Écosse. La donation aux ducs d'York et de Glocester est datée de la Tweed, 6 août, comme il passait en pays ennemi ; la donation au comte de Suffolk, de Newcastle, 20 août, comme il revenait. (*Rot. Parl.*, t. III, p. 205, 206 et 208.) Par des lettres datées de Durham, le 22 août, il confiait à l'archevêque d'York le soin d'inspecter les places et les hommes qui défendaient la frontière. (*Rot. Scot.*, t. II, p. 75.) — Henri Percy, fils du comte de Northumberland, avait reçu, le 20 mai 1385, la garde de Berwick ; le 21 décembre on la lui confirma en y joignant toute la marche orientale. (*Rot. Scot.*, t. II, p. 73 et 78.)

Page 250, note a.

William de Drayton envoyé au secours de Gand, 8 décembre 1385. (Rymer, t. VII, p. 488.) — *Soumission de Gand :* Traité de Tournai, 18 décembre 1385, Froissart, II, 241. Walsingham pourrait bien ici récriminer contre Richard ; mais il aime mieux encore tomber sur les Flamands : « Gandavenses « iis diebus, non exspectato adjutorio quod illis Rex Angliæ, non « sine magnis sumptibus, præparaverat, innato more gentis suæ « usi levi consilio, se Regi Franciæ dediderunt, manifeste « monstrantes se non posse uni amico vel domino fidem diutius « conservare. » (Wals., p. 321, et Otterbourne, p. 165, qui le copie.) — Cet événement qui découvrait les possessions de l'Angleterre en Picardie, dut inspirer plus de crainte à l'égard de Calais. Pour s'attacher les habitants par de nouvelles faveurs, le roi, en date du 22 décembre, leur accorde l'exemption de tous droits d'entrée sur les comestibles, le bois et les matériaux de construction pendant la guerre. (*Rot. Franciæ*, 8 Rich. II, m. 13. Collect. Bréquigny, t. LXXVIII, f° 194.)

LIVRE CINQUIÈME.

Page 252, note *a*.

Robert de Vère. Voy. Dugdale, *Baronage*, t. I, p. 189 et 194. Richard lui donna, entre autres domaines, le beau château de Queenborough, bâti par W. de Wickham (évêque de Winchester) pour Édouard III. (Godwin, *Life of Chaucer*, ch. XLV, t. II, p. 368.) Gower ne manque pas de signaler dans sa chronique cette prédilection du roi pour les jeunes seigneurs :

> Stultorum vile sibi consilium juvenile
> Legerat, et sectam senium dedit esse rejectam.

(Gower, *Chron. Trip.*, I, dans les *Polit. Poems*, t. I, p. 418.) Mais il est faux qu'ils composassent, comme il le dit, tout son conseil : Michel de la Pole, Trésilian, Brambré, Burley, l'archevêque d'York, ses conseillers les plus intimes dans cette première partie de son règne, n'étaient pas des jeunes gens.

Page 254, note *a*.

Beauté et heureuses qualités de Richard. Voyez ce qu'en dit Hearne, dans sa préface à la chronique d'Evesham (p. VI) : « Ex omnibus satis liquet historicis.... eumdem fuisse omnium, « qui unquam apud nos imperarunt, principum longe formo- « sissimum.... Quibus laudibus idcirco itidem cumularunt, « quod ipsi inessent mirificus animi candor moresque etiam « suavissimi. » Godwin parle d'un portrait de Richard conservé à Westminster, qui, malgré l'imperfection de la peinture en ce temps-là, donnait encore l'idée de sa beauté. (*Life of Chaucer*, ch. XLII, t. II, p. 290.) On en peut juger aussi par la statue couchée sur le tombeau qu'il avait fait dresser, dans les dernières années de sa vie, à Westminster, pour la reine Anne et pour lui-même. Les traits sont réguliers et délicats, mais d'une beauté trop féminine. Voyez-en la gravure dans Gough, *Se-*

pulchral monum. in Great Britain, t. I, pârt. II (XIV cent.), pl. LXII et p. 163.

Luxe à la cour de Richard. Voy. *Archæol.*, t. XX, p. 103. La reine Anne contribua beaucoup à introduire en Angleterre les modes qui faisaient alors fureur (l'expression convient bien ici) en France et sur le continent. « Sous cette reine, dit l'annaliste Stow, commença le détestable usage des souliers pointus, rattachés au genou par des chaînes d'or ou d'argent (souliers à la poulaine); et les nobles dames, à l'exemple de la reine, prirent la coutume de porter sur la tête de hauts ornements, des cornes pointues, de s'affubler de longues robes traînantes, et de monter à cheval sur des selles de côté. » Les lettres eurent part aux générosités de Richard. Il continua à Chaucer la pension qu'il avait reçue d'Édouard III. En 1374, Édouard lui avait fait don d'une *lagène* (un gallon) de vin par jour, ce qui pouvait valoir 10 l. par an. En 1378, ce don fut remplacé par une pension de 20 m. (13 l. 6 s. 8 d.). La reine Anne joignit sa faveur à celle de Richard. Aux fonctions de contrôleur des droits sur les laines, Chaucer joignit le contrôle d'autres menus droits dans le port de Londres, avec pouvoir de se faire suppléer (1382). Compromis dans les troubles de Londres qui amenèrent la condamnation de l'ancien maire, J. de Northampton, il se retira en Flandre; mais on lui maintint ses places durant cet exil volontaire. Il ne les perdit qu'après son retour, et par le fait du duc de Glocester, maître alors du gouvernement (1386). Voyez pour ces détails Godwin, *Life of Chaucer*, ch. XXXIV, XLIV, L, t. II, p. 162-167, 330, 359, 468, et les appendices n°s VIII-XVII, t. II, p. 622-631.

Attachement de Richard pour la reine. « Et quelleque part le roi d'Angleterre allât, la roine sa femme et toutes les dames et damoiselles le suivoient. » (Froissart, III, 73.) — *Sa douleur quand il la perdit.* Ibid., IV, 39. — *Calomnies contre le roi.* Wals., p. 324. Il croit tout sauver en disant : « Prout fertur. »

Page 255, note *a*.

Simon Burley. Le roi lui-même rappelle tous les titres de son fidèle Burley à ses faveurs, dans une charte qui lui fait don d'un château : « Pro bonis et magnis obsequiis, quæ dilectus « et fidelis miles noster Simon de Burley.... ab infantia nos- « tra tenera.... et tempore quo istum (militarem) ordinem sus-

« cepimus, ac post modum quando Princeps Walliæ eramus....
« et specialiter pro eo quod, diversis vicibus, pro maritagio
« nostro versus partes transmarinas in nuntium ibat, et abinde
« cum carissima nostra Regina de patria sua ad præsentiam
« nostram redibat. » Il lui donne ce château « de assensu et in
« præsentia carissimæ consortis nostræ Annæ, reginæ An-
« gliæ, » etc., 3 novembre 1382. (Rymer, t. VII, p. 370; cf.
ibid., p. 348. Voy. aussi Godwin, *Life of Chaucer*, ch. XLV,
t. II, p. 366.) — *Robert Trésilian.* Voy. ci-dessus. Il figure
presque constamment avec les plus hauts personnages, parmi
les examinateurs des pétitions. — *N. Brambré*, maire de Londres. Wals., p. 308 : « Majorem, electum juxta morem civita-
« tis, » etc. Il avait prévalu sur J. de Northampton, fauteur des
lollards, fort appuyé de la multitude : ce qui avait provoqué les
troubles où Chaucer se trouva compromis, et à la suite desquels
il quitta pour un temps l'Angleterre. (Godwin, *Life of Chaucer*,
ch. XLIX; t. II, p. 438.)

Page 257, note *a*.

Michel de la Pole. Ses antécédents et ses débuts comme
chancelier. Voy. ci-dessus, p. 114 et 195.

Amnistie. Un acte du 18 mai de la VIe année de Richard II
(1383), aux débuts de l'administration de M. de la Pole, l'é-
tendit à tout le monde, même aux hommes de S. Edmond's
Bury, en appliquant toutefois à ces derniers la condition qui
avait été primitivement commune à tous : qu'ils devraient in-
dividuellement demander leur grâce. (*Stat. of Realm*, t. II,
p. 30, 31.) Au parlement de 1384, les gens de Bury donnèrent
à l'abbé caution de 10 000 livres, qu'ils ne s'insurgeraient point
par la suite. (Voy. le bill, *Rot. Parl.*, t. III, p. 171, § 19.) Les
habitants demandèrent et obtinrent que ceux qui, depuis l'insurrection, avaient vendu leurs terres pour échapper aux charges
communes, y fussent obligés. (*Ibid.*, p. 175, n° 2.) Dans ce
même parlement, les communes d'Essex, de Kent, de Cambridge, de Huntingdon, demandèrent que Wat-Tyler, Jacques Straw, J. Hauchach et Robert Philippe, chefs de l'insurrection dans ces comtés, mis à mort sans jugement,
fussent censés jugés, et par suite atteints de félonie et dûment
frappés de confiscation : car leurs héritiers réclamaient leurs
biens « comme ils eussent estez morts loiaux lieges du roi. »
La réponse s'étendit à tous : « Est accorde en cest present par-

lement que ceux queux furent mys à mort en temps de insurreccion soyent tenuz com felons convictes. » (*Ibid.*, p. 175, n° 1.)

Vagabondage, brigandage (Parlement de 1383). *Ibid.*, p. 158, §§ 28 et 29. — *Que nul homme ne chevauche armé.* « Le roi le voet, sinon qu'il eut donne sa licence especiale au contraire. » *Ibid.*, p. 164, § 59. — *Excès des agents royaux réprimés; pourvoyeurs. Ibid.*, p. 158, § 30. — *Agents forestiers. Ibid.*, p. 160, § 40. — *Surtaxe sur les laines. Ibid.*, p. 159, § 35. — *Déplacements coûteux, pour répondre à la justice ecclésiastique. Ibid.*, p. 163, § 53. Le roi promet d'en parler aux prélats. — *Bénéfices donnés aux étrangers. Ibid.*, p. 162, 163, §§ 49 et 54. Le roi promet de ne plus donner licence aux étrangers, tant que dureront les guerres, « horspris au cardinal de Naples ou autre especiale personne à qui le roy soit pour especiale cause tenuz. » (Cf. Stat. 7 R. II, c. 12. *Stat. of Realm*, t. II, p. 34.) Exception qui limitait l'abus, mais ne le supprimait pas absolument : le roi restait juge des cas. — *Abus de la justice civile.* « Que les juges ne tiennent pas les assises dans leur propre pays. » (Parlement de novembre 1384, p. 200, § 17.) « Que nul des justices ne des barons susdits (des deux bancs et de l'Échiquier) preigne robe, fee, n'empension, doun ne regard de nully, fors soulement du Roi, s'il ne soit manger ou boire, et ce de petite value. » (*Ibid.*, § 18.) — *Altération des actes judiciaires. Ibid.*, p. 201, § 27. Ces pétitions furent converties en loi : Statut de l'an VIII de Richard II, c. II, III et IV. (*Stat. of Realm*, t. II, p. 36.)

Franchises de Londres (Parlement de 1383). *Ibid.*, p. 160, § 37. — *Libre élection* (Parlement de 1384), p. 173, § 23 [24]. — *Demande du parlement de 1383, touchant la nomination des officiers et en même temps la réforme de l'hôtel du roi*, p. 147, § 18. — *Vicomtes et eschetours* (Parlement d'octobre 1383), p. 159, § 34. (Parlement de 1384), p. 201, § 25 : « Que plese que les ditz Estatutz soient tenuz, issint (ainsi) que visconts, south-visconts, et eschetours qui sont ore esluz a contraire des ditz Estatutz soient removez, et oustez, et autres suffisants esluz.... Et la responce du chancelier fuist tiell : qu'il serroit trop prejudiciel au Roi et a sa corone d'estre ensi restreint que quant un viscont s'ad bien et loialment porté en son office au Roi et au poeple par un an, que le Roi par avys de son conseill ne purroit reeslir et faire tiel bon officer viscont pur l'an ensuant. Et par ce le Roi voet faire en tiell cas come meultz semblera pur profit de lui et de son poeple. »

Page 258, note a.

Nomination des grands officiers en parlement. On a vu que le premier parlement de Richard n'avait revendiqué ce droit que pour le temps où le roi serait, par son âge, hors d'état de gouverner lui-même. Il y avait bien eu, sous le règne précédent (1341), une tentative du parlement pour se le faire attribuer. Mais la mesure fut révoquée l'année d'après, comme obtenue contre le gré du roi, et la révocation agréée du parlement suivant (1343). (Voy. ci-dessus p. 405, note a de la page 8, et Hallam, t. III, p. 182 et 183.) Quoi qu'on puisse penser de la convenance ou de l'utilité de cette tentative, elle avait donc avorté, et ainsi la coutume du royaume maintenait la nomination des grands officiers au roi seul.

Page 260, note a.

Lancastre. Voy. ci-dessus, p. 224. — *Ses vues sur la succession de Richard; chronique supposée.* Voy. Hardyng, *Chron.*, cité par Turner, t. II, p. 281. Ce témoignage, venant des Percy, pourrait bien être suspect; mais ce qui le confirme, c'est que Henri de Lancastre, fils de celui dont il est question maintenant, parut invoquer précisément la même fable, quand il détrôna Richard II. Des deux fils de Henri III, dont il est question dans le texte, Édouard, qui lui succéda, était né en 1239, Edmond en 1245. (Voy. Matth. Paris, p. 488 et 654, ed. 1640, in-fol.) Edmond fut surnommé *Crouchback*, qu'on a traduit dans les *records* par *Gibbosus*, en français *le Bossu*; et comment douter après cela de sa difformité? Mais Crouchback, par corruption pour Crossback, ne voulait dire qu'une chose : c'est qu'il avait été croisé (la croix se portait sur le dos comme sur la poitrine). Ce contre-sens a fait toute sa difformité. Voy. Gough, *Sepulchral monum.*, t. I, p. 69. Edmond avait reçu du pape à l'âge de dix ans (1255), le titre de roi de Sicile et de Pouille, en opposition à la race de Frédéric II, titre dont il n'usa guère. Il devint comte de Lancastre, etc., et eut trois fils dont l'aîné, Thomas, se mit à la tête de la révolte contre les Spenser, favoris d'Édouard II, et fut décapité en 1321. C'est du second, Henri, que descendait la femme de Jean de Gand.

Page 265, note *a*.

L'Étaple. Rot. Parl., t. III, p. 204, § 12. — *Le subside des laines. Ibid.*, § 11. — *Le quinzième et demi. Rot. Parl.*, t. III, p. 204, § 10. — *Le dixième et demi et le débat sur les biens du clergé.* Wals., p. 320. Le procès-verbal du parlement ne dit rien de ce débat. Il mentionne seulement dans le *memorandum* le dixième et demi (qui doit être ici l'impôt ecclésiastique). La cédule du subside, c'est-à-dire le vote du parlement, n'a de rapport qu'au quinzième et demi.

Page 269, note *a*.

Le comte de Cambridge, duc d'York; Buckingham, duc de Glocester; Michel de la Pole, comte de Suffolk. Rot. Parl., t. III, p. 205-209, §§ 14-16. Les deux premières chartes sont, nous l'avons dit, datées de Heselovelogh sur la Tweed, 6 août 1385; la troisième de Newcastle sur la Tyne, 20 août. Elles furent publiées à la suite de la cérémonie d'investiture, le 12 novembre 1385. (Voy. Rymer, t. VII, p. 481 et 482.) Une partie de la dotation des ducs d'York et de Glocester, était prélevée sur le subside des laines. Une chronique anglaise, publiée par Leland, t. I, p. 678-715, ou p. 471-499 de l'édition de Hearne, chronique qui commence à la troisième année de Henri II et finit à la bataille de Towton (1461), dit qu'en ce parlement Richard fit désigner son cousin, Roger Mortimer, comte de la Marche (fils de Philippa, fille de Lionel, duc de Clarence), pour son héritier au trône, dans le cas où il n'aurait pas d'héritier. (T. I, p. 693.) C'est sur son autorité que Dugdale affirme la chose dans son article sur les Mortimer. (*Baronage*, t. I, p. 150; cf. Godwin, *Life of Chaucer*, c. LI, t. II, p. 496, qui renvoie à Sandford, l. III, c. XIV.) Il ne serait pas étonnant que les autres chroniqueurs partisans des Lancastres, eussent passé systématiquement le fait sous silence dans leurs histoires; qu'on l'eût même effacé des actes publics. Toutefois, pour la chronique citée, il faut dire qu'on ne peut s'en rapporter beaucoup aux notions très-sommaires qu'elle renferme. Il y est dit qu'en ce parlement Richard créa deux ducs et cinq comtes : or, les cinq comtes sont avec Michel de la Pole, Henri de Bolingbroke, comte de Derby, qui paraît avec ce titre dès la quatrième année de Richard (1380-1381); Thomas de Mowbray, comte de Nottingham : il l'était devenu après la mort de son frère aîné, en l'an VI de Richard (1382), ayant alors 17 ans (Dugdale, t. I, p. 128); Jean de Holland, frère du roi, comte de Huntingdon, et Édouard Plantagenet, fils du duc d'York, comte de Rutland, titres qu'ils ne reçurent que plus tard : Jean de Holland, au parlement de 1388; Édouard Plantagenet en 1389. (*Rot. Parl.*, t. III, p. 250, § 44, et p. 264, § 23.) Knighton dit que Simon Burley fut nommé alors comte de Huntingdon, ce dont on ne trouve pas de trace ailleurs.

Robert de Vère. Rot. Parl., t III, p. 209, § 17. Selon Knigthon (p. 2675), Robert de Vère, comte d'Oxford, fut créé marquis de Dublin au commencement de l'expédition d'Écosse, en même temps que les autres. Walsingham et le moine d'Evesham, qui le suit, ne parlent que des deux oncles du roi aux débuts de la campagne d'Écosse, et reportent la nomination de Michel de la Pole et de Robert de Vère à l'époque du parlement. Ils se trompent sur Michel de la Pole, dont la charte est de quinze jours postérieure à celles des ducs d'York et de Glocester, mais ils me paraissent avoir raison pour Robert de Vère, dont la charte est du 1er décembre. (*Rot. Parl.*, t. III, p. 210.)

Murmures contre l'élévation de Michel de la Pole : « Vir plus « aptus mercimoniis quam militiæ, et qui trapezitis in pace « consenuerat, non armatis in bello » (Wals., p. 321); « qui « trapezitis in pace consueverat, non armis in bello. » (M. Evesh., p. 67.) « Vir plus aptus mercimoniis quam mili-« tiæ. » (Otterbourne, p. 162.) Leurs termes sont presque identiques : ils se copient, ils ne se confirment pas. — « Mer-« cator mercatoris filius. » (Wals., p. 323.)

Murmures contre Robert de Vère. (M. Evesh., p. 66.)

Page 270, note *a*.

Restitution du temporel de l'évêque de Norwich. Wals., p. 321. Le procès-verbal du parlement n'en parle pas, et il est probable que la chose fut résolue avant toute délibération de sa part. Le parlement avait été convoqué pour le vendredi après la Saint-Luc, 20 octobre : il se réunit de fait le lundi 23; et l'acte qui rétablit l'évêque dans son temporel, « à la prière de l'évêque d'Ély et des autres évêques, » est du 24. (Rymer,

t. VII, p. 480.) La dotation de Michel de la Pole, comme comte de Suffolk, était, selon les actes, de 500 livres et non de 1000 livres, comme le dit l'évêque d'Ély dans Walsingham.

Page 271, note a.

Les conseillers et l'hôtel du roi au parlement du 23 octobre 1383. Rot. Parl., t. III, p. 147, § 16. La réponse porte : « Le roi nostre seignour par l'advis des seignours de son roialme ferra ses principalx officers de tieux suffisantes persones come mieultz lui semblera a faire pur le bon governement de ses roialme et subgitz; lesqueux officers il n'entende mye remuer devant le proschein parlement, sinoun par cause resonable. »

Page 272, note a.

Garde de la mer. Rot. Parl., t. III, p. 212, § 28. — *Défense des frontières*, §§ 33 et 45; — *garde des places*, p. 213 et 214, §§ 33, 35 et 45; — *réclamations de divers comtés*, p. 210, §§ 19-23; — *taxe illégale à Londres*, p. 212, § 30; — *pourvoyeurs*, p. 213, § 31; — *saisies de terres*, p. 212, § 26; — que tous les membres d'une commune contribuent aux frais des chevaliers de comtés envoyés au parlement, p. 212, § 24; — que si « nul escuable soit challangeable » pour l'expédition du roi en Écosse, il soit pardonné, p. 213, § 40; — vilains ou natifs (serfs) des lords spirituels ou temporels fuyant dans les villes ou dans les franchises, p. 212, § 27; — *prieurés étrangers*, p. 213, § 39; — *biens d'abbayes* : les prieurs autorisés à accroître leurs domaines de 20 l. de rente les accroissent de 80 et de 100; y apporter remède : « Le roi soi avisera, » p. 213, § 36; — *argent du prieur de l'hôpital*, p. 213, § 34; — *premiers fruits des bénéfices pour le roi*, p. 214, § 44 bis.

Page 273, note a.

Michel de la Pole et le parlement (suite). — *Point de dons avant un an. Rot. Parl.*, t. III, p. 213, § 42. — *Inspection de l'hôtel*, § 32. — *Nomination des trésoriers du subside*, p. 204, § 10, et p. 213, § 41. — *Noms des membres du conseil communiqués aux communes*, p. 213, § 43. — *Noms des capitaines, des amiraux, des officiers, refusés*, p. 204, § 10; p. 213, §§ 37 et 38. Les communes avaient introduit la demande relative aux capitaines et aux amiraux dans la cédule même du subside, comme pour rattacher leur requête à ce vote. Elles y demandaient aussi que ces bills fussent enregistrés tels qu'ils avaient été octroyés. Le contraire n'était pas sans exemple.

Page 274, note a.

Le roi et l'archevêque de Canterbury. M. Evesh., p. 57-58. Wals., p. 315-316. Le dernier n'exprime pas l'objet de la colère du roi. Il dit qu'il s'agissait de choses futiles, « ob leves occa-« siones. »

Page 277, note a.

Affaires d'Espagne et de Portugal. Froissart, II, 144-147. Wals., p. 296 et suiv. — *Jean d'Avis.* Froissart, III, 3 et 4; Wals., p. 319; M. Evesh., p. 64; Otterbourne, p. 165. Selon Walsingham, Jean refusait la couronne, alléguant ses vœux monastiques, et, pressé plus vivement, il ne consentit à la prendre que jusqu'à ce qu'elle fût remise au fils du comte de Cambridge, fiancé à la fille du roi! Il n'est pas possible d'inventer plus effrontément. Le fils du comte de Cambridge ne pouvait avoir de droit que par sa fiancée : or, cette fiancée était femme du roi de Castille. Mais n'importe. Il suffit qu'elle ait été promise à un prince anglais pour que son trône, même après la rupture, soit réputé acquis à ce dernier !

Secours demandé aux Anglais. Froissart, III, 19. — *Anglais au secours du Portugal :* ordre d'arrêter des vaisseaux pour le passage de R. de Cobham, etc. (8 janvier 1385); — permis d'aller en Portugal à divers hommes d'armes (16 janvier); — ordre d'arrêter les vaisseaux et les marchands venant de Portugal, et de garder honorablement les équipages jusqu'à ce que le roi en ait décidé autrement (23 janvier); — revue des troupes (16 février), Rymer, t. VII, p. 453, 454, 455 et 463. — *Volontaires des garnisons de Calais,* etc. Froissart, III, 19. Cf. M. Evesh., p. 65.

Page 279, note a.

Expédition du duc de Lancastre; refroidissement pour la croisade. « Sed ipsa frequens veniæ et relaxationis concessio tan-« tum viluit et sordebat in populo, ut pauci forent qui huic « crucesignationi aliquid erogarent. » (Wals., p. 321; cf. M. Evesh., p. 71.) On trouve dans le volume des *Fasciculi zizaniorum* (p. 506-511) le sermon d'un carme qui fait effort pour réchauffer ce zèle, en énumérant toutes les grâces contenues dans les dernières bulles du pape. — Knighton (p. 2676) dit que le roi, avec la permission du parlement, donna à Lancastre 40 000 marcs. — *Négociations poursuivies avec l'Écosse*, 8 et 28 avril, 18 juin 1385. *Rot. Scotiæ*, t. II, p. 82, 83. —*Actes publics pour la campagne de Lancastre en Espagne.* Rymer, t. VII, p. 490, 499, 501, 508. — *Publication des bulles. Ibid.*, p. 507. — *Couronne donnée à Lancastre par Richard.* Knighton, p. 2676.—*Traité de Lancastre avec Richard*, 28 avril 1386. Rymer, t. VII, p. 510. A peu près dans le même temps, des traités de secours et de défense mutuels étaient conclus entre l'Angleterre et le Portugal (9 mai 1386). Rymer, t. VII, p. 515 et 521.

Forces de l'expédition. Knighton, p. 2676.—*Vents longtemps contraires.* Walsingham dit que quand le duc partit, il avait déjà presque consommé ses approvisionnements (p. 321). Cf. Knighton, p. 2676.

Page 280, note a.

Commissaires nommés pour traiter avec la France, 22 janvier 1386. Rymer, t. VII, p. 491. — *Instructions aux commissaires*, même jour. *Ibid.*, p. 493. — *Pouvoirs à W. Beauchamp, pour convenir d'une trêve*, 11 février 1386. Rymer, t. VII, p. 496. — *Sauf-conduit aux commissaires français*, même jour. *Ibid.*, p. 497.

Départ du chancelier pour le continent. « ....Super quibus-« dam arduis negotiis dictum D. Regem tangentibus una cum « commissariis adversarii sui Franciæ tractaturos. » 9 février 1386. Il reprend les sceaux le 28 mars. (Rymer, t. VII, p. 495.)

Page 281, note a.

Réclamations des Écossais. Froissart, II, 238. Le roi de France envoya en Écosse 10 000 fr. d'or pour le roi, et 40 000 livres tournois pour être distribuées par lui à ses barons. Voyez les quittances et l'état de répartition (16 novembre 1385). Rymer, t. VII, p. 484 et 485.

Page 288, note a.

Henri Percy à Calais. Wals., p. 322; M. Evesh., p. 73. Il

fit de là des excursions vers Boulogne, et fut pris par les Français, 31 mai 1386. (Knighton, p. 3678.)

Trêves avec l'Écosse, 27 juin 1386 (en anglais). Rymer, t. VII, p. 526. Le sire Jean de Nevil, gardien des marches d'Écosse, reçut mission de confirmer cet accord et de le faire respecter. 11 juillet. *Ibid.*, p. 538. — *Vaisseaux mis en réquisition* (28 mars 1386). Rymer, t. VII, p. 507. Dans le même temps, Philippe de Courtenai ayant été chargé de châtier des violences commises en Irlande, même exception en faveur de Lancastre fut faite dans l'ordre de réunir des vaisseaux à son service. (27 mars. *Ibid.*, p. 506.) — *Appel aux armes* : « De arraiatione « contra invasionem Gallicorum, » adressé à tous les vicomtes. (11 août. *Ibid.*, p. 540.) — *Les pêcheurs des deux nations*. Froissart, III, 45.

Page 290, note *a*.

Départ du roi de France, etc. Froissart, III, 44. Selon le Religieux de Saint-Denis, le roi différa son départ jusqu'au mariage de sa sœur Catherine, âgée de neuf ans, qui épousa, le 5 août, le fils du duc de Berri; il partit deux jours après, visitant à loisir Senlis, Amiens et d'autres villes, et ne fut à Arras que vers la mi-septembre. (*Ibid.*, VII, 7.) Voyez ci-après (p. 496) une note générale sur les dates et sur l'itinéraire du voyage du roi d'après les actes publics. — *Renchérissement des vivres en Flandre. Ibid.*, 45. Knighton dit qu'un pain de la valeur d'un denier en Angleterre se payait là 17 deniers. (P. 2680.)

Page 290, note *b*.

Le roi d'Arménie. Froissart, III, 46 ; Relig. de Saint-Denis, VII, 1. Cf. Wals., p. 321 ; M. Evesh., p. 69 et 76. C'était Léon VI, de la maison de Lusignan, roi de la petite Arménie, colonie d'Arméniens établie dans le Taurus. Il fut pris par le soudan d'Égypte, mené au Caire, et mis en liberté en 1381, après six ans de captivité. Il vint en France en 1385, et s'entremit dès lors entre Charles VI et Richard II. Richard lui accorda un sauf-conduit pour lui et sa suite (24 octobre 1385), et un *laisser-passer* pour cinquante *couples* de vin de France, à son usage (28 octobre). Rymer, t. VII, p. 480 et 481. Pour le récompenser de ses peines dans la médiation qu'il essaya (il en est parlé dans la nomination des commissaires chargés de traiter avec la France, le 22 janvier 1386), le roi d'Angleterre, à la date du 3 février 1386, lui accorda une pension de 1000 liv. (*Ibid.*, p. 496.) — *Nouveau sauf-conduit*, 18 mars 1386. *Ibid.*, p. 502. Walsingham et le moine d'Evesham ne pardonnent pas au roi exilé ces faveurs. Ils l'accusent d'avoir extorqué des dons aux princes chrétiens, et disent que sa fuite lui devint plus profitable que n'eût été la conservation de son royaume.

Page 291, note *a*.

Retards du duc de Berri. Froissart, III, 44. — *Naufrage de la ville de bois*. *Ibid.*; Knighton, p. 2679; Wals., p. 321; M. Evesh., p. 74. Walsingham et le moine d'Evesham disent qu'on la dressa près de Sandwich; Knighton, autour de Winchester. Une grande partie fut d'ailleurs sauvée avec le reste de la flotte. Le Religieux de Saint-Denis (VII, 10) dit que le roi, quand il eut renoncé à l'expédition, la donna au duc de Bourgogne, et qu'on la dressa autour de l'Écluse pour y loger les ouvriers.

Page 292, note *a*.

Arrivée de Clisson. Selon dom Morice, les seigneurs qui accompagnaient Clisson déclarèrent au roi que le duc de Bretagne était très-porté à lui rendre service dans cette guerre, mais qu'il était sur le point de se marier (il épousa la fille du roi de Navarre, le 11 septembre), et qu'il craignait d'ailleurs, en se rendant à la convocation, de préjudicier à ses droits : et le roi répondit, à la date du 8 septembre, qu'il acceptait volontiers ses offres, sans que cela tirât à conséquence pour l'avenir. (Dom Morice, *Hist. de Bretagne*, l. VIII, p. 395.) — La députation et la réponse du roi doivent être antérieures à l'arrivée de Clisson : car le roi, à la date du 8 septembre, n'était pas encore à l'Écluse où Clisson le vint rejoindre. Voy. la note suivante. — *Nouveaux retards. Dispositions hostiles des Flamands*. Froissart, III, 46.

Page 294, note *a*.

Délibération sur le départ. Froissart, III, 47. — *L'expédition abandonnée*. *Ibid.*, 48.

Froissart fixe la résolution et le temps du départ en décembre. Le récit du Religieux de Saint-Denis ne comporte guère une date postérieure à novembre. Knighton dit qu'il eut lieu à la fin de novembre (p. 2679); Walsingham (p. 325) et le moine d'Evesham (p. 76) aux premiers jours de ce mois. C'est en novembre, non pas aux premiers jours ni aux derniers non plus, qu'il en faut marquer l'époque, selon les actes publics.

Les actes publics donnent en effet le moyen de rendre plus précis, quant aux dates, l'itinéraire de la campagne de Charles VI. Froissart, d'accord avec le Religieux de Saint-Denis, dit qu'il partit de Paris vers la mi-août. On trouve plusieurs ordonnances de Charles VI, datées de Paris, du mois de septembre ou plus précisément du 5 septembre, et même du 20 septembre 1386; mais ces actes, donnés par le roi à la relation du conseil, paraissent avoir été passés, lui absent. (*Trésor des chartes*, registre CXXX, acte XII, f° 9, verso; *Parlement de Paris*, registre *A*, f°s 116 et 117.) D'autres actes donnent au contraire la preuve positive de la présence du roi à Amiens le 9 septembre, à Arras le 21. Ce sont d'abord des lettres du roi adressées d'Amiens, le 9 septembre, à la relation du duc de Bourgogne, aux vicomtes de Normandie, pour payer un mois de gage à des arbalétriers qui doivent être de l'expédition; lettres reproduites dans un ordre publié en conséquence à Rouen, le 15 septembre (Archives, *Trésor des chartes*, carton *K*, n° 54); puis des lettres adressées d'Arras, le 21 septembre, à N. Plancy, maître des comptes, afin qu'il enjoigne aux élus sur le fait des aides et emprunts pour le passage du roi en Angleterre, de contraindre à y satisfaire au plus vite ceux qui doivent y contribuer. (Lettres de Charles VI, reproduites de même dans l'acte de N. Plancy; *ibid.*, n° 57.) Le duc de Bourgogne, qui se trouvait à Amiens le 9 septembre avec le roi, est le 13 à Arras, lieu et jour d'où est daté son testament. (B. imp., Collect. Brienne, t. CCCXI, f° 91.) Il est probable qu'il y ramena le roi avec lui. (Le Religieux de Saint-Denis en fixe en effet la date à la mi-septembre.) Charles VI y était encore le 28, date de lettres expédiées de là, par lesquelles le roi accorde un don au sire de la Ribeaupierre. (B. imp., Collect. Decamps, t. XLVIII, pièce 54, f° 248.) Au commencement d'octobre, il est à Lille. Plusieurs pièces de cette même collection sont datées de ce lieu et de ce mois, sans autres indications de jour. (*Ibid.*, pièces 55, 56, 58.) Une d'elles porte la date du 12 octobre. (Pièce 57, f° 290.) (Ce ne sont que des copies dont je n'ai point trouvé les originaux.) On ne peut supposer que Charles VI soit parti pour l'Écluse plus tard que la mi-octobre. Selon le Religieux de Saint-Denis, à cette époque, le roi était depuis quelques jours déjà à l'Écluse, et le duc de

Berry, qu'il y attendait si impatiemment, arrivait (le 14). Le duc de Berri y était sûrement dans les premiers jours de novembre. L'acte par lequel il dispose de son duché en faveur du roi, dans le cas où il ne laisserait pas d'enfant mâle, et l'acte du roi, qui accepte les conditions de ce don, sont datés de l'Écluse, 4 novembre. (B. imp., Collect. Brienne, t. CCCX, f°s 48 et 52.) Le roi quitta l'Écluse en novembre. A quelle date? on ne le peut dire. Mais dans le cours de ce mois on le retrouve à Lille, avec ses oncles les ducs de Berri et de Bourgogne ; ils sont témoins dans l'acte « donné à Lille en Flandre, l'an de grâce 1386, au mois de novembre, » par lequel le roi constitue le duché de Touraine en apanage à son frère Louis. (*Ordonn.*, t. VII, note *c*; l'original est aux Archives,*Trésor des chartes*, K, n° 61.)

LIVRE SIXIÈME.

Page 303, note *a*.

Troupes cantonnées autour de Londres. Knighton, p. 2679. Wals., p. 323. Walsingham veut en faire un grief contre le chancelier ; il dit que le pays fut ravagé à vingt milles à la ronde, traité comme il l'eût pu être par les ennemis, si on excepte les incendies. Knighton se plaint seulement que ces hommes aient été renvoyés sans indemnité ; mais il ajoute qu'au retour ils pillèrent le pays. — *Approvisionnements*, 18 septembre 1386. Rymer, t. VII, p. 545. — « Contre le renchérissement des armes, » etc., 25 septembre. *Ibid.*, p. 546. — *Emprunt au clergé*, 22 septembre. *Ibid.*, p. 543. — *L'impôt payé par le peuple*. Froissart, III, 45.

Page 306, note *a*.

Pamphlet du XVIIe *siècle, sur les ministres de Richard II.* « *An historical narration of that memorable Parliament, wich wrought wonder*, etc., by Th. Fannant, clerk, 1641. » — Il commence ainsi : « This present occasion so opportunely befitting

I — 32

me, I am resolved to treat of that which hath beene omitted and slipped out of the memorie long since, concerning divers and sundry changes and alterations in England, in former times. »

Les procès qui eurent lieu dans l'Admirable Parlement sont le point de départ de la grande collection de Hargrave, *Coll. of State trials*, etc., 4ᵉ édit., Lond., 1776, 11 vol. in-fol. On y retrouve l'analyse exacte des pièces de cette procédure, avec l'esprit qui l'inspira.

Le récit de Froissart sur toutes les révolutions qui vont suivre est d'une inexactitude extrême. (Voy. l. III, ch. LXII et LXXII-LXXXI) Il n'en a retenu que l'impression générale. Les faits qu'il a reproduits sont singulièrement altérés, ou par sa mémoire, ou, ce qui est plus probable, par une tradition qu'il a recueillie sans l'avoir pu contrôler, comme il ne manque pas de le faire quand il en a les moyens.

Page 308, note *a*.

Refus d'impôt. Wals., p. 324. Il ajoute cependant que le duc de Glocester fit revenir le parlement sur cette résolution, disant qu'il valait mieux tomber entre les mains des hommes que de manquer au commandement de Dieu! — *Prétendu projet de massacre des principaux du parlement*. (*Ibid*., et Knighton, p. 2681.) C'est un des articles de l'accusation des conseillers de Richard au parlement de la onzième année. (*Rot. Parl*., t. III, p. 231, art. 15 et 16.) Le moine d'Evesham (p. 75) rapporte le fait après la condamnation de Michel de la Pole et sa rentrée en faveur. Cela n'est pas plus vraisemblable après que devant.

Députation de Glocester et de l'évêque d'Ely. Walsingham et Knighton, l. c. — *Glocester*. On a vu sa conduite dans les années antérieures. Jusqu'au départ de Lancastre pour l'Espagne, il ne paraît que comme son second. Il commence ici à prendre le premier rôle : « Quoiqu'il fust mains-né de messire Aymon son frère le duc d'York, si le tenoient toutes gens à vaillant homme, sage, discret et arrêté en toutes besognes. » (Froissart, III, 72, t. II, p. 608.) — *L'évêque d'Ely*. Thomas Fitz-Allan, troisième fils de Richard, comte d'Arundel, par Éléonore, sa seconde femme, fille de Henri, comte de Lancastre; il était frère du comte d'Arundel, alors vivant; il avait été fait évêque d'Ely en 1374, à l'âge de vingt-deux ans. (Godwin, *De præsulibus Angliæ*, p. 265, 266.)

Page 309, note *a*.

Observations au roi sur la tenue du parlement. Knighton, p. 2681 et 2682. D'après le *Modus tenendi parliamentum*, le roi était obligé d'assister au parlement, à moins d'être retenu par une maladie. Douze personnes devaient attester son état; et alors il devait déléguer ses pouvoirs à l'archevêque de la province ou à son principal justicier, pour qu'il tînt le parlement en son nom. (*Mod. tenendi parliam.*, p. 35, 36.)

Page 311, note *a*.

Destitution du chancelier. Knighton, p. 2683; Wals., p. 324: M. Evesh., p. 75. Le procès-verbal de la remise des sceaux est du 23 octobre; le 24, le roi les donna à l'évêque d'Ely. (Rymer, t. VII, p. 548.) Quand les procès-verbaux du parlement recommencent, à la suite du discours du chancelier et de la liste des examinateurs des pétitions, Michel de la Pole est qualifié « ancien chancelier. » (*Rot. Parl.*, t. III, p. 216, § 5.)

Page 312, note *a*.

Robert de Vère, duc d'Irlande, 13 octobre 1386. Knighton, p. 2680; Wals., p. 323, 324; Otterbourne, p. 166. Il n'en est pas question dans les Rôles du parlement. — *Pétitions contre N. Brambré.* (*Rot. Parl.*, t. III, p. 225-227.)

Page 315, note *a*.

Prétendus aveux de Suffolk. Knighton, p. 2685; Wals., p. 324; — *sa défense devant le parlement* (*Rot. Parl.*, t. III, p. 216, § 7); — *réplique des communes* (*ibid.*, p. 217, §§ 8 et 9); — *de Suffolk* (*ibid.*, p. 318, §§ 10 et 11); — *condamnation* (p. 219, §§ 13-16). — Il est étrange que l'auteur de l'*Histoire parlementaire*, au lieu de résumer ces documents selon le plan de son livre, se soit borné à reproduire les assertions de Knighton et de Walsingham. Knighton (p. 2683) ajoute à ce qu'on trouve dans les Rôles, qu'il fut condamné à la prison et à une amende de 12 000 livres, indépendamment de la confiscation des biens qu'il avait reçus, étant chancelier, et qui sont évalués à 1000 livres de revenu). (Cf. Wals., p. 324.) Le moine d'Evesham (p. 74), comme Otterbourne (p. 166), porte l'amende à 20 000 marcs; il ajoute : « Hæc autem omnia, quan- « quam Summo Regi placuisse debuerant maxime, tum (ut « præfertur), displicebant regi terreno : tantum rex innocens « fidebat in infideli, tantum coluit nebulonem. »

Page 316, note *a*.

Pétition des communes sur les grands officiers et le conseil. Rot. Parl., t. III, p. 221, § 20. — *Menaces au roi.* C'est un des articles de l'accusation de Glocester. (*Rot. Parl.*, t. III, p. 374.) — *Le statut de la déposition d'Edouard II.* Le fait est allégué dans la consultation de Nottingham, que l'on verra plus loin. (*Rot. Parl.*, t. III, p. 233.)

Page 318, note *a*.

Commission du conseil. « Le roi le voet, forspris que la commission et estatut demandez en cest petition ne durerent (dureront) forsque par un an entier. Et quant al seneschal de son hostell, il ordenera un sufficeant par advis de son counseill. » (*Rot. Parl.*, t. III, p. 220, § 20.) Le texte du statut n'est pas dans les Rôles du parlement de cette année ; mais on le trouve dans les Statuts (*Stat of Realm*, t. II, p. 40) et dans l'acte d'accusation de Glocester, etc., en la vingt et unième année de Richard. (*Rot. Parl.*, t. III, p. 375.) Elle a été reproduite dans son texte français par Knighton (p. 2685-2689). Knighton, dans le résumé qui la précède, ajoute, comme compris dans le serment du roi, que si plusieurs du conseil étaient empêchés, six, avec les trois grands officiers, auraient pouvoir de décider (p. 2685). — Voyez aussi l'acte du conseil pour l'exécution de cette commission. (*Proceedings*, t. I, p. 3.)

Page 319, note *a*.

Octroi du subside. Rot. Parl., t. III, p. 220, § 12. — *Publication du subside*, 28 novembre. (Knighton, p. 2690-2692.) Knighton, dans son résumé (p. 2686), dit que le dixième regarde le clergé, et le quinzième les laïques; mais le dixième et le quinzième, compris dans la cédule du parlement, ne peuvent concerner que les laïques, avec la distinction, que l'on a vue déjà, des villes ou bourgs et des campagnes. Le clergé dut voter son dixième hors du parlement.

Page 320, note *a*.

Serment des membres du conseil et du roi. Knighton, p. 2685. — *Serment et protestation de l'archevêque de Canterbury* (*Rot. Parl.*, t. III, p. 223, § 34.)—*Protestation du roi.* (*Ibid.*, p. 224, § 35.) Hallam approuve cette violente usurpation du parlement. « Il y a, dit-il, quelque chose de plus sacré que la Constitution, c'est le bien public ! » Argument dangereux et qui, dans tous les cas, laisse à prouver que le bien public y ait été pour quelque chose. Mais que penser des fondements de son argumentation et de son impartialité, quand il s'écrie : « Treize parlements avaient déjà siégé depuis l'avénement de Richard ; tous avaient répété les mêmes remontrances et reçu les mêmes promesses. Il fallait que le peuple élevât une voix tonnante pour arrêter.... » (T. II, p. 208.) Il oublie que Richard avait alors dix-neuf ans ; que, de ces treize parlements, la plupart s'étaient tenus sous le gouvernement des hommes conjurés maintenant pour ressaisir le pouvoir qu'il leur avait repris depuis quatre ans à peine ; et que, si ces remontrances étaient légitimes, ce sont eux-mêmes qui, pour le temps le plus long, les avaient méritées. Les trois dernières années de l'administration de Michel de la Pole sont précisément celles où l'on trouve le moins de plaintes contre les abus.

Page 320, note *b*.

Clôture du parlement. Rot. Parl., t. III, p. 224, § 36. Plusieurs pétitions de divers caractères furent encore présentées à l'acceptation du roi dans ce parlement : ce sont les réclamations qu'on a déjà vues sur les bénéfices des cardinaux et autres, résidant à Rome (§ 21) ; sur les prieurés (§ 22) ; les dons faits aux juges (§ 24) ; les dommages apportés aux recettes des vicomtes, par les donations de châteaux, etc., à divers seigneurs (§ 25) ; en outre, des plaintes contre le nombre et les excès des sergents d'armes (§ 28) ; contre les exactions des contrôleurs ayant leur charge à perpétuité (§ 32). On prie le roi d'encourager la marine (§ 30) ; de défendre l'importation des vivres en Écosse

(§ 27); d'ordonner aux seigneurs qui ont leurs *retenues* dans les comtés de cette frontière d'y résider pour la défendre (§ 31); enfin d'abolir toutes les chartes publiées par le dernier chancelier, contrairement à la loi (§ 33). On ne dit pas en quoi elles consistaient.

Page 321, note *a*.

La flotte de l'Écluse. Froissart, III, 63 et 64; Knighton, p. 2692. — *Arundel et Nottingham.* Wals., p. 326; M. Evesh., p. 77, 78; Otterbourne, p. 167. Des prières furent demandées à l'occasion de l'expédition du comte d'Arundel, 20 mars 1387. (Rymer, t. VII, p. 554.) — *Henri Percy.* M. Evesh., p. 79.

Page 322, note *a*.

Nouveaux préparatifs de la France. Froissart, III, 62 et 63, et Relig. de Saint-Denis, VIII, 4; Wals., p. 325. — *Le duc de Bretagne et Clisson.* Froissart, III, 64, et Relig. de Saint-Denis, l. c. — *Suite des affaires de Bretagne. Ibid.*, 65 et 68, et Relig. de Saint-Denis, VIII, 5-7. Les affaires de Bretagne ne furent définitivement arrangées que le 24 juin 1388, par la soumission du duc au roi. Voyez Froissart, III, 71, 103, 105, 108, 110, 111, 117, et Relig. de Saint-Denis, IX, 1.

Page 323, note *a*.

Le duc d'Irlande. Les 30 000 marcs qui devaient être donnés pour la rançon des deux fils du comte de Blois, demeurés en otage à sa place, lui furent attribués. (Wals., p. 324.) Cette somme devait servir à son expédition d'Irlande. (M. Evesh., p. 76, 77.) Sur cette rançon, on trouve divers actes dans Rymer, t. VII, p. 455, et dans D. Morice, *Hist. de Bretagne*, Preuves, t. II, p. 529. — *Les anciens conseillers de Richard.* Wals., p 325; M. Evesh., p. 77. Il faut dire que les nouveaux conseillers ne repoussaient pas plus que les autres les faveurs du roi. On se rappelle que la grande accusation des communes contre Michel de la Pole, c'est qu'étant chancelier, il avait reçu des dons du roi; ce qu'on prétendait être contre son serment. Son successeur, l'évêque d'Ely, ne montra pas plus de scrupules. Un acte du 20 février 1387 lui assigne des villages (*villas*) et des paroisses pour sa livrée, « pro liberata sua. » (Rymer, t. VII, p. 553.)

Page 324, note a.

Le duc d'Irlande et la nièce de Glocester. Wals., p. 328; M. Evesh., p. 84; Otterbourne, p. 167. La nouvelle femme qu'il épousa est nommée *Lancecrona*. — *Départ du roi avec le duc :* « et plures alii qui suæ pelli timentes, non segnius quam rex et « dux Hiberniæ, in necem prædictorum procerum conspira- « bant. » (Wals., p. 329, et M. Evesh., p. 84. Cf. Otterbourne, p. 168.) — *Consultation des shériffs à Nottingham.* (Walsh, p. 329; M. Evesh., p. 85.) Les shériffs lui répondent, selon les mêmes chroniqueurs, que les communes sont pour le Conseil et ne lèveront pas de troupes contre lui, et, d'autre part, qu'elles tiennent aux anciennes coutumes, qui veulent qu'elles nomment elles-mêmes leurs députés. Il y a divergence d'opinion sur la nature de l'ancien droit électoral en Angleterre : selon les uns, les électeurs étaient uniquement les vassaux immédiats du roi, et l'on invoque pour le prouver les pétitions qui, sous Édouard III et sous Richard II, demandent que l'on restreigne à eux seuls l'obligation de payer l'indemnité des députés; mais les communes finirent par obtenir que tous y contribuassent. (Statut de la douzième année de Richard II, c. XII.) De plus, comme le principe était que les taxes fussent votées par la nation, le droit électoral corrélatif à ce droit dut s'étendre à la plus grande masse. (Voyez Hallam, *l'Europe au moyen âge*, t. III, p. 132-134.) Il n'en est pas moins vrai que les élections étaient fort irrégulières, et que plus d'une fois les shériffs reçurent l'ordre d'envoyer, sans élection nouvelle, ceux qui avaient siégé au dernier parlement. (Hallam, *ibid.*, p. 161.) On cite, en la septième année de Richard II, une réclamation contre un faux procès-verbal. (Glanvil, *Reports of elect.*, éd. 1774, introd., p. 12, cité par Hallam.)

Page 326, note a.

Départ du roi pour York. Knighton, p. 2692. Le roi était encore à Londres le 5 juillet, comme le prouve un acte daté de Westminster, *teste rege*. (Rymer, t. VII, p. 566.) — *Le roi à Shrewsbury.* (Knighton, p. 2693.) Les noms des magistrats qui y figuraient ne sont pas donnés par Knighton; mais on les trouve dans les actes du procès de 1388. (*Rot. Parl.*, t. III, p. 238.)

Consultation de Nottingham, 25 août. Voyez le memorandum conservé par Knighton, p. 2694-2696; par Otterbourne, p. 168; et par le Moine d'Evesh., p. 86-89. La pièce est donnée dans l'acte d'accusation de Trésilian et des autres au parlement de 1388. (*Rot. Parl.*, t. III, p. 233.) — *Signature de la consultation.* (*Ibid.*, p. 2694.) Le chroniqueur dit qu'on força les juges à la signer : « Ut exinde seductores sæ-« pedicti caperent occasionem occidendi ducem Gloverniæ et « omnes reliquos qui in ultimo parliamento constituti sunt ad « gubernationem regis et regni, et omnes in parliamento con-« sentientes in hac parte; » et, peut-être sur cette assertion, Turner regarde la consultation de Nottingham comme un jugement anticipé, qui permettait dès lors au roi de mettre à mort les membres du parlement (t. II, p. 301). C'est une interprétation que rien ne justifie. La consultation de Nottingham autorisait le roi à mettre en jugement les coupables, nullement à les mettre à mort. Cette opinion est condamnée d'ailleurs par l'article même de l'acte d'accusation contre les conseillers du roi, où le fait est rapporté. A la suite de la consultation de Nottingham, on ne leur impute qu'une chose : c'est d'avoir voulu faire arrêter les principaux seigneurs pour les mettre en jugement. « Ordeigneront (ordonnèrent) que ascuns des ditz seignours et communes serroient primerement arestez *et puis par faux enquestes endites et atteintz de certains tresons* par eux fausement ymaginez sur mesmes les seignours et communes, et issint (ainsi) estre mys à malveys et honteus mort, et eux et leur sank perpetuelment desheritez. » (*Rot. Parl.*, t. III, p. 234, art. 26.) La mort et la confiscation sont le terme où l'on dit que le procès doit aboutir; mais toutes les formes de la procédure sont réservées. La teneur du bill du roi au maire de Londres, qui est relaté plus bas et sur lequel tout se fonde, ne parle que de l'arrestation et de la mise en jugement : « Soient privement enditez de conspiracie et confederacie. » (*Ibid.*)

Page 329, note *a*.

Opinion de Hallam. Hallam, t. III, p. 239. — *Dilemme.* J'en prends les éléments dans le procès : à Shrewsbury et à Nottingham, les questions et les réponses furent les mêmes : « A Salopesbury :... lesquelles questions et responses feuront mys en escript, et les avant ditz sire R. Bealknap, etc., mystront lour sealx a mesme l'escript.... A Nottingham : Et illeoques en presence du roi les questions sus ditz feuront rehercez.... As quelles questions ils responderont (répondirent) en manere come feust respondu a Salopesbury. (*Rot. Parl.*, t. III, p. 238.)—*Justification du ministère de Michel de la Pole.* « Il paraît, dit Lingard, que les commissaires (les membres du conseil) commencèrent leurs travaux par l'examen des comptes des officiers employés à la recette des revenus ; et les résultats amenèrent la forte présomption que l'administration royale avait été calomniée. Nous ne connaissons ni la découverte d'aucune fraude, ni la punition d'aucun coupable, ni le redressement d'aucun abus. » (T. IV, p. 335.)

Page 330, note *a*.

Th. Uske, sous-shériff de Middlesex; N. Brambré et J. Blake. Le fait est tiré de l'acte d'accusation où l'on donne le bill remis au maire. (*Rot. Parl.*, t. III, p. 234, n° 26.) Uske ne le nia point en ce qui le concerne, disant qu'il n'avait rien fait que par la volonté du roi. (*Ibid.*, p. 240.) Il n'avait d'ailleurs eu le temps de rien faire.

Page 331, note *a*.

Retour du roi à Londres. Knighton, p. 2696. Ce qui fait croire qu'il était depuis quelque temps au voisinage, c'est qu'il y a des actes datés du 1er, du 7 et du 12 octobre, de Westminster, *teste rege*, ou *per ipsum regem*. (Rymer, t. VII, p. 563-565.) Walsingham, et après lui le moine d'Evesham, fidèles à leur système, disent que le roi avait fait lever des troupes. (Wals., p. 329 ; M. Evesh., p. 89.) Otterbourne (p. 169) et Knighton n'en disent rien. — *Révélation de la consultation de Nottingham.* (*Rot. Parl.*, t. III, p. 239.) — *Glocester, Warwick et Arundel aux portes de Londres.* Voyez l'acte d'accusation de Glocester, etc. *Rot. Parl.*, t. III, p. 376, § 5 ; Knighton, p. 2696 ; Wals., p. 320 ; M. Evesh., p. 90. Les deux derniers ne parlent pas de l'armement de Glocester, sans avoir dit par quels témoignages de fidélité il avait cherché à désarmer la colère du roi. (La suite montrera bien ce qu'il en faut penser.) Il avait juré devant l'évêque de Londres qu'il ne voulait que tirer satisfaction du duc d'Irlande, et, quand l'évêque apporta au roi ses protestations et ses excuses, Michel de la Pole ayant voulu lui répondre : « Taisez-vous, Michel, s'écria le prélat, vous qui, con-

damné par le parlement, ne vivez que par la grâce du roi ! »
Paroles, dit Walsingham, qui excitèrent l'indignation de Richard. Mais on sait que Michel de la Pole n'avait pas été condamné à mort par le parlement, et qu'ainsi ce n'est pas au roi qu'il devait la vie. Au rapport des mêmes historiens, Glocester et Warwick prennent les armes les premiers; Arundel, que le roi avait voulu faire arrêter par le comte de Northumberland, vient les rejoindre à Haringhay-Park. Les trois conjurés sont désignés par leurs emblèmes, le cygne (Glocester), l'ours (Warwick) et le cheval (Arundel), dans la *Chronique tripartite* de Gower. (*Polit. poems*, t. I, p. 489.) On les retrouve, sous la même figure, dans le poëme anglais sur la *Déposition de Richard II*. (*Ibid.*, p. 368.) — *Terreur des amis de Richard.* (Knighton, p. 2696.)—*Députation au roi.* (Knighton, p. 2697.)

Page 332, note a.

Projets de résistance du roi. Knighton, p. 2698. — *Proclamation de Glocester. Ibid.*, p. 2699. — *Bruits répandus contre le roi. Ibid.*, p. 2697, 2698. — « Que le roi, sous le prétexte d'un pèlerinage à Canterbury, avait voulu passer à Calais pour livrer la ville à Charles VI. » Wals., p. 330; M. Evesh., p. 90. C'est, disent-ils, l'armement de Glocester qui l'avait empêché. Comment ne l'en point bénir ?

Page 334, note a.

Le roi et le maire de Londres. Knighton, p. 2698. — *Le fou Hugues de Lyn.* M. Evesh., p. 91. — *Raoul Basset; Northumberland.* Knighton, p. 2698. La situation de Richard ne fut pas mieux appréciée en France. Froissart (II, 62) ne voit auprès de Richard que le duc d'Irlande, « qui était, dit-il, tout le conseil du roi; » et le Religieux de Saint-Denis (VIII, 9) n'est pas mieux informé quand il dit : « Rumor publicus referebat dis-
« cordiam motam esse inter regem Angliæ et avunculos ipsius,
« quia spretis nobilibus, omnia regni ardua ignobilium con-
« silo pertractabat. »

Page 336, note a.

Richard à Westminster. Knighton, p. 2700; Wals., p. 331: M. Evesh., p. 91, 92; Otterbourne, p. 170; et l'acte d'accusa-

tion de Glocester, *Rot. Parl.*, t. III, p. 376, § 5. On y place leur arrivée à Haringhay-Park le 13 novembre. — *Injures attribuées au roi :* « Putatisne me perterruisse cum tanta vestra præ-
« sumptione? An non armatos habeo, si voluissem qui vos cir-
« cumseptos ut pecudes mactavissent? Profecto de vobis omnibus
« non plus in hac parte reputo quam de coquinæ meæ infimo
« garcione. » (Wals., p. 331.) Il ajoute : « Quum hæc et plura
« alia perorasset, levavit ducem Gloverniæ (qui hactenus genu
« flexerat), et reliquis jussit ut se erigerent. Post hæc amicabi-
« liter duxit illos in cameram, et pariter potaverunt. » Knighton donne ce dernier trait; mais il ne le fait pas précéder d'un semblable discours. Cf. M. Evesh., p. 93 : c'est la copie littérale de Walsingham.

Page 337, note *a*.

Proclamation de Richard en faveur de Glocester, Warwick et Arundel, 19 novembre. Knighton la donne, p. 2701. — *Fuite des appelés.* Knighton, *ibid.*; Wals., p. 332; M. Evesh., p. 96; Otterbourne, p. 170. — *Suffolk.* Wals., M. Evesh., et Otterbourne, l. l. Knighton (p. 2702) dit tout simplement qu'il fut arrêté par W. de Beauchamp.

Les poëtes du temps ont eu le triste courage d'insulter aux vaincus. Qu'on juge s'ils furent bien inspirés par cette tirade de Gower, l'émule de Chaucer.

Voici d'abord l'archevêque d'York :

> Nil odor incensi tunc profuit Eboracensi,
> Sed nec mitra choris, nec opes, nec culmen honoris;
> Ad regale latus cum plus sit ad alta levatus
> Corruit a sede, sic transit præsul ab æde.
> Curæ mercator primas fuit et spoliator,
> Pauper et abscessit, quem prævia culpa repressit.
> Sic fugit hic prædo. . . . .
> Quem quia sic vixit, pater ecclesiæ maledixit.

Puis Michel de la Pole, comte de Suffolk :

> Est comes elatus, fallax, cupidus, sceleratus
> Fraudes per mille stat cancellarius ille.
> Hic proceres odit, et eorum nomina rodit
> Morsibus a tergo; fit tandem profugus ergo.
> Sic Deus in cœlis mala de puteo Michaelis
> Acriter expurgat, ne plus comes ille resurgat.

(Gower, *Chron. Trip.*, ap. *Political Poems*, t. I, p. 421.) On trouve dans le même recueil un pamphlet contre les mœurs du temps, mi-parti de vers anglais et de vers latins, qui paraît se rapporter à cette époque; mais personne n'y est nommé.

Page 338, note *a*.

Projet de déposer le roi. « Item, les avant ditz Duc, Countz d'Arundell et de Warwick, et Thomas Mortymer, continuantz lour malicious, faux et traiterous purpos, et force des ditz gentz a Huntyngdon, le joefdy prochein apres le fest de Seint-Nicholas le dit an unszisme (12 décembre 1387), traiterousement purposerent et accordent d'avoir ale a Vous ovesque lour dit force, en queconque lieu ils Vous purroient aver trove deinz vostre Roialme, pur avoir susrendu a Vous lour homage liege, et puis Vous avoir depose de vostre Roial Estat et Mageste, et pris vostre coronne en lour gard. Et le dit purpose vorroient avoir perfourme traiterousement, s'ils n'iussent este destourbez par Henry de Lancastre Count de Derby, et Thomas Moubray Count de Notyngham. » (Acte d'accusation de Glocester, etc.; *Rot. Parl.*, t. III, p. 376, § 7.) C'est un point que Glocester avoue dans sa déclaration : « Also in that that I was in place ther it was communed and spoke in manere of deposal of my liege Loord, trewly I knowlech wele that we were assented therto for twe dayes or three; and than we for to have done our homage and our oothes and put hym as heyly in hys estate as ever he was. » (*Rot. Parl.*, t. III, p. 379.)

Le duc d'Irlande lève des troupes. Knighton, p. 2702; Wals., p. 332; M. Evesh., p. 94 et 95.

Page 339, note *a*.

Bataille de Redecot-bridge (veille de la Saint-Thomas, 20 décembre). Knighton, Walsingham, le moine d'Evesham, Otterbourne, aux lieux cités, et Froissart, III, 79; — *Th. Molineus;* Wals., p. 332; M. Evesh., p. 95; Otterbourne, p. 170. Ce combat ne pouvait pas manquer de fournir des traits à Gower. Le duc d'Irlande figurait dans son poëme sous le nom de « sanglier; » il est changé en lièvre :

> Sic aper in leporem mutatus perdit honorem,
> Amplius et certus locus est sibi nullus apertus.
>
> (*Chron. Trip.* 1, dans les *Polit. Poems*, t. I, p. 420.)

Page 340, note *a*.

Les lords appelants à Londres. Knighton, p. 2704; Wals., p. 333. Walsingham prête encore au roi des paroles de mépris et de folle confiance : « Sinantur hic jacere cum turba, donec « expenderint omnia bona sua; et tunc demum vacui rever- « tentur et egentes in domos suas, et tunc loquar cum illis « judicium singillatim. » Le moine d'Evesham (p. 98) et Otterbourne (p. 173) ne manquent pas de reproduire cette invraisemblable bravade.

Page 342, note *a*.

Menace au roi s'il ne vient pas à Westminster. Wals., p. 333; M. Evesh., p. 100; Otterbourne, p. 173. — *Maison du roi renouvelée.* Wals., p. 334; M. Evesh., p. 100. On expulsa encore les seigneurs de la Souche, de Haryngworth, de Burnel et de Bemond; Albred de Vère, Baldwin de Bereford, Richard Adderbury, J. Worth, Th. Clifford, J. Lovel, chevaliers; et, parmi les dames, la dame de Ponyngs, femme de J. Worth, les dames de Mowen et de Molyng. (Wals. et M. Evesh., *ibid.*; Otterbourne, p. 174; Knighton, p. 2705.) « And so, » dit le passionné Fannant sur toutes ces expulsions, « this hideous « brod of monsters, so often shaken, was quite overthrown » (p. 20). — *Arrestations.* (Wals., *ibid.*; M. Evesh.; p. 101, et Fannant, l. l.) Les ordres d'arrestation désignent les proscrits pour divers châteaux : Simon Burley, W. Elmham, N. Dagworth, J. Golofre, lequel n'était pas encore revenu de France, devaient être gardés à Nottingham; J. Beauchamp (J. de Holt), J. Clifford, clerc de la chapelle, J. Blake, doyen de la chapelle, Th. Trivet, J. de Salisbury, à Douvres (Thomas Trivet mourut d'une chute de cheval durant ce parlement: Wals., p. 335), J. Bernyrers et un clerc nommé Wedeford, à Bristol; l'archevêque d'York et Michel de la Pole (Suffolk) à Rochester (ils avaient fui tous deux); Robert Trésilian, N. Brambré à Glocester; mais Trésilian n'avait pas été pris. (Knighton, p. 2705.) L'ordre au capitaine de Glocester, pour recevoir et présenter sur réquisition Trésilian et Brambré, est du 4 janvier 1388. (Rymer, t. VII, p. 566.) A la même date, le roi somme de comparaître les cinq appelés, et ordonne d'arrêter le duc d'Irlande, Suffolk et Trésilian, fugitifs. (*Ibid.*, p. 567.) Celui que Knighton appelle Jean Beauchamp est J. de Holt, créé lord Beauchamp de Kiddermeister en la dixième année de Richard (1386). On le cite comme le premier exemple d'un lord créé par lettres-patentes du roi. (Voy. Hallam, t. III, p. 295.)

Page 343, note a.

Lettres de convocation. « Licet nuper per Brevem nostrum in-
« ter cætera tibi præcepimus firmiter injungentes quod de comi-
« tatu tuo duos milites gladiis cinctos magis idoneos et discretos
« comitatus prædicti, et in debatis modernis magis indifferen-
« tes, eligi, et eos ad parliamentum nostrum, [quod] apud West-
« monasterium, in crastino Purificationis beatæ Mariæ proximo
« futuræ teneri ordinavimus, ad eosdem diem et locum venire
« faceres : Nos tamen, attendentes dictam clausulam « in debatis
« modernis magis indifferentes » contra formam electionis anti-
« quitus usitatam ac contra libertatem Dominorum et commu-
« nitatis regni nostri Angliæ hactenus obtentam existere : Vo-
« lentesque providere prædictos milites libere eligi, modo et
« forma prout antiquitus fieri consuevit, tibi præcipimus fir-
« miter injungentes quod de comitatu tuo prædicto duos mili-
« tes,... prout fieri consuevit, eligi.... facias,... dictam clausu-
« lam penitus omittens. » (A tous les vicomtes), 1er janv. 1388.
Rot. Parl., t. III, p. 400, append., et Rymer, t. VII, p. 566.)

Parlement du 3 février 1388, onzième année de Richard. (*Rot. Parl.*, t. III, p. 228.) — *Les lords appelants.* (Voy. Fannant, p. 21.) — *Les appelés; le duc d'Irlande.* Il se réfugia en France, où il fut reçu avec honneur à la cour de Charles VI. (Froiss., III, 104, et Relig. de Saint-Denis, VIII, 9. Pour les autres, cf. Knighton, p. 2705.)

Page 344, note a.

Glocester aux pieds du roi. Rot. Parl., t. III, p. 229, § 6. — *Menace de déposition.* (*Ibid.*, p. 376, § 7.) « Et les ditz Duc, et Countes d'Arundell et de Warr', continuantz lour traiterous purpos et force sus dite, par commune accord entre eux, firent sercher Recordes deins vostre Tresoree, de temps le Roi Edward vostre besaiel, coment vostre dit besaiel soy demist de sa coroune : Et monstrerent en escript a Vous, Tres redoute Seignour, les causes del demyse de sa coroune sus dite deinz vostre Roiale Paloys de Westm' a dit Parlement, l'an unzisme. Et disoient fauxement et traiterousement, qu'ils avoient cause souffisant pur Vous deposer, mes que al reverence del tres noble Roi vostre Aiel, et vostre tres noble Piere, queux Dieu assoille, ils disoient, Qu'en espoir de vostre meilloure Governance ils Vous voudrent suffrer continuer vostre Roial Estat et Regalte. »

Page 345, note *a*.

Pétition des cinq appelants. Rot. Parl., t. III, p. 229. Elle contenait le procès-verbal de l'appel formé par eux le 14 novembre à Waltham-Cross, devant le conseil, présenté au roi par ce conseil, et renouvelé le dimanche suivant par eux-mêmes à Westminster, devant le roi. On y constatait de plus que le roi avait reçu l'appel, qu'il avait renvoyé au prochain parlement pour y faire justice, et que le lundi après Noël (la bataille de Redecot-bridge avait eu lieu dans l'intervalle), sur un nouvel appel des cinq lords, il avait, par des proclamations, assigné les appelés à venir au jour fixé pour y répondre. Après quoi venaient les articles.

Page 347, note *a*.

Articles de l'accusation. Rot. Parl., t. III, p. 229-236. Knighton les a aussi donnés (p. 2714-2726), avec quelques différences dans les chiffres, à partir du 5e. La principale diversité consiste en ce qu'il a rejeté les art. 21 à 25 à la fin. Plusieurs historiens se sont appuyés de ces articles pour donner force aux dires des chroniqueurs sur les projets de massacre du parlement par le roi, dès 1386. C'est bien là que les chroniqueurs ont dû puiser leurs informations; mais il est clair que ces accusations n'ont ni plus ni moins de valeur que celle d'avoir voulu livrer Calais, et Douvres même, aux Français.

Page 349, note *a*.

Les hommes de loi consultés. Rot. Parl., t. III, p. 236. — *Arrestation des juges accusés.* « Primo die parliamenti arestati sunt
« omnes justiciarii, excepto domino W. Skypwith, scilicet do-
« minus Rogerus Fulthorp, dominus Robertus Bealknappe, do-
« minus J. Holte, dom. W. Borowe, J. de Lokton, serviens re-
« gis ad legem. Isti omnes capti sunt sedentes in officio suo
« judiciali, et ducti sunt apud Turrim, et separatim positi sunt

« in custodiam. » Skypwith, qui fut excepté, n'avait pas été à Nottingham. (Knighton, p. 2706.) — *Le Parlement se déclare indépendant de la loi civile. (Rot. Parl.*, t. III, p. 236.) Hallam (t. III, p. 263) reconnaît que cette mesure fut toute révolutionnaire.

Page 350, note *a*.

Condamnation par défaut contre quatre des appelés. Rot. Parl., t. III, p. 237. — *Nomination de l'archevêque d'York au siège de Saint-André.* Elle est rappelée dans la nomination de son successeur, 3 avril 1388. (Rymer, t. VII, p. 573.) Walsingham et le moine d'Evesham reconnaissent que cette translation était une destitution pure et simple : « Quanquam non habitu-
« rus eum, quia Scoti pro tunc fuere schismatici. » (Wals.,
p. 336; M. Evesh., p. 106.) L'archevêque d'York fut d'abord arrêté dans sa fuite. Une gratification de 30 l. est donnée à deux hommes qui, l'ayant pris, refusèrent de le laisser aller, malgré ses offres de récompense; 4 juin 1388. (Rymer, t. VII, p. 589.)

Page 352, note *a*.

N. Brambré : pétitions contre lui au Parlement de 1386. *Rot. Parl.*, t. III, p. 225-227; — *articles de l'accusation* (*ibid.*, p. 230-235); — *bruits répandus contre lui :* « De quo fertur,
« quod dum fuerat in sua plenaria potestate majoratus, fieri fe-
« cit unam stipitem communem et unam securim communem,
« ad amputandum colla sibi adversantium.... » (Knighton,
« p. 2727.) « Hic, ut fertur, [nomen Londoniarum delevisse
« meditatus fuerat et apposuisse] nomen novæ [novum?],
« scilicet parvæ Trojæ, cujus urbis et nominis ipse dux creari
« statuit et nominari, ad perducendum ad effectum facilius
« cogitata, tabellos sive rotulos conscribi fecerat, in quibus
« plura millia nominum suorum civium exarata fuerant, quo-
« rum in hac parte resistentiam verebatur, qui omnes repente
« jugulati fuissent; sed tamen ante suspensus est (ut præfertur)
« quam ad effectum perduceret meditata. » (Wals., p. 334; cf. M. Evesh., p. 102.)

Page 354, note *a*.

L'affaire remise. Rot. Parl., t. III, p. 238. — *Trésilian dé-*

couvert. Stow (p. 303) dit que la maison où il fut arrêté était comprise dans les limites des franchises de l'abbaye de Westminster, et que J. Cobham se fit donner pardon de l'abbé pour cette violation du lieu sacré : les Rôles constatent que ce fut pendant qu'on était occupé de Brambré, et le mercredi 19. (*Rot. Parl.*, t. III, p. 238, et Knighton, p. 2726.) — *Son déguisement*. Knighton, p. 2726; cf. Fannant, p. 26. — *Condamnation*. *Rot. Parl.*, t. III, p. 238.

Page 355, note *a*.

Supplice de Trésilian. *Rot. Parl.*, t. III, p. 238, et Knighton, p. 2726. Pour les détails, Fannant, qui paraît reproduire un récit du temps, mais n'en indique point la source.

Page 355, note *b*.

Supplice de Brambré. *Rot. Parl.*, t. III, p. 238. Nous ne donnons ces détails que sur l'autorité de Fannant, p. 28.

Ces supplices sont pour le poëte Gower une source intarissable de *quolibets*. Ainsi Trésilian :

> Ad furcas tractus fit ibi pendendo subactus :
> Pendula sors tristis morientibus accidit istis,
> In manibus quorum pendebant jura virorum.
> (Gower, *Chron. Trip.*, I, ap. *Polit. Poems*, t. I, p. 423.)

Brambré a pareille oraison funèbre à la même page.

Page 363, note *a*.

Rumeurs diverses contre Burley : « Custos castelli de Dove-« ria quod ad nutum regis consenserat Gallicis vendidisse. » (Wals., p. 334; cf. Otterbourne, p. 175.) « Immo vendidit « Francorum regi, inito inter eos pacto, pro certa pecunia om-« nes terras transmarinas cum villa de *Caleys*, castrum *Dovoriæ* « cum omnibus villis et castris usque ad pontem Roffensen, quæ « omnia scripto regio et quorumdam aliorum fraudulenter fecit « roborari. » (W. Thorne, *Chron.*, p. 2183.) — *La chásse de saint Thomas et l'île de Thanet. Ibid.*, p. 2181 et 2182. Froissart parle aussi des bruits répandus contre Burley, à l'occasion de cette châsse (II, 45).

Page 366, note *a*.

Serment. Rot. Parl., t. III, p. 244, § 13; — *expédié aux shériffs*, 20 mars 1388. (Rymer, t. VII, p. 572.) « Vous jurrez que vous garderez et ferrez garder la bone pees, quiete et tranquillite du roialme.... Et si ascunz gentz veullent riens faire encontre les corps de les parsones des cynk seignours, c'est assavoir, Thomas duk de Gloucestre, Henry count de Derby, Richard count d'Arundell et de Surrey, Thomas count de Warrewic et Thomas count mareschall, ou ascun de eux, vous esterrez ove les ditz cink seignours jesques al fin de cest Parliament, et eux maintiendrez et sustendrez a tout vestre dit poair, a vivre et morir ove eux encontre toutz.... »

Page 368, note *a*.

Condamnation de Burley. Rot. Parl., t. III, p. 243; Fannant, p. 32; cf. Lingard, t. IV, p. 351, 352. — *La reine et le comte d'Arundel.* « La Royne fut une fois trois heures à genoulx devant le comte d'Arondel pour le prier pour un sien chevalier appelé Jehan Carnaillay (il se trompe sur le nom), lequel eut ce nonobstant la teste coupée, lequel comte respondit à la Royne : M'amye, priez pour vous et pour vostre mary, il le vault mieux. » (Ms. de la Bibl. imp., F.Fr. 3884, f°s 114 verso et 115.) Gower fait aussi allusion aux larmes de la reine, et, comme on le peut croire, elles ne l'émeuvent guère :

> Lacryma reginæ dum poscit opem medicinæ,
> Obrutus amittit caput et sua funera mittit.
>
> (Gower, *Chron. Trip.*, I, dans les *Polit. Poems.*, t. I, p. 422.)

Condamnation et exécution de Burley, sans le consentement du roi. Rot. Parl., t. III, p. 376, § 6.

Page 369, note *a*.

Condamnation du confesseur. Rot. Parl., t. III, p. 243. L'évêque de Chichester, confesseur du roi, qui était moine, remue tout particulièrement la bile de Gower :

> Mollis confessor blandus scelerisque professor;

NOTES. 515

Extitit hic frater qui stat foris intus et ater,
Cujus nigredo fœdat loca regia, credo.
(Gower, *Chron. Trip.*, I, ap. **Polit. Poems**, t. 1, p. 421.)

Sur ces jugements en général et leurs effets, voyez encore le statut de l'an XI. (*Stat. of Realm*, t. II, p. 43-51.)

Page 369, note *b*.

Le confesseur et les juges relégués en Irlande. M. Evesh., p. 102, et Gower, l. l., p. 423, 424. L'évêque de Chichester fut relégué à Cork; Belknap et J. Holt à Drogheda; Fulthorp et Burgh à Dublin; Cary et Lokton à Waterford, avec ordre de partir avant le 1ᵉʳ août et d'arriver avant la Saint-Michel, et défense expresse de s'occuper de loi. Belknap, Fulthorp eurent pour vivre 40 l. de rente; J. Holt, W. Burgh et l'évêque de Chichester, 40 m., J. Cary et Lokton, 20 l. Rappelons que la livre est de 20 s., et le marc 13 s. 4 d. (les $\frac{2}{3}$ de la livre). (*Rot. Parl.*, t. III, p. 244; Rymer, t. VII, p. 590 et 591, 8 et 13 juillet 1388.) L'ordre pour leur passage est daté du 13 juin 1388. (Rymer, t. VIII, p. 591.) Le parlement accorde encore un manoir à la veuve de Berners, pour l'aider à vivre (*Rot. Parl.*, t. III, p. 245, § 18), 40 livres de terre au fils de R. Fulthorp, à prendre sur les terres confisquées (§ 19), et à la bru de Michel de la Pole, quelques manoirs qui lui avaient été *enfieffés* par le comte de Suffolk avant sa condamnation (§ 20).

Page 370, note *a*.

Vote final du subside des laines, le mardi 2 juin; *part aux lords appelants*. La taxe, ancienne coutume et nouveaux droits compris, était de 50 sous par sac de laine ou par 240 toisons, et de 7 marcs 1/2 par *last* de cuir pour les indigènes (4 marcs et 8 marcs pour les étrangers). Il fut entendu que les cinq lords appelants prendraient 20 s. par sac de laine et 40 s. par last de cuir, jusqu'à concurrence de 20 000 livres. (*Rot. Parl*, t. III, p. 245, § 16.)

Page 373, note *a*.

Pétitions des communes; biens échus au domaine. « Le roi le veut, » sauf les droits des tiers. (*Rot. Parl.*, t. III, p. 246, § 24; cf. *Stat. of Realm*, t. II, p. 52.) On peut voir dans le *Calenda-*

rium inquisitionum post mortem la longue liste des domaines qui avaient appartenu aux condamnés : Simon de Burley, n° 129; Robert Belknap, n° 130, t. III, p. 99; Roger Fulthorp, Jacques Berners, R. Trésilian, n°s 87, 88 et 89, p. 106; N. Brambré, J. de Beauchamp de Holt, J. de Salisbury, J. de Lokton, Th. Trivet, n°s 90, 91, 92, 93 et 103, t. III, p. 107; et aux pages 257, 258, comme supplément, un *Bundellus foris facturarum de anno* XI R. II, où figurent Michel de la Pole, Alexandre, archevêque d'York, et Robert Trésilian.

Annulation des pensions. Rot. Parl., t. III, p. 247, § 30. — *Expulsion des Bohémiens. Ibid.*, § 28. — *La reine payant sa dépense dans l'hôtel du roi. Ibid.*, p. 246, § 25. — *Privilège pour les* 20 000 *l. des lords appelants. Ibid.*, p. 248, § 35. — *Réclamation en faveur du nouvel archevêque d'York, chancelier. Ibid.*, p. 250, § 43. — *J. de Holland, créé comte de Huntingdon. Ibid.*, p. 250, § 44. — *Les dîmes de la province d'York. Ibid.*, p. 247, § 27. — *Les revenus du pape. Ibid.*, § 26. Le roi dit qu'il écrirait au pape de ne pas lever de nouvelles taxes, et de le laisser jouir des mêmes droits que ses prédécesseurs.

Page 374, note *a*.

Épuration des hautes cours. Rot. Parl., t. III, p. 250, § 40. — *Toute l'administration aux mains du parlement.* Les communes en usèrent pour reproduire en toute autorité plusieurs requêtes déjà présentées aux parlements antérieurs : — obligation aux seigneurs des marches d'Écosse de défendre la frontière; « car il leur semble clairement que marche doit suffire encontre marche, » (*ibid.*, § 45); — réparation du dommage causé aux vicomtes par l'aliénation de biens ou de profits dont ils doivent compte au trésor (*ibid.*, § 32); — tenue des assises, non aux chefs-lieux de comtés, mais aux endroits qui sont le plus à la portée des justiciables (*ibid.*, § 33); — suppression des offices à vie parmi les contrôleurs des subsides (§ 42); — confirmation des franchises accordées aux marchands étrangers (§ 29). — Les communes demandèrent de plus qu'on ne mît aucune taxe nouvelle sur les laines, tant que devaient courir les taxes présentes (§ 31), et que l'étaple (ou marché des laines, etc.) fût reportée de Middelbourg à Calais. Le roi dit que le conseil aviserait s'il valait mieux la ramener à Calais ou en Angleterre (§ 41). On retrouve plusieurs de ces demandes converties en loi dans le statut de l'an XI (*Stat. of Realm*, t. II, p. 53 et suiv.). Le parlement reçut en outre un grand nombre de pétitions particulières : plusieurs, des mariniers, demandant un supplément de solde ou de garanties (*Rot. Parl.*, t. III, p. 253, n⁰ˢ 1-3) ; une autre des marchands de la Hanse teutonique, qui se plaignaient que, malgré les franchises, on les contraignît à payer quinzièmes, dixièmes et autres subsides, et qu'on eût saisi plusieurs d'entre eux avec leurs biens et marchandises, sous le prétexte que des marchands anglais avaient été arrêtés en Prusse. On ordonna de relâcher tous ceux qui n'étaient point de la domination de la Prusse (chevaliers teutoniques). (*Ibid.*, n° 4.)

Page 377, note *a*.

Approbation et garantie pour les actes de la révolution. Rot. Parl., t. III, p. 248, § 37. — *Amnistie :* pour toutes les trahisons (*ibid.*, § 34 *bis*) ; — pour Londres en particulier (§ 36) ; — pour les partisans des condamnés (§ 38). — *Confirmation des jugements :* « Purveu toutefoitz que ceste acceptation, approve, affermance, et establissement, touchant les assembles, appelles, pursuites, accusementz, processes, juggementz, et executions susditz, eont et tiegnent force et vertue en cestes cases issint eschuz et avenuz ou declarez soulement, et qu'ils ne soient treitz en essample n'en consequencie en temps a venir ; ne que la dite Commission faite a darrein Parlement soit trete en essample n'en consequencie en temps a venir ; mes quan que est fait touchant les matires susditz estoise fermement, desicome eles estoient si profitables au Roy, sustenance et mayntenance de sa Corone, et salvation de tout son Roialme, et faitz de si grant necessite. Et coment que diverses pointz sont declarez pur Treson en cest present Parlement, autres que ne furent declarez par Estatut devant, que null Justice eit poair de rendre juggement d'autres cas de Treson n'en autre manere, qu'ils n'avoient devant le comencement de cest present Parlement. » (*Rot. Parl.*, t. III, p. 250, § 38 *bis*.)

Page 377, note *b*.

Pas de grâce aux condamnés. « Que null des traitours atteintz par l'appell susdit.... ne soient reconseillez ne restitutz a la Ley par pardon n'en autre manere.... Et si ascun pursue de les reconseiller ou les faire pardon avoir.... et ceo duement et overtement et par record prove, soit ajugge et eit execution come traitour et enemy du Roy et de Roialme. » Ceux qui n'étaient que relégués devaient de même être exécutés comme traîtres, s'ils dépassaient la limite fixée à leur relégation. (*Ibid.*, § 39 ; cf. Lingard, *Hist. d'Angleterre*, t. IV, p. 354.)

Page 382, note *a*.

L'impitoyable Parlement. Le mot est aussi du temps et du parti. Knighton, qui le reproduit, ne lui en fait pas une injure. « Et vocatur parliamentum istud, *parliamentum sine miseri-« cordia*. » (Knighton, p. 2701.) Les partisans les plus déclarés des prérogatives du Parlement ont de la peine à justifier les actes de ce parlement, dit l'*admirable*. « Je passerai légèrement, dit Hallam, sur une époque orageuse, qui ne fournit aucun précédent légitime à nos annales constitutionnelles. Des cinq *lords appelants* (c'est ainsi qu'on désignait Glocester, Derby, Nottingham, Warwick et Arundel), les trois premiers au moins ont peu de titres à notre estime ; mais de tout temps la malignité et l'envie ont prétendu imputer à la cause de la liberté les motifs intéressés qui ont souvent dirigé ceux qui en furent les défenseurs ostensibles. Le Parlement, qui avait la nation pour lui, agit avec des intentions pures, sans doute, bien qu'en négligeant de se conformer aux règles de la loi ; négligence coupable, il est vrai, mais dont les Parlements suivants, même les plus civilisés, n'ont pas toujours su se garantir dans la chaleur de la passion et dans l'enthousiasme de la victoire. Tous ceux qu'il traita sévèrement, et dans le nombre il en était qui paraissent avoir joui d'une bonne réputation, méritaient-ils un pareil traitement ? C'est une question qu'un historien moderne ne saurait avoir la prétention de décider sur des preuves incertaines. » Et il ajoute en note : « Le jugement de Simon de Burley, un de ceux qui furent alors exécutés sur la poursuite des communes, fut annulé sous Henri IV (*Rot. Parl.*, t. III, p. 464) ; ce qui prouvait assez qu'il fut injuste. » (Hallam, t. III, p. 212.)

FIN DU PREMIER VOLUME.

TABLE DES CHAPITRES

DU TOME PREMIER.

Préface... Page 1

LIVRE PREMIER.

L'ENFANCE DE RICHARD.

I.	L'Angleterre à l'avénement de Richard II....................	1
II.	Premières années de Richard II.............................	12

LIVRE DEUXIÈME.

L'INSURRECTION DES PAYSANS.

I.	J. Wicleff..	45
II.	Wat-Tyler...	55
III.	L'insurrection des paysans dans les provinces..............	82
IV.	Le parlement de 1381......................................	105

LIVRE TROISIÈME.

L'INSURRECTION DE FLANDRE.

I.	Situation intérieure et extérieure..........................	125
II.	Philippe Arteveld..	138
III.	La bataille de Rosebecque..................................	152
IV.	La croisade de l'évêque de Norwich........................	168

LIVRE QUATRIÈME.

MICHEL DE LA POLE.

I.	Les comptes de la croisade................................	195
II.	La question de la paix.....................................	214
III.	Préliminaires de la guerre.................................	231
IV.	La guerre en Écosse.......................................	239

TABLE DES MATIÈRES.

LIVRE CINQUIÈME.
L'INVASION FRANÇAISE.

I. Le roi, la cour et le chancelier .... Page 251
II. Parlement de 1385 261
III. Charles VI à l'Écluse 280

LIVRE SIXIÈME.
L'ADMIRABLE PARLEMENT.

I. La commission de l'an x 299
II. Les cinq lords appelants 336
Notes 385

FIN DE LA TABLE DES CHAPITRES DU PREMIER VOLUME.

ERRATA.

Page 3, ligne 7. J. Newil; *lisez* : J. Nevil.
— 37, — 15. Création des agents du fisc; *lisez* : exactions, etc.
— 45, — avant-dernière. Supprimez *le mot* (sic) *qui était à l'adresse du correcteur.*
— 83, — avant-dernière. C'était ; *lisez* : c'étaient.
— 179, — 13. Par aller; *lisez* : pour aller.
— 294, — 12. Imaginé; *lisez* : imaginée.
— 306, — 11. Que parlons-nous des siècles écoulés ? *lisez* : de siècles écoulés?
— 319, — avant-dernière. Sous la désignation; *lisez* : sur la désignation.
— 324, — 25. W. Bury, *lisez* : W. Burgh.
— 363, — 13. Qu'il lui avait vendu; *lisez* : qu'il leur avait vendu.
— 409, — 31. Juge de l'un et de l'autre banc; *lisez* : juges de l'un et de l'autre banc.
— 432 (*falso* 332) — 17. Quarumque; *ajoutez* : aliquæ.
— 468, — 31. Al fori ; *lisez* : al foi.
— 471, — 3. Leurs armes souillées ; *lisez* : leurs âmes souillées.
— 500, — 19. Le texte du statut ; *lisez* : le texte de la commission.

Paris. — Imprimerie de Ch. Lahure, rue de Fleurus, 9.

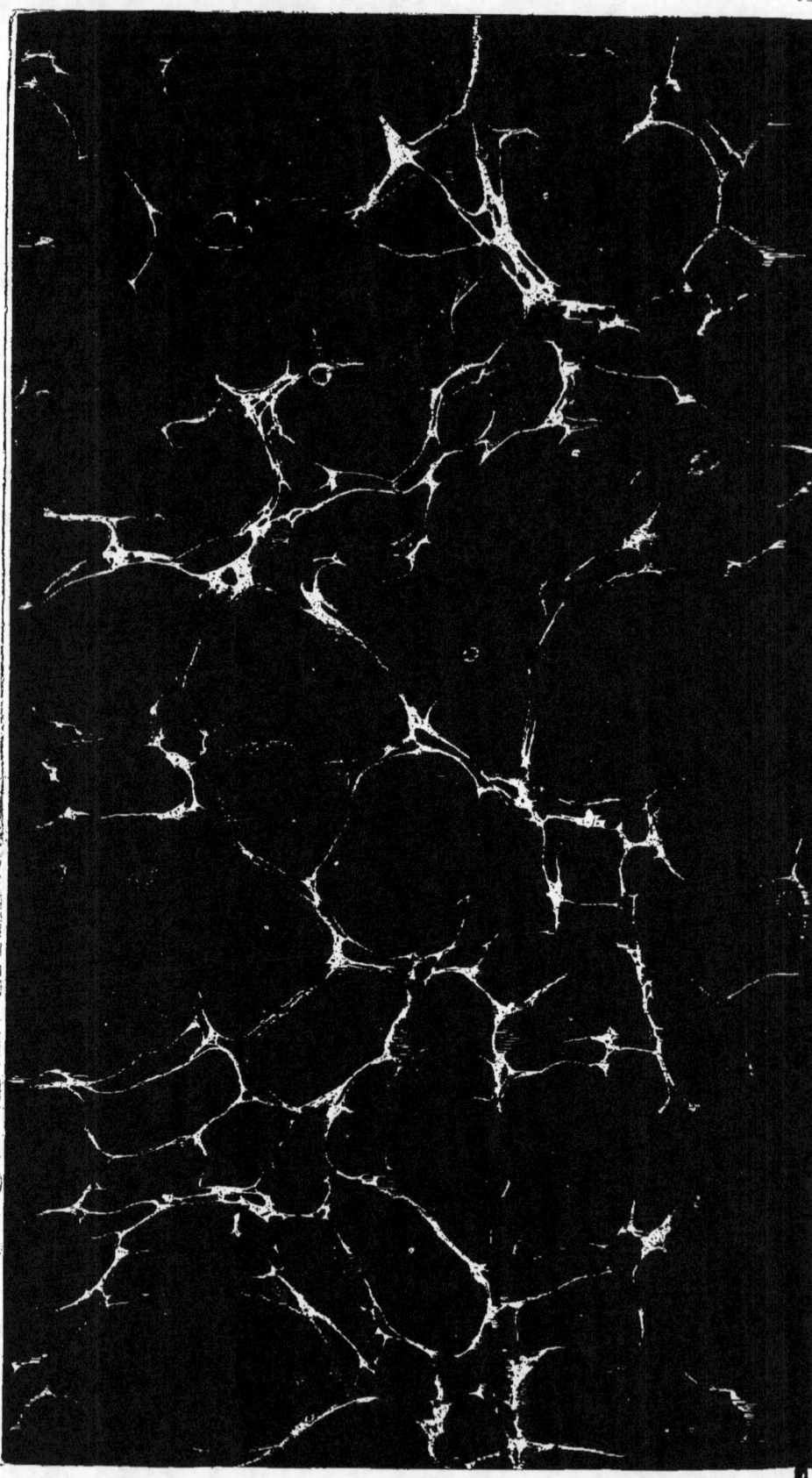

www.ingramcontent.com/pod-product-compliance
Lightning Source LLC
Chambersburg PA
CBHW071410230426
43669CB00010B/1502